조선후기 경화세족의
교유와 취향

남공철 산문 연구

안순태 지음

도서출판 월인

책머리에

이 책은 정조, 순조 연간에 활동한 문인 남공철(南公轍, 1760~1840)의 산문 면면을 살핀 것이다. 남공철의 산문을 두루 살펴 전체 맥락을 더듬는 일, 그러면서도 작품 하나하나를 세세히 들여다보아 그 묘(妙)를 해명하는 일 모두에 힘을 기울였다.

필자의 박사논문을 수정한 것이 이 책이다. 내용은 거의 그대로 두고 문장을 손보고 필요한 몇 가지 그림과 참고문헌을 덧붙였을 뿐이다. 논문을 낸 후 한동안 내버려두었다가 몇 년 만에 다시 들여다보면서 나는 남공철 산문의 공교로움과 내 글의 졸렬함을 동시에 확인하느라 즐겁기도 했고 괴롭기도 했다.

남공철은 조선 문화의 융성기에 아취로운 생활을 하며 특히 예술가나 불우한 벗들을 대상으로 한 글을 짓는 데 힘썼다. 그윽한 정취, 생동하는 인물을 글로 되살리는 데 특히 뛰어났다. 남공철은 조선후기의 대표적인 문한가인 의령남문을 가문적 배경으로 하고 이덕무나 박지원, 최북 등 허다한 벗들과 교유하였으며 정조의 문체반정과 순조조 세도정국을 오롯이 겪은 인물이다. 이 책을 통해 그가 남긴 산문의 아름다움은 물론 그의 인간적 면모와 삶의 궤적, 그리고 조선후기 경화세족의 교유 양상과 취미 향유 양상까지 함께 엿볼 수 있으리라 기대한다.

배우가 영화에 대해, 연주자가 오케스트라에 대해 그러하듯 문학 연구자에게도 문인과의 궁합 같은 게 있는 듯하다. 그것을 궁합이라 부르든 성향이라 부르든, 남공철이라는 문인은 나와 제법 잘 맞았던 것 같다. 그것은 내가 10년 넘게 그를 놓지 않을 수 있게 해준 힘이 되어주었다.

남공철에 대해 공부하면서 그 산문세계를 들여다보는 즐거움을 느꼈을 뿐만 아니라 그의 인간적 미덕 같은 것에서 많은 것을 배우기도 했다. 남공철이야말로 그 사람됨이 그의 글에 고스란히 드러나는 인물 같다.

오래도록 남공철의 글을 붙들고 지낼 힘을 준 것은 남공철뿐만이 아니다. 언제나 든든한 산처럼 뒤에서 지켜보시던 고 민병수 선생님 영전에 이 책을 바친다. 선생님은 지난 봄에 문득 세상을 떠나셨다. "그래그래, 수고했어." 책이 잘되지 못했어도 선생님은 분명 그렇게만 말씀하셨을 게다. 논문의 틀을 잡는 데 결정적인 도움을 주시고 구체적 서술까지 살펴주시며 논문을 지도해 주신 이종묵 선생님, 적잖이 긴 논문을 필자보다 더 꼼꼼하게 살펴주시고 애정 어린 조언을 해주신 김명호 선생님, 오랜 시간 동안 학문적 진중함을 몸소 가르쳐주신 박희병 선생님, 집필 과정에서 따뜻한 격려를 아끼지 않으신 진재교 선생님과 강혜선 선생님께도 감사하다는 말씀을 드리고 싶다. 아울러 책의 간행을 흔쾌히 수락해 준 도서출판 월인의 박성복 사장님과 편집을 맡아준 박훈식 님께도 감사의 뜻을 전한다.

2015년 가을 관악산 기슭에서 저자 씀

차례

표 차례

그림 차례

제1장 서론

남공철(南公轍, 1760~1840)은 18세기 말, 19세기 초반에 걸쳐 활동한 경화세족이자 관각문인이다. 그의 고조부 남용익(南龍翼, 1628~1692)이 서울에 정착한 이후 그의 집안은 대대로 서울에 살면서 명문가와 혼인 및 교유 관계를 맺었다. 또 그는 정조(正祖)의 세손 시절 사부인 남유용(南有容, 1698~1773)의 아들이자 정조·순조 연간에 활동한 관각문인이기도 하다. 그는 생의 대부분을 관직 생활로 보내면서 경화세족으로서, 또 관각문인으로서 주목할 만한 문학적 족적을 남겼다. 이 책에서는 18세기 말, 19세기 초반에 걸쳐 활동한 남공철의 경화세족적·관각문인적 특징이 그의 산문에 어떻게 구현되고 있는가를 살피고자 한다.

문학 연구자들 사이에서 남공철은 소품문을 애호하다가 1792년, 정조의 문체순정책(文體醇正策)을 겪으면서 문학관과 창작 경향이 보수화된 인물로 여겨져 왔다. 그러나 이러한 시각은 그가 정조로부터 문체 문제로 질책을 받은 인물로 알려지면서 생긴 오해라고 생각한다. 남공철이 정조로부터 문체 문제와 관련하여 질책당한 주요 대상인 것은 사실이지만, 그 사건으로 인해 남공철의 문학관이 보수화되었다거나 실제 창작 경향이 보수적으로 전변했다고 단정할 수는 없다. 문학관이나 창작 경향이 보수화되었다는 말은, 그 이전에는 혁신적 면모를 보이다가 보수적으로 바뀌게 되었다는 말이다. 그러나 남공철은 수학기에 당송고문(唐宋古文)을 학습한 고문가(古文家)였으며 체질적으로 거기에서 멀리 벗어나기 어려웠다. 정조의 문체 정책을 계기로 다시 본래의 체질대로 돌아갔다고 하면 몰라도 '보수화'되었다고 단정할 수 없다는 것은 이러한 이유 때문이다.

한편 조선후기사 연구자들 사이에서 남공철은 북학파의 일원으로서 선진화된 청(淸)의 문물을 배울 것을 주장한 인물로 분류되기도 하였다. 그가 수학기와 청년기에 박지원(朴趾源)이나 이덕무(李德懋), 박제가(朴齊家) 등 이른바 연암그룹과 활발히 교유한 것은 사실이지만 청의 선진 문물에 대한 태도 및 수용 범위는 그들과 달랐다. 그는 기본적으로 명(明)의 유민(遺民)에 대해 우호적이었던 반면 청의 건국 주체인 만인(滿人)에 대해서는 반감을 가지고 있었다. 또 청의 문물을 배우자는 주장에 대해서도 매우 제한적이고 소극적인 태도를 보였다. 그가 청으로부터 받아들인 것은 서양의 과학 지식이나 그에 따른 새로운 사유라기보다는 서화(書畵)와 고증학(考證學)에 한정된 것이었다. 따라서 단순히 젊은 시절의 교유관계의 단면에 주목해 그를 북학파로 분류하는 것은 그의 학문이나 문학의 실상과는 다소 거리가 있는 것이다.

정조의 문체 정책을 계기로 보수화 일로를 걸은 인물도 아니요 연암 일파와 교유하면서 그들과 동일한 학문적 궤적을 보인 인물도 아니라면, 남공철을 가장 잘 설명할 수 있는 키워드는 무엇일까? '경화세족(京華世族)'과 '관각문인(館閣文人)'이라 할 수 있다. 그동안 학계에서는 경화세족이라는 용어를 '서울에 세거(世居)하던 조선후기의 양반 가문 가운데 청요직(淸要職) 진출 가능성이 높은 가문'의 의미로 사용해 왔다.[1] 경화세족에 대한 이러한 개념 규정은, 비록 일반적으로는 타당하다 할지라도 실제 경화세족 내에서의 다양한 학문적, 문학적 지향을 다 포괄하기는 어렵다. 이를테면 남공철, 오희상(吳熙常), 홍석주(洪奭周) 등은 모두 경화세족의 테두리 안에 있지만 이들의 학문적, 문학적 지향은 상당한 차이를 보인다. 따라서 남공철을 설명할 때 사용하는 '경화세족'이라는 개

1) 경화세족의 개념에 대해 강명관은 '서울에서 세거하면서 관직(특히 청요직)의 획득 가능성이 다른 양반에 비해 상대적으로 높으며 그 가능성이 사회적 통념으로 공인된 가문'으로 규정한 바 있다. 필자 또한 이것이 경화세족에 대한 일반론적 개념 규정으로서 적절한 것이라 생각한다. 강명관, 「조선후기 서적의 수입·유통과 장서가의 출현」, 『조선시대 문학 예술의 생성공간』, 소명출판, 1999, 254면 각주1 참조.

념을 좀 더 구체적으로 한정할 필요가 있다.

한편 '관각문인'이라는 용어 사용도 유의할 필요가 있다. 정조조 이후 관각문인의 위상이 이전 시기와 달라지기 때문이다.[2] 그렇다 하더라도 남공철은 정조조부터 관각에서 활동하면서 관각문인으로서의 자각 혹은 정조로부터의 영향을 받지 않을 수 없었다. 이에 따라 이 책에서 남공철 산문의 특징을 언급하면서 사용하게 될 '경화세족', '관각문인'이라는 용어의 범주를 다음과 같이 한정하고자 한다. 즉 '정조조에 초계문신 등을 거쳐 성장하였으며 순조조에 세도 정국의 핵심 인물로 활동하며 당시 경화(京華)의 문화를 주도하고, 비록 문단에 대한 예의 영향력과 비중이 현저히 감소하기는 했지만 문형(文衡)으로서 국가의 문풍(文風)을 관장하며 정조의 문학관의 자장 안에 있던 인물'이 그것이다. 그런데 이러한 특징을 보이는 인물은 남공철 한 사람에 국한되지 않는다. 남공철 외에도 김조순(金祖淳)・이만수(李晚秀)・이상황(李相璜)・심상규(沈象奎)・서영보(徐榮輔) 등이 그러한 인물에 해당한다. 남공철은 곧 이들 그룹의 문화적 지향과 문학적 특징을 단적으로 보여주는 인물이라 할 수 있다. 이들은 연암그룹과도 교유하였으나 그들과 동일한 노선을 걸었다고 볼 수 없으며 그렇다고 오희상(吳熙常)과 같은 산림적 성향이 강한 학자군과도 거리가 있었다. 이들이 보이는 공통적인 특징은 당시 경화세족으로서의 소품취, 폭넓은 교유 과정에서 보인 소외된 인물에 대한 관심, 관각문인으로서 정조의 문학관의 자장 안에 있었던 점 등이다. 이 책에서는 이 세 가지 특징에 주안하여 남공철의 산문을 분석, 남공철이 정조조에 성장하여 순조조 정국을 주도한 경화세족이자 관각문인이었던 이들의 문학적 지향을 단적으로 보여준다는 것을 밝히고자 한다.

---

2) 정조조 이후 관각문인의 대표격이라 할 수 있는 文衡의 위상은 이전 시기에 비해 현저히 낮아지게 되며, 이는 당시 홍문관의 위상 변화의 결과이다. 홍문관의 위상 변화와 함께 문형들의 문학관 또한 주자학의 절대주의적 세계관에서 벗어나는 징후를 보이기도 하였다. 이 점에 대해서는 졸고, 「정조 연간의 문형 연구」, 『한국고전연구』 20, 한국한문고전학회, 2010에서 자세히 살핀 바 있다.

남공철에 대한 그동안의 연구는 문학론에 대한 연구와 산문에 대한 연구가 중심이 되어 이루어져 왔다. 학계에서 남공철을 주목하기 시작한 것은 정조의 문체 순정책에 대한 본격적인 연구가 시작되면서부터다.[3] 정조 16년(1792), 정조가 신하들의 문체를 문제 삼은 적이 있는데 이때 남공철이 가장 호되게 질책당하고 관작까지 삭탈당한 일이 있어 정조의 문체 정책을 논할 때 어김없이 남공철이 화두에 올랐던 것이다. 이후 윤현철이 남공철의 생애와 교유 및 주요 문학론을 살피면서 남공철에 대한 연구가 본격적으로 이루어지기 시작했다.[4] 윤현철의 연구는 남공철 문학론의 여러 국면을 실상 그대로 드러내 남공철의 문학에 대한 관점을 학계에 소개하여 관심을 촉발했다는 점에서 의의가 있다. 한편 이경아는 남공철의 주요 문학론을 육경(六經) 중시와 양기론(養氣論), 개성적 표현 중시, 금문(今文)에 대한 긍정, 선변(善變)의 강조 등 네 가지로 파악하고 문학론과 직접적으로 관련된 남공철의 산문을 소개한 바 있으며[5] 근래에 명평자는 고문가로서의 남공철의 문학관에 대해 살피기도 했다.[6]

이후 남공철에 대한 연구는 산문 작품 연구를 중심으로 이루어졌다. 김광섭은 서기문(序記文)·척독제발문(尺牘題跋文)·전장비지문(傳狀碑誌文)을 중심으로 남공철 산문의 전반적 특성을 살폈는데,[7] 남공철 산문의 대체적인 면모를 소개한 첫 성과라는 의의가 있다. 이어서 필자가 남공철의 전장비지문(傳狀碑誌文)에 주안하여 그 특징을 살핀 바 있으며,[8] 김현경은 남공철의 척독을 주제적 특성과 표현적 특성으로 나누어 살

---

3) 정조의 문체 순정책에 대한 초기 연구로 이가원, 『연암소설연구』, 을유문화사, 1965 등을 들 수 있다.

4) 윤현철, 「금릉 남공철의 문학론 연구」, 성균관대 석사학위논문, 1989.

5) 이경아, 「남공철의 문학사상」, 성균관대 석사학위논문, 1997.

6) 명평자, 「金陵 南公轍의 古文論 硏究」, 충남대 석사학위논문, 2008.

7) 김광섭, 「금릉 남공철의 문학관과 작품세계」, 고려대 석사학위논문, 2000.

8) 졸고, 「남공철의 전장비지문 연구」, 서울대 석사학위논문, 2002.

편[9] 남공철 산문의 세부 국면에 집중한 연구가 이어졌다.

이후 풍격(風格)을 기준으로 남공철 산문을 세 가지로 나누어 고찰한 연구가 김광섭에 의해 이루어졌다.[10] 김광섭은 남공철 산문 가운데 정원 속에서 누리는 즐거움과 산수의 아름다움을 소재로 한 글들에는 '아결청유(雅潔淸幽)'한 풍격이, 흥취나 정감 등을 주로 드러낸 척독과 제발에는 '청신기절(淸新奇絶)'한 풍격이, 일사(逸士)나 예인(藝人)을 대상으로 한 전(傳)과 비지(碑誌)에서는 '주일풍신(遒逸風神)'의 풍격이 있다고 하였다. 또 남공철이 20대 중반에 한차례 문학관의 변화를 겪었음을 지적하고 정조 16년(1792), 정조의 문체 관련 조치 이후 남공철의 산문이 다소 보수화되는 경향을 띠기는 하지만 명청제자(明淸諸子)의 산문에 유연한 태도를 보여 그들의 글을 일부 수용한 것으로 파악하였다.

이 밖에도 소품문의 창작과 관련이 깊다는 경화세족의 취미 생활[11]에 학계의 관심이 모아지면서 남공철의 경화세족적 생활상과 그의 고동서화 취미에 대한 연구 성과가 소개되기도 하였으며,[12] 남공철의 한시를 통해 그의 고동서화 취미를 조명한 연구,[13] 성해응(成海應, 1760～1839)의 「서화잡지(書畵雜志)」와 함께 18세기 당시 서화 감상과 비평 양상을 탐색하는 관점에서 남공철의 서화발미를 살핀 연구[14] 등이 학계에 소개되었다.

---

9) 김현경, 「남공철 척독 연구」, 한국교원대 석사학위논문, 2006.

10) 김광섭, 「금릉 남공철 산문 연구」, 고려대 박사학위논문, 2009.

11) 정조는 남공철이 대책문에 패관문자를 인용하였다고 해서 질책하였는데(『정조실록』 16년 10월24일조), 이덕무는 이에 대해 '남공철이 대책문에 古董書畵라는 네 글자를 쓴 데서 문체 문제가 촉발됐다'고 좀 더 구체적으로 언급한바(「與朴在先書」, 『아정유고』 권7) 패관문자·소품문과 고동서화 취미의 연관성을 가장 먼저 문제 삼은 것은 정조다. 소품문과 고동서화 취미에 대해 강명관은, 실용성이 탈각되고 심미적 특성이 강화되었다는 점에서 공통점을 갖는다고 분석한 바 있다. 강명관, 「이덕무 소품문 연구」, 『안쪽과 바깥쪽』, 소명출판, 2007, 226～227면 참조.

12) 대표적인 것으로 다음 두 논저를 들 수 있다. 김성진, 「조선후기 문인들의 생활상과 소품체 산문」, 『한국 고문의 이론과 전개』, 김도련 편, 태학사, 1998; 강명관, 『조선시대 문학 예술의 생성 공간』, 소명출판, 1999.

13) 졸고, 「남공철의 문예취향과 한시」, 『한국한시연구』 12, 한국한시학회, 2004.

14) 손혜리, 「18～19세기 초반 문인들의 서화감상과 비평에 관한 연구」, 『한문학보』 19, 우리

이상 연구사의 흐름에서 드러나듯이, 남공철에 대한 관심은 정조의 문체 순정책에 대한 관심에서 촉발되어 그의 문학론·문학관에 대한 연구로 이어졌고, 이후 1990년대에 소품문에 대한 관심이 고조되면서 남공철의 고동서화 취미가 주목을 받았으며 서화관(書畵觀)과 시경론(詩經論), 산문 전반으로까지 연구 영역이 확장되어 최근에는 산문 전반의 특징이 소개되는 데까지 이르렀다. 이로써 남공철에 대한 논의가 일단락된 듯 보인다.

그럼에도 불구하고 다음의 두 가지 이유에서 남공철의 문학론과 산문의 전모에 대한 고찰이 충분히 이루어졌다고 보기는 어렵다. 첫째, 남공철이 평생 구양수를 흠모하며 특히 구양수 문장의 영향을 크게 받았는데, 이에 대한 논의가 구체적으로 이루어진 바 없다. 남공철의 구양수에 대한 지향은 문장을 의방(依倣)한 것에서부터 귀거래 의식에 이르기까지 다방면에서 확인된다. 본고에서는 남공철이 구양수의 문장을 어떻게 수용하였고, 구양수의 삶의 양식에 대해 어떤 의식을 보였으며 그것이 남공철 자신의 삶의 지향과 문학에 어떻게 영향을 미쳤는지 확인하고자 한다. 둘째, 18세기 후반 내지 19세기 초반에 걸쳐 활동한 경화세족으로서의 특징적 면모가 남공철의 산문에 어떻게 구현되고 있는가에 대해 충분히 밝혀졌다고 보기 어렵다. 이는 남공철 산문의 문학사적 의의를 탐색하는 것과도 관련된다.[15] 이 시기 경화세족, 그 가운데서도 특히 정조조에 성장하여 순조조에 관각문인으로 활동한 남공철·이만수·서영보·이상황·김조순·심상규 등은 관각문인으로 활동하면서도 패관소품을 애호하였으며, 소외된 인물에 대한 관심을 문학으로 표출하고, 정조의 문학관을 다양한 양상으로 실천하였다는 공통점이 있다. 남공철은 이

한문학회, 2008.

15) 조동일, 『한국문학통사』 3, 제4판, 지식산업사, 2005, 455면에서는, 남공철이 墓誌를 傳처럼 쓴 것, 즉 그의 유연한 장르의식에 주목한 바 있다. 그러나 여전히 남공철의 산문이 문학사적으로 어떤 자리에 놓일 수 있는가에 대한 충분한 검토가 이루어졌다고 할 수 없다.

그룹의 특징적인 면모를 단적으로 보이는 인물이다. 필자는 이 점에 착안하여 남공철 산문을 통해 이 그룹의 문학사적 의의를 탐색하고자 한다. 이로써 그간 남공철의 문학관과 산문에서 보이는 모순적인 측면, 즉 고문을 표방하면서도 소품문적 기미가 다분한 글을 짓기도 했던 이유를 해명할 수 있을 것으로 생각한다.

남공철의 문집은 『금릉집(金陵集)』(24권 12책), 『영옹속고(潁翁續藁)』(5권 2책), 『영옹재속고(潁翁再續藁)』(3권 1책), 『귀은당집(歸恩堂集)』(10권 5책)이 전한다. 남공철 자신이 친자(親子)가 없었던 점, 그리고 글씨와 활자에 대한 관심이 남달랐다는 점, 부친 남유용 또한 중년에 장성한 자식이 없자 아우 남유정(南有定, 1722～1775) 및 조카 남공필(南公弼, 1715～1763)의 도움으로 자신의 문집을 스스로 편차해 둔 사례가 있었다는 점,[16] 서화에 대한 관심이 지대했던 만큼[17] 스스로 제작하거나 선정한 활자로 자신의 문집을 간행하고자 하는 일종의 문인으로서의 자의식[18] 등이 이처럼 많은 자편고(自編稿)를 남기게 된 계기로 작용했다고 할 수 있다.

이 가운데 남공철이 생애의 대부분, 즉 10대부터 50대 중반까지

---

16) 남공철, 「叔父奉化縣監兼安東鎭管兵馬節制都尉府君行狀」, 『금릉집』 권19: "先君子中年, 子孫無成長者, 所著述文章, 多散落不收. 公與平昌公謀, 校正繕寫, 閱累月工訖. 先君子文集至是, 始有善本."

17) 남공철은 손수 聚珍字를 제작하여 『金陵集』을 간행했다. 취진자는 이후 서명응이나 서유구 외 문집을 간행할 때도 사용되었다. 취진자는 글씨에 대한 남공철의 관심이 활자에까지 이어진 결과 제작된 것으로 보인다.

18) 문인으로서의 자의식은 문장가로서의 자신의 삶을 世評에 기대지 않고 스스로 규정하여 형상화하고자 했던 당시의 경향에서도 확인된다. 李晩秀가 自誌銘을 남겼고 남공철도 自碣銘과 自誌를 남겼으며, 徐命膺과 徐淇修는 自表를, 徐瀅修는 自誌를 남겼다. 조선후기에 이르러 자기 자신을 스스로 형상화한 自傳, 自表, 自誌 등이 빈번하게 지어진 것이나, 자신의 불우한 삶에 대한 자기 연민으로서의 의미를 지니는 朴世堂·南鍾玄·姜世晃·金光遂 등의 自撰墓誌銘도 문인으로서의 자의식의 발현이라는 맥락에서 지어진 것으로 볼 수 있겠다. 안대회, 「조선후기 자찬묘지명 연구」, 『한국한문학연구』 31, 한국한문학회, 2003; 한민섭, 「조선후기 家學의 한 국면-徐命膺 일가의 문학을 중심으로」, 『한국실학연구』 14, 한국실학학회, 2007 참조.

지은 시문은 1815년에 간행한 『금릉집』에 수록되어 있다. 남공철이 63세 되던 해인 순조 22년(1822)에 간행한 『영옹속고』에는 권1의 시를 제외하면 소차(疏箚)와 같은 관각문자나 청탁에 의해 부득이 해서 지은 묘도문자가 대부분을 차지하고 있다. 그 이후 1830년경에 간행한 『영옹재속고』에 수록된 내용도 『영옹속고』와 크게 다르지 않다. 『귀은당집』은 벼슬에서 물러난 이듬해인 순조 34년(1834)에 간행한 것인데, 수록된 내용 대부분이 자신의 이전 문집에서 선발한 시문이어서 선집(選集)의 성격이 강하다고 할 수 있다. 남공철의 여러 문집 가운데 그가 의욕적으로 창작에 임한 시기에 지었던 글들이 대부분 수록되어 있고 분량상으로도 가장 방대하다는 점에서 『금릉집』은 그의 산문의 특징적인 면모를 단적으로 확인할 수 있는 자료라 할 수 있다. 따라서 이 책에서는 남공철의 여러 문집 가운데 『금릉집』에 수록된 작품을 주요 분석 대상으로 한다.

『금릉집』의 권1～권4에는 시, 권5～권24에는 산문이 수록되어 있다.[19] 그의 문집에서 시보다는 산문이 더 큰 비중을 차지하는 이유는 남공철 스스로 시보다 산문을 자부한 것과 관련이 있으며,[20] 부친 남유용이 시 짓기에 힘쓰지 않았다고 한 것이나 부친 남유용의 장처가 문(文)에 있었던 것과도 무관하지 않다.[21] 권5～권9에는 계(啓)나 소차(疏箚)와 같은 관각문자가 수록되어 있는데 이 책에서 남공철의 관각문자를

19) 권5에는 內製集과 外製集, 권6에는 箋狀과 啓, 권7～권9에는 疏箚, 권10에는 書와 尺牘, 권11에는 序, 권12에는 記, 권13에는 題跋과 雜著, 권14에는 雜著와 祭文, 권15에는 碑銘, 권16에는 碑銘과 墓碣, 권17에는 墓誌, 권18에는 墓表, 권19에는 行狀과 諡狀, 권20에는 日得錄, 권21에는 詩童子問, 권22에는 讀禮錄, 권23에는 書畫跋尾, 권24에는 書畫跋尾 및 譜圖가 수록되어 있다.

20) 남공철, 「與金國器論文書」, 『금릉집』 권10: "某於詩不畏子, 於文畏子. 子之文, 不離於道, 且倡起古學於擧世不爲之時, 其功甚鉅"; 鄭元容, 「領議政文獻南公公轍墓誌銘」, 『經山集』 卷17: "聲律偶儷, 雖幷深造, 而文其長也."

21) 남유용, 「鐘巖詩卷跋」, 『뇌연집』 권13: "余平生不喜爲詩"; 남공철, 「伯父太華先生墓誌銘」, 『금릉집』 권17: "公長於詩, 先君子長於文."

살피지 않고 상대적으로 문예적 성향이 강한 글들을 주요 연구 대상으로 삼는 것은 "젊어서부터 벼슬하여 문장에 힘쓸 겨를이 없었고 조정과 지방에서의 관리 생활이 바빠서 성취한 것이 스스로 보기에도 겸연쩍다"[22]라 한 것이나, 문사(文詞)를 애호하여 옛 작가의 체제를 본뜨려 했다는 술회[23]를 통해서 알 수 있듯이 그 자신이 상대적으로 순문예적 성향이 강한 문장에 애착을 갖고 그것에 힘쓰고자 했기 때문이다. 그렇다고 해서 관각문자가 그의 산문에서 차지하는 비중이 낮다고 단정할 수는 없으며, 남공철의 관각문자에 대한 고찰 또한 그의 산문의 특징적 면모를 밝히는 데 기여할 수 있을 것으로 생각한다. 다만 이 책에서는 관각문자 이외의 산문을 중심으로 논의한다. 이에 따라 본서에서 논의 대상으로 삼을 글들은 『금릉집』의 권10~권24에 수록되어 있는 것으로 좁혀진다. 이 가운데 권20의 일득록(日得錄), 권21의 시동자문(詩童子問), 권22의 독례록(讀禮錄), 권24의 보도(譜圖)는 참고자료로 활용하고 본고에서의 본격적인 논의 대상으로 삼지는 않는다.[24] 결국 본서에서 주요 분석 대상으로 삼을 것은 서(書)와 척독(尺牘), 서(序), 기(記), 제발(題跋), 잡저(雜著), 제문(祭文), 비명(碑銘), 묘갈(墓碣), 묘지(墓誌), 묘표(墓表), 행장(行狀), 시장(諡狀), 서화발미(書畫跋尾)다.

남공철은 문체에 따른 법도에 대해 언급하면서 "서기(序記)에는 서기의 법이 있고, 비지(碑誌)에는 비지의 법이 있으며, 장소(章疏)·책론(策論)에는 장소·책론법이 있고, 서독(書牘)·제발(題跋)에는 서독·제발법이 있다"[25]라 하며 산문의 주요 문체로 서기(序記), 비지(碑誌), 장소

22) 남공철, 「自敍」, 『귀은당집』: "且自少仕宦, 無暇鉛槧之役, 多爲籌畫文簿所奪, 其所成就, 自視亦歉然."

23) 남공철, 「辭大提學疏」, 『금릉집』 권8: "臣自幼少, 粗有家庭聞見, 性亦愛好文詞, 時或慕倣古作家體裁, 而才品旣下."

24) 권20의 日得錄은 정조의 어록이고, 권21의 詩童子問은 詩에 관한 네 가지 질문에 대해 중국 역대 諸家의 說을 인용하여 정리한 것이며, 권22의 讀禮錄은 『禮記』 가운데 어려운 글자 혹은 의문처에 대해 이덕무가 집필한 『禮記臆』의 상당 부분을 轉載한 것이고, 권24의 譜圖는 의령남씨의 系譜다.

(章疏)·책론(策論), 서독(書牘)·제발(題跋)을 든 바 있다. 여기서 관각문자에 해당하는 장소·책론을 제외하면 서기, 비지,[26] 서독·제발이 남는다. 여기서는 소품적 성향이 강한 서독·제발, 인물 형상화에 주력한 전(傳)과 비지(碑誌), 의론과 지향이 특징적으로 발견되는 서(序)와 기(記)를 중심으로 남공철 산문을 분석하도록 한다.

남공철 산문의 특징적인 면모를 문화사적, 문학사적 맥락에서 의미 있게 살피기 위해서는 먼저 그의 생애와 교유관계를 재조명해 볼 필요가 있다. 남공철의 생애와 교유에 대해서는 이미 적지 않은 연구 성과가 축적되었지만, 여전히 그의 생애의 각 시기에 따른 창작 양상의 변모라든지 교유관계의 흐름이 충실히 밝혀졌다고 보기는 어렵다. 또 그간 남공철의 문학관에 대한 연구가 적잖이 이루어졌음에도 그 문학관의 모순되는 측면들에 대한 해명이 부족한 형편이어서 그의 문학관의 전반적 특징을 구조적으로 제시하도록 한다. 이를 통해 단지 그의 문학관을, 그가 창작한 산문과 별개의 것으로 제시하는 것을 넘어서, 그가 소품 취향의 척독과 제발, 그리고 고문 지향적인 서(序)나 기(記)를 함께 창작할 수 있었던 창작의식을 해명할 수 있을 것으로 기대한다. 또 그는 남용익으로부터 남유용에 이르기까지 형성, 계승된 가학(家學)의 영향 아래 성장하였으며, 평생의 문학 활동이 구양수라는 강력한 자장(磁場) 안에서 이루어졌다. 그의 문학을 이해하는 데 가학과 구양수의 영향은 결코 가벼이 볼 수 없는 것이어서 이 점에 대해서도 논의하도록 한다. 이상 남공철의 생애와 교유, 그리고 산문의 형성 배경으로서 문학관의 구조적 특징과 가학 및 구양수의 영향에 대해 제2장에서 논의하도록 한다.

제3장에서 제5장까지는 남공철의 산문을 각각 척독과 제발, 전과 비

25) 남공철, 「與金國器論文書」, 『금릉집』 권10: "序記有序記法, 碑誌有碑誌法, 章疏、策論有章疏、策論法, 書牘、題跋有書牘、題跋法."

26) 碑誌는 인물 형상을 위주로 하는 문체라는 점에서 傳과 상통하는 면이 있고 남공철은 비지를 傳처럼 쓰기도 해 傳 또한 비지와 함께 고찰하도록 한다.

지, 서(序)와 기(記) 등으로 분류, 분석하여 그 특징을 고찰하고자 한다. 매 장의 도입부에서 각 문체의 전반적인 창작 양상과 특징을 간략히 살피고 이후 각 문체별로 남공철 산문의 주요 특징을 구체적 작품 분석을 통해 집중적으로 논의하도록 한다. 작품은 가급적 전문을 들어 분석하되, 여성 묘주 묘지명과 같이 의례적인 서술이 많은 글은 작품군의 특징적 면모를 선명하게 확인할 수 있는 부분만을 적시하도록 한다.

제3장에서는 남공철이 주로 수학기와 청년기에 창작한 척독과 제발에 대해 논의한다. 남공철의 척독과 제발은 크게 세 부류로 나누어 볼 수 있다. 첫째, 아취(雅趣)를 추구한 것으로 이에 속하는 글은 다시 아회(雅會)에서 이루어지는 고동서화 취미 혹은 산수 유람의 정취를 벗과 공유하는 차원에서 지은 것, 아(雅)와 속(俗)의 대비를 통해 아취(雅趣)를 두드러지게 한 것으로 나누어 볼 수 있다. 본서에서는 전자의 대표적인 예로 「여오사집(與吳士執)」·「여이무관(與李懋官)」·「여한사선(與韓士善)」을, 후자의 대표적인 예로 「여한자정(與韓子定)」·「여이원리(與李元履)」·「여최생(與崔生)」을 들어 분석하고자 한다. 둘째, 우정에 관한 것으로 이는 다시 벗과의 만남과 이별의 감회를 표출한 글, 벗을 책선(責善)하는 차원에서 지은 글로 나누어 볼 수 있다. 전자의 예로 「기소축발(寄所軸跋)」·「제태학창수집후(題太學唱酬集後)」·「제제자원시후(題弟子院詩後)」·「서근암윤문정공필찰후(書近庵尹文貞公筆札後)」·「제오사집필찰후(題吳士執筆札後)」·「김국기서간첩발(金國器書簡帖跋)」을, 후자의 예로 「답조국진(答趙國珍)」·「답오생정(答吳生珽)」·「답나생필겸(答羅生匹縑)」·「답이이습(答李而習)」을 들어 분석하고자 한다. 셋째, 와유(臥遊)의 정취(情趣)를 강조한 글로, 남공철은 번잡한 산수 유람을 지양하고 마음속에 산수의 경개를 갖추어야 한다는 심득(心得)을 강조한 바 있는데 그 예로 「삼진첩발(三眞帖跋)-우발(又跋)」·「둔촌사경도발(遁村四景圖跋)」을 분석하도록 한다.

제4장은 전(傳)과 비지(碑誌) 등 주로 인물 형상에 치중한 글들에 대

해 논의한다. 여기서는 남공철이 전(傳)이나 비지(碑誌)를 통해, 예인(藝人)들과 교유한 경험을 토대로 예인의 자의식에 집중하여 그것을 형상화하고자 하였던 점, 비록 세상에 드러나지는 않았으나 사인(士人)으로서 절의를 중시하며 산 인물들이 절의를 지키는 과정을 특징적으로 포착하였다는 점, 전통 사회 여성으로서 수동적인 삶을 사는 데 그치지 않고 주체적으로 판단하고 행동하는 여성을 여사(女士)라 하여 주목하였다는 점을 집중적으로 고찰하고자 한다. 전과 묘지명에서 남공철이 주목한 것은 예인의 강렬한 자의식, 그리고 사인(士人)과 여사(女士)의 절조(節操)다. 화가인 김용행이나 최북이 보인 기행(奇行)은 모두 강렬한 자의식에 기반한 것이고, 남유형(南有衡)·남유두(南有斗)·박남수(朴南壽) 등이 보인 고집스러움과 그로 인해 빚어지는 갈등은 그들의 절조(節操)로 인한 것이다. 남유형이나 남유두, 박남수가 보여준 것이 사인(士人)의 절조(節操)라면 부인 묘지명의 묘주들은 한결같이 부귀영록(富貴榮祿)을 도외시하며 높은 학식을 기반으로 가정을 경영하는 여사(女士)로서의 모습을 보여주고 있다.

남공철의 전과 묘지에 드러나는 인물들 가운데 상대적으로 강도 높은 자의식을 보이는 이들은 김용행이나 최북과 같은 예인이다. 이러한 예인들은 종종 자의식 과잉으로 인해 기이한 행동을 보이게 되는데 남공철은 그들의 기행(奇行)을 단지 흥밋거리로 다룬 것이 아니라 그들의 자의식을 잘 표상하고 있는 것으로 다루고 있다. 또 남공철의 묘지에서 특징적으로 확인할 수 있는 것이 바로 '갈등'인데, 이 점도 묘주들의 강한 자의식에 기인한 것이다. 자기 내면을 지속적으로 깊이 응시하는 가운데 자신이 가치 있다고 여기는 점을 굳게 지키려는 묘주들의 태도, 이것이 곧 절조(節操)라 할 수 있다. 이처럼 남공철의 전과 묘지는 공통적으로 대상 인물의 자의식에 주목하여 자의식 과잉 양상을 형상화하거나 자의식으로 인해 형성된 신념을 지키는 태도를 문제 삼고 있다. 여기서는 강렬한 자의식을 보인 예인에 대한 전으로 「김순필전(金舜弼傳)」과 「최칠칠전(崔七七傳)」을, 자신의 내면적 가치를 굳게 지키려는 태도를 보인 인물을 대상으로 한 묘지로 「남군산묘지명(南君山墓誌銘)」과 「진락선생묘지명(眞樂先生墓誌銘)」, 그리고 「박산여묘지명(朴山如墓誌銘)」을, 여사(女士)로서의 면모를 보인 부인들에 대한 묘지명으로 여섯 편의 부인 묘지명을 들어 분석하려 한다.

제5장에서는 서(序)와 기(記)의 특징적 면모를 살펴본다. 서나 기는 그 짓는 목적이 매우 다양하고 글의 성격 또한 다양할 수밖에 없기에 어느 한두 가지로 남공철의 서와 기의 특징을 간추리기는 쉽지 않다. 다양한 특성들 가운데 본고에서는 '의론과 지향'이라는 측면에 주목하여 불우한 삶을 산 인물을 위무하는 논리를 내세운 작품들, 왕화(王化)의 고취와 여민동락(與民同樂)의 구가 등과 같이 관료문인적 면모를 확인할 수 있는 작품들, 구양수를 지향하여 귀거래를 계획하고 귀거래할 곳을 소재로 지은 작품들을 차례로 분석하도록 한다. 불우한 삶을 산 인물을 위무하는 논리를 내세운 글로 「포감집서(苞甘集序)」·「민생시집서(閔生詩集序)」·「김국기시집서(金國器詩集序)」를, 관료문인적 면모를 확인할 수 있는 글로 「태수정기(太守亭記)」·「소풍락정기(小豐樂亭記)」를, 귀거래의 지향 의식을 드러낸 글로 「우사영정기(又思潁亭記)」·「옥경산장기(玉磬山莊記)」 등을 분석 대상으로 삼아 서와 기에서 주요하게 문제 삼는 의론과 지향에 대해 논의하도록 한다.

이어 제6장에서는 남공철이 18세기 후반에서 19세기 전반에 이르는 동안 문단에서 김조순이나 심상규 등과 함께 당대 고문가나 소품문가와는 다른 지향을 보이며 또 하나의 흐름을 형성하였다는 점을 해명하려 한다. 이를 통해 정조조에 초계문신으로 성장하여 순조조에 관각문인으로 활동한 문인 그룹이 보이는 문학사적 위상을 탐색, 이 그룹의 문학적 특징을 단적으로 확인할 수 있는 남공철 산문의 문학사적 위상에 대해 논의하고자 한다. 먼저 장을 바꾸어 남공철 산문의 창작 배경에 대해 살펴본다.

제2장 남공철 산문의 창작 배경

1. 생애와 교유

1) 생애

남공철은 자가 원평(元平), 호가 금릉(金陵)·사영(思潁)·의양자(宜陽子)[1]·이아도인(爾雅道人)·영옹(潁翁) 등이며, 본관은 의령(宜寧)이다. 1760년(영조 36), 부친 남유용(南有容, 1698~1773)과 모친 안동김씨 사이에서 태어났다. 고조부는 남용익(南龍翼, 1628~1692)이고 증조부는 남정중(南正重, 1653~1704)이며 조부는 남한기(南漢紀, 1675~1748)다. 고조부 남용익은 이조판서와 대제학를, 조부 남정중은 충청도관찰사를, 조부 남한기는 지돈령부사를, 부친 남유용은 양관대제학을 지냈다. 당대에 시로 이름이 높았던 백부 남유상(南有常)은 우의정을 지낸 원인손(元仁孫, 1721~1774)의 장인이자 영의정을 지낸 이병모(李秉模, 1742~1806)의 외조부였다. 또 남공철의 형 남공보(南公輔)의 증손인 남구순(南久淳)은 김조순(金祖淳)의 사위이자 남병철(南秉哲, 1817~1863)과 남병길(南秉吉, 1820~1869)의 부친이기도 했다. 남병철·남병길 형제는 철종조에 각각 이조판서와 예조판서를 지냈으며 천문역법으로도 이름이 난 이들이다. 이처럼 남공철 집안은 17세기부터 19세기 후반에 이르

1) 宜陽子라는 號는 남공철뿐만 아니라 부친 南有容이나 從孫 南周獻 등도 사용한 바 있다. 이 號는 이들의 本貫 '宜寧'과 구양수가 스스로를 칭할 때 자주 쓰던 '歐陽子'라는 칭호를 염두에 두고 쓴 것인 듯하다.

기까지 명문가와의 혼인 관계를 맺으며 큰 인물을 여럿 낸 조선 후기의 대표적인 문한가다.

〔표1〕 가계(家系) 약도(略圖)

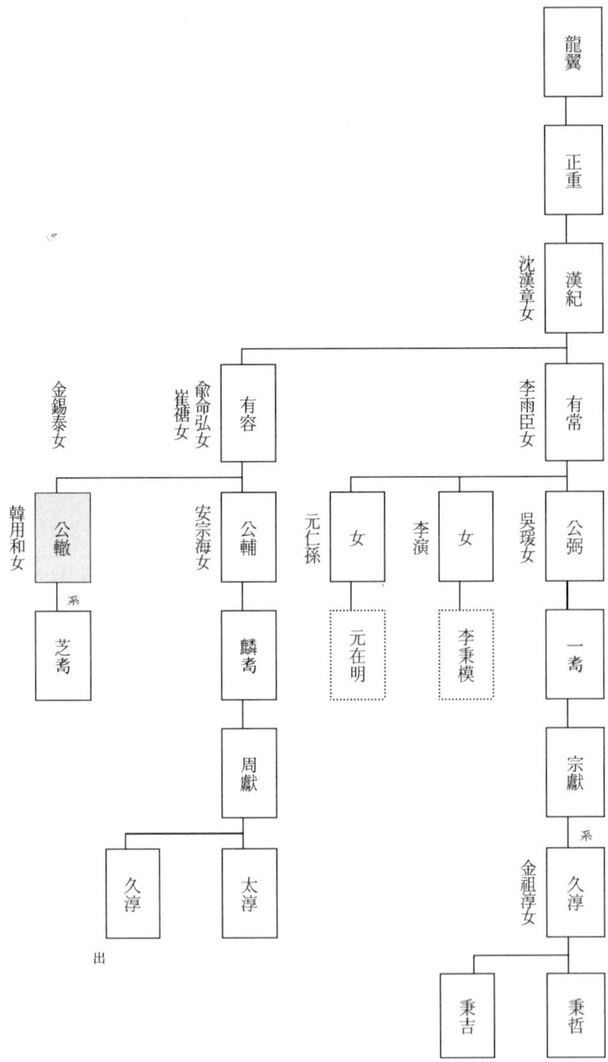

남유용에게는 아들이 둘 있었는데, 첫째 부인 기계유씨(杞溪兪氏)와의 사이에서 태어난 공보(公輔, 1721～1748)가 첫째 아들이고 셋째 부인 안동김씨와의 사이에서 태어난 공철이 둘째 아들이다. 남유용은 첫째 부인 기계유씨와의 사이에서 여덟 명의 아들을 낳았으나 일곱은 어려서 모두 죽고[2] 공보만 장성하였는데, 그마저도 스물여덟의 젊은 나이에 죽었다. 이후 후사가 없던 남유용은 63세 되던 해에 셋째 부인과의 사이에서 공철을 얻게 된다.

남공철은 지금의 서울 명동(明洞) 일대인 명례방(明禮坊)에서 태어나, 네 살 되던 해인 1763년에 성천부사(成川府使)로 부임하는 부친을 따라 성천에 가서 부친으로부터 수학하기 시작했다.[3] 성천에서 돌아온 남공철은 한동안 외가가 있던 건덕방(建德坊)에서 생활하였는데,[4] 유년의 상당 기간을 건덕방 외가에서 보낸 듯하다. 당시 남공철의 본가는 초동(草洞)[5]에 있었다고 하고, 남공철이 18세 되던 해에 서유구가 저현(苧峴)[6]의 남공철 집을 자주 찾았다는 기록[7]이 있는 것으로 보아 남공철은 청년기에도 명례방에서 거주한 적이 있던 것으로 보인다.[8]

---

2) 남유용, 「亡子公輔墓表」, 『뇌연집』 권23: "其父有容, 母兪氏. 兪氏八子亡其七."

3) 남공철, 「의양자연보」 영조 39년 계미조, 『귀은당집』 부록: "是歲, 公隨文淸公官于成都, 始受學."

4) 건덕방은 지금의 종로5가와 원남동 사거리 사이를 가리키던 지명이다. 남공철이 건덕방에서 얼마나 오래 지냈는지 정확히는 알 수 없지만, 유년에 대한 기록들 가운데 건덕방에 대한 언급이 종종 보이는 것으로 보아 유년기 중 상당 기간을 이곳에서 지낸 듯하다. 남공철이 건덕방에서 지냈다는 기록은 "間余隨吾母, 家于建德坊之里"(남공철, 「淑人趙氏墓誌」, 『금릉집』 권17); "一日, 公退過建德坊第, 亟呼余…(中略)…時余年七八歲"(남공철, 「書近庵尹文貞公筆札後」, 『금릉집』 권13) 등에서 확인할 수 있다.

5) 지금의 을지로3가와 충무로 사이의 지역을 칭하는 이름이다. 행정구역상으로는 존재하지 않지만 지금도 그 일대를 초동이라 일컫는다. 남유용이 1773년에 이곳 초동 본가에서 졸하였다는 기록(「年譜」 癸巳條, 『雷淵集』 附錄)이 있다.

6) 苧峴, 즉 모시고개는 지금의 명동에 있던 고개로 그 이름의 흔적이 苧洞으로 남아 전한다.

7) 서유구, 「又思潁亭記」, 『金華知非集』 권5, 『楓石全集』: "榘年十四…(中略)…榘亟訪于苧峴之舍."

8) 명례방과 초동은 인접해 있으며, 건덕방은 명례방이나 초동으로부터 가볍게 오갈 수 있을 정도의 거리에 있다.

남공철이 유년을 보낸 명례방-초동 일대는 남촌에 속한다.[9] 남촌에는 당시 명문거족들이 많이 거주하였고 당색도 뒤섞여 있었는데, 정약용의 집이 바로 회현방과 명례방에 있었다.[10] 남공철의 문집에 표면적으로 드러나지는 않지만 남공철과 동년배였던 정약용(1762～1836)이 명례방 인근에서 죽란시사(竹欄詩社)를 결성하여 활동한 것, 정조대에 함께 관직 생활을 하며 만날 기회가 적지 않았던 것,[11] 당색이 달랐음에도 불구하고 남공철이 정약용에 대해서 우호적이었던 것[12] 등으로 미루어 보아 유년 시절부터 정약용과도 교유가 있었던 것으로 보인다.[13] 또한 남공철의 생활 공간에는 양반들뿐만 아니라 중인 서리층도 다양하게 거주하고 있었고, 시전(市廛)이 있던 종로나 화원(畵員)들이 그림을 내다 팔던 광통교와도 근접하여[14] 유년 시절 남공철은 시정의 삶과 당시 급변하던 도시 문화를 가까이에서 접할 수 있었던 것으로 짐작된다.

명례방 일대의 남촌뿐 아니라 외가가 있던 건덕방을 포함한 동촌(東村) 또한 남공철의 주요한 생활 공간이었다. 이곳에서는 영조대 관각문

9) 종로 이남으로부터 남산 기슭, 그리고 남산의 남쪽으로 지금의 한남동과 서빙고동 일대까지를 南村이라 하였다.

10) 조선후기 한양의 각 지역에 따른 거주 분할에 대해서는 심경호, 「조선후기 서울의 遊賞空間과 詩文學」, 『韓國漢詩硏究』 8, 한국한시학회, 2000 참조.

11) 일례로 정조가 芙蓉亭에서 近臣들을 모아 賞花宴을 베풀 때 남공철과 정약용이 함께 참석한 것을 확인할 수 있다. 이 기록은 「芙蓉亭賞花釣魚 疊前韻」, 『홍재전서』 권6에 보인다.

12) 신유사옥으로 기나긴 유배 생활을 한 다산은 1818년에 해배되었는데, 죽란시사에서 다산과 함께 활동하던 인물들, 특히 순조의 신임을 받고 있던 韓致應이 중심이 되어 당시 정치현실 속에서 다산을 구원할 수 있는 時派 김조순계와 연합, 다산에게 적대적인 세력과의 정치 투쟁을 통해 다산의 해배운동을 벌였다. 이 과정에서 김조순계의 핵심인물로 다산 해배에 결정적 기여를 한 이가 남공철이다. 이에 대해서는 정석종, 「純祖年間의 政局變化와 茶山解配運動」, 『국사관논총』 47, 국사편찬위원회, 1993 참조.

13) 남공철의 종고손 南秉哲(1817～1863)이 정약용의 아들 丁學淵(1783～1859)이나 독실한 천주교인으로 병인박해 때 죽은 南尙敎(1784～1866) 등을 대상으로 지은 懷人詩가 있는 것으로 보아 남공철 집안은 남인과도 교유하였던 것으로 보인다.

14) 姜彝天(1768～1801)은 「漢陽詞」에서 광통교에서 도화서 화원들이 사사로이 그림을 그려 내다 팔던 세태를 묘사한 바 있다. 이에 대해서는 강명관, 「조선후기 서울과 한시의 변화」, 『민족문학사연구』 6, 민족문학사학회, 1994 참조.

인인 황경원(黃景源, 1709～1787), 오원(吳瑗, 1700～1740), 이천보(李天輔, 1698～1761), 남유용(南有容, 1698～1773)이 '동촌파(東村派)'로 활동한 바 있다.[15] 남유용이 초동(草洞)에 기거한 것은 그의 만년의 일로, 젊은 시절에는 그 역시 동촌에 거주하였던 것으로 보인다.[16] 남공철 또한 중년 이후에 낙산(駱山) 인근에 낙산정사(駱山精舍)를 두었다는 것으로 보아 동촌 또한 그의 주요 생활 무대였다고 할 수 있다.[17] 그뿐만 아니라 오원(吳瑗)의 별서(別墅)가 동촌에서 가까운 종암(鍾巖)에 있었고[18] 남유용은 그곳 오원의 별서에 어린 남공철을 데리고 잠시 머무른 적이 있다.[19] 이렇듯 유년 시절 남공철의 주요 생활 무대였던 남촌의 동북부(명례방과 초동)와 동촌은 박제가가 살던 남이(南怡) 장군 집터, 이덕무가 살던 관인방(寬仁坊) 대사동(大寺洞)이나 박지원이 살던 전의감동,[20] 오윤상이 살던 경행방(慶幸坊)이나 그 집안의 별서(別墅)가 있

15) 이규상, 『18세기 조선인물지-幷世才彦錄』, 민족문학사연구소 한문분과 옮김, 창작과비평사, 1997, 51면. 동촌파에는 남유용・황경원・오원・이천보 외에도 상당히 많은 구성원이 있었다. 동촌파에 대해서는 졸고, 「영조조 동촌파의 교유양상과 교유시」, 『한국한시연구』 21, 한국한시학회, 2013 참조. 동촌은 낙산 기슭을 일컫는 이름으로 예로부터 金孝元・李浚慶・李廷龜・柳潚・李睟光・申光漢 등 명인의 집이 많았다. 이에 대해서는 이종묵, 『조선의 문화공간』1, 휴머니스트, 2006의 '낙산의 기재에서 학을 키운 신광한'편 참조.

16) 남유용, 「竹醉金君墓碣銘」, 『뇌연집』 권22: "余居東山之趾." 여기서의 東山은 곧 駱山을 가리킨다. 駱山은 지금의 대학로 인근의 낙산공원이 있는 駱駝山을 가리킨다. 駱駝山은 풍수지리상 서울의 內四山의 하나로 左靑龍에 해당하며 東山이라고도 불렀다.

17) 남공철, 「集古印譜序」, 『금릉집』 권11: "長城徐聖彝從余于駱山精舍學." 남공철 집안이 낙산과 인연을 맺은 것은 그의 고조부 남용익부터이다. 남용익은 낙산에 경저 疎慵堂을 두고 그 뒤에 日涉亭이라는 정자를 두어 거거래를 표방한 바 있다. 소용당과 일섭정에 대해서는 이종묵, 『조선의 문화공간』 3, 휴머니스트, 2006, 442～447면 참조.

18) 오원으로부터 그 아들 오재순, 손자 오연상에 이르기까지 종암에 별서를 경영하며 그곳을 자주 찾았다. 이들의 종암 별서에 대해서는 이종묵, 『조선의 문화공간』 4, 휴머니스트, 2006, 142～161면 참조.

19) 남유용이 오원의 종암 별서에 머물렀던 사실은 「同遊貞陵谷口 復歸鍾巖 道中作」(『뇌연집』 권2)이라는 시와 「鍾巖後園看花 文遠適至」(『뇌연집』 권5)의 "借宅乍能成隱計, 無田長自說歸心"이라는 구절을 통해 짐작할 수 있으며, 남공철의 시 「秋日 爲迎慈駕 出過鍾巖 仍憩醇庵吳文靖公舊庄 余於童子時 陪先君僑居此庄 漁釣嬉遊 歷歷可記 而今近三十寒暑矣 前時父老幾盡無餘 而文靖之墓草已宿 感詠一律以識之」(『金陵集』 卷2, 밑줄-필자)를 통해 그 사실을 결정적으로 확인할 수 있다.

는 종암(鍾巖)과도 그리 멀지 않은 곳이다.[21] 유년 시절과 수학기에 그들과 활발하게 교유할 수 있었던 것도 이러한 거주 상황과 무관하지 않을 것이다.

10세 되던 해부터 부친이 이미 노쇠하여 직접 가르칠 수 없어 모친 안동김씨가 『시경(詩經)』과 『논어(論語)』, 『맹자(孟子)』 등을 언해하여 남공철을 가르쳤다.[22] 13세 되던 1772년(영조 48)에 김용겸(金用謙, 1702~1789)의 주관으로 관례를 행하고 같은 해에 한용화(韓用和, 1732~1799)의 딸과 혼인하였다. 이듬해에는 부친상을 당하여 남공철이 부친으로부터 직접 수학한 기간은 길지 않았다. 오히려 남공철이 부친 남유용의 시문 등을 배운 것은 부친 사후, 부친의 가장(家藏) 초고(草稿)들과 1783년에 왕명으로 간행한 부친의 문집을 통해서였다. 이후 남공철이 본격적으로 고문(古文)을 배운 것은 16세 되던 해부터다. 남공철은 김순택(金純澤, 1714~1787)으로부터 고문을 배웠는데, 고문 학습의 주된 내용은 『논어』, 『맹자』 등의 경서, 『사기(史記)』와 당송제자문(唐宋諸子文) 등이었다.[23] 김순택은 남공철의 조부 남한기의 둘째 부인 소생의 딸과 혼인하였으므로 남공철에게는 고모부가 된다. 그는 명(明) 이후의 글은 보지 않고 이반룡(李攀龍)과 왕세정(王世貞) 등 전후칠자의 글

---

20) 박제가가 살던 남이 장군 집터는 지금의 한국방송통신대학교 정문 맞은편이다. 이덕무가 살던 대사동과 박지원이 살던 전의감동은 모두 지금의 조계사 인근이다. 박지원은 1768년 백탑 부근으로 이사해 살면서 이덕무나 이서구, 유득공 등과 교분을 맺었다. 이어 1772년 내지 1773년 무렵부터 1778년 연암협에 은둔할 때까지 전의감동에서 혼자 기거하였다. 이 시기는 박지원이 '法古創新'으로 요약할 수 있는 문학관을 확립하고 「伯姊贈貞夫人朴氏墓誌銘」과 같은 인상적인 글을 창작한 시기이기도 하다. 박지원은 이 시기에 이덕무나 유득공, 박제가, 이서구 등과 활발히 교유하였는데 남공철도 그들과 교유하며 그들의 문학관으로부터 적지 않은 영향을 받은 것으로 보인다. 이 시기 박지원의 문학관과 거주 정황에 대해서는 김명호, 『박지원 문학 연구』, 성균관대 대동문화연구원, 2001, 187~190면 및 같은 책의 '연암 연보' 참조.

21) 오윤상 집안이 대대로 살던 경행방은 지금의 종로3가 부근이다.

22) 남공철, 「의양자연보」 영조 45년 기축조, 『귀은당집』 부록: "時文淸公已老, 不能親自勸課, 母夫人取二南、論、孟諸書, 諺而敎之."

23) 남공철, 「玉溪金先生文集序」, 『금릉집』 권11: "受論、孟諸書, 先生間或取太史公、唐宋諸子文."

은 물론 그들의 의고적 성향에 대해 강한 반감을 가지고 있었으며 한결같이 자기 자신으로부터 나온 글을 짓고자 했다[務自己出]. 그래서 글을 짓는 데 신중을 기하여 지은 시문의 편수가 많지 않았다고 한다. 김순택은 이처럼 의고주의에 반대한 대신, 귀유광(歸有光)의 글을 높이 평가하는 등 당송고문을 문장의 정통으로 인정하는 입장이었다.[24] 본격적으로 고문을 학습하게 된 스승이 당송고문을 지향하였기에 자연 남공철도 그 영향을 받지 않을 수 없었다. 16세에 본격적으로 고문을 학습하기 시작한 이후 20대 초반까지 남공철은 육경(六經)을 중시하고 문장에 구현해야 할 도(道)는 반드시 성인의 도여야 한다는 고문관을 견지하고 있었다.

남공철이 19세 되던 정조 2년(1778)에는 정조가 남공철을 소견하고 예문관에 명하여 남유용의 문집을 간행하게 했다.[25] 이후 24세 되던 정조 8년(1784)에 음직으로 익위사(翊衛司) 세마(洗馬)에 나아가면서 관직생활을 시작하였고 같은 해에 사옹원 주부로 옮겼다. 관직에 부임한 지 얼마 안 되는 이 시기까지만 해도 남공철은 이덕무나 박지원 등과 활발히 교유하였다.[26] 그런데 1786년에 산청현감으로, 1790년에는 임실현감으로 부임하는 등 지방관직을 맡아 서울을 떠나 있으면서 이덕무나 박지원 등과 소원해지기 시작하였다. 게다가 20대 중후반 이후에는 수학기부터 절친했던 김재련(金載璉, 1750～1785)·최북(崔北, 1712～1786)·박남수(朴南壽, 1758～1787)·이단전(李亶佃, ?～1790) 등이 잇따라 세상을 떠났다. 이들은 남공철이 문학과 예술에 관한 견해를 소통할 수 있는 주요 대상이었으면서 이들이 죽은 뒤 입전하거나 묘지명을 짓는

---

24) "公不讀明以後書, 嘗謂公轍曰: '王、李之文, 震耀海內, 而吾不一見. 惟震川最有格法.' 公於世亦用此道."(남공철, 「玉溪金先生文集序」, 『금릉집』 권11); "嘗爲公轍言: '明王、李諸子名動海內, 而吾獨不喜其震耀張皇.'"(남공철, 「茂朱府使金公墓誌銘」, 『영옹속고』 권5)

25) 실제로 남유용의 문집이 간행된 것은 그로부터 5년 뒤인 정조 7년(1783)이다.

26) 사옹원 주부로 있으면서 이덕무에게 연락을 기다려 한번 들러 사옹원에서 雅會를 갖기를 희망하는 내용의 편지를 쓰기도 했다. 이 편지에 대해서는 본서의 117～118면 참조.

대상이 되기도 하여 남공철의 산문 창작에 강한 동기를 부여하였다.

33세 되던 정조 16년(1792)은 남공철의 산문 창작 경향은 물론 생애 전체에서도 큰 전환점이 된 시기다. 남공철은 이해 정월에 시행된 인일제(人日製)에서 대책으로 장원을 하고, 3월 전시(殿試)에서는 병과(丙科) 제1인으로 뽑혔으며, 이어 규장각 초계문신으로 뽑혀 전례 없이 홍문관을 거치지 않고 규장각 지제교에 서임되는 영예를 입었다.[27] 그러나 이해 10월, 남공철이 대책문에 '古董書畫'라는 말을 쓴 것이 성균관 유생 이옥(李鈺)이 소품문체를 본떠 지은 표문(表文)과 함께 문제가 되어 정조로부터 견책을 받았다.[28] 이 시기를 기점으로 남공철의 산문 창작 양상에 특징적인 변화가 있었음이 확인된다. 즉 상대적으로 순문예적 성격이 두드러진 문체인 척독(尺牘)이나 서기(序記), 전장비지(傳狀碑誌) 등의 창작량이 급감하는 대신 소차(疏箚) 등 관각문자의 창작량이 많아진다는 점이다.

이러한 창작 경향 변화의 요인으로 다음 두 가지를 생각해 볼 수 있다. 첫째, 정조로부터 문체 문제로 견책을 받은 이후, 이전처럼 소품문적 성향이 강한 글들을 짓는 것이 쉽지 않았기 때문이다. 둘째, 이 시기를 기점으로 점차 관직이 높아지면서 관각문자를 제작할 일이 많아지고 바쁜 관직 생활로 글을 지을 여유가 줄어들었기 때문이다. 표면적으로 이렇게 정조의 문체 정책에 부응하던 남공철은 정조 21년(1797) 정조로부터 그 문장이 아결(雅潔)하고 고법(古法)이 있다고 칭찬을 받기도 하였다.[29] 그 이듬해에는 정조가 원자(元子)에게 일러 "이 경(卿)은 내가 벗과 같이 여기니 너 또한 사랑하라"[30]라 하여 정조의 총애를 입기도

27) 남공철, 「의양자연보」 정조 16년 임자조, 『귀은당집』 부록: "未經玉堂, 直拜內閣, 自公始." 당시까지만 해도 초계문신이 되기 위해서는 반드시 홍문관 벼슬을 거쳐야 했다.

28) 『정조실록』 16년 10월 24일조.

29) 남공철, 「의양자연보」 정조 21년 정사조, 『귀은당집』 부록: "徵見文稿, 敎以南某之文雅潔, 有古法. 雖不適用, 而亦自有可觀矣."

30) 남공철, 「의양자연보」 정조 22년 무오조, 『귀은당집』 부록: "上顧謂元子曰: '此卿, 予視之猶

하였다.

정조 사후 순조가 등극하자 성균관 대사성에 나아간 남공철은 정순왕후의 명에 의해 김재찬(金載瓚), 이만수(李晩秀), 김조순(金祖淳), 윤행임(尹行恁)과 함께 돌아가면서 순조를 가르치게 되었다.[31] 부친 남유용이 정조의 사부였는데, 남공철 자신은 순조의 사부가 되기에 이른 것이다.[32] 순조 연간의 조정은 노론 일색이었으며, 시파와 벽파의 적나라한 정치보복의 악순환이 계속되어 민생 논의가 실종, 홍경래의 난과 같은 민란이 속출하던 난국이었다.[33] 순조 등극 직후 서유린(徐有隣)에 대한 탄핵을 시작으로 벽파의 공격이 시작되어 정조의 이복동생 은언군(恩彦君) 인(裀), 혜경궁 홍씨의 동생 홍낙임(洪樂任), 정조의 근신이었던 윤행임(尹行恁)이 처형되기에 이른다. 이듬해에는 벽파가 이른바 신유사옥(辛酉邪獄)을 통해 정약용 등 남인 세력을 대대적으로 숙청한다. 순조 친정(親政)이 시작되던 순조 4년(1804)에는 벽파에 대한 시파의 공격이 시작되어 서유린 형제 등 시파 축출에 앞장선 이안묵 등을 조정에서 몰아낸다. 이러한 와중에 김조순은 순조비 재간택을 성공적으로 마무리하고 자신의 정치적 기반을 확고히 하고 있었다.[34]

이 시기 남공철은 순조 2년(1802), 경상도 관찰사로 내려갔다가 이태 뒤에 조정으로 복귀하였는데 복귀 직후 모친상을 당하게 된다. 남공철은 부친 남유용을 장사 지낸 광주(廣州) 석마향(石馬鄕)과 멀지 않은 곳이자 자신의 별업인 우사영정(又思潁亭)과 옥경산장(玉磬山莊)을 품고 있는 광주(廣州) 옥경산(玉磬山)에 모친을 장사 지내고 이때부터 3년간 시

友. 汝亦愛之."'

31) 『순조실록』 즉위년 8월 17일조.

32) 이후 남공철은 효명세자의 사부가 되기로 하였다.

33) 박현모, 「세도정치기(1800-63)의 정국 운영과 언론 연구」, 『동양정치사상사』 6, 한국동양정치사상사학회, 2007.

34) 이상 순조조 정국의 추이에 대해서는 한국역사연구회 19세기정치사연구반, 『조선정치사(상)』, 청년사, 1990, 71~94면 참조.

묘살이를 하게 된다. 이곳은 남공철이 귀휴(歸休)의 뜻을 품고 1799년 내지 1800년경에 이미 마련해 둔 귀거래지였다. 이 3년의 시기는 남공철이 25세부터 74세까지 50년 가까이 관직 생활을 하는 가운데 보낸 가장 여유로운 시기였다.

1806년, 삼년상을 마치고 형조참판으로 관직에 복귀한 남공철은 이듬해에 동지정사로 연경에 가게 된다. 이때 연경에서 조강(曹江), 진희조(陳希祖), 이임송(李林松) 등 청조(淸朝)의 명사들과 교유하고 그들로부터 서문(序文)을 받아 『금릉집』을 간행할 때 문집 서문으로 수록하기도 하였다. 귀국 후에는 이조판서, 한성부 판윤, 문형 등을 지냈고 순조 10년(1810), 보기 드문 가뭄과 기근으로 크고 작은 민란이 일어나던 그때 남공철은 조정에 있는 것이 불안하여 일부러 외직을 구해 개성부 유수로 나아가게 된다. 그러나 6개월이 채 못 되어 경직으로 복귀한다.[35] 이후 예문관 제학, 홍문관 제학, 병조판서, 이조판서 등을 거치면서 바쁜 관직 생활을 하는 가운데 틈틈이 『금릉집』 간행을 준비하여 순조 15년(1815)에 『금릉집』 24권 12책을 간행하게 된다. 이 즈음에 그는 광주(廣州)의 우사영정과는 별도로 용산(龍山)에 심원정(心遠亭)과 역화방재(亦畫舫齋)를 두고 이따금 그곳을 오갔다.[36] 순조 16년(1816)에는

35) 남공철, 「의양자연보」 순조 10년 경오조, 『귀은당집』 부록: "六月, 拜開城府留守.(時公有不安于朝者, 力求外廟堂首薦之)"

36) 朴永元의 「歸路 拈唐詩韻 各賦」(『梧墅集』 책3)라는 시에 "心遠亭上, 有茅棟小齋, 扁以亦畫舫, 卽思潁南相國別庄也"라는 주가 있어 심원정과 역화방재가 남공철이 경영하던 별업이었음을 확인할 수 있다. 용산의 심원정은 현재 원효대교 북단 원효로2동, 성심여중고 뒷산에 있던 정자다. 남공철이 소유하기 전부터 있던 정자인데 누가 처음 세운 것인지는 미상이다. 지금은 강변의 아파트들 때문에 한강을 조망할 수 없지만, 당시만 해도 심원정은 부근에서 가장 높은 곳에 위치하였기 때문에 조망이 좋았을 것으로 생각된다. 남공철은 50대 이후에 광주의 우사영정과 함께 용산의 심원정에 자주 들렀는데, 심원정을 두고 지은 시(남공철, 「憶心遠亭」, 『영옹속고』 권1)가 전한다. 이후 심원정은 趙斗淳(1796~1870)의 소유가 되었으나 지금은 전하지 않는다. 한편 남공철은 심원정 위에 작은 별장을 두고 '亦畫舫'이라 편액하였는데 '역화방'은 곧 구양수의 '畫舫齋'를 염두에 두고 붙인 이름이다. 심원정과 역화방재에 대해서는 본서의 제5장 4절 참조.

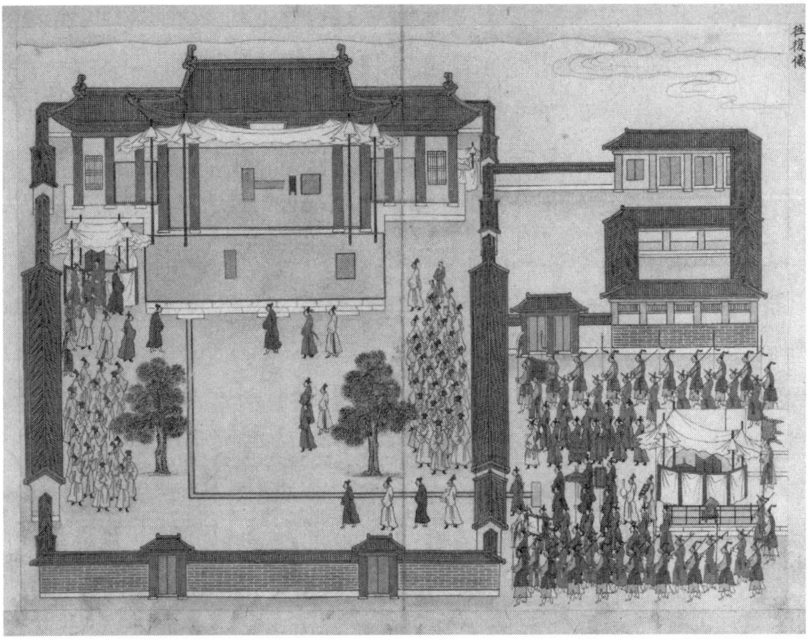

「왕세자입학도첩」 중 왕복의도(往復儀圖).
효명세자가 스승에게 수업을 청하는 의식.
명륜당 마당 안 중앙에 선 이가 왕세자의 스승인 박사 남공철이다.

잇따른 도목정사 때문에 건강이 악화되어 잠시 체임되었다가 곧 복귀하여 문형에 오르고 이어서 순조 17년(1817)에는 우의정에 오른다.[37] 이해에 남공철이나 김조순 등의 시파와 대립하던 벽파의 영수 박종경이 죽고 이어서 한치응(韓致應)의 계획에 의해 다산(茶山) 해배운동이 본격화된다. 1818년에는 남공철은 우의정으로 있으면서 정약용의 방석(放釋)을 단행하는 데 결정적인 기여를 한다.[38]

정순왕후 사후 안동김씨와 반남박씨가 주도하던 세도정국은 순조 17

37) 남공철이 이해에 이조판서를 거쳐 우의정에 오른 것은, 김조순계의 인물(남공철)을 등용하여 당시 정국의 주도권을 쥐고 있던 朴宗慶을 중심으로 한 벽파를 견제하도록 한 순조의 방략으로 이해된다. 이에 대해서는 정석종, 「순조연간의 정국변화와 다산해배운동」, 『국사관논총』 47, 국사편찬위원회, 1993, 107면 참조.

38) 『순조실록』 18년 5월 25일조.

년(1817) 박종경의 죽음으로 반남박씨 대신 풍양조씨가 득세하게 되어 헌종 15년(1849)까지 김(金)-조(趙) 이척(二戚)의 세도기(世道期)가 이어진다. 남공철은 순조 22년(1822), 50대 중반 이후 쓴 글들을 모아 5권 2책의 『영옹속고(潁翁續藁)』를 간행하고, 이듬해에는 영의정에 오르게 되지만 2년 만에 영의정에서 해임되어 간만에 한가로움을 얻게 된다. 이 시기에 남공철은 정릉(貞陵)에 머물며 김재찬 등과 모임을 갖거나 용산의 심원정에 가서 기거하기도 하고 광주에 성묘하러 가서 우사영정에 머물기도 했다.[39] 40대 초반경부터는 광주에 별업을 마련하여 수시로 그곳에 왕래하였으며, 50대 초중반에는 용산에 심원정을 마련하여 함께 경영했던 것이다. 1833년에 관직에서 물러나 광주에 기거하였으며 1840년, 81세를 일기로 세상을 떠났다. 남공철의 묘소는 광주 청계산 자락에 있으며 시호는 문헌(文獻)이다. 사관(史官)은 실록에 다음과 같이 남공철의 졸기(卒記)를 적고 있다.

> 남공철의 자는 원평(元平)인데, 키가 크고 아름다운 모습이었다. 문장을 잘하였으며 흔히 구양수(歐陽修)를 표준으로 삼았는데 기(氣)가 약하여 힘이 모자랐으나 그 풍신(風神)이 화창한 부분은 가끔 닮았다. 문형(文衡)을 지내면서 여러 번 공거(貢擧)를 맡았으나 뇌물이 행해지지 않았다. 정승이 되어서는 전후 10여 년 동안 마침 일이 적어 넉넉히 앉아서 진정시켰고, 진퇴하고 주대(奏對)하는 데에 본받을 만한 것이 있어 조정의 진신(縉紳)들이 다 칭찬하였다. 졸한 때의 나이가 81세이고, 시호는 문헌(文獻)이다.[40]

남공철의 용모와 문장, 사람됨에 대한 핵심적인 평가라 할 수 있다. 일찍이 자하 신위가 관상을 볼 줄 알았는데, 남공철을 처음 보고는 곁에 있던

39) 남공철, 「의양자연보」 순조 26년 병술조, 『귀은당집』 부록: "往廣陵省墳, 歷往龍山."

40) 『헌종실록』 6년 12월 30일조: "公轍字元平, 長身美姿容. 爲文章, 動以歐陽修爲準則. 雖氣弱力不能給焉, 而其風神怡暢處, 往往似之. 典文衡屢知貢擧, 而關節不行. 及爲相, 前後十有餘年, 屬時少事, 優於坐鎭. 進退奏對, 有可儀者, 廷紳咸稱之. 及卒, 年八十一. 謚文獻."

김조순에게 '옥 같은 피부에 쇳소리가 나는 목소리, 필획이 분명한 가운데 고기(古氣)가 있으면 신하로서 가장 높은 자리에 오르고 장수한다'는 상법(相法)을 들어 남공철을 평한 바 있다.[41] 실제로 남공철은 신하로서 가장 높은 자리인 영의정에 올랐고 80세가 넘는, 당시로서는 상수(上壽)를 누렸다.

2) 교유

남공철의 교유 관계는 크게 다섯 그룹으로 나누어 살필 수 있다. 첫째는 남유형(南有衡)·남유두(南有斗) 등과 같이 친족 가운데 특히 친하게 지냈던 이들이며, 둘째는 이현수(李顯綏)·오윤상(吳允常)·이존수(李存秀)·조진구(趙鎭球) 등처럼 집안끼리 대대로 교유가 이어져 알게 된 이들이고, 셋째는 젊은 시절 특히 활발히 교유한 이덕무·박지원·유득공·이서구·박제가·박남수(朴南壽)·김재련(金載璉)·성대중(成大中)·김용행(金龍行)·황종오(黃鍾五) 등 이른바 연암그룹이며, 넷째는 최북(崔北)이나 이단전(李亶佃)과 같은 여항 예인(藝人)들이고, 다섯째는 김조순(金祖淳)이나 심상규(沈象奎), 이상황(李相璜) 등 순조조에 특히 활발히 교유한 이들이다. 첫째 및 둘째 그룹은 대체로 평생에 걸쳐 교유하였고, 셋째 및 넷째 그룹은 주로 젊은 시절에 집중적으로 교유하였으며, 다섯째 그룹은 본격적인 벼슬을 시작한 이후 순조조에 이르기까지 활발하게 교유한 이들이다.

남공철이 집안 사람 가운데 특히 애착을 보이며 가까이 지내던 이들이 바로 남유형(南有衡)과 그 아우 남유두(南有斗)다. 이들은 남공철에게는 7촌뻘되는 재종숙(再從叔)이다. 남유형은 자가 군산(君山)으로 남용익의 서자인 남성중(南聖重, 1665~1733)의 손자다. 남유형은 측실의 자

41) 이유원, 「紫霞知南金陵」, 『임하필기』 권31: "紫霞申公, 與楓皐公談次, 偶及金陵, 相法, 眞玉色正金聲, 心畫有明宣際古氣, 必位極人臣, 年躋上壽, 非餘人可及也."

손이어서[42] 애초부터 고위 관직에 진출하여 영달할 뜻을 두지 않았다. 그는 평생 두보시를 모범으로 삼아 배웠으며 가난한 포의이면서도 천하의 일을 근심하는 면모가 있었다.[43] 그는 특히 시에 남다른 재능이 있었는데, 평생 지은 시 520수를 세 권으로 편차하여 『포감집(苞甘集)』을 세상에 내놓았다.[44] 남유형의 동생 남유두의 삶도 그 형과 크게 다르지 않았다. 남유두도 평생 벼슬하지 않고 스스로 '초부(樵夫)'라 칭하며 자족적인 삶을 살았다. 그러나 나무꾼의 삶을 살면서도 평소 경서 읽기를 게을리하지 않았고 시재(詩才)가 있어 여항 시인 이단전이 그를 스승으로 삼아 시를 배우기도 하였다.[45] 남공철은 남유형에게 그의 시집인 『포감집』에 대한 서문(「포감집서(苞甘集序)」, 『금릉집』 권11)과 묘지명(「남군산묘지명(南君山墓誌銘)」, 『금릉집』 권17)을, 남유두에게는 묘지명(「진락선생묘지명(眞樂先生墓誌銘)」, 『금릉집』 권17)을 지어주었다.

남공철 집안과 대를 이어 교유한 대표적인 집안으로 오원(吳瑗, 1700~1740), 이천보(李天輔, 1698~1761) 집안을 들 수 있다. 오원과 남유용, 이천보는 널리 알려진 바와 같이 황경원(1709~1787)과 더불어 영조조의 대표적인 관각문인들이다.[46] 이들 가운데 황경원을 제외한 이천보, 오원의 집안은 남유용의 집안과 대를 이어 교유한 흔적이 확인된다.[47] 남유용 집안은 특히 오원 집안과의 관계가 각별하였다. 남유용의 증조부 남용익이 오원의 조부 오두인(吳斗寅, 1624~1689)과 교유하기 시작하여 남공철

42) 남유형이 측실의 자손임은 "文憲公有側室三子, 其仲曰聖重."(남유용, 「進仕南君墓誌銘」, 『뇌연집』 권21) 등에서 확인할 수 있다.
43) 남공철, 「答南君山有衡」, 『금릉집』 권10: "執事平生學杜…(中略)…其所謂布衣而憂天下者邪?"
44) 남공철, 「苞甘集序」, 『금릉집』 권11: "公旣老, 乃自集其平生所爲詩五百二十首爲三卷, 名之曰: '苞甘.'"
45) 조수삼, 「李亶佃傳」, 『추재집』 권8: "嘗師南樵夫, 後改師李烱菴, 由是其詩幽巧, 絶有二家風焉."
46) 임유경은 이 네 사람을 일컬어 '英祖朝 四家'라 칭한 바 있다. 이들의 문학론에 대해서는 임유경, 「영조조 사가의 문학론 연구」, 이화여대 박사학위논문, 1990 참조.
47) 황경원은 친자가 없어 馨을 入系하였으며 馨 또한 후사가 없었다. 이러한 이유 때문에 황경원 집안과의 대를 이은 교유 관계를 확인하기 어려운 것으로 보인다.

과 오윤상에 이르기까지 두 집안의 교유가 이어졌다.[48] 대를 이은 이들의 교유 관계를 다음과 같이 정리해 볼 수 있다.

〔표2〕 오원-남유용-이천보가의 교유 양상[49]

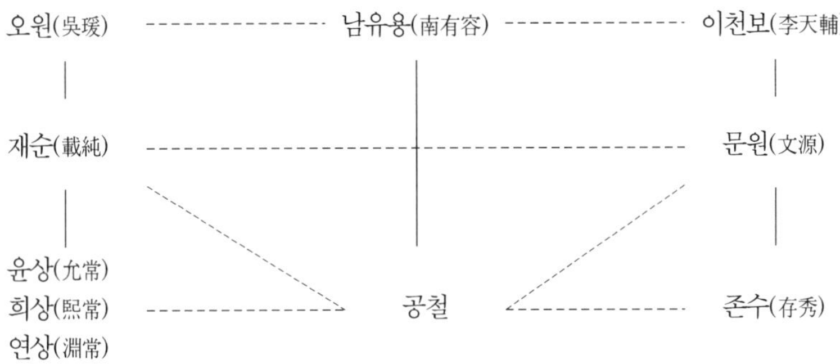

이들 영조조 사가(四家)는 이른바 '동촌파(東村派)'로도 알려져 있는데,[50] 동촌에서 함께 어울리며 시문을 지었기 때문이다. 이들 다음 세대에는 오재순과 이문원이, 그 다음 세대에는 오윤상 형제와 남공철, 이존수가 서로 교유하였다.[51] 오재순과 이문원에 이르도록 이들은 모두 동촌에 살고 있었고, 남공철도 건덕방(建德坊) 외가에 자주 들렀기에 거리상 교유하기에 용이한 여건을 갖추고 있었다. 남공철의 형인 남공보(南

48) 남공철, 「送吳士執遊成都序」, 『금릉집』 권11: "首陽吳士執名允常, 其高祖判書忠貞公, 與余高祖冢宰文憲公, 俱爲肅宗名臣. 其祖大學士公, 與余先人相友善. 由是兩家子弟, 相與往來遊從."

49) 이 표는 세 집안의 대체적인 교유 양상을 남공철을 중심으로 표시한 것이다. 실제로는 오원과 이문원, 이천보와 오재순, 오윤상과 남유용, 오윤상과 이천보, 오윤상 형제와 이문원, 오재순과 이존수 등 그 교유 양상이 상당히 복잡하다.

50) 이규상은 오원·이천보·남유용·황경원의 네 사람을 '東村派'라 칭하고 이들의 시문에 대해 평한 바 있다. 이규상 지음, 민족문학사연구소 한문분과 옮김, 『18세기 조선 인물지-병세재언록』, 창작과비평사, 1997, 47~53면 참조. 한편 '동촌파'의 교유 양상에 대해서는 졸고, 「영조조 동촌파의 교유양상과 교유시」, 『한국한시연구』21, 한국한시학회, 2013 참조.

51) 남공철은 순조조에 들어서 이존수나 오희상과 지속적으로 교유하며 그들을 관직에 추천하기도 하였다.

公輔, 1721～1748)는 28세의 젊은 나이에 죽어 교유의 흔적을 찾아보기 어렵지만 형 공보 또한 오재순이나 이문원과 더불어 교유하였으리라 짐작되며 남공철 또한 오재순·이문원을 종유하였고 남유용은 이문원에게 편지를 보내 이문원이 『장자(莊子)』를 읽는 것에 대한 염려를 표하기도 했다.[52] 물론 이들은 같은 세대끼리뿐만 아니라 아래 세대나 위 세대와도 활발하게 교유하거나 종유하였다.

조선 후기, 집안끼리의 교유는 세대를 넘어서는 교유와 함께 종종 혼인으로 그 관계를 더욱 공고히 하였다. 오원의 딸이 남유용의 조카이자 남유상(南有常)의 아들인 남공필(南公弼)과 혼인한 것이라든가[53] 오재순(吳載純)이 이천보(李天輔)의 딸과 혼인한 것, 오재순의 딸이 남공철의 인척인 한경리(韓景履, 1808～?)와 혼인한 것, 남공철의 종손인 남주헌(南周獻, 1769～1821)의 아들 남태순(南太淳)이 오연상(吳淵常, 1746～1783)의 딸과 혼인한 것 등이 그 예다.

집안 간 대를 이어 교유한 인물들 가운데 남공철이 특히 절친하게 지낸 이로 오윤상을 들 수 있다. 오윤상은 남공철보다 열네 살이나 많았음에도 불구하고 그 둘은 사우(師友) 관계로 우애가 돈독했다.[54] 뒤에 살필 이현수(李顯綏)가 남공철의 동년배로서 허물없이 지낼 수 있는 사이였다면 오윤상은 나이 차이가 많아 서로 존경하고 아껴주는 관계였다. 남공철 집안과 오윤상 집안은 누대에 걸쳐 교유하였기 때문에 양가의 자제들이 서로 왕래하며 어울렸다. 오윤상은 두 집안이 대대로 사귀어 온 교분을 들어 자신이 열네 살이나 연장자였음에도 불구하고 자신에게 절을 하려 하는 남공철을 만류하고 반드시 읍(揖)을 하고 앉게 하였다고 한다.[55] 남공철은 나이 차이를 염두에 두고 오윤상을 스승처럼 여겼는

52) 남유용, 「答李文源」, 『뇌연집』 권15.

53) 남공철은 오윤상의 청탁에 의해 從父兄 남공필의 처 淑人吳氏에 대한 묘지명(「淑人吳氏墓誌銘」, 『금릉집』 권17)을 짓기도 했다.

54) 남공철과 오윤상 사이의 교유에 대해서는 「送吳士執遊成都序」(『금릉집』 권11)에 잘 드러나 있고, 「與吳士執」(『금릉집』 권11) 등에서도 둘 사이의 친분이 돈독했음을 확인할 수 있다.

데 오윤상은 그런 남공철을 형제와 같이 여겨 오래도록 사우(師友)의 관계를 유지했다.[56] 이존수(李存秀)의 집안과도 대대로 교유하긴 하였으나, 남공철은 이존수와 주로 벼슬에 나아간 이후 가깝게 어울렸던 것으로 보인다. 대를 이어 교유한 이들로는 이 밖에도 유한준(兪漢雋)-유만주(兪晩柱) 부자, 조경(趙璥)-조진구(趙鎭球) 부자 등을 더 들 수 있다. 유한준은 남유용으로부터 문장을 배웠고, 유만주와 남공철은 종종 문주지회(文酒之會)를 함께하며 어울렸다.[57]

비록 오원 집안이나 이천보 집안처럼 대대로 높은 벼슬을 지내지는 못했지만, 남공철의 조부 남한기로부터 남공철에 이르기까지 대를 이어 교유한 집안으로 이덕홍(李德弘) 집안을 더 들 수 있다. 남공철이 7, 8세 무렵부터 서로 어울리기 시작하여 평생을 가깝게 교유한 이가 바로 이현수(李顯綏, 1759～1825)다. 이현수의 부친은 이태형(李泰亨)이고 조부는 이덕홍으로, 이덕홍(1698～1768)은 곧 남유용의 매제(妹弟)다. 그러니 동년배로서 평생을 좋은 벗으로 지낸 이현수는 사실 남공철의 내종조카(6촌)인 셈이다. 남유용의 부친 남한기는 첫째 부인 청송심씨와의 사이에 아들 둘과 딸 하나를 두었는데, 아들은 남유상과 남유용이고, 딸이 곧 이덕홍에게 시집간 의령남씨다. 남유용의 누이동생 의령남씨는 일곱 살에 『시경』의 주남(周南)과 소남(召南)에 통할 만큼 재주가 있었는데 불행히도 앞을 볼 수 없었다. 이웃에 살던 이덕홍의 부친 이성호(李聖好)가 의령남씨의 덕을 높이 사서 그녀를 반드시 자신의 며느리로 삼겠다고 하여 이덕홍과 의령남씨의 혼인이 성사되었다.[58] 이렇게 남유용

---

55) 남공철, 「送吳士執遊成都序」, 『금릉집』 권11: "首陽吳士執名允常. 其高祖判書忠貞公與余高祖冢宰文憲公, 俱爲肅宗名臣. 其祖大學士公與余先人相友善. 由是, 兩家子弟相與往來遊從. 士執長余十四歲, 而以世交論輩行下, 故歲時造問, 余拜之. 士執亟令止之, 必相揖而坐."

56) 남공철, 「題吳士執筆札後」, 『금릉집』 권13: "余於士執, 年甚少, 待士執爲師, 而士執之視余如兄弟."

57) 유한준이 남유용으로부터 문장을 배운 사실은 「著菴集序」(『영옹속고』 권4); 「祭太學士雷淵南公有容文」(『자저』 권22) 등에서 확인된다. 또 남공철이 유만주와 어울렸던 사정은 「與吳士執」(『금릉집』 권10)에서 확인된다.

의 부친 남한기가 이덕홍의 부친 이성호와 친교가 있었고, 남유용과 이덕홍은 매제와 처남으로 맺어진 인연에다가 바로 이웃하여 살고 있었으며 연배도 같아 형제와 같이 지냈다. 오재순이 이들의 우애를 한유(韓愈)와 맹교(孟郊), 매요신(梅堯臣)과 구양수(歐陽修)에 견줄 정도로 남유용과 이덕홍은 절친한 관계였다.[59] 이덕홍이 죽자 남유용은 그 손자 이현수를 데려다가 남공철과 함께 가르쳤는데, 남유용은 늘 이현수만을 칭찬하였다고 한다. 이렇게 어려서부터 함께 어울리던 벗이었기에 남공철은 이현수와 평생을 허물없이 지냈던 것이다.

한편 연암그룹과의 교유는 남공철의 청년기 산문의 성격 변화와 관련하여 중요한 의미를 지닌다. 남공철이 연암그룹과 활발하게 교유한 것은 10대 후반부터 20대 후반까지, 좀 더 구체적으로 말하자면 16세 무렵부터 28세 무렵까지다. 남공철의 부친 남유용이 박지원의 장인 이보천(李輔天, 1714~1777)과 이종형제 사이였기 때문에 박지원과는 이른 시기부터 알고 지냈을 가능성이 크다.[60] 또 박지원이 1772년 내지 1773년 무렵부터 1778년까지 전의감동에 기거하는 동안 박지원을 중심으로 한 문주지회(文酒之會)가 빈번하게 있었는데, 남공철은 당시 이 모임을 통해 수많은 인사와 교유하고 그들로부터 문학적으로도 다양한 영향을 받았을 것으로 보인다.[61] 박지원이 전의감동에 머문 시기는 남공철의 나이 13

58) 남유용, 「處士李君恭人南氏合墓誌銘」, 『뇌연집』 권22: "吾先子有女士子, 七歲通詩二南, 旣長以孝友聞六親, 不幸廢于明, 蹇其配. 進士公(李聖好-필자 주)聞之, 歎曰: '嗟夫! 求婦者以貌乎? 將以德矣. 南氏世世名德聞, 其女甚賢. 吾必以吾子婿焉.' 媾遂以成."

59) 남공철, 「淸風府使李君墓誌銘」, 『영옹재속고』 권3: "始君大父拙翁公(李德弘-필자 주)性高介, 隱江湖不仕, 與余先君子文淸公爲妹婿, 而有兄弟之好. 自少至老, 文酒相追隨. 嘗從入四郡金剛, 其詩多傳誦于學士大夫. 醇菴吳文靖公載純, 嘗作拙翁稿序, 以東野之於退之, 聖俞之於永叔爲比. 余自髫齔, 與君家對閈以居, 相遊戲."

60) 남공철, 「遺安處士李公墓表」, 『금릉집』 권18: "不佞先君子, 與公爲姨從兄弟, 嘗情好篤至. 先君子之葬也, 公來臨穴, 哭甚哀."

61) 그렇다고 남공철의 문학적 견해가 전적으로 박지원의 영향에 의한 것이라고 할 수는 없다. 남공철에게 문학적으로 더 큰 영향을 준 인물은 박지원이 아닌 이덕무로 보인다. 이에 대해서는 본서의 43~44면에서 다시 논의하기로 한다.

세 내지 14세로부터 19세에 이르는 시기로 그의 수학기와 상당 기간 겹친다. 이 시기 연암그룹과의 교유를 통해 수학기 남공철의 보수적 고문관이 곧바로 변화를 보이지는 않았다 할지라도 그들과의 교유, 특히 이덕무와의 교유는 이후 20대 중반 그의 문학관 전변(轉變)에 적지 않은 자양분 역할을 한 것으로 보인다. 이 시기 박지원은 전의감동에 기거하면서 '법고창신'으로 요약할 수 있는 특유의 문학관을 정립하고 참신한 산문들을 다수 창작했다.[62] 법고창신은 곧 남공철이 여러 차례 내세우고 있는 '옛것에 통하되 그것을 오늘날에 맞게 변화할 줄 알아야 한다'는 통변론(通變論)과 '정신의 계승과 외연의 변화'라는 큰 틀에서 궤를 같이하는 것이라 할 수 있다.[63] 1778년(정조 2) 박지원은 홍국영의 위협을 의식하여 연암협으로 은거하였다가 이태 뒤 삼종형 박명원을 따라 중국에 다녀와 『열하일기』를 저술하게 된다. 남공철의 연암그룹과의 교유는 『열하일기』가 세상에 행해지고 나서도 계속 활발하게 이어진다. 1779년, 남공철이 20세 되던 해에 박남수의 기소원정(寄所園亭)에 박남수·이덕무·박제가 등과 함께 모여 술을 마시며 천하 고금 문장의 고하(高下)에 대해 토론하고 시를 지었던 것을 「기소축발(寄所軸跋)」(『금릉집』 권13)을 통해 확인할 수 있다. 1, 2년 뒤에는 박남수의 벽오동관(碧梧桐館)에 박지원·이덕무·박제가·박남수와 모여 박지원이 『열하일기』 읽는 것을 듣다가 술에 취한 박남수와 박지원이 갈등을 빚었던 일화가 「박산여묘지명(朴山如墓誌銘)」(『금릉집』 권17)에 전하기도 한다.

남공철은 1792년에 규장각 초계문신으로 선발된다. 1792년(정조 16) 정조의 문체 관련 조치가 있었을 때 남공철은 규장각 직각으로 있었다. 정조는 당시 문체 폐단의 주요 요인으로 박지원의 『열하일기』를 지목하고 남공철로 하여금 안의현감으로 가 있던 박지원에게 반성의 글을 지

62) 김명호, 『박지원 문학 연구』, 성균관대 대동문화연구원, 2001, 189면.

63) 남공철의 통변론에 대해서는 졸고, 「남공철의 전장비지문 연구」, 서울대 석사학위논문, 2002, 33~38면 참조.

어 올리라는 내용의 편지를 쓰게 했다.[64] 당시 남공철은 정조의 근신(近臣)으로, 그가 박지원과 어울리던 사정을 잘 알고 있던 정조에 의해 정조와 박지원의 중계자로 지목된 것이다. 이후 1797년 박지원이 면천군수로 부임하게 되어 관아를 돌면서 인사할 때 남공철에게 들렀던 것으로 보아 남공철과 박지원의 교유는 꽤 오랫동안 지속되었던 것으로 보인다.[65] 이렇듯 오랜 기간 동안 교유하였고 수학기에는 특히 자주 어울리면서 문학적 측면에서도 많은 영향을 받은 듯하지만, 실제로 남공철의 문집에 드러나는 박지원의 문장에 대한 평가는 그리 호의적이지만은 않다. 문집에서 박지원 문장에 대한 남공철의 평가는 두 차례 나타난다. 그 하나는 박남수(朴南壽)가 『열하일기』 초고를 불태우려 하기 직전 박지원의 문장이 비록 공교롭기는 하지만 패관기서를 좋아한다고 한 박남수의 말에 공감을 표한 것이고,[66] 다른 하나는 유한준과 박지원의 문장을 비교하면서 박지원의 문장을 두고 '속된 말을 섞어 써서 자못 싫증이 난다'고 한 것이다.[67] 박지원이 패관기서를 좋아한다는 박남수와 남공철의 견해는, 『열하일기』에서 여행 도상의 체험을 장면 중심으로 입체적으로 묘사하고, 특히 문답 장면에서 중국 말 대화를 백화문으로 표현하

---

64) 이 편지는 남공철의 문집에는 전하지 않고 『연암집』 권2에 「答南直閣書」의 부록으로 수록되어 있다. 「답남직각서」가 바로 남공철의 편지에 대한 박지원의 답장이다.

65) 박지원이 면천군수로 부임하게 된 이유는 西敎가 만연해 있는 면천 지역을 박지원으로 하여금 다스려 보게 하려는 정조의 의중 때문이었다. 박지원이 안의현감으로 있을 때에도 정조는 지방관으로서의 박지원의 치적에 대해 호평을 했듯이 관리로서의 박지원의 능력을 높이 평가한 바 있는데, 정조는 당시 사회적으로 새롭게 부각된 西敎 문제를 박지원이 어떻게 해결할 것인가 시험해 보려고 박지원에게 면천군수직을 맡긴 것으로 보인다. 박지원이 면천군수로 내려가기 전 남공철을 찾아서 주고받은 대화의 내용도 이와 관련한 것이다. 이상은 박종채, 『나의 아버지 박지원』, 박희병 역, 돌베개, 1998, 130~133면 참조. 한편 박지원은 면천군수로 있으면서 서교를 강압적으로 탄압하기보다는 천륜의 중요성을 강조하며 백성들을 알기 쉽게 설득해 이후 1801년 천주교 박해사건(이른바 신유사옥) 때 면천군만은 큰 피해가 없었다고 한다.

66) 남공철, 「朴山如墓誌銘」, 『금릉집』 권17: "山如謂燕巖曰: '先生文章雖工, 好稗官奇書, 恐自此古文不興.'…(중략)…余以是歎燕巖奇氣有虛己之量, 而益知山如議論之正也."

67) 남공철, 「金知縣農政書跋」, 『금릉집』 권13: "世稱兪蒼崖、朴燕巖之作爲最著. 兪文章奇崛, 而闊於事務. 朴雜以俚語, 頗可厭."

여 생동감을 높이고 있는 점을 염두에 둔 것이다. 또 박지원이 속된 말을 문장에 섞어 쓴다는 것은, 박지원이 속죄의 뜻으로 정조에게 지어 바쳤다는 『과농소초(課農小抄)』에서조차도 속어를 대담하게 구사한 것을 지칭한다.[68] 이러한 소설적 묘사나 거리낌 없는 구어와 속담의 사용은 대화나 장면의 생동감을 더하거나 토속어의 정취를 돋우는 등 긍정적으로 기여하기도 한다.[69] 그러나 남공철은 사실성을 더하기 위해 동원한 박지원의 그와 같은 표현에 대해 거부감이 있었기에 박지원의 문장에 대해 위와 같은 평가를 내린 것으로 보인다.[70] 이렇듯 남공철은 박지원과 오래도록 교유하면서 박지원의 법고창신론으로부터 일정한 영향을 받았고[71] 박지원 문장에서의 영향이 확인됨에도 불구하고[72] 특히 사실적 표현을 위해 박지원이 동원한 일련의 표현법에 대해 얼마간 거부감을 갖고 있었다고 할 수 있다.

한편 이덕무는 연암그룹 가운데 남공철과 가장 가까웠던 인물이다. 이덕무와는 16세경부터 교유한 것으로 보이는데,[73] 남공철이 벼슬을 시작한 25세 이후까지도 활발히 교유하였으며, 1793년(정조 17) 이덕무가 죽고 난 후 그의 묘표와 문집 서문을 써 주기도 했다.[74] 박지원이 없는 가운데서도 남공철은 이덕무를 중심으로 벗들과 어울리는 일이 잦았

68) 김명호, 「열하일기 연구」, 서울대 박사학위논문, 1989, 289면.

69) 『열하일기』의 소설적 형상화 기법에 대해서는 김명호, 위의 논문, 205~224면을, 구어적 표현이나 속담 등의 사용에 관해서는 김명호, 위의 논문, 159~168면 참조.

70) 남공철의 산문 가운데에는 이른바 소품적 성향이 두드러진 글들에서조차도 구어나 속어, 속담 등을 사용한 흔적을 거의 찾아보기 어렵다.

71) 박지원의 법고창신론으로부터 받은 영향은 남공철의 통변론에서 단적으로 확인할 수 있다.

72) 가령 남공철이 그의 척독 「與李通判」(『금릉집』 권10)에 "回岸轉林, 樓隱不見"이라는 표현을 쓴 일이 있는데 이 표현은 박지원의 「伯姊贈貞夫人朴氏墓誌銘」(『연암집』 권2)에 보이는 "至岸轉樹, 隱不可復見"이라는 표현을 의식하고 쓴 듯하다.

73) 이덕무가 1781년에 사근도 찰방으로 가게 되었는데, 임지로 가는 이덕무를 전송하는 시에 "去路千餘里, 交情五六年"(남공철, 「送李懋官德懋作沙斤丞」, 『금릉집』 권1)이라는 구절이 있어 남공철이 16세 되던 1775년경부터 이덕무와 교유하기 시작했음을 알 수 있다.

74) 「積城縣監兼奎章閣檢書官李君墓表」(『금릉집』 권18)와 「雅亭集序」(『금릉집』 권11)를 가리킨다.

고,[75] 이덕무에게 보내는 척독을 보아도 남공철은 박지원과 직접 교유하기보다는 오히려 이덕무와 자주 연락을 주고받았으며, 이덕무 혹은 다른 누군가가 주선한 자리에서 그곳에 참석한 박지원을 만나는 상황이 많지 않았나 한다.[76] 남공철이 박지원과 먼저 교유하기 시작했는지 혹은 이덕무와 먼저 교유하기 시작했는지는 알 수 없지만, 남공철은 주로 이덕무를 통해 박지원을 접했던 듯하다. 벼슬에 나아간 직후 이덕무에게 보낸 척독인 「여이무관(與李懋官)」(二)[77]에서, 남공철은 이덕무에게 연락을 기다려 남공철 자신이 근무하는 사옹원으로 한번 들러달라 했는데, 이덕무가 사옹원에 왔다는 말을 들으면 박지원 또한 합석할 것이라는 말을 덧붙이고 있다. 이를 보면 남공철이 연암그룹과 교유할 때의 매개자 역할을 한 인물이 이덕무였음을 짐작할 수 있다. 열아홉 살이라는 나이 차이에도 불구하고 남공철은 이덕무와 패관이서를 함께 읽고 담론하거나 승경(勝景)에 대한 정보를 공유하는 등[78] 취미 생활을 공유할 만큼 허물없이 지냈다. 남공철은 종종 이덕무에게 자신이 지은 시문을 보여주고 그에 대한 비평을 받기도 했다.[79]

김재련(金載璉, 1750～1785)과 박남수(朴南壽, 1758～1787)는 남공철

75) 앞의 「寄所軸跋」에서도 그 사실을 확인할 수 있다.

76) 그렇다고 남공철이 박지원과 소원하게 지냈던 것은 아니었다. 무엇보다도 두 사람은 나이 차이가 적지 않아 남공철은 동년배의 벗들보다는 박지원을 대하기가 편하지만은 않았을 터이다. 문학에 대한 생각에 있어서 남공철은 박지원에게 동조하지 않는 적이 있지만 그렇다고 해서 인간적 관계까지 소원해질 이유는 없었던 듯하다. 1792년 정조의 문체 관련 조치 이후에 정조의 명에 의한 것이기는 하지만 남공철이 박지원에게 편지를 보낸 것이라든가, 박지원이 면천군수직을 맡고 면천으로 떠나기 전에 남공철을 찾아가 소탈한 대화를 나눈 것이 그 증거가 된다.

77) 이 편지에 대해서는 본서의 116～117면 참조.

78) 남공철, 「與南丞士樹」, 『금릉집』 권10: "前月抵京師, 偶逢李懋官誇遊事, 懋官始疑而不信, 及出龍淵瀑布詩諸篇, 而後樂之."

79) 남공철이 이덕무에게 보낸 시(「訪懋官」, 『금릉집』 권2)를 두고 이덕무가 고평을 하자 남공철이 편지를 써서 "二篇豈曰詩乎哉! 聊以敍中間離別, 自見其志爾"(「與李懋官德懋」, 『금릉집』 권10)라 한 것이나, 이덕무가 남공철의 「權忠毅公應銖傳」(『금릉집』 권13)과 「送吳士執允常遊成都序」(『금릉집』 권11)를 두고 "今此二篇, 道術文章, 交相濟也. 又見友道, 種種刺骨, 可補世敎, 非直文詞之粹美而已"(이덕무, 「與南元平書」, 『아정유고』 권7)라 한 것이 그 예이다.

이 수학기에 절친하게 어울리던 이들이다. 이들의 문학관은 박지원이나 이덕무 등과는 달리 다소 보수적인 면모가 강했다. 김재련의 자는 국기(國器), 호는 묵관(默觀)이다. 정조 연간에 영의정을 지낸 김익(金熤, 1723～1790)의 아들이자, 정조 연간에 이조판서를 지내고 순조 연간에 영의정을 지낸 김재찬(金載瓚, 1746～1827)의 아우다. 1780년에 서른 살의 나이로 진사시에 합격한 후 김재련은 이렇다 할 벼슬을 하지 못하고 서른다섯의 젊은 나이로 죽게 된다. 한편 박남수는 한유(韓愈)를 모범으로 삼았으며[80] 당송문(唐宋文)과 진한문(秦漢文)을 본받고자 하면서 명말(明末) 이후 문장에 대해 비판적이었던 인물이었다.[81]

남공철은, 부친 남유용이 그러했듯이 서화에 대한 관심이 남달랐다.[82] 어려서부터 서화에 대한 벽(癖)이 있어 명품을 보면 입고 있던 옷을 벗어서라도 그것을 구입하고, 선본(善本)이 있다는 말을 들으면 반드시 그 집에 가서 서화를 보고 품평하였다.[83] 그 결과 그의 문집에는 116편이나 되는 서화발미(書畵跋尾)가 남아 전한다.[84] 서화에 대한 그의 관심은 교유 방면에서 이단전(李亶佃)이나 최북(崔北)과 같은 이들과 가깝게 지낸 것으로도 나타난다. 남공철이 언제 이단전을 처음 만났는지는 알 수 없으나 이단전을 먼저 알게 되고, 그로부터 최북을 소개받았다.[85] 남공철이 최북에게 보낸 편지 「답최북(答崔北)」(『금릉집』 권10)이 1778년 이전에 지어진 것으로 보아 남공철은 19세 이전부터 최북을 알고 있었

80) 남공철, 「與朴山如」, 『금릉집』 권10: "足下平生師韓退之."
81) 박남수, 「答南元平」, 『修隅前集』 권3: "盖文章, 旣有秦漢之祖宗, 唐宋之源流, 而嗟近世之人, 往往有不此之法, 全以明季元淸襍家, 取作程式."
82) 남유용, 「題伯氏漁父圖小詞後」, 『뇌연집』 권13: "余童時嗜畵, 類王猷之於竹也. 聞人家有好畵, 必往求觀. 隣居趙君, 滄江之孫, 而滄江善畵, 故畜古畵甚多. 余嘗見安堅、李楨畵, 人物尤絶好. 日往求見, 主人或厭之, 而余則愈不厭也."
83) 남공철, 「洪氏寶藏齋畵軸-又」, 『금릉집』 권23: "余自少, 癖於書畵. 見有賣名品者至, 脫衣裘而易之. 聞人家有善本, 則輒往觀, 皆有品題."
84) 남공철의 서화발미에 대해서는 文德熙, 앞의 논문 참조.
85) 남공철, 「최칠칠전」, 『금릉집』 권13: "始余因李佃, 識七七."

고 그보다 더 이른 시기에 이단전을 알았던 것이다.

이단전(?~1790)은 자가 운기(耘岐) 또는 경부(耕傅)이며 호는 필한(疋漢)이다. 그의 어머니가 유언호(兪彦鎬, 1730~1796)의 종이어서 그도 종의 신분으로 평생을 살았다. 키가 작고 한쪽 눈엔 백태가 끼었으며 곰보 자국이 있는 지독한 추남이었다. 말도 어눌하고 조리가 없었던 데다 술을 좋아해 사람만 보면 술을 찾아 이 때문에 그를 싫어하는 이가 많았다. 그러나 그는 글 청탁하는 데 남다른 재능이 있었고 시도 잘 지어 사대부들 사이에 이름이 자자했다. 이단전은 남유두(南有斗, 1725~1798)와 이덕무로부터 시를 배웠다.[86] 남유두는 곧 남공철의 재종숙이다. 이단전은 처음에 당시(唐詩)를 배우고, 나중에는 명(明) 이후의 서위(徐渭, 1521~1593)·원굉도(袁宏道, 1598~1610)·종성(鍾惺, 1574~1625)·담원춘(譚元春, 1586~1637) 등의 시를 배우면서 시에서의 진실한 감정을 중요시했다.[87] 남공철은 이단전과의 신분 차이에도 불구하고 격의 없이 그와 어울렸으니, 이단전이 약속도 없이 갑자기 남공철에게 들르는 일도 있었다.[88]

최북(崔北, 1712~1786)은 초명이 식(埴)이고 자는 성기(聖器)·유용(有用)이며 호는 성재(星齋)·호생관(毫生館) 등이다. 여항 출신 화가인 그는 특히 산수화와 메추리 그림을 잘 그리는 것으로 유명했으며, 차좌일(車佐一)·천수경(千壽慶)·장혼(張混)·왕태(王太) 등과 함께 송석원시사(松石園詩社)의 일원으로 활동하기도 했다.[89] 48년이라는 나이 차이

86) 조수삼, 「李亶佃傳」, 『추재집』 권8: "亶佃身短小瞖一目. 貌痲甚陋, 語又嘈吶無倫叙. 顧善屬文, 尤精於詩, 名譟士大夫, 而見人惟索酒. 故不知者苦之. 嘗師南樵夫, 後改師李炯菴, 由是其詩幽巧, 絶有二家風焉."

87) 남공철, 「李君詩序」, 『금릉집』 권11: "李亶佃閭巷人也. 少學唐詩, 旣而盡焚其藁, 下學徐、袁、鍾、譚."

88) 남공철, 「春日李佃至」, 『금릉집』 권2: "閒居養痾瘵, 薄宦門寂寞. 楊柳日長綠, 花開微露滴. 十日始開戶, 對此還獨酌. 好事莫如君, 偶然來不約. 容鬢漸疲皺, 衣巾亦弊落. 守素癖詩句, 妻子甘藜藿. 誓不謁公侯, 屑屑事干囑. 喜茲有素心, 晤言日將夕."

89) 呂圭亭, 「行狀」, 『四名子詩集』 부록: "與崔北、千壽慶、張混、王太諸名士, 結社于城西之松石

에도 불구하고 최북은 남공철과 자주 어울렸다. 아래 남공철이 최북에게 보낸 척독에서 둘이 얼마나 격의 없이 어울렸나 엿볼 수 있다.

> 아침나절 남대문 거리에서 돌아왔는데, (우리 집에) 헛걸음했었다는 말을 듣고 무척 섭섭했답니다. 종들이 모두 전하기를, '최생이 왔을 때 술에 취해 책상 위 책들을 마구 뽑아다가 어지러이 앞에 늘어놓고는 소리를 지르며 토해서 사람들의 부축을 받고 나갔다'고 하던데, 길거리에 쓰러지지나 않았는지 모르겠습니다.[90](괄호-필자)

자신이 집을 비운 사이 최북이 술에 취해 찾아와 소란을 피우고 갔다고 하는데, 남공철은 오히려 최북을 만나지 못한 것을 안타까워하고 그의 안부를 걱정하고 있다. 남공철은 특히 최북의 예술가적 면모를 높이 평가하여 그를 입전한 「최칠칠전(崔七七傳)」을 짓기도 했다.

10대 중반으로부터 20대 중반까지 활발히 교유한 이른바 연암그룹과의 관계가 조금씩 소원해지기 시작한 계기는 남공철이 27세 되던 정조 10년(1786), 산청현감직을 맡아 2년 넘도록 지방관 생활을 한 것이다. 이후 남공철은 정조 14년(1790)에 임실현감으로 내려가기도 하였다. 34세 되던 해 절친했던 이덕무가 죽고 나서는 연암그룹과 개별적으로 연락을 주고받기는 했지만 이전처럼 자주 함께 모여 어울리지는 못했다. 그들과 함께 어울리던 최북이나 이단전과 같은 여항인들도 남공철의 나이 서른 즈음 모두 죽었다. 그러면서 그의 교유 대상도 함께 관직 생활을 하는 이들로 옮아가게 되었다.

남공철의 생애에서 큰 전환점이 된 것은 정조 16년(1792) 즈음임은 앞서 언급한 바 있다. 1792년은 남공철이 문체와 관련하여 정조의 견책을 당하고, 그로 인해 심적으로 큰 타격을 입은 해이기도 하다. 그러나

園, 優遊文墨, 放浪形骸."

90) 남공철, 「答崔北」, 『금릉집』 권10: "朝自南衙還, 聞虛過, 悵然也. 僮僕皆傳, 生來時被酒, 亂抽案上書帙, 紛然滿前, 仍欲狂叫嘔吐, 爲人扶出而止, 能免街上顚仆之患不."

그 일이 있기 직전, 남공철은 인생에서 가장 영화로웠다고도 할 수 있는 한때를 보냈다. 이해(1792) 정월 남공철은 인일제(人日製)에서 대책(對策)으로 장원을 차지하였고 3월에는 문과(文科)에 급제하였다. 또 당월 21일에 정조는 규장각 각신들을 중심으로 한 근신(近臣)들을 불러 잔치를 벌인 일이 있었다.[91] 이는 송대(宋代)에 천자가 규장각과 유사한 기능을 수행하던 천장각(天章閣)의 신하들과 매년 봄 잔치를 베풀어 꽃구경을 하고 고기를 낚으며 군신 간 시를 주고받던 고사를 따른 것이었다. 정조는 남공철이 자신의 사부의 아들이고 이미 과거에 급제한 상태여서 곧 규장각에 들 것이라며 특별히 이 모임에 참석하는 것을 허락하였다고 한다. 이때 정조가 참석한 신하들과 함께 지은 시[92]가 전하는데, 이 시를 통해 당시에 어떠한 이들이 이 모임에 참석하였는지 확인할 수 있다. 이 상화조어연(賞花釣魚宴)에 참석하여 응제(應製)한 이들은 오재순·서호수(徐浩修)·이병모(李秉模)·박우원(朴祐源)·서용보(徐龍輔)·정동준(鄭東浚)·윤행임·서영보·서유구·남공철·정상우(鄭尙愚)·오연상·서유본(徐有本)·서유락(徐有樂)·서유비(徐有棐)·정동안(鄭東晏)·심응규(沈應奎)·서준보(徐俊輔)·서임보(徐任輔)·이노익(李魯益)·이노풍(李魯豐)·이노임(李魯任)·박종유(朴宗瑜)·서응보(徐應輔)·서봉보(徐鳳輔)·서경보(徐耕輔) 등이다. 이 가운데 오재순·서호수·이병모·박우원·서용보·윤행임·서영보·서유구는 당시 각신(閣臣)이었고 남공철을 제외한 나머지 사람들은 각신의 자제들이었다. 남공철은 이 연회에 참석한 이들과 길고 짧은 시기의 차이는 있으나 관직 생활을 함께하며 자주 어울렸다. 이들 가운데 특히 김조순·심상규·이상황·서유구·윤행임, 그리고 이 연회에는 참석하지 않았지만 역시 초계문신으로 활동했던 김재찬 등과의 교유는 이후 남공철이 관직 생활을 하는 동

91) 『일성록』 정조 16년 3월 21일조.

92) 남공철, 「太液池賞花釣魚 御製聯句 命閣臣近侍及儒生賡和 賤臣以新恩兼史 特許與宴」, 『금릉집』 권2.

안 지속적으로 이어지게 된다.

김조순(金祖淳, 1765～1832)은 남공철, 이상황 등과 함께 규장각 초계문신으로 활동하였고 순조조에 국구(國舅)가 되면서 세도 정국을 주도하였다. 이상황과 함께 소설을 읽다가 정조에게 발각되어 후에 자송문을 지어 바치자 정조는 "문체가 바르고 우아하며 뜻이 풍부하여 무한한 지취(旨趣)가 있음을 알겠다"라 하여 그의 문체를 극찬한 바 있다.[93] 남공철이 김조순과 언제부터 알고 지냈는지는 분명하지 않지만, 관직에 나아간 직후부터 본격적으로 교유한 것으로 보인다.[94]

심상규(沈象奎, 1766～1838)는 심염조(沈念祖, 1734～1783)의 아들이다. 심염조가 정조로부터 '함재(涵齋)'라는 사호(賜號)를 받은 데 이어 심상규 역시 정조로부터 '상규(象奎)'라는 이름을 하사받았다. 이처럼 정조의 지우를 입었던 심상규는 정조 13년(1789) 규장각 초계문신으로 발탁되었다. 남공철은 20대 초반부터 심상규와 본격적으로 교유하기 시작하였는데, 특히 시문에 대한 견해를 자주 주고받았다.[95] 심상규의 문학적 궤적이나 문화적 취향 등은 남공철의 그것과 크게 다르지 않았다.[96]

이상황(李相璜, 1763～1841)은 남공철이 관직에 나아간 직후부터 교유한 인물이다. 이상황 역시 김조순과 함께 예문관에서 숙직하면서 『평

---

93) 『정조실록』 16년 11월 8일조: "文體爾雅, 意匠汎濫, 頗覺有無限旨趣."

94) 出仕 이전에 지은 남공철의 시문 가운데서는 김조순에 관한 언급을 찾아볼 수 없다. 두 사람의 교유를 확인할 수 있는 가장 이른 시기의 자료는 남공철이 1788년에 김조순에게 쓴 척독 「答金士源」(『금릉집』 권10)이다.

95) 남공철이 심상규에게 쓴 서 「與沈穉教書」(『금릉집』 권10)에는 남공철이 문장에 드러내야 할 道를 새롭게 인식한 내용이 수록되어 있으며 척독 「與沈穉教」(『금릉집』 권10)에는 심상규가 보내 온 시에 대한 남공철의 평이 수록되어 있다.

96) 그 이유로는 다음의 세 가지를 들 수 있다. 첫째, 젊은 시절 규장각 초계문신으로 활동하고 순조조에 들어서서 김조순계의 핵심 인물로 활동하며 문형을 지냈다는 삶의 궤적이 흡사하다는 점이다. 둘째, 젊은 시절 남공철이 심상규에게 쓴 편지에서 "지금 穉教의 文은 어찌 그리도 제 마음과 잘 맞는지요?"[今穉教之文, 何其與吾心合也](남공철, 「與沈穉教書」, 『금릉집』 권11)라고 한 데서 알 수 있듯이 심상규의 문학관이 남공철의 그것과 부합하는 면이 많았다는 점이다. 셋째, 심상규가 화려한 저택 嘉聲閣을 경영하며 속세와 단절된 자신만의 공간을 조성한 데서 드러나듯이 그 역시 남공철과 같이 아취를 중시한 점을 들 수 있다.

산냉연(平山冷燕)』 등의 소설을 읽다가 정조에게 발각된 후 정조 16년(1791) 문체 문제가 다시 불거졌을 때 견책을 당하였다. 이에 자송문으로 지어 올린 「힐패(詰稗)」와 척패시(斥稗詩) 30수가 전한다. 그는 평소에 패설(稗說)을 즐겨 읽어 그것을 손에서 놓는 일이 드물었으며, 신본(新本) 보기를 좋아하여 중국에 다녀오는 자들이 다투어 그에게 책을 갖다 바쳐 그것이 몇천 권에 이르렀다고 한다.[97] 특히 『서상기』와 같은 책을 좋아하여 밥을 먹을 때나 심지어 측간에 갈 때조차 그것을 손에서 놓지 않았다고 한다.[98] 김조순과 함께 소설을 읽다가 적발된 이후 정조 16년에 문체 문제가 불거지자 쓴 자송문이 바로 「힐패」인데, 이 글에서 이상황은 패관소품을 옹호하는 입장의 패자(稗者)와 그를 비판하는 입장의 힐자(詰者)와의 논쟁을 통해 패관소품의 문제점을 따지고 있으며 결국에는 힐자의 승리로 글을 마무리한 후 척패시(斥稗詩)를 부기하여 놓았다. 이 글은 표면적으로는 힐자가 승리하는 것처럼 꾸며 놓았지만 자세히 들여다보면 이상황은 패자의 입장에서 패관소품의 장점을 충실하게 대변하고 있다.[99]

정조 16년(1792)에 있었던 문체 관련 조치 때 가장 먼저 자송문을 지어 바치게 한 대상이 바로 이상황이었다. 이상황의 이 글을 처음 받아본 정조는, 이상황의 대답이 그러한데 설마 입으로만 그렇게 하고 마음은 그렇지 않을 리 있겠느냐며 서학교수(西學教授)의 직첩을 돌려주라고 명한다.[100] 그러나 얼마 뒤 정조는 당시 문체 때문에 문제가 됐던 김조순

97) 이유원, 「喜看稗說」, 『임하필기』 권27: "桐漁李公, 平日手不釋者, 卽稗說也. 毋論某種, 好閱新本. 時帶譯院都相, 象譯之赴燕者, 爭相購納, 積至累千卷."

98) 홍한주, 「正祖文體反正」, 『지수염필』: "桐漁主小說, 酷好西廂記, 常曰: '凡有字之書, 見時雖好, 掩卷則已. 惟西廂, 一見時好, 掩卷愈味. 想像肯綮, 不覺其黯然魂鎖. 此韓柳歐蘇不能爲, 左國班馬不能爲, 二典三謨亦不能爲. 雖對飯如厠, 手不停披.'"

99) 「힐패」에서 다음과 같은 이유로 이상황이 패자의 입장을 두둔하고 있음을 알 수 있다. 첫째, 논쟁 간의 연속성이 없다는 점, 둘째, 힐자의 논리가 패자의 주장을 정면으로 반박할 만큼 논리적이지 못하다는 점, 셋째, 힐자가 패자를 공격하는 논리가 정조의 패관소품에 대한 비판적 견해를 그대로 따르기만 한 점 등이다.

· 이상황 · 남공철 · 심상규의 자송문을 평하면서 이상황의 자송문 「힐패」에 대해 “경망스럽고 귀나 즐겁게 하는 말”이라고 평하였다.101) 이상황이 젊은 시절 패관소품을 애호하던 태도가 이후 어떻게 변하였는지는 확실치 않다. 그러나 남공철이나 김조순 등이 그러하였듯이 이상황 역시 세도정권의 핵심 인물로 활동하면서 여가에는 번잡한 도회에 거처하며 탈속적인 분위기의 취미생활을 즐겼을 것으로 보인다.

김재찬(金載瓚, 1746～1827)은 자가 국보(國寶), 호가 해석(海石)으로 남공철의 절친한 벗 김재련(金載璉)의 형이기도 하다. 우참찬을 지낸 김상석(金相奭, 1690～1765)이 그의 조부이고 부친은 영의정을 지낸 김익(金熤, 1723～1790)이다. 남공철이 김재련과 교유하기 시작한 것은 20세 이전이므로, 김재찬과도 이른 시기부터 알고 지냈다고 할 수 있다. 남공철이 30대 중반에 김재찬에게 쓴 편지 「여김판서(與金判書)」(『금릉집』 권10)의 내용이나 문투로 보아 남공철은 얼마간 예의와 격식을 갖추고 김재찬을 대했던 것으로 보인다. 남공철은 젊은 시절 김재련과 절친하게 지내다가 김재련이 요절한 후 그 형 김재찬과 교유하는 등 두 집안은 대를 이어 교유하였다.102) 김재찬은, 당시 대부분의 문인들이 그러했듯이 의고(擬古)에 반대하고, 기수(氣數)의 변화에 따라 시문 또한 변하지 않을 수 없음을 인정하고 있었다.103) 또한 당시 대부분의 경화세족이 그러하였듯 그 또한 위항인들과 긴밀한 교유 관계를 유지하면서 특히 방아를 찧어 먹고살던 위항인 이춘배(李春培)라는 이를 입전(立傳)하거나, 그와의 교유를 소재로 한 시를 다수 남기기도 했다.104) 김재찬은

---

100) 『정조실록』 16년 10월 24일조.

101) 『정조실록』 16년 11월 8일조: “李相璜沾沾悅耳之辭.”

102) 남유용은 김재찬의 조부 김상석과 교유하여 그의 묘지명(南有容, 「判敦寧府事金公墓誌銘」, 『뇌연집』 권22)을 써 주는가 하면, 김재찬의 부친 김익과는 詩나 書를 주고받으며 교유한 사실을 확인할 수 있다.

103) 이와 관련한 대표적인 언급으로 “詩以世遷, 文逐運移”(김재찬, 「題琴湖相公續北征詩卷後」, 『해석유고』 권8); “夫詩不可學古也. 由漢魏而下數十百年, 歷三大國, 不復有能漢魏者何也? 年代降而聲氣變也”(김재찬, 「題國器詩卷後」, 『해석유고』 권8) 등을 들 수 있다.

순조 연간에 정치적으로는 김조순계로 분류되지만 실은 그가 김조순계 인물들과 대립하지 않았을 뿐 전적으로 그들의 정치적 견해에 동조한 것은 아니었다. 오히려 그는 노론 청류의 정치론을 견지하며 순조조 후반에는 척족정치에 다소 비판적인 태도를 보이기까지 하고, 자신의 조카이자 김재련의 아들인 김로(金鏴, 1783～?)를 효명세자의 대청(代聽)을 지원할 수 있는 측근으로 육성하기도 하였다. 즉 김재찬은 그의 말년에 안동김씨 세력을 견제하고 왕권 강화를 위해 순조와 효명세자를 도운 인물로, 오히려 안동김씨 세력에 비판적인 입장에 서기도 했다.[105] 그러한 정치적 입장 차이와는 별도로 김재찬과의 교유는 남공철의 노년까지 이어졌다.[106]

서유구(徐有榘, 1764～1845)는 자가 준평(準平), 호가 풍석(楓石)으로 14세 되던 해, 조부의 권유로 남공철과 교유하기 시작했다.[107] 조부가 대제학을 지낸 서명응(徐命膺, 1716～1787)이고, 부친은 이조판서를 지낸 서호수(徐浩修, 1736～1799)로 소론 명문가 출신이다. 남공철은 18세 되던 해에 처음 서유구와 교유하기 시작하였으며 이후 규장각 초계문신으로 함께 있을 때 특히 활발히 어울렸다.

윤행임(尹行恁, 1762～1801)의 자는 성보(聖甫), 호는 석재(碩齋), 본관은 남원(南原)이다. 그의 부친은 용은군(龍恩君) 윤염(尹琰)으로, 용은군은 조정에서 내려준 군호(君號)다.[108] 그의 초명은 행임(行任)인데, 순

---

104) 이상 김재찬의 문학관과 문학 활동에 대해서는 박준원, 「海石 金載瓚 文學의 硏究」, 『한국한문학연구』 20, 한국한문학회, 1997 참조.

105) 김명숙, 「19세기 前半期 海石 金載瓚의 정치활동과 정치론」, 『한국사상과문화』25, 한국사상문화학회, 2004, 152～153면.

106) 「貞社四老會序」(『영옹재속고』 권2)에서 남공철이 67세, 김재찬이 81세 되던 1826년에 김사목(金思穆, 1740～1829), 한용귀(韓用龜, 1747～1828) 등과 함께 모임을 결성했던 것을 확인할 수 있다.

107) 서유구가 14세 되던 해에 조부 서명응(徐命膺)이 서유구에게 남공철의 글을 보여주면서 구양수를 배우고 싶거든 남공철을 찾아가 보라고 권하였으며 이때부터 남공철과 교유하기 시작했다. 이 점에 대해서는 본서의 59～60면에서 보다 자세히 언급하기로 한다.

108) 김은숙, 「石齋 尹行恁의 著作과 학문 경향」, 계명대 석사학위논문, 2009, 5면.

조가 5세(1794) 때 그의 이름을 행임(行恁)으로 잘못 쓴 이후 정조의 명에 의해 행임(行恁)으로 개명하였다. '석재(碩齋)'라는 그의 호도 정조가 내려준 것이다. 이처럼 정조의 각별한 지우를 입고 정조의 후사를 부탁받은 윤행임은 정조 사후, 권력을 농단한다는 비판을 받다가 임시발(任時發) 괘서(掛書) 사건을 계기로 사사당하였다. 그는 인물성동론을 비판하면서 불교나 양명학, 노장 등의 이단을 배척하는가 하면 고증학에 대해서도 비판적인 시각을 견지하여 강고한 주자주의적 면모를 표방하였다.[109] 그러나 그 스스로 표방하던 강고한 주자주의적 자세와는 별도로 민속이나 언어에 대해 관심을 보이거나 금석(金石), 음악, 미술에까지도 관심을 보이는 등 박학적 학문 태도를 보이고 있다. 그의 문집에 남공철에게 주거나 남공철을 염두에 두고 지은 시가 21수나 되는 것으로 보아 1799년에 갑자기 사이가 멀어지기 전까지 남공철과 상당히 가깝게 지냈던 듯하다. 다만 어떠한 이유에서였는지는 분명하지 않지만 남공철이 40세 되던 1799년부터 윤행임과 상당히 멀어지게 되었다. 이와 관련해 남공철은 윤행임이 자신을 질투하여 중상(中傷)하려 하였다고 술회하고 있다.[110]

윤행임을 제외한 이상의 인물들은 순조 14년(1814) 정조의 『홍재전서』 편찬 사업에 함께 참여하기도 했는데, 이때 여가에 지은 시들을 모아 간행한 『동성교여집(東省校餘集)』[111]을 통해, 이들이 정조조에 초계문신으로 맺었던 인연을 이어가고 있음을 알 수 있다.

---

109) 윤행임은 조선조 주요 경전 연구자들의 견해를 망라하여 『東儒性理編』을 펴냈는데, 이 책의 서문에 인물성동이론에 대한 자신의 입장을 언급하면서 이단에 대해 강고한 태도를 보이고 있다. 또 사고전서의 목록에 부치는 서문에서는 淸의 고증학자들을 비판하여 고증학에 대한 비판적인 견해를 보인다. 그러나 그 스스로 고증적 방법을 빈도 높게 사용하고 있기도 하다. 이에 대해서는 김윤조, 「碩齋 尹行恁 硏究」, 『한문교육연구』 9, 한국한문교육학회, 1995, 260~262면 참조.

110) 남공철은 정조가 윤행임의 그와 같은 의중을 눈치채고 일부러 남공철을 외직인 강원도관찰사로 내보냈다고 술회하고 있다. 남공철, 「의양자연보」 정조 23년 己未條, 『귀은당집』 부록 참조.

111) 이 책의 서문은 남공철·김조순·김이교가 작성했으며, 남공철의 서문은 『금릉집』 권11에 「內閣校餘集序」라는 제목으로 수록되어 있다.

2. 가학(家學)과 구양수(歐陽修)의 영향

1) 가학(家學)의 성격과 그 계승 양상

남공철 집안의 가학은 그의 고조부 남용익으로부터 그 실체가 확인된다.[112] 남용익으로부터 이어진 가학의 특징은 첫째, 경서(經書)나 시문 등 어떠한 자료를 해석할 때 혹은 작문에 임할 때 자기 자신의 주체적 견해와 자신으로부터 나온 글을 가장 중시했다는 점, 둘째, 왕세정(王世貞)이나 구양수(歐陽修)와 같은 중국 문인과 중국 시사(詩史)에 대해 유사한 견해를 견지하고 있었다는 점, 셋째, 문장 학습 및 작문 과정에서 기(氣)와 육경(六經)을 중시했다는 점, 넷째, 성리학에 대해 거리를 두는 한편 문학, 특히 산문 창작에 치중했던 점, 다섯째, 이우보인(以友輔仁)을 주요한 교유관으로 삼았던 점, 여섯째, 고동서화에 대한 취미 등으로 요약할 수 있다.[113] 여기서는 특히 남공철에게 직접적인 영향을 미쳤다고 할 수 있는 남유용의 지향이 남공철에게로 어떻게 이어지는가에 초점을 맞추어 남공철이 직접적으로 영향을 받은 가학의 성격에 대해 논의하고자 한다.

남유용이 남공철에게 미친 영향 가운데 가장 주목할 만한 것은 바로 구양수에 대한 지향이다. 구양수는 책과 금석문, 거문고와 술, 바둑, 그리고 구양수 자신이 하나가 된다는 뜻으로 호를 육일거사(六一居士)라 한 바 있다. 그런데 남유용은 구양수가 제시한 것들 가운데 마음에 누가 되는 것이 많다 하여 거문고와 바둑, 금석문을 빼고 그 나머지 천

112) 남공철의 부친 남유용의 『뇌연집』, 조부 南漢紀(1675~1748)의 『寄翁集』, 증조부 南正重(1653~1704)의 『碁峯集』, 고조부 남용익의 『壺谷集』·『漫筆』, 그리고 남공철의 伯父 南有常(1696~1728)의 『太華子稿』, 從孫 南周獻(1769~1821)의 『宜齋集』 등 남공철의 가학의 실체를 확인할 수 있는 자료가 비교적 풍부하게 남아 전한다.

113) 이러한 특징들에 대해 졸고, 「남공철 문학의 연원에 대하여-그 家學的 성격을 중심으로」, 『고전문학연구』 37, 한국고전문학회, 2010에서 자세히 살핀 바 있다.

권의 책과 술 한 병, 그리고 자신이 하나가 된다는 뜻으로 '삼일(三一)'이라는 당호를 지은 바 있다.[114] 또 조카 남공필(南公弼)의 당호를, 구양수의 삼다재(三多齋)를 본떠 이다재(二多齋)라 지어 주기도 했다. 이처럼 남유용은 구양수에 대한 지향을 여러 곳에서 표출하기도 하였거니와 당대 사람들에 의해 구양수에 견주어지기까지 했다. 이를테면 김재련의 부친인 김익(金熤)은 남유용을 두고, 과거에 급제하고 벼슬하였으며 만절(晩節)의 이름을 온전히 한 것이 곧 구양수와 같다고 하여 남유용을 구양수에 견주었다.[115] 또 유한준은 당시 사람들이 남유용을 두고 예전 가우(嘉祐) 연간의 구양수와 같다고 일컬었다고 전한다.[116] 이와 같이 남유용은 구양수의 학문과 지취(志趣)에 대해 흠앙의 뜻을 보였는데, 그 아들 남공철에 이르러 구양수의 문장은 물론 삶의 전반적인 면모까지 흠모하는 태도를 보이게 된다. 남공철은 평생 구양수를 흠모하며 그의 삶과 문장을 본받고자 하였고, 특히 구양수가 영수(潁水)로의 귀거래를 계획한 것을 따라 그 자신도 구양수와 같은 귀거래를 꿈꾸었다.[117]

다음으로 문장에서 기(氣)를 중시하고 육경(六經)을 문장 학습의 모범으로 삼았던 태도 또한 남유용으로부터 받은 영향으로 확인된다. 남유용은 뜻[志]이 기(氣)를 통솔할 수 있게 된 후에야 기에 병이 없게 되고, 기에 병이 없게 된 후에야 문장 또한 병이 없게 된다면서 문장에서의 기(氣)를 중시하였다.[118] 또 뜻[志]을 바르게 하고 기를 온전하게 하여

114) 남유용, 「三一堂記」, 『뇌연집』 권14; 남유용, 「與吳伯玉」, 『뇌연집』 권15.

115) 金熤, 「榮老堂記」, 『竹下集』 권16: "太學士雷淵丈人今之歐陽子也. 科擧而榮, 仕宦而榮, 皆能有歐陽子之榮, 而引年於未耄, 完名於晩節, 又是歐陽子後一人而已."

116) 유한준, 「祭太學士雷淵南公文」, 『自著』 권22: "後有論公, 如昔嘉祐, 卽六一翁."

117) 남공철, 「又思潁亭記」, 『금릉집』 권12: "宜陽子平生慕歐陽子之爲人, 慕其文章德業, 而於慕思潁也爲尤甚." 남공철의 귀거래 의지를 살필 수 있는 글들로는 「又思潁亭記」·「玉磬山莊記」(이상 『금릉집』 권12), 그리고 「遁村四景圖跋」(『금릉집』 권13) 등을 들 수 있다. 귀거래와 관련하여 남공철이 구양수를 지향하였다는 점은 본서의 5장 4절 참조.

118) 남유용, 「答兪景明」, 『뇌연집』 권16: "尋常自謂文章氣之所爲, 志可以帥氣, 然後氣無病. 氣無病, 然後文章亦無病."

많이 쌓아 두었다가 때때로 그것을 문장으로 내는 것이 작문의 핵심이라 강조하기도 하였다.[119] 남공철은, 부친 남유용의 기(氣)에 대한 생각을 이어받아 "문장은 기력(氣力)을 숭상하기 때문에, 상학(上學)을 해서 하달(下達)해야 한다"[120]라고 하는가 하면 기(氣)의 구체적인 함양법(涵養法)으로 육경에 바탕한 독서를 들기도 했다. 남공철이 문장에서 기(氣)를 중시하고 육경을, 바른 기[正氣]를 온전히 갖춘 텍스트라는 생각을 하게 된 것은 부친 남유용의 영향이 크다고 할 수 있다. 또한 남유용은 문장을 학습할 때 육경에 근본을 두고 제자백가를 참고하여야 한다는 견해를 제시하는 등 육경의 중요성을 누차 강조한 바 있다.[121] 남공철은 여기서 한 걸음 더 나아가 육경(六經)을 기(氣)와 관련지어, 육경이야말로 바른 기가 갖추어진 것이라 평하기도 하였다.[122]

한편 남공철 집안에 가풍으로 전해진 교유관은 '이우보인(以友輔仁)'이라는 말로 요약할 수 있다. 이우보인(以友輔仁)은 말 그대로 '벗으로 인(仁)을 돕는다', 즉 자신의 인(仁)의 함양을 염두에 두고 벗을 사귄다는 뜻이다. 이우보인(以友輔仁)의 교유관은 남유용의 문집에서 직접적으로 확인되지는 않는다. 다만 남유용의 백형(伯兄) 남유상이 「우당기(友堂記)」에서 "옛날 군자는 벗을 사귈 때 자신에게 이로운 이를 가려 사귀되 잘하는 것이 있으면 좇아 배우고 나의 잘못을 고해 주면 재빨리 고쳤다"[123]라 적이 있다. 형제 간의 우애가 각별하였기에 남유용의 교유관

---

119) 남유용, 「答韓副率」, 『뇌연집』 권17: "學以一其眞. 以正志完氣, 多畜而時出之, 夫豈外此而復有所謂文章者哉."

120) 남공철, 「古文源流序」, 『영옹재속고』 권2: "文章尙氣力, 故上學而下達."

121) 남공철, 「先府君言行錄」, 『영옹속고』 권4: "爲文章, 本之六經, 參以諸子百家, 硏精覃思, 極微鉤玄." 이 밖에도 다음 기록들에서도 남유용이 육경을 중시했다는 사실을 확인할 수 있다. "大究六經百家之說, 以考質古今治亂成敗"(「二多齋說」, 『뇌연집』 권27); "若必義理文章如六經, 然後接乎目, 不如是, 則不接乎目"(「答金孺文」, 『뇌연집』 권6); "因以求諸六經群聖賢之書, 乃見言之所以發與其所以止."(「上陶菴」, 『뇌연집』 권5)

122) 남공철, 「與金國器論文書」, 『금릉집』 권10: "文章以氣爲主, 法次之. 何謂氣? 氣在六經, 必先讀六經, 以窺其理道之淵藪, 滔泳渟蓄, 充實光輝, 以養吾氣, 以達吾氣, 然後發之於文, 文不期氣而自氣. 六經正氣也, 老莊・韓非・田騈・鄒衍・列禦寇諸子, 雖有氣而皆邪氣也."

또한 남유상의 그것과 크게 다르지 않았을 것이라 추정할 수 있다. 벗의 잘못을 보면 곧바로 그 잘못을 지적해야 한다는 이러한 교유관은 남공철에게 영향을 미쳤다. 남공철의 교유관은 벗이 잘한 일이 있으면 기뻐하며 본받고 잘못한 일이 있으면 바로 말해 주어 잘못을 고치도록 해야 한다는 것으로 요약된다.[124] 어려서부터 절친하게 교유한 벗 조진구(趙鎭球, 1765～1815)와 이현수(李顯綏, 1759～1825)가 남공철에게 편지를 보냈는데, 그 편지에는 기이한 모양으로 한 서명이 있기도 하고, 人과 亻을 혼용하거나 士와 土를 구분하지 않고 쓰는 등 자법에 어긋나는 것이 많았다. 이에 남공철은 상도(常道)와 자학(字學)의 중요성을 강조하며 기이한 것을 좇는 벗들의 태도를 나무라고 있다.

마지막으로 취미 향유와 관련해서도 남공철은 남유용의 영향을 받은 것으로 보인다. 남공철은 당시 고동서화 취미를 향유한 대표적인 문인으로, 약 3천 권의 책을 수장하고 자신의 거처에 분향관(焚香館)이라든가 응향각(凝香閣), 고동각(古董閣), 서화각(書畵閣)과 같은 당호를 붙이기도 하였으며 개인 문집에서는 찾아보기 어려울 만큼 많은 분량인 116제 154편이나 되는 서화발미(書畵跋尾)를 남기기도 했다.[125] 이처럼 남공철이 서화에 관심을 가지고 자연스럽게 고동서화 취미를 향유할 수 있었던 것은 부친 남유용으로부터 받은 영향이 크다. 남유용은 어려서부터 그림 보기를 좋아하였는데, 이웃에 살던 조형보(趙衡輔)의 집에 가 그림을 자주 보아서 주인이 싫어할 정도였다.[126] 조형보는 조선 중기의 대

---

123) 南有常, 「友堂記」, 『太華子稿』 권4: "古之君子, 與朋友交, 必擇其益於吾者, 有善則從而效之, 有告吾過者, 改之如風雷之迅."

124) "所貴乎朋友者, 不但見過惡而後責善而已. 雖小藝末事, 其不至於道者, 亦相告勉"(「答趙國珍」, 『금릉집』 권10); "僕與足下游久矣. 有善則喜, 有過則憂, 雖事之甚小, 而其或不至於學者, 亦皆告之."(「與李元履書」, 『금릉집』 권10)

125) 남공철의 고동서화 취미에 대해서는 김성진, 「朝鮮後期 文人들의 生活相과 小品體 散文」, 『한국 고문의 이론과 전개』, 김도련 편, 태학사, 1998에서 자세히 살폈다.

126) 남유용, 「題伯氏漁父圖小詞後」, 『뇌연집』 권13: "余童時嗜畵, 類王獻之於竹也. 聞人家有好畵, 必往求觀. 隣居趙君, 滄江之孫, 而滄江善畵, 故畜古畵甚多. 余嘗見安堅、李楨畵, 人

표적인 수장가인 창강(滄江) 조속(趙涑, 1595～1668)의 손자로 그 자신이 직접 활발한 회화 활동을 하기도 한 인물이다.[127] 조속의 손자 조형보의 집에는 조부 조속이 수장한 것, 조부가 직접 그린 것 등 수많은 그림들이 있었다. 남유용은 주인이 싫어할 정도로 자주 들러 그러한 그림을 감상했던 것이다. 남유용은 남공철만큼 많은 수는 아니지만 서화에 대한 발문(跋文)을 남기기도 했으며, 그 자신이 직접 그림을 그리기도 했다.[128] 그런 부친 아래에서 유년을 보낸 남공철은 부친의, 그림에 대한 애호 성향을 그대로 이어받았다. 남공철이 홍주원(洪柱元, 1606～1672) 집안에 전해 내려오는 그림 목록을 두고 지은 글에서, 부친이 그림을 펼쳐 두고 몇 달씩이나 감상했다고 하였는데,[129] 어려서부터 그러한 취미를 즐기던 부친을 보고 자란 남공철은 이후 스스로 그림에 대해 벽(癖)이 있다고까지 할 만큼 서화를 애호하였다.[130] 이 밖에도 남유용이 여항 예인에 대한 전(傳)을 지었던 점,[131] 척독(尺牘)을 중시하였던 점[132] 등도 남공철이 최북(崔北)이나 김용행(金龍行) 등을 대상으로 전(傳)을 짓고, 벗들과의 회합(會合)과 이별(離別)을 소재로 다량의 척독

物尤絶好. 日往求見, 主人或厭之, 而余則愈不厭也."

127) 조속은 李俣(1637～1693), 李明漢(1595～1645)과 더불어 조선 중기의 대표적인 수장가로 알려져 있다.

128) 남유용의 서화제발로는 「秋水圖跋」·「題伯氏漁父圖小詞後」·「題虛舟畫屛六帖」·「尹季章五老會圖題」·「題趙學士景瑞四木圖說後」(이상 『뇌연집』 권13) 등을 들 수 있다. 이 가운데 「題伯氏漁父圖小詞後」에서 남유용이 뜻이 가는 대로 그림 그리기를 좋아하였으며 직접 漁父圖를 그렸던 점 등이 확인된다.

129) 남공철, 「洪氏寶藏齋畵軸」, 『금릉집』 권23: "余之先公晚年閒居, 有兪上舍好古者也. 一日携此諸本而來, 先公列諸左右, 賴以消遣者數月. 余以童子得見, 仍出目錄, 以藏于篋. 今始識此, 距其時爲二十年矣."

130) 위의 글: "余自少, 癖於書畵."

131) 남유용은 鄭來僑의 전언에 의해 화가 金鳴國, 음악가 金聖基, 시인 林俊元을 입전하여 예인전을 지은 바 있다. 남유용의 전에 대해서는 임유경, 「南有容의 文章觀과 傳 서술방식」, 『대동한문학』7, 대동한문학회, 1995 참조.

132) 남유용, 「簡牘小卷跋」, 『뇌연집』 권13: "余笑曰: '人不可常聚也, 必有時而散. 散而不相見則思, 思之甚而又不可見, 則必藉咫尺之書, 以通其意. 其意旣通, 則雖千里之遠, 猶一室之內矣, 可不貴歟?'"

(尺牘)을 지었던 것과 무관하지 않은 것으로 생각된다.

2) 구양수(歐陽修)에 대한 지향

남공철이 평생 흠보하여 그 문학적 성과와 삶의 태도를 본받고자 했던 이는 구양수다. 구양수는 영수(潁水) 가에 땅을 사 두고 늘 귀거래하고자 하는 뜻을 보였고, 이후 64세 되던 해에 마침내 벼슬에서 물러나 그곳으로 귀거래한 일이 있다. 남공철은 구양수를 흠모하는 마음에 사영(思潁)·영옹(潁翁)이라 자호하였다. 그뿐만 아니라 구양수의 귀거래를 본받아 경기도 광주 옥경산 아래에 우사영정(又思潁亭)을 마련하고 지속적으로 귀거래를 시도하였다.[133] 이후 관직 생활이 바쁘고 광주에 자주 갈 수 없게 되자 도성에서 가까운 용산(龍山)에 별업을 마련하고 구양수의 화방재(畵舫齋)를 본떠 '역화방재(亦畵舫齋)'라 이름을 붙인 것도 구양수를 흠모하는 뜻을 담은 것이다. 광주의 '우사영정'이나 용산의 '역화방재'는 구양수가 사용한 '사영정'과 '화방재'라는 이름을 직접 빌려 쓴 것이어서 남공철의 구양수에 대한 흠모는 한 개인의 은밀한 것이었다기보다는 공공연하게 표방한 것이었다고 할 수 있다.

구양수의 삶과 문학에 대한 남공철의 흠모는 비교적 어렸을 때부터 시작되었다. 남공철이 18세 되던 해에 이미 그의 산문이 구양수를 잘 본받았다고 평가되고 있었음은 다음 서유구의 「우사영정기(又思潁亭記)」에 잘 드러나 있다.

> 유구(有榘)가 열네 살이 되면서 지금은 돌아가신 조부 보만(保晩) 선생으로부터

---

133) 남공철이 구양수를 흠모하는 마음, 그리고 우사영정을 경영하게 된 경과에 대해서는 「又思潁亭記」(『금릉집』 권12)에 자세히 드러나 있다. 남공철은 평생 구양수의 사람됨과 文章, 德業을 흠모하였으며 특히 구양수가 潁水로 귀거래하고자 하는 마음을 흠모하여 자신도 귀거래의 뜻을 하루도 잊어본 적이 없어 마침내 광주의 玉磬山에 정자를 사서 又思潁이라 이름하였다고 했다. 「又思潁亭記」에 대한 자세한 논의는 본서의 315~318면 참조.

> 당송팔가문을 배웠는데, 속으로 구양자(歐陽子)의 우서(紆徐)함을 흠모하여 배우고자 했으나 터득하지 못했다. 하루는 선생께서 손수 한 편의 증서(贈序)를 내게 보여 주시면서 "어떠냐?"라 하셨다. 유구가 읽어보고는 근고(近古)의 명가(名家)가 여릉(廬陵, 곧 구양수를 가리킴-필자 주)을 본받아 지은 작품이 아닌가 했다. 선생이 웃으시며 말씀하셨다. "아니다. 이는 지금의 남수재(南秀才) 아무개가 지은 것이다. 너보다 겨우 네 살 많을 뿐이다. 네가 여릉(廬陵)을 배우고 싶거든 어찌 먼저 이 사람에게 가서 물어보지 않느냐?" 유구가 곧바로 저현(苧峴)의 집으로 찾아갔는데 부서진 책상에 먼지가 가득하였고 책들이 집에 가득했다. 서로 고금(古今) 문체(文體)의 변화에 대해 툭 터놓고 얘기하였으니 빈 채로 갔다가 잔뜩 채워 돌아왔다.[134]

서유구의 나이 14세, 남공철이 그보다 네 살 많은 18세 때의 일화다. 남공철이 다른 사람에게 써 준 서(序)를 서명응이 갖고 있다가 손자 서유구에게 보여주었다는 것으로 보아, 이때 이미 남공철의 글이 사람들에게 알려져 호평을 받았음을 알 수 있다. 그 남공철의 글은 구양수의 글을 잘 본받고 있어, 서명응은 손자에게 구양수를 배우고 싶거든 먼저 남공철을 찾아가 보라고 하였다. 남공철이 구양수를 본받은 것은 이처럼 초기에는 문장에 초점이 맞추어져 있다가 이후 구양수의 귀거래에까지 지향 대상이 확장되었다고 할 수 있다.[135]

남공철은 그 자신이 특히 『사기(史記)』와 한유(韓愈) · 구양수(歐陽修)의 글을 좋아하였다고 밝히고 있으며,[136] 일찍이 오재순(吳載純, 1727~1792)에게 자신이 쓴 글을 보여주자 오재순으로부터 "한유의 법도(法度)

134) 서유구, 「又思潁亭記」, 『金華知非集』 권5, 『楓石全集』: "榘年十四, 受唐宋八家文于先王父保晩先生. 窃有慕乎歐陽子之紆徐, 俛仰而未之有得也. 一日先生手一篇贈人序示之曰: '何如?' 榘覽已疑其爲近古名家步趨廬陵之作. 先生笑曰: '非也. 此今南秀才某作也, 長汝纔四歲耳. 汝欲學廬陵, 盍先往叩此人?' 榘亟訪于苧峴之舍, 凝塵蔽榻, 其書滿家, 相與劇談古今文體之變, 虛往而實歸."

135) 남공철이 구양수를 본받아 귀거래를 실현하려 했던 것에 대해서는 본서의 5장 4절에서 자세히 논의하도록 한다.

136) 남공철, 「思潁居士自誌」, 『영옹속고』 권5: "酷嗜太史公、韓愈、歐陽修之書."

와 구양수의 의취(意趣)가 있다"는 평을 듣기도 하였다.[137] 또 문장 학습에 한창 힘쓰던 젊은 시절, 온갖 책을 두루 읽어 보았지만 사마천이나 구양수의 글만 한 것이 없다고 하여 그것에 심취하였다고도 했다.[138] 그 인간적 면모를 흠모하고 문학 방면에서도 사마천과 함께 구양수를 선범으로 삼았으니 구양수로부터의 영향은 실로 지대한 것이었다고 할 수 있다.[139] 그렇다면 남공철의 산문이 구양수의 산문으로부터 직접적으로 영향을 받았다고 할 수 있는 근거는 무엇인가?

〔표3〕 남공철 산문의 구양수 문장 의방(依倣) 양상

남공철의 글	구양수의 글	의방(依倣) 범위
苞甘集序	梅聖兪詩集序	句節
金國器詩集序	梅聖兪詩集序	句節
閔生詩集序	送楊寘序	意想
東園花樹記	伐樹記	體格
東園花樹記	養魚記	體格
太守亭記	醉翁亭記	意想
小豊樂亭記	豊樂亭記	意想
權心源趾淵哀詞	張子野墓誌銘	句節
淑人趙氏墓誌	南陽郡縣謝氏墓誌銘	體格, 句節
先妣墓誌	隴岡阡表	句節
自碣銘	六一居士傳	句節
又思穎亭記	六一居士傳	句節

남공철의 산문에서 관각문자를 제외한 글들을 일별해 본 결과 의상(意

137) 남공철, 「의양자연보」 정조 2년 戊戌條, 『귀은당집』 부록: "醇菴吳文靖公, 評公文曰: '韓法歐趣. 第多讀多作, 先輩事業, 可期也.'"

138) 남공철, 「與金國器論文書」, 『금릉집』 권10: "取其才力所近, 莫若太史公、歐陽子書, 至忘寢食而求之, 坐而念, 行而唫, 以求其著作之旨, 又井井森列於前矣."

139) 이 밖에도 남공철이 구양수를 표방했다는 점은 실록 졸기에도 언급되어 있으며, 남공철이 사신으로 중국에 갔을 때 중국 문인 曹江은 남공철이 字句를 본뜨는 데 급급하지 않고 구양수 문장을 잘 배웠다는 평을 하기도 하였다. 曹江, 「金陵集序」, 『금릉집』: "南公者, 余尤喜其不屑屑求合於廬陵句櫛而字仿之, 此其所以爲學廬陵也歟."

想)과 체격(體格)이 구양수의 것과 흡사한 것들을 다수 발견할 수 있었다. 이를 도표로 정리한 것이 위 표다. 각각의 글들에 대한 비교와 분석은 뒤에서 차차 하기로 하고, 여기서는 구양수 산문의 어떠한 측면이 남공철 산문에 영향을 미쳤는가, 산문 창작의 기본적인 관점과 기법상의 특징을 중심으로 논의하도록 하겠다.

(1) 도(道)에 대한 인식

고문(古文)의 도통(道統)은 이른바 한구정맥(韓歐正脈)이라는 말에서 알 수 있듯이 한유로부터 구양수로 이어졌다고 평가된다. 구양수는 일찍부터 한유의 글을 접하였다. 그는 당시 유행하던 서곤체(西崑體)를 배우지 않고 젊은 시절 우연히 발견한 한유의 글에 큰 관심을 가졌다. 그런데 그가 한유의 글에 관심을 가진 것은 한유가 문장에 성인의 도(道)를 잘 구현하였기 때문이었다. 구양수가 문장의 주제 및 내용적 측면에서 한유로부터 영향을 받았다면, 문장의 형식적 측면이나 풍격은 오히려 사마천으로부터 받은 영향이 크다고 할 수 있다.[140]

한유와 구양수가 기본적으로 문장에 드러내고자 하는 도(道)는 성인의 도였다는 점에서는 같지만, 도와 문(文)의 관계에 대한 입장뿐만 아니라 문장에 도를 구현하는 방식도 다소간 차이를 보인다. 한유는 문(文)을 재도지기(載道之器), 즉 도를 전하는 수단으로 이해한 반면 구양수는 '도는 문에 의존해서 길이 전해질 수 있고, 문은 도로 인해 더욱 빛을 발한다'고 하여 문장이 단순히 재도(載道)의 도구에 머무르지 않고 도(道)에 상응할 만한 자격을 갖도록 문장의 위상을 제고하였다. 이러한 구양수의 문장관은 동시대 고문가들이 도(道)를 중시하고 문(文)을 경시한

140) 劉若愚, 『歐陽修硏究』, 臺灣商務印書館, 1989, 79면. 이와 관련해 김창협은 "若歐公, 則其文調本自太史公來, 故其碑誌敍事, 多得其風神"(「雜識」 外篇, 『농암집』 권34)이라 하여 구양수의 文調가 사마천으로부터 온 것임을 언급하기도 하였다.

것과도 차별되는 것이었다.141)

도(道)를 전하는 수단으로만 여겨졌던 문(文)의 지위를 격상시킨 구양수는, 추상적이기만 하던 도에 구체성을 부여하게 된다. 한유가 그의 「원도(原道)」에서 이른바 "널리 사랑하는 것을 인(仁)이라 하고 행하여 마땅하게 하는 것을 의(義)라 하며 이것을 따라가는 것을 도(道)라 한다"[博愛之謂仁, 行而宜之之謂義, 由是而之焉之謂道]라 한, 인의(仁義)에 기반한 도는 다분히 추상적이었다. 이 때문에 구양수 당대까지도 사람들에게 도는 신성하고 신비로운 것으로 인식되었다.142) 구양수 역시 인의(仁義)에 기반한 성인의 도를 중시하기는 했으나 그가 산문에서 구현하고자 한 도는 보다 구체성을 띤다. 그는 도를 지나치게 고원(高遠)한 것으로 신비화하는 것에 반대하며 공자가 『서경(書經)』에서 요 임금에 대해 기술한 것은 물난리를 걱정하고 산천에 제사 지내는 등의 일이며, 맹자가 말한 도는 사람을 가르치고 가축을 기르고 산 사람을 봉양하고 죽은 사람을 장사 지내는 등의 현실적이고도 구체적인 것이라 하였다.143) 구양수는 성인의 도가 알기 어려운 어떤 신비롭고 추상적인 것이 아니라 '세상 사람들이 매우 쉽게 알 수 있는 비근한 것'[世人之甚易知而近者]이라 하였다. 따라서 구양수에게 문장에 담을 수 있는 도의 내용은 비단 인의(仁義)로 말미암은 성인의 도뿐만 아니라 현실의 모든 문제일 수 있었다.

> 무릇 배우는 자는 처음부터 도(道)를 일삼지 않는 것은 아니지만 도에 이르는 자는 드뭅니다. 이는 도가 사람들로부터 멀리 떨어져 있어서가 아니라 배우는 자가 빠져드

141) 曾子魯, 『韓歐文探胜』, 中國文學出版社, 1993, 5면.

142) 위의 책, 같은 면.

143) 구양수, 「與張秀才第二書」, 『居士外集』 권16: "然則書之言, 豈不高邪? 然其事, 不過親九族, 平百姓, 憂水患, 問臣下誰可任以女妻舜, 及祀山川, 見諸侯, 齊律度, 謹權衡, 使臣下誅放四罪而已. 孔子之後, 惟孟軻最知道. 然其言, 不過於教人, 樹桑麻, 畜鷄豚, 以謂養生送死爲王道之本."

> 는 것이 있기 때문입니다. 대개 문장의 말은, 공교로워서 남을 기쁘게 하기는 어렵지만 남을 기쁘게 하여 스스로 만족하기는 쉬우니 세상의 배우는 자들이 왕왕 거기에 빠집니다. 어쩌다 글이 공교롭게 되었으면 "내 공부는 이 정도면 됐어"라고 하고 심한 자는 온갖 일들[百事]을 버려두고 관심조차 갖지 않으면서 "나는 문사(文士)이니 문장만 지으면 되지"라고 합니다. 이것이 도에 이르는 이가 드문 이유입니다.144)

구양수는 당시 문사들이 현실의 온갖 문제[百事]에는 관심을 갖지 않고 문장의 교묘함만을 추구하는 세태를 비판하고 있다. 이렇듯 구양수는 현실의 모든 문제가 문장의 제재가 될 수 있다고 하였는데, 이는 이후 명대(明代) 귀유광(歸有光)이나 당순지(唐順之)와 같은 당송파(唐宋派), 방포(方苞) 등 동성파(桐城派) 고문가들에게 적지 않은 영향을 미친다.

남공철 역시 재도론적 관점을 견지하였으며,145) 문(文)을 도(道)를 전하는 수단으로만 인식하지 않고 문(文)의 의의를 높이 평가한 점,146) 성인의 도를 존숭하면서도 도의 내용은 현실의 구체적인 것에서 찾으려 했던 점이 구양수와 다르지 않다. 그런데 남공철은 현실의 구체적인 문제에서 도를 찾는 것에서 나아가 "사람마다 각자의 도를 갖추고 있다"[人人各具其道]라 한 데서 알 수 있듯이 도가 더 이상 성인의 도만을 지칭하는 것이 아님을 언명하는 데까지 나아갔다.

남공철은 도(道)를 어떻게 인식하였는가. 시대마다 달라지고 사람마다

---

144) 구양수, 「答吳充秀才書」, 『居士集』 권47: "夫學者, 未始不爲道, 而至者鮮, 爲非道之於人遠也, 學者有所溺焉爾. 蓋文之爲言, 難工而可喜, 易悅而自足, 世之學者, 往往溺之. 一有工則曰: '吾學足矣.' 甚者, 至棄百事, 不關於心曰: '吾文士也, 職於文而已.' 此其所以至之鮮也."

145) 남공철, 「與成校理論文章書」, 『금릉집』 권10: "文章與世道相經緯"; 남공철, 「著菴集序」, 『영옹속고』 권4: "文章之根柢, 在乎載道而明理."

146) 일례로 「著菴集序」(『영옹속고』 권4)에서 "夫辭華而理實者, 此乃天下之至文也"라 한 것을 들 수 있다. 月象谿澤의 四大家 이후 조선후기에는 文을 도구적인 관점에서 이해하던 文道觀이 차츰 수정되어 文의 독자성을 인식하는 단계로 나아간 것으로 보인다. 따라서 文의 의의를 부각시킨 것은 남공철만의 특징이 아니라 이 시기 문장가들의 전반적인 특징이라 할 수 있을 것이다. 道와 文의 관계에 대한 조선후기 문인들의 관점에 대해서는 박경남, 「兪漢雋의 道文分離論과 散文 세계」, 서울대 박사학위논문, 2009 참조.

각자 자신만의 것으로 갖추고 있는 것이 도(道)라 하였다.[147] 도(道)는 시대마다 달라지고 말도 시대마다 달라지니 그 시대의 말로 그 시대의 도를 구현해야 문(文)으로서 존재 의의를 갖는다고 했다. 그 시대를 살던 인물과 당대적 현실과 세태를 적확하게 형상화한 것이 제대로 된 문장이라는 것이다.

이상 구양수와 남공철이 인식한 도(道)의 내질에 대해 각각 살펴보았다. 구양수에게 도(道)란 곧 인의·도덕을 바탕으로 한 성인의 도이면서 동시에 당대적 현실에 구현되어 있는 것이므로 현실 문제에 대한 관심을 문장으로 표현해야 한다고 했다. 남공철은 여기서 더 나아가 도는 꼭 성인의 도일 필요가 없으며 각 시대, 각 개인마다 다르게 갖추고 있으므로 당대의 언어로 당대의 문제를 형상화한 것이 곧 올바른 문장이 될 수 있다고 했다. 당시에 고문(古文)을 짓는다고 하면서 현실과 동떨어진 글을 짓는 세태를 두고 그는, 그러한 거짓된 고문을 짓느니 차라리 사실(事實)에 가까운 시문(時文)을 짓는 것이 낫다고 할 만큼 당대적 사실을 중시했다.[148] 이처럼 남공철이 도에 대한 인식을 새롭게 하는 과정에서, 현실에서의 비근하고 구체적인 것에서 도를 찾을 수 있다는 구양수의 관점 역시 적지 않은 영향을 미친 것으로 보인다.

(2) 비지(碑誌)의 서술의식과 작법

구양수나 남공철 모두 그들의 산문에서 특히 공을 들인 것이 인물을 대상으로 한 글이다. 높은 벼슬을 하거나 뛰어난 공적을 세워 사서(史書)에 이름을 올릴 수 있었던 이들은 사관(史官)에 의해 그들의 삶이 기

---

147) 남공철의 道에 대한 인식에 대해서는 다음 절에서 자세히 살피도록 한다.

148) 남공철, 「答金國器」, 『금릉집』 권10: "且世所稱古文者, 皆僞耳. 與其僞也, 曷若時文之切事實而近於道哉!"

록되어 역사에 남을 수 있었다. 하지만 사서(史書)에 이름을 올리지 못할 이들은 곧 사라질 자신들의 삶을 글로 남기려고 다투어 비지문을 남기려 했다.[149] 당대(唐代)에 이르자 비지문(碑誌文)이 일반 백성들에게까지 보편화된 통속 응용문이 되었는데, 병문(騈文)으로 쓰던 비지를 산문으로 쓰고, 서정과 의론을 적절히 가미하여 비지문의 낡은 면모를 일신(一新)한 인물이 바로 한유(韓愈)다.[150] 한유의 뒤를 이어, 간엄하면서도 변화가 무궁한 작법으로 비지문을 고문의 주요 영역으로 격상시킨 이가 바로 구양수다. 이후 명대(明代)에 이르러서는 사전(私傳)이 성행하게 되는데[151] 이때부터 사전(史傳)과 사전(私傳), 비지(碑誌)의 작법이 혼용되기 시작한 것으로 보인다. 이와 관련해 김창협의 다음 언급을 주목할 필요가 있다.

> 비지문(碑誌文)과 사전(史傳)은 그 문체가 대략 비슷하기는 하지만 사전(史傳)은 오히려 갖추어서 넉넉하게 기술하는 것을 위주로 한다. 비지문(碑誌文)은 한결같이 간엄(簡嚴)함을 위주로 하는데, 그렇기 때문에 한유(韓愈)의 비문(碑文)에 보이는 서사가 『사기(史記)』나 『한서(漢書)』와 크게 다른 것은 비단 문장에 구별이 있어서일 뿐만 아니라 또한 그 문체가 당연히 그러하기 때문이다. 구양공(歐陽公)은 비록 사마천(司馬遷)을 배웠으나 그가 지은 비지문(碑誌文)이 오히려 사전(史傳)의 문체를 다 쓰지 않았던 것도 또한 이런 이유에서였을 뿐이다. 그러나 명나라 사람들에 이르러서 바야흐로 순전히 사전체(史傳體)를 사용하여 비지문(碑誌文)을 짓고도 또한 고인(古人)들이 서사(敘事)하는 방법은 알지 못하였으니, 그 글에 마침내 체요(體要)가 없을 뿐만 아니라 비지문(碑誌文)의 간엄(簡嚴)한 법도도 아예 흔적도 없이 사라지

149) 劉勰이 『文心雕龍』 「誄碑」에서 "屬碑之體, 資乎史才, 其序則傳, 其文屬銘"이라 했듯이 碑誌와 史傳은 인물의 일대기적 기술이라는 공통성 때문에 그 문체가 흡사하여 史傳 대신 碑誌를 제작하는 일이 성행한 것이다.

150) 김용표, 「구양수 비지문 분석을 통해 본 '簡而有法'」, 『중국학연구』 5, 중국학연구회, 1990, 115~116면.

151) 曾子魯, 앞의 책, 207~208면.

고 말았다.[152]

비지문(碑誌文)과 사전(史傳)의 문체는 인물을 대상으로 한다는 점에서 대략 비슷하지만 엄밀히 따지면 서로 구별되는 점이 있다. 사전(史傳)은 넉넉히 갖추어 기술하는 것을 위주로 하고 비지(碑誌)는 한결같이 간엄(簡嚴)을 위주로 한다고 했다. '넉넉히 갖추어'[該贍] 기술한다는 것은 인물의 공적을 가급적 빠짐없이 자세히 기술한다는 것이고, 간엄(簡嚴)을 위주로 한다는 것은 인물의 특징적인 면모 한두 가지만 드러나도록 문장을 구성한다는 것이다. 그런데 명나라 사람들은 사전체(史傳體)로 비지문을 쓴다고 했다. 인물의 핵심적인 공적이나 특징을 간명하게 기술해야 하는 비지문에, 자질구레한 일들까지 자세히 적어 사전(史傳)의 문체를 구사하는 잘못을 저질렀다고 지적한 것이다.[153]

일찍이 구양수는, 비지문은 간결해야만 후세에 전해질 수 있다고 하고, 혹 후세 사람들이 믿지 않을까 염려하여 번잡하게 망자(亡者)의 공적을 빠짐없이 기록하면 오히려 오래 전해지기 어렵다고 한 바 있다.[154] 핵심적 주제의식에 초점을 맞추고 간명하게 기술하는 구양수의 비지법을

152) 김창협, 「雜識」 外篇, 『農巖集』 권34: "碑誌與史傳, 文體略同, 而史傳猶以該贍爲主. 至於碑誌, 則一主於簡嚴, 故韓碑叙事, 與史漢大不同, 不獨文章自別, 亦其體當然也. 歐陽公, 雖學司馬遷, 而其爲碑誌, 猶不盡用史傳體, 亦以此耳. 至明人, 始純用史傳體爲碑誌, 而又不識古人叙事之法, 故其文, 遂無體要, 而碑誌簡嚴之法, 掃地矣."

153) 김창협은 이와 관련해 王世貞의 비지문과 서사문에 대해 "크고 작고 가볍고 무겁고를 불문하고 모두 적어 빠뜨리지 않았으며 걸핏하면 번잡하고 자질구레한 내용을 글 속에 채워 넣어 綱領과 眼目을 추려 이끌어내지 못했다"(不問巨細輕重, 悉書具載, 煩冗猥瑣, 動盈篇牘, 綱領眼目, 未能挈出點注)라고 지적하였다. 이 내용은 「雜識」 外篇(『농암집』 권34)에 보인다.

154) 구양수, 「內殿崇班薛君墓表」, 『居士集』 권24: "予考古所謂賢人君子功臣烈士之所以銘, 見于後世者, 其言簡而著. 及後世衰, 諸自疑於不信, 始繁其文而猶患於不章, 又備其行事, 惟恐不爲世之信也." 구양수는 「尹師魯墓誌銘」에서 尹洙의 문장을 '簡而有法' 네 글자로 압축하여 제시하고, 그 밖의 이러저러한 언급은 하지 않았다. 당시 사람들이 이를 두고 "師魯의 문장을 단지 한마디로 드러내 말하는 것은 적합하지 않다"며 구양수가 尹洙의 문장을 지나치게 축소 평가한 것이 아니냐고 하자 구양수는 「論尹師魯墓誌銘」을 써서 '簡而有法'을 제대로 구현한 것이 『春秋』인 만큼, 尹洙의 문장을 그렇게 평한 것은 그의 문장에 대한 최고의 찬사라고 해명하였다.

남공철도 그대로 이어받고 있다. 남공철이 오재순(吳載純)에게 부친의 비갈을 부탁하면서, 남유용이 생전에 오재순의 문장을 두고 '간엄하면서도 법도가 있다'[簡而有法]고 했다며 부친의 비갈을 청한 바 있다.[155] 또 남공철 자신이 『고려사』를 기반으로 고려의 명신(名臣)들에 대한 전(傳)을 재편집하여 간행한 『고려명신전(高麗名臣傳)』에 부친 서문에서는 '글을 지을 때는 간엄함을 귀하게 여기며, 간엄해야 오래 전한다'고 하면서 간(簡)을 강조하기도 하였다.[156]

이러한 '문장의 간엄함', 특히 비지문에서의 간엄한 법도를 남공철 스스로 작문의 규범으로 삼기도 했다. 그가 여러 문체에 따른 법도를 서술하면서 비지문의 법도를 "풍신(風神)을 그려내는 데 힘쓰고, 글의 배치와 서술이 간결하면서도 자세해야 한다"[務摹寫風神, 鋪敍簡而該]라 한 것은 바로 구양수가 말한 비지문의 법도와 상통한다. 여기서 풍신(風神)을 그려내는 데 힘쓴다는 것은 그림과 같이 가까이서 직접 보는 듯 서술하여 대상 인물의 정신과 내면까지 잘 드러내도록 힘쓴다는 것이고,[157] 글의 배치와 서술이 간결해야 한다는 것은 본지(本旨)와는 큰 관련이 없는 자질구레한 행적을 적지 않는다는 것이며, 글의 배치와 서술이 자세해야 한다는 것은 본지(本旨)를 부각시키기에 충분할 만큼 그것과 관련한 일화 등을 특징적으로 자세히 제시해야 함을 이른다. 남공철은 그의 글 전반에서, 특히 전(傳)과 묘지명 등 인물을 대상으로 한 글에서 이러한 '모사풍신(摹寫風神)'과 '포서간이해(鋪敍簡而該)'에 주력하고 있다. 이처럼 인물을 대상으로 한 글에서 남공철이 애용하던 '구체적'인 서술을 통해 '간명'한 주제의식을 부각시키는 기법은 바로 구양수로부터

155) 남공철, 「上吳大學士乞先大夫碣銘書」, 『금릉집』 권10: "先人亟稱閤下之文簡而有法. 公轍之必欲望閤下而以傳先人者, 宜其狀德之詳, 非他人所可及也."

156) 남공철, 「高麗名臣傳序」, 『영옹속고』 권4: "著書者貴簡, 簡則傳, 傳亦能久. 夫善讀書者, 在發人之所不言, 而補其未備, 持循通變, 參互而兩見之, 則此非史而亦史也."

157) 남공철, 「上吳大學士乞先大夫碣銘書」, 『금릉집』 권10: "抑又聞之碑碣之作, 如畵像, 然毛髮差爽, 便非其人."

이어받은 것이다.

(3) 불우한 인물에 대한 관심

구양수는 친구들 가운데 특히 재능을 품고도 불우하게 생을 마친 이들에 대한 묘지명 제작에 힘을 기울였다. 남공철이 불우한 생을 산 벗들을 대상으로 여러 편의 비지(碑誌)를 제작한 것이나 시인의 불우함과 시의 공졸(工拙) 사이의 관계에 관심을 가진 것 역시 구양수의 영향이 큰 것으로 생각된다. 구양수의 비지체 산문 중 많은 작품이 현재(賢才)의 죽음에 대하여 깊은 비통함을 드러낸 것이다. 그 내용은 대부분 그들이 재주를 품고도 불우한 삶을 산 것, 그러면서도 고상한 지취(志趣)를 고수한 것과 관련이 있다.[158] 구양수가 불우한 삶을 산 벗들을 위해 써 준 대표적인 글로는 「매성유시집서(梅聖兪詩集序)」와 「황몽승묘지명(黃夢升墓誌銘)」을 들 수 있으며 이 밖에도 「장자야묘지명(張子野墓誌銘)」·「윤사로묘지명(尹師魯墓誌銘)」·「송방희칙서(送方希則序)」·「여곽수재서(與郭秀才書)」·「송양치서(送楊置序)」·「설간숙공문집서(薛簡肅公文集序)」·「형담창화시서(荊潭唱和詩序)」 등에서도 불우한 벗들에 대한 연민의식을 드러내고 있다.

「매성유시집서」에서 구양수는 매요신(梅堯臣)의 곤궁함을 안타까워하며 "어찌하여 그를 늙도록 뜻을 얻지 못하여 곤궁한 사람의 시나 짓게 하여, 부질없이 벌레나 물고기 같은 부류를 빌려 나그네의 수심이나 탄식의 말을 내뱉게 한단 말인가!"[159]라 하여 그의 불우함에 대한 연민의식을 드러낸 바 있다. 또 「황몽승묘지명」의 주인공 황몽승에 대해서도 구양수는, 재주를 품고도 세상에 쓰이지 못하고 42세라는 이른 나이에

158) 黃一權, 「歐陽修散文硏究」, 夏旦大學博士學位論文, 1999, 50면.
159) 구양수, 「梅聖兪詩集序」, 『居士集』 권42: "奈何使其老不得志, 而爲窮者之詩, 乃徒發於蟲魚物類, 羈愁感歎之言!"

죽은 벗 황몽승에 대한 연민의식을 드러낸 바 있다.[160]

구양수 산문의 주제적 특징 가운데 하나가 이른바 '시궁이후공(詩窮而後工)'설, 즉 '시는 (시인이) 궁핍해진 후에 공교로워진다'는 주장이다. 곤궁한 이들은 그들의 처지 때문에 마음속에 근심이나 울분이 쌓이고, 원망하고 풍자하려는 마음이 인다. 그래서 그들은 '죄를 짓고 멀리 귀양간 신하나 과부의 애탄'을 말하여 보통 사람들이라면 표현하기 어려운 것을 말로 표현해낸다고 하였다. 그러면서 구양수는 시인이 곤궁해지면 곤궁해질수록 시는 더더욱 공교로워진다는 견해를 제시하였다. 남공철 또한 남유형(南有衡)이나 김재련(金載璉), 민범대(閔範大)와 같은 이들의 시집에 그들의 불우함을 안타까워하는 내용의 서문(序文)을 써 준 바 있는데 이 글들에서 남공철은 구양수가 「매성유시집서」에서 개진한 '시궁이후공(詩窮而後工)'의 논지뿐 아니라 문장 또한 상당 부분 빌려다 쓰고 있다.[161]

이상에서 살핀 바와 같이 남공철은 크게 세 가지 측면에서 구양수를 본받고 있다. 문(文)에 구현하고자 한 도(道)를 추상적이고 신성한 것에 머물러 있는 것이 아닌, 구체적 현실에서 찾아야 한다는 구양수의 도(道)에 대한 인식, 간략한 주제의식에 초점을 맞추어 자세한 서술을 하는 법도를 구사한 구양수 비지문의 서술의식, 그리고 구양수가 불우한 벗들을 대상으로 그들의 재주가 세상에 쓰이지 못하였음을 안타까워하는 의식을 그대로 본받고 있음을 알 수 있다.

---

160) 구양수, 「黃夢升墓誌銘」, 『居士集』 권28: "乃肯出其文讀之, 博辯雄偉, 其意氣奔放, 猶不可禦. 予又益悲夢升志雖困, 而獨其文章未衰也."

161) 이 문제에 대해서는 본서의 5장 2절에서 자세히 다루도록 한다.

3. 문학과 학문에 대한 인식

1) 도(道)와 육경(六經)에 대한 견해

그동안 적지 않은 연구자들에 의해 남공철 문학관의 특징적인 면모를 파악하여 제시하거나, 산발적으로 이루어진 남공철의 문장론을 체계화하려는 노력이 이어져 왔다. 그러나 그러한 노력과는 별도로 남공철 문학론을 체계적으로 파악하여 제시한 성과는 찾아보기 어려웠다. 그 이유는, 현전하는 남공철의 문집에 수록되어 있는 문학론 관련 글들을 종합하여 그것을 체계화하다 보면 서로 모순되는 견해들이 적잖이 발견되기 때문이다. 이를테면 어떤 글에서는 도(道)를 배우려면 성인(聖人)의 도를 배워 그것으로 문장을 지어야 한다고 하는가 하면,[162] 다른 글에서는 도(道)에는 크고 작음이나 높고 낮음이 없으며 사람마다 각자의 도(道)를 갖추고 있다고 한 것이 그 단적인 예이다.[163] 이러한 모순을 설명하기 위해서는 그의 문학론을 동적(動的)인 것으로 파악할 필요가 있다.

여러 글에서 드러나는 남공철 문학론의 공통점은 그가 문장에 도(道)를 실어야 한다는 재도론적(載道論的) 관점을 견지하고 있다는 점이다. 문제는 도(道)의 개념에 대해 시기마다 서로 다른 견해를 보인다는 것이다. 남공철은 20대 초반에 인의(仁義)에 기반한 성현의 도를 문장에 구현해야 한다는 견해를 내세우다가 20대 중반에 이르러 도의 개념을 유연하게 해석, 도가 절대적이고 고정불변하는 것이 아니라 시대마다, 사람마다 도에 대해 다른 견해를 가질 수 있다고 하였다. 그에 따라 그의 문학관은 '당대의 도를 당대의 말로 충실히 재현하는 문장'을 지향하는 것으로 전변하게 되었다.[164] 재도론적 관점을 표방하면서도 시기마다 도

162) 남공철, 「與成校理論文章書」, 『금릉집』 권10.
163) 남공철, 「與沈稺敎書」, 『금릉집』 권10.
164) 졸고, 「남공철 문학관의 변이 양상에 대한 연구」, 『한문교육연구』, 한국한문교육학회,

의 개념을 다르게 파악했다는 것은 곧 문장에 구현해야 할 주제의식을 포함, 그 내용까지도 시기마다 달라질 수 있음을 의미한다. 즉 수학기에 그가 문장에 구현해야 할 도(道)를 '인의(仁義)에 기반한 성현의 도'로 여기다가 20대 중반에 이르러 '자신의 시대에 기반한, 자신의 도'를 문장에 구현해야 할 것으로 여긴 것이다. 표면적으로는 여전히 도문일치(道文一致)를 내세우고 있지만 도(道)의 성격을 매우 유연하게 파악하고 있다는 점에서 선배 세대의 조귀명이나 유한준과 같은 이들의 도문분리론(道文分離論)에 근접해 있다고 할 수 있다. 다만 도문분리를 주장한 이들의 문장에는 중심이 되는 사상이 희석되어 나타난 반면 남공철의 문장에는 여전히 유가적 관점이 중심 사상으로 두드러지게 표출되고 있다는 차이가 있다. 그럼에도 불구하고 남공철은 자신의 문장에서 성리학적 가치만을 고수하지 않았다. 유가적 가치, 즉 성인의 도(道)를 여전히 중요하게 여기고는 있으나 그것과 경합의 관계에 놓일 수 있거나 유가적 가치가 개입되어 있지 않은 것들에 대해서도 관심을 쏟고 있다.

도(道)에 대한 인식 변화와 함께 남공철 문학관의 변이와 관련하여 함께 주목해야 할 것은 육경에 대한 인식 변화다. 생애 대부분을 관각문인으로 활동한 남공철은 재도론적 문학관에서 자유로울 수 없었다. 재도론적 문학관에서 주요하게 문제되는 것이 도(道)의 성격이다. 대부분의 고문가들이 성현의 도(道)가 가장 잘 구현되어 있는 것으로 육경(六經)을 들고 있다. 이 점에서 육경의 성격을 어떻게 파악하는가의 문제는 도(道)의 성격을 어떻게 규정하는가 하는 문제와 맞물려 있다고 할 수 있다. 육경에 대한 남공철의 인식 변화 양상은 「여성교리논문장서(與成校理論文章書)」·「여김국기논문장서(與金國器論文章書)」·「여심치교서(與沈穉敎書)」의 세 편의 편지를 통해 확인할 수 있다.

「여성교리논문장서(與成校理論文章書)」는 남공철이 20대 초반에 성대

2009에서 수학기와 청년기 남공철의 문학관 변이 양상을 구체적으로 살핀 바 있다.

중(成大中)에게 쓴 편지다. '문장에는 성인의 도(道)가 담겨 있어야 한다'는 것이 이 글의 핵심이다. 옛날 성인은 후세에 도(道)를 전하기 위해 부득이해서 시문을 지어 그것이 시 · 서 · 역이 된 것인데, 전국시대에 이르러 이단이 횡행하고 진시황의 분서갱유를 거치면서 성인의 도가 사라지게 되었다고 하고 선비가 도를 배우고자 한다면 반드시 성인의 도를 배워 문장을 지어야 할 것이라는 게 이 글의 대략적인 내용이다. 다음은 그 글에서 특히 주목해야 할 대목이다.

> 선비가 도(道)를 배우지 않는다면 그만이지만 만일 도를 배우고자 한다면 반드시 성인을 배워서 문장을 지어야 할 것입니다. 세상에는 성인이 없지만 시(詩) · 서(書) · 역(易)에서 도(道)로 삼는 것은 만세토록 행할 만하여 변하지 않습니다. 지금 그것을 고원(高遠)하여 실천하기에 부족하다고 여기고 애써 기벽(奇僻)함을 숭상하여 문장을 짓는 자는 모두 도(道)의 죄인입니다. 그러니 문장을 잘 지을 줄 알면서 시 · 서 · 역에 종사한다면 거의 지극한 경지에 이르렀다 할 것입니다.[165]

시 · 서 · 역의 도, 즉 성인의 도는 시대가 변해도 불변하는 것인데 시대를 따라 내려올수록 사람들이 성인의 도를 버려두는 것이 문제라고 하고 있다. 이 대목의 핵심은 바로 '성인을 배워 문장을 지어야 한다'는 것이다. 성인의 도란 곧 한유가 「원도(原道)」에서 밝힌바 인의(仁義)에 기반한 도이며 그 가치는 시대와 상관없이 고정불변하는 것으로 인식하고 있다. 남공철은 초기에 이렇게 육경(六經)을 성인의 도가 구현된 것이라 하며 그것에 절대적인 가치를 부여하고 있다.

그런데 얼마 지나지 않아 김재련에게 보내는 편지 「여김국기논문장서(與金國器論文章書)」에서 남공철은 여전히 육경(六經)을 중시하면서도,

165) 남공철, 「與成校理大中論文章書」, 『금릉집』 권10: "士不學道則已, 如欲學道, 必學聖人而爲文. 世無聖人矣, 至於詩書易之爲道者, 亘萬世可行而不變也. 今以爲高遠不足爲, 而務尙奇僻以爲文者, 皆道之罪人也. 有能爲文章而從事乎詩書易, 則庶乎至矣."

육경이 성인의 도를 담고 있기 때문에 중요하다고 하는 대신 그것이 정기(正氣), 즉 바른 기(氣)를 갖추고 있기 때문에 중요하다고 강조한다. 문장에서 가장 중요한 것이 기(氣)이고, 그 다음은 법(法)인데 기(氣) 가운데 바른 기를 갖추고 있는 것이 육경(六經)이라고 하여 문장 학습의 모범으로 삼을 지고(至高)의 텍스트로서 육경을 중시한 것이다.[166] 육경을 중시한 것은 마찬가지지만 이러한 인식의 변화는 큰 의미를 지닌다. 성인의 도가 담겨 있는 육경과 바른 기(氣)가 갖추어진 텍스트로서의 육경은 그 의미가 매우 다르기 때문이다. 전자의 태도는 육경을 공부할 때 내용적인 측면을 중시하기 마련이고, 후자의 태도는 문장의 기세(氣勢)에 초점을 맞추기 마련이다. 이는 육경을 읽을 때 인의(仁義)에 기반한 성인의 '도(道)'를 배우고자 읽는 것과, 깨끗하고[潔] 순수하며[醇] 고아하고[雅] 기이한[奇] '기(氣)'를 염두에 두고 읽는 것의 차이라 할 수 있다.[167]

이후 남공철은 심상규(沈象奎)에게 보내는 편지인 「여심치교서(與沈穉敎書)」에서 자신의 재도론적 문학관을 다시 한번 확인하면서 도(道)에 대해 새롭게 이해하고 있음을 단적으로 드러내고 있다. 남공철은 이 글에서 그동안 문장에 드러낼 도(道)를 성인의 도로 한정하던 태도에서 벗어나 도(道)의 상대성을 인식, 문장에 어떻게 도(道)를 드러내야 하는지 밝히고 있다. 먼저 그는, 문장은 재도지기(載道之器)임을 전제한 후 '도(道)는 시대에 따라 변한다'[道則與時相推移]고 하는가 하면 '도는 크고 작음이나 높고 낮음이 없이 사람마다 각자의 도를 갖추고 있다'[道非有

166) 남공철, 「與金國器論文章書」, 『금릉집』 권10: "文章以氣爲主, 法次之. 何謂氣? 氣在六經, 必先讀六經, 以窺其理道之淵藪, 沼泳渟蓄, 充實光輝, 以養吾氣, 以達吾氣, 然後發之於文, 文不期氣而自氣. 六經正氣也."

167) 남공철은 「與金國器論文章書」(『금릉집』 권10)에서 六經의 正氣를 잘 계승하고 있는 이들로 사마천 · 한유 · 구양수 · 소식을 들었다. 그리고 그들이 육경을 배워 이룬 氣의 특성을 각각 潔 · 醇 · 雅 · 奇로 제시한 바 있다. 蘇軾은 그 사유의 자유분방함 때문에 보수적인 고문가들로부터 배척되기도 했다. 만약 남공철이 이 편지를 쓸 당시에 六經을 '성인의 道'의 측면에서 중시했다면 六經의 가치를 잘 계승한 이로 소식을 들기는 쉽지 않았을 것이다.

大小高下也, 人人各具其道]라 하여 도의 상대성을 강조하였다.[168] 도(道)가 시대마다 변하고 사람마다 각자의 도(道)를 갖출 수 있다는 말은, 곧 도가 삼대(三代)의 성인들의 가르침이며 그것이 가장 잘 구현된 것이 육경이라고 이해하던 앞의 「여성교리논문장서(與成校理論文章書)」와는 크게 달라진 도(道)에 대한 이해를 보여주는 것이다. 이제 남공철에게 도(道)는 문장에 실어야 할 것이기는 하지만 그것은 인의(仁義)에 기반한 성인(聖人)의 도(道)라는 절대적 위상과 한정된 범위를 벗어나 상대적인 것으로 인식하기에 이른 것이다. 그렇다면 이렇게 상대화된 도(道)를 문장에 어떻게 표현해야 할 것인가? 남공철은 상대적인 도(道)를 문장에 제대로 구현하기 위해서는 문장을 구성하는 말[辭]과 문장의 내용 또한 옛것이 아닌 변화의 도정에 있는 '지금의 것'을 써야 한다고 하고 있다.

> 옛날과 지금은 도(道)가 다르고 그 말[辭] 또한 일찍이 같았던 적이 없습니다. 같다면 그것은 제대로 된 문장이 아니지요. …(중략)… 지금 보고 듣는 것이 모두 옛날의 물건과 일이 아닌데도 문장은 억지로 옛날과 같이 쓰려 한다면 이것이 원숭이가 의관을 갖추고 사람이 되려는 것이나 못생긴 여자가 화장을 하여 서시(西施)가 되려는 것과 무엇이 다릅니까?[169]

문장을 쓸 때 '지금' 쓰는 말로 '지금' 보고 듣는 것을 갖추어 써야 한다는 주장이다. 지금의 말로 지금 보고 듣는 것을 갖추어 쓴 문장은 다름 아닌 '시문(時文)'이다.[170] 하(夏)는 '충(忠)'을 숭상했고, 은(殷)은 '질(質)'을 숭상했으며, 주(周)는 '문(文)'을 숭상한 것처럼 각 시대가 숭상하는 것은 변하기 마련이고,[171] 육경도 결국 변화 도정에 있던 당시의 도

---

168) 남공철, 「與沈穉敎書」, 『금릉집』 권10.

169) 위의 글: "古今異道, 其辭未嘗相同, 同則非文也.…(中略)…今之所見聞, 皆非古之物事, 而文則强爲之, 是何異於猿狙衣冠之爲人, 醜子施粉之爲西施乎?"

170) 時文은 明代 이후 과거 답안에 쓰이던 문체를 칭하기도 하지만 여기서는 '古文과 상대되는 당대의 문장'이라는 넓은 의미로 쓴 것이다.

(道)를 잘 담은 시문(時文)일 뿐이라는 것이다.

기본적으로 재도론적 문학관을 표방하면서도 이처럼 육경(六經)과 도(道)에 대한 인식이 몇 년 사이에 달라지고 있다는 것을 이상 세 편의 편지를 통해 확인할 수 있었다. 즉, 성인의 도가 잘 구현되어 있기 때문에 육경(六經)을 존숭해야 한다는 태도는, 다시 성인의 도가 배제된 채 '바른 기'[正氣]를 온전히 구현한 텍스트로서 존숭하는 태도로 변모하고, 마지막 심상규에게 보내는 편지에서는 육경(六經)을 '당시의 도(道)를 반영한 일종의 시문(時文)'으로 이해하는 데까지 나아간다.

도(道)를 인의(仁義)에 기반한 성인(聖人)의 도(道)에서 당대의 사실을 잘 갖춘 각자의 도(道)로, 육경(六經)을 성인의 도를 잘 구현한 절대적인 텍스트에서 당대(當代)의 사실을 잘 갖춘 하나의 문학 텍스트로 이해하게 되었다고 할 수 있다. 도(道)와 육경(六經)에 대한 변화된 인식에 따르면 남공철이 추구한 문장은 '각자의 시대에 각자의 도(道)를 당대의 언어로 표현한 문장'이다. 그러니 그 문장이 고문인가 소품문인가는 중요치 않았고 상황에 따라 얼마든지 고문이 될 수도 소품취가 강한 문장이 될 수도 있었던 것이다. 그 자신이 고문과 소품문의 경계를 분명히 인식하여 그 경계를 기준으로 작문에 임하는 대신 자신의 도(道)를 당대의 언어로 표현하는 데 집중했기 때문이다.

도(道)에 대한 남공철의 이러한 인식은 도문(道文)의 분리를 주장한 선배 세대의 조귀명(趙龜命, 1693～1737)이나 유한준(兪漢雋, 1732～1811) 등의 도에 대한 인식과 흡사한 면이 있다. 남공철은 표면적으로 도문일치를 표방하였지만, '유가(儒家)의 절대적 도(道)'가 아닌 '각자의 도(道)'라는 개념을 인정함으로써 성리학의 절대적 기준 대신 개인마다 다를 수 있는 상대적 가치 기준에 주목하였다. 또한 「동원화수기(東園花樹記)」(『금릉집』 권12)와 같은 글에서, 절대적인 기준에 의해 존재 가치

171) 위의 글: "故夏尙忠, 殷尙質, 周尙文, 皆變之極者也."

가 평가, 재단되는 것에 반대하고 만물은 저마다 그 자체로 존재 의의가 있음을 역설한 것에서도 가치의 상대성을 인정하는 남공철의 견해를 엿볼 수 있다. 남공철이 자신의 '개인적 취향'이 강하게 투영되어 있는 일련의 척독과 제발(題跋), 소외된 삶을 산 인물들을 대상으로 한 「남군산묘지명(南君山墓誌銘)」이나 「진락선생묘지명(眞樂先生墓誌銘)」, 유가적(儒家的) 가치를 기준으로 보면 표창할 것이 없고 오히려 유가적 가치에 저항하는 태도를 보인 인물인 이단전(李亶佃)이나 최북(崔北) 등을 대상으로 한 「이군시서(李君詩序)」나 「최칠칠전(崔七七傳)」 등의 글을 쓸 수 있었던 것은 유가적 가치를 가치 판단의 절대적 기준으로 삼지 않은 까닭이다.

이렇게 20대 중반에 한차례 전변(轉變)한 도(道)에 대한 인식이 이후에도 지속적으로 유지되었다고 할 수 있을까? 남공철이 중년기 이후 우리나라 문장의 폐단을 지적한 「사군자문초서(四君子文鈔序)」와 「의재고서(宜齋藁序)」를 통해 문학에 대한 이후의 남공철의 관점을 확인할 수 있다. 이 두 편에서 지적하고 있는 우리나라 문장의 폐단은 거의 일치하는데, 다음 인용문은 남공철이 인식한 우리나라 문장의 폐단을 핵심적으로 확인할 수 있는 부분이다.

> 무릇 지금 세상에 글을 짓는 자는 그 유파가 셋이 있다. 과거에 응시하는 자들은 과거 공부에 얽매여서 골몰한 나머지 늙어 죽도록 돌이킬 줄을 모른다. 사조(辭藻)를 숭상하는 자들은 명청(明淸) 제자(諸子)부터 배우기 시작하니 그 말이 잡되고 기가 약하다. 간교한 자들은 패관소설을 표절하여 남의 이목을 기쁘게 하는 것이나 취한다. 문장에 능한 자는 많지만 그 지어 놓은 문장은 모두 그릇된 것들이다.[172]

172) 남공철, 「宜齋藁序」, 『금릉집』 권11: "夫今世之爲文者, 其派有三. 應科目者, 拘牽帖括之中, 沈吟老且死, 而不知返. 尙詞藻者, 下學明淸諸子, 言駁而氣薾. 其黠者, 剽竊稗官小說, 取悅耳目, 能文者衆矣. 其所爲文者, 皆非也."

우리나라 문장의 폐단을, 과거에 응시하기 위해 과거 문장에만 힘쓰는 것, 말 꾸미는 데 몰두해 명청(明淸)의 글부터 배우는 것, 패관소품을 표절하여 남들의 환심을 사려는 것 등 세 가지로 지적하고 있다. 남공철은 과거에 소용되는 문장으로서의 시문(時文)을 중시하기는 했지만 그것에만 힘쓰는 태도는 부정하고 있으며[173] 명청제자(明淸諸家)의 글, 특히 원굉도의 글을 선호하기는 했지만 근본은 당송고문에 두었다. 패관소품을 애호하기는 했지만 남의 환심을 사기 위해 패관소품을 표절하는 것을 비판하고 있다. 이러한 폐단을 시정하기 위해 남공철이 제시한 방법은 육경(六經)과 『사기(史記)』, 『한서(漢書)』, 당송팔가문(唐宋八家文)을 모범으로 삼아 문장을 짓는 것이었으며, 이를 가장 잘 실천한 이들로 중국의 당송팔가와 우리나라의 사가(四家), 즉 최립(崔岦)·장유(張維)·이식(李植)·김창협(金昌協)을 들고 있다.[174]

위에서 감지할 수 있듯이 남공철은 기본적으로 과거 답안의 문체인 시문(時文)보다는 고문(古文)에, 명청소품보다는 당송고문에 무게중심을 두고 있다. 가문적 배경, 관력(官歷), 정조(正祖)와의 관계, 구양수에 대한 지향 등 남공철은 체질적으로 고문(古文) 내지 당송고문(唐宋古文)에 기반하여 문학 활동을 할 수밖에 없었다. 젊은 시절 도(道)에 대해 새롭게 인식하는 과정은 그것대로 소중하다 할지라도 그것을 실상 이상으로 부풀린다든가, 역시 젊은 시절에 집중되어 있는 척독과 제발의 소품 취향을 그의 문학 전반의 특징으로 규정지어서는 안 될 것이다.

2) 한학(漢學)과 송학(宋學)의 절충

조선후기 성리학 논쟁은 18세기 초중반에 걸쳐 이루어진 인물성동이

173) 이와 반대로 時文을 전폐하고 古文에만 힘쓰는 태도 역시 남공철의 비판 대상이 되고 있다. 「答吳生珽」(『금릉집』 권10)에 이와 관련한 언급이 보인다.

174) 이 점은 「四君子文鈔序」(『금릉집』 권11)에서 확인할 수 있다.

논쟁(人物性同異論爭)에서 그 정점을 이룬다. 인물성동이논쟁에 이어 18세기 후반 내지 19세기 전반에 걸쳐 학문방법론으로서 한학(漢學)과 송학(宋學) 가운데 어느 것을 더 중시할 것인가를 두고 이루어진 논쟁이 바로 한송논쟁(漢宋論爭)이다. 학파 간에 집중적으로 이루어지던 인물성동이논쟁과 달리 한송논쟁은 개별적이고 산발적으로 이루어졌다. 한학(漢學)과 송학(宋學) 가운데 어느 것에 더 비중을 두느냐의 차이는 있었지만 당시 대부분의 문인 학사들은 그 둘을 절충해야 한다고 주장했으며 이는 남공철도 마찬가지였다.

남공철은 벗 조진구(趙鎭球)에게 주는 서(序)인 「증조국진서(贈趙國珍序)」에서, 경서를 연구할 때 명물도수(名物度數)는 한유(漢儒)의 견해를 위주로 하고 이기(理氣)나 심성(心性) 문제는 정주(程朱)의 견해를 위주로 해야 한다고 하였다.[175] 또한 당시에 정주만을 존숭할 줄 알고 한유(漢儒)도 경학에 공이 있음을 알지 못하여 십삼경주소를 쓸데없는 책이라고 하면서 읽지 않는 세태를 비판하기도 하였다.[176] 18세기 후반까지는 이전 시기를 통해 공고해진 정주학의 위세가 여전히 우위를 점하고 있었음을 남공철을 통해서도 알 수 있다. 순조 12년(1812), 동지정사로 연경에 가는 심상규(沈象奎)와 이광문(李光文)을 전송하며 쓴 「송심태학사이시독부연서(送沈大學士李侍讀赴燕序)」의 다음 대목은 남공철의 한송절충론이 핵심적으로 드러나 있는 부분이다.

> 오늘날 중국의 학계를 보면 대개가 정주(程朱)를 종통으로 삼고 간간이 한유(漢儒)의 학문을 위주로 하는 이들이 나오는데, 그 학문이 점점 번성하고 있습니다. 송학(宋學)을 위주로 하는 자는 고주(古註)를 천착(穿鑿)하는 것이라 하여 버리고, 한

175) 남공철, 「贈趙國珍序」, 『금릉집』 권11: "名物度數主漢儒, 理氣心性主程朱, 參互古今文, 而究其義理與事物, 則後人之千言萬語, 豈有勝於此者乎?"

176) 남공철, 「送沈大學士李侍讀赴燕序」, 『금릉집』 권11: "然士知尊程朱, 而不知漢諸儒於經亦有功, 以十三經註疏, 爲無用之書而束閣不讀, 則其陋已甚."

학을 위주로 하는 자들은 송유(宋儒)를 부유(腐儒)라고 합니다. 각자 자기 견해를 주장하면서 다시 하나로 모으지는 못합니다. 하나로 모으지 못하는 것이 유자(儒者)의 폐단이지요. 대개 의리를 밝히는 문제는 정주(程朱)의 설(說)이 그 가장 바른 것을 얻었고 훈고(訓詁)를 정확히 하는 것은 한유(漢儒)의 학문이 넓고도 바르다 합니다. 대개 한유(漢儒)가 살던 세상은 성인과의 거리가 멀지 않고 그 학문은 또한 모두 전문적인 것입니다. 전문적인 학문인 데다 성인과 멀지 않은 때에 태어났으니 그 설(說)이 응당 다 잘못되지는 않았을 것입니다. 그 잘못된 점은, 정주(程朱)의 깊고 넓은 학식과 견문을 가지고서 여러 말들과 지극한 의리를 모아 그 순서를 살피고 오류를 바로잡으면 됩니다. 선비로서 오늘날에 태어난 자는 마땅히 정주(程朱)의 의리(義理)와 한유(漢儒)의 훈고(訓詁)를 함께 읽어 타당한 뜻을 구해야 할 따름입니다.

송학(宋學)은 의리를 밝히는 데에 장점이 있고, 한학(漢學)은 고증을 정확히 하는 데 장점이 있으니 이 둘의 장점을 모두 취하여야 한다는 것이 남공철 한송절충론의 핵심이다. 위 글에서뿐만 아니라 「증조국진서(贈趙國珍序)」에서도 동일한 논리로 한송절충론을 내세우고 있어 남공철이 한학과 송학의 절충 문제에 깊은 관심을 가졌음을 알 수 있다.

남공철의 고조부 남용익 대부터 이 집안에서는 성리학에 대해 대체로 무관심한 경향이 이어졌고177) 남공철 자신도 18세기 초중반에 집중적으로 이루어진 호락논쟁의 구체적인 양상에 대해 잘 모르겠다고 하면서178) 성리학 논쟁에 대해 별 관심이 없음을 드러내었다. 호락논쟁과 같이 당대까지도 주요하게 논의되던 성리학 논쟁에 관심이 없던 남공철이 한송 논쟁에 대해서 이렇게 적극적으로 자신의 견해를 강조하고 나선 데에는 이유가 있다. 한학과 송학의 장점을 절충해야 한다는 이러한 입장은 한학과 송학에 대등한 위상을 부여하는 주장으로 보이지만, 홍길

177) 남용익, 『漫筆』(一) 張59～60: "至若性理之學, 心非不悅, 而少時旣乏死友之聞, 中歲徒耽詩酒之樂, 悠悠泛泛, 奄過不足畏之年. 每看先哲之格言, 或被才士之指目, 未嘗不心慙而面騂也."
178) 남공철, 「答或人」, 『금릉집』 권10: "湖洛之爭, 雖未知諸人紛紜之如何."

주가 간파한 것처럼[179] 실은 새로 유입된 한학(漢學)에 더 무게를 두는 것이었다. 실제로 남공철의 문집에서 의리(義理)를 밝힌 글인 「시론(詩論)」이나 「서론(書論)」, 「춘추론(春秋論)」, 「역계사론(易繫辭論)」(이상 『금릉집』 권14) 등에서 남공철은 성인의 뜻을 궁구하여 마땅한 의리를 구해야 한다고 하면서 훈고는 급한 것이 아니라 하였다.[180] 그러나 정작 그 의리를 밝히는 과정에서는 정주(程朱)의 의리를 따르기보다 자신의 견해를 따르고 있다. 자신이 궁구하고도 의리(義理)가 분명하지 않을 때는 차라리 '끝내 알 수 없는 것'으로 남겨둘지언정[181] 정주의 의리(義理)를 일방적으로 존숭하여 따르지는 않은 것이다. 송학의 장점이 바로 의리(義理)를 밝히는 데 있다고 하면서도 그 자신이 실제 의리를 궁구하는 과정에서는 정주의 견해 또한 하나의 '고려 대상'이 될 뿐 그에 대한 절대적인 신뢰를 하지 않은 것이다. 반면 한학과 관련해서는 「시초목조수보서(詩草木鳥獸譜序)」나 「집고인보서(集古印譜序)」, 「의양남씨보도서(宜陽南氏譜圖序)」 등과 같이 고증을 중시하는 취지를 밝힌 글을 적잖이 남겼다. 「시초목조수보서」는 남공철 자신이 『시경』에 보이는 초목조수(草木鳥獸)의 이름을 『이아(爾雅)』나 『본초강목(本草綱目)』 등 여러 책을 '방고(旁攷)'하고 그 주해(註解)를 '변증(辨證)'하여 만든 『시초목조수보(詩草木鳥獸譜)』에 부친 서문이다.[182] 남공철 스스로 '방

---

179) 홍길주, 「睡餘瀾筆續」下, 『沆瀣丙函』: "士友讀者, 或曰: '漢儒不可斥, 漢與宋, 故當調停. 唯斥近儒之詆宋賢者而已.' 或曰: '漢宋未始有爭, 何事乎調停? 亦奚可容扶抑?' 余謂此數說, 俱不免助長崇漢抑宋者銳氣." 남공철과 김조순의 이러한 한송절충론을 두고 유봉학은 '經學에서 漢學을 우위에 두는 입장으로 나아가던 당시 경화학계의 추세를 반영하는 것'이라 진단한 바 있는데 필자 역시 이 입장에 동의한다. 유봉학, 「楓皐 金祖淳 연구」, 『한국문화』 19, 서울대 한국문화연구소, 1997, 281면 참조.

180) 남공철, 「詩論」, 『금릉집』 권14: "讀者當先究聖人之微奧, 以求義理之所安, 此乃詩之宗旨, 訓詁非所急也."

181) 남공철, 「春秋論」, 『금릉집』 권14: "今有一事, 而一人曰是, 一人曰非, 吾其誰信乎? 曰當從己之所見而信之. 今有一書, 而一人解之曰如此, 一人解之曰如彼, 事在久遠而不可以己見從之, 則吾其誰信乎? 曰是則終不可知也."

182) 남공철, 「詩草木鳥獸譜序」, 『금릉집』 권11: "詩草木鳥獸譜者, 陽子取詩三百篇所載草木鳥

고(旁攷)'라든가 '변증(辨證)'과 같은 고증의 방법을 통하여 직접 또 하나의 고증학적 성과물을 제작하였다는 것은 앞서 '정주(程朱)의 의리(義理)'에 대한 태도와 대비된다. 또한 「집고인보서(集古印譜序)」는 조맹부(趙孟頫)·전선(錢選) 등의 인보(印譜)를 모아 '고증(攷證)'하고 왕구(王球, 王俅)의 『소당집고록(嘯堂集古錄)』과 오연(吾衍, 吾丘衍)의 『학고편(學古編)』에 실린 내용을 채입(採入)하여 엮은 『집고인보(集古印譜)』에 부친 서문이다.[183] 인보(印譜)를 모으는 행위 자체가 고동서화 취미와 관련이 있거니와 모든 인보를 '고증'하여 『집고인보(集古印譜)』를 완성했다는 데서 역시 남공철이 한학(漢學)의 고증적 방법을 적극 취용(取用)하고 있음을 알 수 있다. 「의양남씨보도서(宜陽南氏譜圖序)」에서도 이와 유사한 태도를 확인할 수 있다.[184]

남공철이 한학(漢學)을 숭상하였다는 점은 이상에서 살핀 몇몇 서(序)에서뿐만 아니라 자학(字學)의 중요성을 강조한 「여권경호서(與權景好書)」나 「여이원리서(與李元履書)」와 같은 서(書), 「답조국진(答趙國珍)」과 같은 척독에서도 확인할 수 있다. 이 세 편의 편지에서 남공철은 글자의 모양을 제멋대로 바꾸어 쓰거나 사물의 모양을 본떠 서명(署名)하는 것 등에 대해 강도 높게 비판하면서 강고한 태도로 자학(字學)을 따라야 한다고 하고 있다.[185] 자학에 대해 이러한 관심을 보인 것은 결국 한학(漢學)의 방법론을 중시했던 그의 태도에 기인한 것이다.

이처럼 남공철이 자학(字學)을 포함하여 한학(漢學)의 고증적 방법을 중시했다는 것은 어떤 의미를 지니는가? 고증적 방법으로 자료의 진위

獸之名, 爲之譜. 旁攷爾雅本草綱目諸書, 辨證註解, 彙爲四部."

183) 남공철, 「集古印譜序」, 『금릉집』 권11: "集古印譜凡六卷, 取趙子昂、錢舜擧、吳孟思諸家史譜, 攷證搜蓄, 而王球嘯堂集古錄、吾子行學古編, 亦多採入."

184) 남공철은 「宜陽南氏譜圖序」에서 수많은 姓氏의 연원에 대해 기술하면서 그 연원을 國號나 謚號, 官號, 爵號 등으로 '분류'하고 그에 따라 구체적인 성씨를 '예시'하고 있는바 이러한 기술 태도는 漢學에 가까운 것이라 할 수 있다.

185) 이상 字學과 관련한 세 편의 편지에 대해서는 본서의 140~144면 참조.

(眞僞)를 가리거나 미미하고 자질구레한[細瑣] 것의 시비를 가리는 한학(漢學)은, 당시 고동서화 취미와도 관련이 있으며 세쇄(細瑣)한 것에 대해 관심을 갖는다는 점에서 소품문(小品文)과도 무관하지 않다. 절대적인 가치를 구현하는 데 집중하는 대신 먼저 세쇄한 것들을 찾아 모으고[搜蓄], 그 가치를 두루 살피며[旁攷] 변증하는 데 집중하는 태도는 곧 절대적인 중심 가치의 존재를 인정하는 대신 주변부의 하찮아 보이는 것들에까지 관심 영역을 확장하고 그 가치를 탐색하는 태도와 관련된다. 이는 남공철이 유가의 절대적 가치 이외에 세쇄한 것에까지 시선을 돌려 거기에서 가치를 탐색하는 글을 쓰게 된 것과도 관련된다고 할 수 있다.

제3장 척독(尺牘)과 제발(題跋)의 소품 취향

척독(尺牘)은 편지 글이고 제발(題跋)은 저작(著作) 경위를 밝히는 글이라는 점에서 문체상으로 각각 서신류(書信類)와 서발류(序跋類)에 속한다. 척독과 제발을 서(書)나 서발(序跋)과 구별되는 독립적인 문체로 인식한 것은 송대(宋代)에 이르러서다. 송대 이후 구양수·소식·황정견·여조겸(呂祖謙) 등의 문집에서 척독이나 간독(簡牘) 등이 서(書)와 구분, 편차되는가 하면 『동파제발(東坡題跋)』이라든가 『산곡제발(山谷題跋)』, 『집고록발미(集古錄跋尾)』 등의 제발집(題跋集)이 별도로 간행된 것도 이 시기에 와서다.

우리나라에서 척독과 제발을 독립된 문체로 인식하기 시작한 것은 17세기 이후의 일이다. 허균과 신익성(申翊聖) 이래로 신정하(申靖夏)·신방(申昉)·조귀명(趙龜命)·박지원·남공철·홍석주 등의 문집에서 척독을 서(書)와 구분하여 편차하였고, 신흠·허균·남구만·남유용·남공철·김매순 등의 문집에서 서발(序跋)과 별도로 제발(題跋)만을 따로 모아 편차하였다. 또한 18세기에 들어서면서 척독과 제발의 수가 비약적으로 증가하게 되는데, 이처럼 척독과 제발을 독립적인 문체로 인식하고 창작량이 비약적으로 증가한 것은 이 시기에 공안파 등 만명 문인들을 중심으로 한 명대 문인들의 문집이 유행한 것과 관련이 깊다.[1] 명대(明

1) 조선후기 척독과 제발의 성행 양상에 대해서는 배미정, 「朝鮮 後期 尺牘文學의 流行과 그 背景」, 한국정신문화연구원 한국학대학원 석사학위논문, 2003; 정은진, 「18세기 서화제발 연구(1)」, 『한문학보』 21, 우리한문학회, 2009; 정은진, 「18세기 서화제발 연구(2)」, 『한국한문학연구』 44, 한국한문학회, 2009 참조.

代) 문인들은 단소(短小)하고 서정적이며 아취(雅趣)를 중시하는 구양수나 소식의 척독과 제발을 선호하였는데 명대에 척독과 제발, 유기(遊記) 등이 활발히 창작된 것 또한 구양수나 소식의 영향이라고 할 수 있다.[2] 조선후기에 구양수와 소식의 척독을 엮은 『구소수간(歐蘇手簡)』이 유행한 것도 이처럼 명대(明代) 문인들이 구소(歐蘇)의 글을 선호했던 것과 일정한 관련이 있다. 송대(宋代)의 척독과 제발에 주목한 명대 문인들의 영향에 의해 조선후기 문인들은 만명 문인들의 척독 제발과 더불어 구양수나 소식을 중심으로 한 송대 문인들의 척독 제발을 새롭게 인식하게 된 것이다.

남공철은 자편고(自編稿)인 『금릉집』에서 척독과 제발을 각각 서(書) 및 서(序)와 구분하여 편차했다. 남공철이 척독과 제발을 서(書), 서(序)와 다른 문체로 인식하였기 때문이다. 그런데 남공철은 얼핏 직접적인 연관성이 없어 보이는 척독과 제발의 풍격이나 서술 기법이 유사하다고 파악하였다.[3] 그는 여러 문체의 법도를 논하면서, 척독과 제발의 특징적인 면모로 '청신기절(淸新奇絶)'과 '섬세단속(纖細斷續)'을 제시한 바 있다.[4] '청신(淸新)'은 맑고 참신함을, '기절(奇絶)'은 매우 기이함을 뜻한다. 따라서 청신기절(淸新奇絶)은 '맑고 참신하며 매우 기이함'이다. 한편 '섬세(纖細)'는 쇄세(瑣細)한 것을 소재로 하는 것을 의미하며 '단속(斷續)'은 '끊어질 듯하다가 이어지고 이어질 듯하다가 끊어짐'을 뜻한다. 따라서 '섬세단속(纖細斷續)'은 '쇄세한 것을 소재로 하여 그 어세(語勢)가 끊어질 듯하다가 이어지기도 하고 이어질 듯하다가 끊어지기도 함'을 의

---

2) 김영진, 「朝鮮後期의 明淸小品 수용과 小品文의 전개 양상」, 고려대 박사학위논문, 2003, 73면.

3) 그 연원이 다른 尺牘과 題跋을 유사한 문체로 인식하게 된 것은 陳少棠이, '蘇軾이나 黃庭堅 등의 尺牘과 題跋이 短小하고 靈巧하며 情意가 깊어 만명 소품문 작가들의 風氣를 열었다'고 평한 것처럼 만명 소품문 작가들이 척독과 제발을 주요한 소품문체로 활용하면서부터인 듯하다. 陳少棠, 『晩明小品論析』, 波文書局, 1981, 84면 참조.

4) 남공철, 「與金國器論文書」, 『금릉집』 권10: "何謂法?…(중략)…尺牘、題跋淸新奇絶, 纖細斷續, 時有爛草戲作, 各極其妙."

미한다.

이처럼 남공철은 산뜻하고 기발한 풍격과 쇄세한 것을 소재로 한 단속적(斷續的)인 서술을 척독과 제발의 특징으로 들고 있다. 척독과 제발은 그 연원이 같지 않지만, 남공철은 척독과 제발을 유사한 문체로 인식한 것이다. 그가 실제 창작한 척독과 제발 역시 공통적으로 이러한 풍격과 기법적 특징을 잘 갖추고 있을 뿐만 아니라 내용적인 측면에서도 서로 적잖은 공통점이 발견된다. 즉 친밀한 벗들과의 모임이나 산수 유람을 형상화한 것이 그의 척독과 제발의 주된 내용이다. 풍격과 기법뿐 아니라 내용 면에서도 척독과 제발은 긴밀한 관련을 갖고 있음을 남공철의 예를 통해 확인할 수 있다.

1. 개관

1) 척독의 창작 양상과 척독에 대한 인식

『금릉집』에는 11편의 서(書)와 54편의 척독이 수록되어 있다.[5] 이 가운데 척독은 미상(未詳)인 수신자 2인을 포함하여 총 33인의 수신자를 대상으로 하고 있다. 『금릉집』에 수록되어 있는 다른 문체의 글들과 마찬가지로 척독 또한 시기순으로 편차되어 있다. 오윤상(吳允常)에게 쓴 「여오사집(與吳士執)」은 가장 이른 시기의 것으로 19세 되던 1778년경에 쓴 것이며, 이노춘(李魯春)에게 쓴 「답이감사(答李監司)」가 가장 늦은 시기의 것으로 41세 되던 1800년에 쓴 것이다. 전체 54편 가운데 대다수를 차지하는 46편이 30대 초반 이전에 쓰여진 점, 『금릉집』이 56세

5) 기존 연구에서는 남공철의 尺牘이 총 53편이라 하였는데 이는 『금릉집』에 「與李元履」를 수록하면서 그 편수를 '八'로 잘못 제시한 것을 그대로 따라 산정하였기 때문이다. 그러나 「與李元履」의 실제 편수는 총 9편이므로 남공철 척독의 총 편수는 54편이 된다.

되던 1815년에 간행되었고 이후에 간행된 문집에는 척독이 아예 수록되어 있지 않은 점 등으로 볼 때 남공철은 주로 젊은 시절에 집중적으로 척독을 창작했다고 할 수 있다.[6)]

남공철은 『금릉집』을 비롯하여 『영옹속고』·『영옹재속고』·『귀은당집』 등 여러 차례 문집을 간행했음에도 불구하고 어째서 그의 문집에는 중년기 이후의 척독이나 서(書)가 전하지 않는 것일까? 이에 대해서는 별도의 자세한 논의가 필요하겠는데, 우선 생각해 볼 수 있는 가능성은 다음의 두 가지다. 첫째, 남공철이 요직에 올라 본격적으로 관직 생활을 한 것이 30대 중반부터인데, 이 시기 이후 바쁜 관직 생활 때문에 작문에 전념할 겨를이 없었기 때문이라고 생각해 볼 수 있다. 남공철이 요직에 오르기 시작하면서 척독이나 서(書)뿐만 아니라 그의 시문의 창작량이 전반적으로 급감하고 있다는 점도 이러한 가능성을 뒷받침한다.[7)] 둘째, 젊은 시절 그의 고동서화 취미와 소품취(小品趣)가 산문 창작에도 적잖은 영향을 미쳐 젊은 시절에 소품문과 밀접한 관련이 있는 문체인 척독이나 제발의 창작에 힘을 쏟다가, 중년기 이후 척독과 제발을 통해 표출하고자 했던 문예의식에 변화가 생겨 다른 문체로 그 문예적 지향을 표출했을 가능성도 있다. 30대 중반 이후 척독과 제발의 창작량이 급감하는 대신 관각문자와 기(記)의 창작량이 상대적으로 급증했다는 점 등이 이러한 가능성을 뒷받침한다. 그런데 남공철의 척독이 기본적으로 소품취가 강하다는 점, 중년기 이후에는 소품취가 강한 글을 드물게 남기고 있는 점을 보면 젊은 시절에 소품취에 경도되어 척독을 집중적으

---

6) 척독뿐만 아니라 11편의 書 가운데 10편이 20대에 쓰여진 것이며 나머지 한 편도 그가 32세 되던 해인 1792년 이전의 것이다. 30대 이후에도 척독이나 書를 짓지 않은 것은 아니겠지만, 문집에 전하는 양상을 보면 書牘의 창작 시기는 주로 남공철의 젊은 시절에 집중되어 있다고 할 수 있다.

7) 30대 중반 이후 남공철이 지은 산문은 疏箚 등의 관각문자나 序記類, 청탁에 의한 묘도문자 등이 대세를 이루고 있다. 그의 산문에서 주요한 영역을 차지하는 書牘이나 주요 傳狀碑誌類는 대부분 30대 초반 이전에 지어진 것이다.

로 창작한 것이며, 척독 창작이 드물어지는 시점이 공교롭게도 정조에 의해 문체 문제로 견책을 당한 시점이나 본격적인 관직 생활을 시작한 시점과 맞물려 있는 것이 아닌가 한다.

남공철의 척독은 전반적으로 어떤 내용으로 이루어져 있는가? 혹 내용상 빈번하게 드러나는 특징이 있거나 시기에 따른 경향의 변화를 보이지는 않는가? 이를 확인하기 위해 『금릉집』에 수록된 전체 척독의 주요 내용을 제시하면 다음과 같다.

〔표4〕『금릉집』 소재 척독 일람표

번호	제목	편수	수신자	주요 내용
①	與吳士執	2	吳允常	오윤상(吳允常)의 종암(鍾巖) 별업(別業)에서 있을 문주회(文酒會)에 대한 내용. 유만주(兪晩柱)가 참석하여 그에게서 기이한 이야기를 들으면 좋겠다고 하며 유만주가 전겸익에 빠져 있는 것을 우려하는가 하면 문(文)과 도(道)가 분리되어 문(文)에 힘쓰는 자들이 수식만 숭상하고 도학을 돌보지 않는 점에 대해 우려하고 있다.
②	答崔北	1	崔北	남공철이 집을 비운 사이 술에 취해 찾아왔던 최북이 잘 돌아갔는지 문안하고, 세상에 행해지는 조자앙의 그림이 실은 최북의 손에서 나온 게 아닌가 하는 우스갯소리를 전하면서 최북에게 한번 들러줄 것을 청하고 있다.
③	答南君山	1	南有衡	남유형이 평생 두보를 배웠는데, 포의로서 천하를 근심하던 면모가 두보와 닮았다고 하고 세금 때문에 고초를 당한 남유형에 대해 우려하는 내용이다.
④	與李元履	9	李顯綏	박연폭포에 대해 칭송하고 『서상기』를 읽고 있는 이현수의 모습을 상상한 내용, 왕사정(王士禎)의 시에 대해 칭송하고 모방 풍조에 대해 비판한 내용, 만인(滿人)에 대한 비판과 한인(漢人)에 대한 호감의 표출, 이현수의 문장에 대한 비평 등의 내용을 기술하고 있다.

⑤	與李懋官	2	李德懋	태을산(太乙山)에 소요하고 돌아왔는데, 어떤 이가 소호천에 가보지 않았느냐고 하자 기문이서를 읽을 때 빨리 다 끝내지 않으려는 마음으로 소호천에 일부러 가지 않았다고 한 내용, 사옹원에 숙직하고 있을 때 이덕무가 찾아온다면 박지원 또한 합석하여 열하에서의 기문(奇聞)을 들을 수 있을 것이니 이 또한 아취로운 일이라 한 내용 등이 포함되어 있다.
⑥	與朴山如	2	朴南壽	박남수가 부채에 낙화시(落花詩)를 써 보낸 데 대해 답례하는 내용, 범위를 한정하지 않고 폭넓게 독서하여 자신만의 글을 쓰겠다는 문학관 등이 포함되어 있다.
⑦	上金參判	1	金用謙	김용겸에게 김성시(金聲始)라는 사람을 주선하는 내용이다.
⑧	答趙國珍	1	趙鎭球	조진구가 기이한 것을 좋아하여 편지에 자획을 이상하게 쓰고 기이한 모양의 서명을 한 것에 대해 경계하고 있다.
⑨	答成士執	4	成大中	관리는 공무와 독서 모두에 힘써야 한다는 내용, 남공철 자신의 작시(作詩) 태도, 연암(燕巖) 및 청장(靑莊)과의 모임에 자신이 함께하지 못하는 아쉬움 등에 대해 서술하고 있다.
⑩	答金國器	2	金載璉	거짓된 고문을 짓느니 차라리 사실에 걸맞는 시문(時文)을 짓는 게 낫다고 하고 때에 따라 선변(善變)하는 것이 중요함을 강조하고 있다. 또 『시경』의 편제에 대한 자신의 견해를 밝히고 있다.
⑪	與沈穉教	3	沈象奎	심상규의 시에 대한 평, 심상규와 떨어져 있는 것에 대한 심회 등을 언급하고 있다.
⑫	答兪通判	1	兪漢雋	유만주의 죽음과 관련해 유한준을 위로하고 공무가 많아 유한준이 청탁한 뇌사(誄詞)가 아직 완성되지 못하였다고 하고 있다.
⑬	上黃大學士	1	黃景源	황경원의 문장에 대해 칭송하고 문안하는 내용이다.
⑭	答李而習	1	李學彬	벗 이학빈이 술에 빠져 지낸다는 소문을 듣고 그를 우려하는 내용이다.

⑮	與韓士善	1	韓元履	지리산에 가서 일출과 월출을 감상한 소회를 짧게 기술하고 있다.
⑯	與南丞士樹	1	南播秀	삼진(三眞)에 유람한 일을 이덕무에게 자랑하였다고 하고 가야산을 유람할 계획이니 함께 가자고 청하는 내용이다.
⑰	與韓子定	1	韓象履	늦봄에 산청 관아에서 매일 문주회(文酒會)를 열어 그 정취(情趣)를 즐기는 도중, 사천의 조운선 운행을 맡으면 쌀 백여 곡을 얻을 수 있었지만 한가하게 지내는 즐거움을 그것과 바꿀 수 없다고 하여 그 일을 물리쳤다는 내용이다.
⑱	答吳士敬	1	吳熙常	오희상의 편지에 사례하고, 오연상(吳淵常)으로부터 받은 시에 화답하지는 못하였으나 마음이 편치 않을 때마다 그 시를 읽어본다고 하였다.
⑲	答金士源	2	金祖淳	산청현감으로 있으면서 읍지(邑誌)를 탈고하여 보내니 가르침을 줄 것을 청한다는 내용, 차(茶)에 대한 남공철 자신의 애호를 드러내면서 찻잔을 보낸다는 내용이다.
⑳	與閔生宜洙	1	閔宜洙	남공철이 산청현감으로 내려가 사귄 벗 오정(吳珽)의 청탁으로 그 선조 오건(吳健)에 대해 쓴 묘표를 탈고했으니 교정을 부탁한다는 내용이다.
㉑	答吳生珽	1	吳珽	고문에만 힘쓰고 과업(科業)을 소홀히 하는 벗 오정(吳珽)을 경계하며 구양수나 소식도 시문(時文, 科文)을 소홀히 하지 않았으니 고문과 시문을 겸수하라고 조언하고 있다.
㉒	答羅生匹縑	2	羅匹縑	무작정 서울을 선호하여 과거 시험을 핑계로 서울에 가 머무는 나필겸을 경계하고, 한벽루에서의 이별 장면을 회상하는가 하면, 온 집안을 이끌고 상경하려는 나필겸을 재차 만류하는 내용을 포함하고 있다.
㉓	與孫生繼	1	孫繼	원학동(猿鶴洞) 수석(水石)의 빼어남을 칭송하고 훌륭한 이의 문하에 노닐 것을 당부하고 있다.
㉔	與崔生	1	未詳	임실현감으로 있으면서 병약한 몸을 치료할 방도로 최생의 정원에 가서 노닐 것을 꿈꾸었는데 이전

				에 산청현감으로 있을 때 환곡 횡령 문제가 불거져 뜻을 이룰 수 없게 되었다면서 안타까워하는 내용이다.
㉕	與李通判	1	李彥植	한벽루에서 이별하는 장면을 회화적으로 묘사하고 있다.
㉖	與李景深	1	李始源	예생(芮生)이라는 자가 이시원을 만나보기를 원하여 그를 위해 주선하는 편지이다.
㉗	答徐準平	1	徐有榘	무더위에는 정무(政務)를 쉬라는 내용의 서유구의 편지에 사례하며, 남공철 자신이 병약하여 안질(眼疾)과 토혈(吐血) 때문에 규장각 업무에 차질을 빚고 있음을 부끄럽게 여긴다고 하고 있다.
㉘	與金判書	1	金載瓚	평안도 관찰사로 떠난 김재찬에게 보낸 편지로 평안도에서 호포법(戶布法)을 시행하는 문제에 대해 집중적으로 거론하고 있다.
㉙	答或人	1	未詳	남공철 자신은 호락논쟁이 무엇인지 자세히 모른다고 밝히고 있으며, 한천(寒泉)과 남당(南塘)이 견해가 달랐다고 해서 그 훌륭함이 줄어드는 것은 아니라 하며 호락논쟁을 계속 문제 삼는 태도에 대해 회의적인 견해를 보이고 있다.
㉚	答李性老	1	李存秀	지방관을 맡았던 경험을 바탕으로, 일을 줄여 백성들을 편안하게 하는 것이 위정(爲政)의 요체라고 하며 이존수를 독려하고 있다.
㉛	上尹判書	2	尹蓍東	임금께 진언하는 것의 어려움을 토로하고 제갈량과 한기(韓琦)의 예를 들어 대신(大臣)으로서 처신하는 것은 힘을 다할 뿐 그 평가는 하늘이 정하는 것이라고 하고 있다.
㉜	上李相國	2	李秉模	화성에서의 삼(蔘) 전매가 이익 추구에서 나온 것이라 비판하고 있으며, 장용영 혁파 문제에 대해서는 널리 물어 처리해야 할 것이라 하고 있다.
㉝	答李監司	1	李魯春	남공철의 후임으로 강원도 관찰사에 부임하는 이노춘에게 쓴 편지로, 정조(正祖)의 승하를 당하여 신하로서의 황망함을 토로하고 강원도 백성들의 괴로움과 세금 문제를 잘 해결할 것을 당부하고 있다.

위의 표를 보면, 남공철의 척독은 대체로 벗들과의 모임이나 일상의 소쇄사(小瑣事)를 소재로 하는 것이 대부분임을 알 수 있다. 그런데 후기에 지은 몇몇 척독(㉘～㉝)은 모두 일상적이고 사소하며 가벼운 내용과는 거리가 있는, 정사(政事)나 학문에 대한 내용이다. 과연 남공철 척독의 창삭 경향이 시기에 따라 변화를 보인 것일까? 실제로 남공철의 척독은 그가 33세 되던 1792년에 서유구에게 쓴 ㉗「답서준평(答徐準平)」 이전의 것과, 36세 되던 1795년에 김재찬에게 쓴 ㉘「여김판서(與金判書)」 이후의 것이 서로 다른 특성을 보이고 있다. 편의상 ①～㉗을 '전기 척독', ㉘～㉝을 '후기 척독'이라 칭하기로 한다.[8)]

위 표를 통해 남공철 척독의 전반적인 특징을 다음과 같이 확인할 수 있다. 첫째, 수신자와의 친밀도를 기준으로, 전기 척독은 수신자와의 친밀도가 높고 후기 척독은 수신자와의 친밀도가 상대적으로 낮다. 전기 척독의 수신자 가운데 ⑦의 김용겸(金用謙), ⑬의 황경원(黃景源), ⑱의 오희상(吳熙常), ㉖의 이시원(李始源) 등은 전기 척독의 다른 수신자에 비해 남공철과의 친밀도가 상대적으로 낮은 편인데, 이들에게 보내는 척독은 대부분 주선(⑦ · ㉖)이나 문안(⑬ · ⑱)과 같은 실용적인 목적이 우세하다는 특징이 있다. 둘째, 전기 척독은 내용 가운데 문주회(文酒會) · 아회(雅會) · 산수유람 · 위로 · 심회 · 감회 · 정취 · 애호 등과 같은 말이 빈번하게 보이듯이 수신자와의 친밀감을 토대로 취미와 정서를 공유하기 위한 심미적 목적성이 강한 반면, 후기 척독은 정사(政事)나 문학론(文學論), 학문에 대한 태도 등과 같은 것을 위주로 하고 있어 상대적으로 실용적 목적성이 강하다는 특징이 있다.

남공철은 이 가운데 어느 것을 척독 장르의 본령을 잘 구비하고 있는

---

8) '전기 척독'은 46편이고, '후기 척독'은 8편이어서 작품 수로 보자면 균형이 맞지 않는 듯하다. 그러나 전기 척독은 15년간에 걸쳐 지은 것이고, 후기 척독은 8년간에 걸쳐 지은 것이라는 점, 후기 척독을 지은 시기인 34세 이후에는 척독의 창작이 활발하지 않았던 점, 34세를 기준으로 그 이전 척독과 이후 척독의 성격이 확연히 다르다는 점을 고려하면 이와 같이 전기 척독과 후기 척독을 구분하는 것에 큰 문제는 없을 듯하다.

것으로 여겼을까? 이 문제는 척독과 서(書)에 대한 남공철의 장르 인식과 전·후기 척독의 성격을 파악함으로써 밝힐 수 있다. 먼저 척독과 서(書)에 대한 남공철의 장르 인식은 애초 『금릉집』에 척독으로 수록했다가 『귀은당집』에 서(書)로 재수록한 글들의 성격을 살핌으로써 확인할 수 있다. 남공철이 75세 되던 순조 34년(1834)에 마지막으로 간행한 문집인 『귀은당집』에는 9편의 서(書)가 수록되어 있는데, 이 가운데 과반수를 차지하는 5편이 『금릉집』의 '척독집(尺牘集)'에 수록되어 있던 것이다.

처음에는 척독(尺牘)이라고 했던 것을 나중에는 왜 서(書)로 재수록한 것일까? 이에 대해서는 다음 두 가지 가능성을 생각해 볼 수 있다. 첫째는, 『귀은당집』의 '서(書)' 편목은 넓은 의미에서의 편지, 즉 서(書)와 척독을 포함하는 글을 수록할 수 있도록 설정한 것이라고 생각해 볼 수 있다. 이는 『귀은당집』에 수록된 서(書)에는 서(書)의 특성을 지닌 글과 척독의 특성을 지닌 글이 함께 존재한다는 가정 아래에 가능한 전제이다. 둘째는, 남공철이 『귀은당집』에 서(書)로 재수록한 『금릉집』 소재 척독은, 척독의 특성도 어느 정도 구비하고 있으나 서(書)로 보아도 무방한 글이었을 가능성도 있다. 먼저 『귀은당집』에 서(書)로 수록된 글들의 목록부터 살펴보자.

〔표5〕『귀은당집』 소재 서(書) 목록

	『귀은당집』 소재 제목	『금릉집』 소재 제목	수신자	주요내용	『금릉집』 소재 편목명
①	與李元履書	與李元履書	李顯綏	字學	書
②	答朴山如書	答朴山如書	朴南壽	문학론	書
③	上黃大學士書	上黃大學士	黃景源	문안	尺牘集
④	與金國器論文書	與金國器論文書	金載璉	문학론	書
⑤	答金國器第二書	答金國器(一)	金載璉	문학론	尺牘集

⑥	上吳大學士乞先大夫碣銘書	上吳大學士乞先大夫碣銘書	吳載純	청탁	書
⑦	與金判書書	與金判書	金載瓚	政事	尺牘集
⑧	上尹判書書	上尹判書(二)	尹蓍東	政事	尺牘集
⑨	上李相國書	上李相國(二)	李秉模	政事	尺牘集

『귀은당집』 서(書) 편목에 수록된 글들은, 위 표에서 확인할 수 있듯이 학문이나 문학론, 정사(政事)에 관한 것이 대부분이다. 그 외에도 문안(問安)이 중심이 되는 글도 있다. 이 글들은 대체로 여타 문인들의 서(書)와 크게 다르지 않은 특징을 보이고 있다. 즉 일반적으로 척독의 특징으로 지적되는 '쇄소사(瑣小事)에 관한 서정적 기술'을 한 글은 보이지 않는다. 따라서 『귀은당집』 서(書) 편목에 수록된 글들은 대체로 척독의 성격과는 거리가 있는, 일반적인 서(書)의 특성을 보이는 글들이라고 할 수 있다.

문제는 애초에 척독으로 수록했다가 후에 서(書)로 재수록한 다섯 편(③ · ⑤ · ⑦ · ⑧ · ⑨)이다. 그런데 이 다섯 편 가운데 세 편(⑦ · ⑧ · ⑨)이 후기 척독인 점이 주목된다. 앞서 살핀 것처럼 후기 척독은 모두 여섯 편인데 그 가운데 절반인 3편이 다시 『귀은당집』에 서(書)로 수록된 것이다. 그에 반해 48편이나 되는 전기 척독 가운데 『귀은당집』에 서(書)로 재수록된 것은 단 두 편뿐이다. 전기 척독의 48편 가운데 2편, 후기 척독의 6편 가운데 3편이 『귀은당집』에 서(書)로 재수록된 것이다. 이처럼 후기 척독이 서(書)로 재수록된 비율이 압도적으로 높은 이유는 무엇일까? 그리고 혹 전기 척독 가운데서 『귀은당집』에 서(書)로 재수록된 ③「상황태학사(上黃大學士)」와 ⑤「답김국기(答金國器)」조차도, 여타의 전기 척독보다는 후기 척독과 더 친연성을 보이는 것은 아닐까? 즉 후기 척독의 특성을 갖춘 글들을 『귀은당집』에 서(書)로 재수록한 것은 아닐까?

> 늦겨울 매서운 추위에 대감의 체후(體候)에 백복이 깃들길 바랍니다. 어르신의 문장은 세상에서 으뜸으로 칭해지니 후생들이 존경하며 우러러봄이 어찌 끝이 있겠습니까? 합천 사람 황장(黃璋)이 와서 편지를 전하였는데, 문집 선사본(繕寫本)을 만든다고 하시니 서울로 쌀과 고기를 급마편(給馬便)에 올려 보내고 21~22일 사이에 찾아뵙도록 하겠습니다. 갖추지 못하고 아뢥니다.[9]

이는 남공철이 산청현감으로 내려가 있던 1786년에 황경원에게 보낸 척독이다. 『금릉집』에 척독으로 수록하였다가 『귀은당집』에 서(書)로 재수록하였다. 수신자 황경원(黃景源, 1709~1787)은 당시 양관 대제학을 지낸 후 판중추부사로 있던 78세의 노인이었고, 발신자 남공철은 산청현감으로 있던 27세의 젊은이였다. 비록 부친 남유용과의 친분 때문에 어려서부터 황경원을 종유하였다고는 하나, 두 사람이 허물없이 심회를 털어놓을 수 있는 사이였다고는 할 수 없다. 따라서 편지 내용도 문안과 함께 수신자 황경원의 문장에 대한 칭송이나 실용적인 내용 등으로 구성되어 있을 뿐, 남공철의 전기 척독에서 흔히 나타나는 내밀한 심회(心懷)의 서정적 기술 같은 것은 보이지 않는다.

전기 척독 가운데 『귀은당집』에 서(書)로 재수록한 또 다른 글인 ⑤ 「답김국기(答金國器)」는 남공철이 절친했던 벗 김재련에게 보낸 것이다. 황경원에게 보낸 편지와 달리 발신자와 수신자의 관계가 친밀했음을 감안하면 이 척독은 충분히 사적 감회나 서정적인 표현이 보일 것 같지만 실상은 그렇지 않다. 이 글은 과거(科擧)에 소용되는 글을 시문(時文)이라 하면서 과문(科文)을 홀시하는 세태를 비판하고, 거짓된 고문을 짓느니 차라리 실상을 잘 반영하는 시문(時文)을 짓는 것이 낫다는 주장을 담고 있다.[10] 시종 과문(科文)의 중요성, 과문을 홀시하는 세태에 대한

---

9) 남공철, 「上黃大學士」, 『금릉집』 권10: "季冬極寒, 台體候百福. 耆舊文章, 世稱冠首, 後生景仰, 曷有其極. 陜川人黃璋來傳書敎, 聞爲繕寫文集, 上京師助米肉給馬, 計於廿一二間趨謁也. 不備白."

비판을 행하고 있을 뿐 어디에도 사적이고 서정적인 감회를 표출한 흔적은 찾아볼 수 없다. 이처럼 남공철의 전기 척독 가운데 『귀은당집』에 서(書)로 재수록된 두 편의 척독은, 여타의 전기 척독과는 거리가 있으며 오히려 아래에서 언급할 후기 척독과의 친연성이 더 높다고 할 수 있다.

후기 척독 가운데 『귀은당집』에 서(書)로 재수록한 ⑦·⑧·⑨는 모두 정사(政事)에 관한 내용으로 이루어져 있다. 수신자 김재찬(金載瓚, 1746~1827), 윤시동(尹蓍東, 1729~1797), 이병모(李秉模, 1742~1806)는 남공철보다 각각 14세, 31세, 18세 연장자로 나이 차이가 많이 날 뿐만 아니라 친밀도도 그다지 높지 않았다.[11] 김재찬에게 보낸 편지(⑦)는 관서(關西)에 호포법(戶布法)을 시행하는 문제에 대한 것이고, 윤시동에게 보낸 편지(⑧)는 제갈량과 한기(韓琦)의 고사를 들어 신하의 도리에 대해 말한 것이며, 이병모에게 보낸 편지(⑨)는 장용영 혁파 문제에 대한 것이다. 이처럼 ⑦·⑧·⑨의 척독은 서정적 감회의 표출보다는, 비교적 자세하고도 진지한 '논의'를 필요로 하는 내용이 주가 되고 있다.

이상과 같이 『금릉집』에 척독으로 수록했다가 『귀은당집』에 서(書)로 재수록한 글들은 공통적으로 다음과 같은 특징이 발견된다. 첫째, 발신자와 수신자의 친밀도가 여타의 척독에 비해 대체로 높지 않은 경향이 있다. 그러나 이것이 절대적인 것은 아니다. 김재련과 같이 친밀도 높은 벗에게 보낸 척독도 후에 다시 서(書)로 재수록하기도 했기 때문이다. 둘째, 정사(政事)나 문학론 등 비교적 자세한 '논의'를 필요로 하는 내용으로 이루어져 있다. 절친한 벗 김재련에게 보낸 척독이 서(書)로 재수

---

10) 남공철, 「答金國器」(一), 『금릉집』 권10: "當世以表策取士, 謂之擧業. 士皆用以資仕宦功名, 相率而入其臼, 而或者卑其文而不悅也, 公轍則以爲不然矣.…(中略)…且世所稱古文者, 皆僞耳. 與其僞也, 曷若時文之切事實而近於道哉."

11) 물론 남공철이, 김재찬보다도 나이가 많았던 이덕무와 절친했던 것을 생각하면 나이 차이가 친밀도와 직결된다고는 할 수 없으며 평소에 얼마나 빈번하게, 얼마나 오랫동안, 어떤 자리에서 어울렸는가가 친밀도를 가늠할 수 있는 준거가 될 수 있을 것이다. 이런 관점으로 보면 남공철은 이덕무, 박남수, 김재련, 이현수, 최북, 이단전, 오윤상 등과 친밀하게 지냈다고 할 수 있다.

록된 것도 이러한 이유 때문이다. 셋째, 사적인 감회나 서정적 표현이 자제되어 있다. 이는 앞의 두 특징과 맞물려 있는 것인데, 수신자와의 친밀도가 그다지 높지 않고 논의를 위주로 하는 글에서 사적인 감회나 서정적 표현이 드러나기는 어렵다. 이러한 특징은 곧 남공철의 후기 척독의 특징이기도 하며 『귀은당집』 서(書) 편목에 수록된 글들의 특징이기도 하다. 이렇게 본다면 남공철이 『금릉집』의 척독을 어째서 『귀은당집』에서는 서(書)라 하여 수록한 것인가를 짐작할 수 있다. 남공철은 서(書)와 척독의 차이점을 인지하고 있었으며, 이전에 척독으로 지었던 것 가운데 척독의 본령에서 멀어진 것을 서(書)로 재수록하였을 가능성이 높다고 하겠다. 반면 전기 척독의 특성은 어떠한가? 남공철이 척독 장르의 본령을 잘 구비하고 있는 것으로 여긴 전기 척독에 대해서는 다음 절에서 구체적으로 논의하기로 한다.

2) 제발(題跋)의 창작 양상과 제발에 대한 인식

제발(題跋)은 짧은 편폭에 다양한 소재와 내용을 담은 글이다. 주로 어떠한 저작이 이루어지게 된 경위나 그 저작에 대한 고증과 평가, 감상을 덧붙이는 특성 때문에 제발을 서발류(序跋類)에 포함시키기도 한다.[12] 그러나 엄밀히 말하면, 제발(題跋)이란 '題-(後)'와 '-跋'만을 들어 칭하는 용어로 '讀-(後)', '書-(後)'도 여기에 포함되며, 그 연원은 서발(序跋)과 같지 않다.[13] '제(題)'와 '독(讀)'은 한유(韓愈)의 「독순자(讀荀子)」 등과 같이 당대(唐代)에서 비롯했고, '발(跋)'과 '서(書)'는 송대(宋代)에 본격적으로 나타났다. 제발류(題跋類)가 비록 당대(唐代)에서 비롯했다 하더라도

---

12) 馮書耕・金仞千, 『古文通論』 中, 國立編譯館中華叢書編纂委員會, 1979, 710면.

13) 徐師曾, 「序說・題跋」, 『文體明辨』: "按題跋者, 簡編之後語也. 凡經傳、子、史、詩文、圖書之類, 前有序引, 後有後序, 可謂盡也. 其後覽者, 或因人之請求, 或因感而有得, 則復撰詞以綴於末簡, 而總謂之題跋. 題讀始於唐, 跋書起於宋, 曰題跋者, 擧類以該之也. 其詞考古證今, 釋疑訂謬, 褒善貶惡, 立法垂戒, 各有所爲, 而專以簡勁爲主, 故與序引不同."

당시에는 형식만 새로웠을 뿐 담고 있는 내용은 성현의 도(道)를 설파하는 데 머물렀다.

조선후기에 비약적으로 증가한 제발문과 유사한 성격의 제발은 송대에 이르러서 성행하게 되었다. 즉, 송대에 인쇄술이 발달하고, 이에 따라 서적의 보급과 유통이 원활해지면서 문사들의 독서량이 폭발적으로 증가하게 되는데, 이로 인해 고증과 교감을 위주로 하는 금석학이 발달하는가 하면 유한계급이었던 사대부들의 서화 취미가 성행하면서 일상에서 접하는 문학과 예술에 대한 감상과 감수, 혹은 신변의 사건이나 사물을 자유롭게 쓰는 제발문이 갖추어지게 된 것이다.[14] 이후 만명(晩明) 문사들은 구양수(歐陽修)나 소식(蘇軾), 황정견(黃庭堅) 등 송대 문인들의 척독과 제발을 소품문과 관련지어 선호하였고,[15] 특히 원굉도나 종성 등은 송대의 제발을 높이 평가하면서 그들 스스로 다수의 제발을 창작하여 제발을 소품문의 주요 영역으로 자리매김하는 데 기여했다.[16]

우리나라에서는 17세기에 이르러 제발의 창작이 급증하였고, 18세기와 19세기에 걸쳐 특히 서화제발이 성행했다. 앞서 신흠·허균·남구만 등의 문집에서 제발을 별도의 편목으로 설정하였음을 언급한 바 있는데, 조선후기에 이르러 이렇게 제발에 관심을 갖고 활발히 창작한 것은 명대(明代) 문인들의 문집이 유입되면서 일어난 변화이기도 하지만, 18세기 고동서화 취미의 성행으로 제발의 대상인 서화를 접하는 일이 흔하게 되었기 때문이기도 하다. 그런데 조선시대 제발에 대한 연구는 주로 서화제발에 집중되어 왔고, 제발 고유의 문예적 성취보다는 '서화에 대

14) 題跋의 연원과 성격의 변화에 대해서는 안예선, 「蘇軾 題跋文 考察」, 『중국어문논총』 25, 중국어문연구회, 2003, 281~285면 참조.

15) 晩明의 毛晉(1599~1659)은 題跋이 小品文에 속한다면서 다음과 같이 宋代 題跋을 고평한 바 있다. "題跋似屬小品.…(中略)…數年前, 眉公與予, 論題跋一派, 惟宋人當家, 惜未有拈出示人者. 予回援容齋自序云, 寬閑寂寞之濱, 窮勝樂時之暇, 時時捉筆据几, 隨所趣而志之. 雖無甚奇論, 然意到卽就, 亦殊自意. 此獨非拈出示人者耶?"(毛晉, 「容齋題跋識」, 『容齋題跋』, 洪邁 撰, 中華書局, 1985, 28면.)

16) 정은진, 「18세기 서화제발 연구(1)」, 『한문학보』 21, 우리한문학회, 2009, 386면.

한 평'에 초점이 맞추어져 왔기에[17] 제발의 독자적인 문예적 특징에 대한 논의는 부족한 형편이다. 그런데 근래 정우봉은 이하곤(李夏坤)의 제발문을 대상으로 그 문예적 특징에 주목하여 서화제발이 아닌 순문예적 성향이 강한 제발의 내용과 표현 특성을 밝힌 바 있다.[18] 정우봉은, 이하곤이 제발문을 통해 예술적 정취를 제고하고 그것을 벗들과 교감하고자 하였으며 벗들과의 격의 없는 우정을 형상화하거나 서화 감상에의 열의 등을 서정적 필치로, 때로는 해학적으로 표현하기도 했다고 분석했다. 주지하다시피 이하곤은 서화수장가로 이름이 높다. 그의 제발문에는 서화를 소유하는 문제에 대해 이병연(李秉淵)과 벌인 해학적인 에피소드가 적잖이 등장한다. 더 자세히 살필 문제지만, 그의 일련의 제발문은 척독과 방불한 문체적, 내용적 특징을 보이고 있기도 하다. 그렇다면 남공철의 제발문 가운데 서화의 고증과 감상 등에 초점을 맞추지 않은 제발문의 문예적 특징은 어떠한가? 이것이 여기서 살필 문제다.

『금릉집』 권12에는 '제발(題跋)'이라는 편목 아래 26편의 글이 실려 있으며 『금릉집』 권23·24에는 중국의 서화를 대상으로 한 서화발미(書畫跋尾) 116제 154편이 수록되어 있다. 서화발미는 서화에 대한 제발이라는 뜻인데, '발미(跋尾)'는 곧 구양수(歐陽修)의 '집고록발미(集古錄跋尾)'를 의식하여 사용한 용어다.[19] 여기서는 서화발미를 제외한 제발 작

17) 문덕희, 「남공철의 書畵觀」, 홍익대 석사학위논문, 1995; 손혜리, 「18~19세기 초반 문인들의 서화감상과 비평에 관한 연구」, 『한문학보』 19, 우리한문학회, 2008; 정은진, 「豹菴 姜世晃의 書畵題跋 研究」, 『대동한문학』 27, 대동한문학회, 2007 등을 주요한 성과로 들 수 있다. 최근에는 우리나라 서화제발을 史的으로 조명하려는 시도가 이루어진바 정은진, 「18세기 서화제발 연구(1)」, 『한문학보』 21, 우리한문학회, 2009; 정은진, 「18세기 서화제발 연구(2)」, 『한국한문학연구』 44, 한국한문학회, 2009가 그것이다.

18) 정우봉, 「湛軒 李夏坤의 題跋文 연구」, 『한문학보』 19, 우리한문학회, 2008.

19) '跋尾' 또는 '跋-(後)'은 六朝 때부터 唐代까지 서화와 서적 감정에 사용되었는데, 서화나 서적의 가장자리나 끝에 감정을 한 이의 이름과 월일을 쓰고 서명을 하거나 도장을 찍어 그 물건이 아무개의 감정을 받았음을 표시하였다. 그러니 '跋尾'라는 용어가 실은 구양수가 처음 쓴 것은 아니고 전대로부터 이어져 전해지던 것이었다. 王凱符·張會恩, 『中國古代寫作學』, 中國人民大學出版社, 1992, 408~410면(당윤희, 「蘇軾 題跋文 初探」, 『중국문학』 35,

품들을 중심으로 논의하고자 한다. 남공철 제발문의 전반적 양상에 대해 논의하기 위해 먼저 『금릉집』에 수록된 제발문 전편의 주요 내용을 제시하면 아래와 같다.[20]

〔표6〕『금릉집』 소재 제발(題跋) 일람표

	제목	중심화제	주요내용
①	書金文忠公筆蹟後	교유	김수항과 남용익이 주고받은 서찰에 대한 발미(跋尾)로, 서찰을 통해 두 사람의 우의(友誼)를 엿볼 수 있음을 언급하고 있다.
②	寄所軸跋	교유	1779년, 박남수의 기소원정(寄所園亭)에 모였을 때 지은 시를 엮은 시축에 부친 것으로, 박남수·이덕무·박제가와 모여 술에 취해 격의 없이 어울리던 일을 기록하고 있다.
③	宋文正公簡牘帖跋	인물	송시열이 당대 현인군자와 주고받은 간독첩에 대한 발미(跋尾)로, 유배 중에도 나라를 근심한 송시열의 충절을 칭송하고 있다.
④	書近庵尹文貞公筆札後	교유	윤급(尹汲)이 남공철에게 보낸 필찰에 대한 제발로, 윤급의 장자(長者)다운 면모를 회고하고, 윤급과 같은 장자(長者)가 다시없음을 안타까워하고 있다.
⑤	題弟子院詩後	교유	1781년, 민극대(閔克大)·이현수(李顯綏)·한상리(韓象履)와 함께 제자원(弟子院)에서 진사시 준비를 하며 지은 시축에 부친 제발로, 당시 함께 노닐던 기억을 회고하고 현실에서 낙척하여 지내는 벗들의 처지를 안타까워하고 있다.
⑥	題吳士執筆札後	교유	오윤상(吳允常)이 남공철에게 보낸 필찰에 대한 제발로, 오윤상의 장자(長者)다운 면모를 칭송하고 있다.
⑦	題太學唱酬集後	교유	1784년, 김재련·박남수와 태학에 노닐 때 수창한 시, 김재련이 연경에 갈 때 박남수와 남공철이 그를 전송

한국중국어문학회, 2001, 105면에서 재인용).

20) 아래에 제시하는 제발은 『금릉집』 권13에 수록된 것으로 한정한다.

			하며 지은 시, 김재련을 곡(哭)한 시 등을 모은 수창집에 대한 제발로 벗들과의 만남과 이별에 대한 감회를 서술하고 있다.
⑧	題李元履詩藁後	시론	이현수(李顯綏)의 시고(詩藁)에 대한 제발로, 시(詩)는 정(情)에서 감발하여 소리로 드러내는 것이며 시를 통해 성정(性情)의 사정(邪正)과 치도(治道)의 오륭(汚隆)을 알 수 있음을 말하고, 이현수의 시는 맑고 예스러우며 치세의 소리를 갖추었다고 평가하고 있다. 발문으로서의 성격이 강한 글이다.(청탁에 의함)
⑨	三眞帖跋	산수	1787년, 산청현감으로 있을 때 삼진(三眞) 가운데 심진동(尋眞洞)과 원학동(猿鶴洞)에 노닐면서 지은 시를 엮은 시첩에 대한 제발로, 이곳 산수에 대해 '배치가 깨끗하고 의상이 쾌적하다'고 평하고 있다.
⑩	三眞帖跋-又跋	산수	삼진(三眞) 가운데 아직 가보지 못한 화림동(花林洞)을 두고 쓴 시를 엮은 시첩에 대한 제발로, 제대로 노닐 줄 아는 자는 직접 가보지 않고도 가슴속에 그곳을 품을 수 있음을 역설하고 있다. 산수유람 태도와 관련하여 주목되는 글이다.
⑪	伽倻二帖跋	산수	1788년, 가야산 곳곳을 돌아보며 지은 시를 모은 시첩에 대한 제발로, 팔만대장경과 최치원 유적 등에 대한 감회를 서술하고 있다.
⑫	遊山題名記跋	제명(題名)	승경지의 바위에 이름을 제(題)하는 풍조를 문제 삼고 있다.
⑬	書頃刻碑後	비문	검은 종이에 흰 글씨로 써서 석각인(石刻印)을 흉내 낸 경각비(頃刻碑)의 제작 기법을 배워 그것으로 장난삼아 사람들을 속인 일에 대해 기록하고 있다.
⑭	書頃刻碑後-又題	비문	경각비(頃刻碑)의 연원을 소개하고 옛날 명장들의 지혜를 칭송하고 있다.
⑮	書玉流洞題壁記後	산수	산청현감으로 있을 때 옥류동에 들렀던 일을 기록한 글을 발견하고 거기에 부친 제발로, 옥류동을 발견하게 된 과정과 빼어난 산수를 대하는, 사람들의 서로 다른 태도에 대해 언급하고 있다.
⑯	金國器書簡帖跋	교유	절친하게 지내다가 요절한 벗 김재련이 남공철에게

			보낸 서간첩에 부친 발문으로, 죽은 벗에 대한 그리운 감정을 표출하고 있다.
⑰	題兪文翼公簡牘後	인물	영조조에 승상을 지낸 유척기(兪拓基)의 간독첩(簡牘帖)에 부친 제발로, 유척기의 군자다운 면모를 칭송하고 있다.
⑱	書金忠毅公遺事後	인물	김문기(金文起) 후손이 수습한 김문기의 유사에 대한 서후(書後)로, 사육신과 함께 단종 복위를 계획하다 죽은 김문기가 사육신과 같은 공적이 있다 하여 그 절개를 칭송하고 있다.(청탁에 의함)
⑲	金知縣農政書跋	농서(農書)	의성읍재(義城邑宰) 김상임(金相任)이 임금께 올린 농서(農書)에 대한 발문으로, 정조(正祖)의 명에 의해 지어 올린 농서들 가운데 김상임의 것이 근본을 아는 논의를 하고 있다고 하여 분명하고 정확한 김상임의 저술을 높이 평가하고 있다. 유한준과 박지원이 지은 농서에 대해 평가한 내용이 있어 주목된다.
⑳	書李參判蒼谷詩抄後	시문	이익모(李翊模)의 시초(詩抄)에 부친 서후(書後)로, 택당(澤堂)의 후손인 이익모가 가학을 이어받은 것에 주목하여 그의 시문에 대해 품평하고 있다.
㉑	遁村四景圖跋	귀거래	귀거래지로 삼은 둔촌(遁村)의 사계절을 그린 그림에 대한 제발로, 직접 둔촌에서 지낼 수 없음을 안타까워하며 그곳을 그리워하는 마음을 부치고 있다. 그림에 대한 세밀한 묘사가 글의 대부분을 차지하고 있다.
㉒	琶西李判書東遊詩軸跋	시론	이집두(李集斗)가 금강산에 다녀오면서 지은 시를 모은 시축에 부친 제발로, 당대 시인들이 새롭고 가벼우며 기발한 것만을 선호하는데 이집두의 시는 순아(淳雅)하면서도 이두(李杜)에 얽매이지 않았다고 호평하고 있다.
㉓	書崔淳翁傳後	인물	명(明)이 후금(後金)을 칠 때 원병으로 나섰다가 죽은 최영원(崔永元)에 대한 전(傳)에 부친 서후(書後)로, 공이 있더라도 그것이 전해지고 그렇지 않고는 모두 천명이라 하면서 청탁자인 최규현(崔奎顯)의 행색과 사람됨에 대해서도 간략히 기록하고 있다.(청탁에 의함)
㉔	詩選跋	시론	남유용 · 오원 · 이천보가 당대(唐代) 이전의 시 463수

			를 선발하여 엮은 시선집에 부친 발문으로, 비록 이 시선집에는 당(唐) 이전의 시만 수록되어 있지만 송·명의 시에서도 취할 것이 있음을 강조하고 있다.
㉕	書陸奏跋帖後	인물	이병모(李秉模)가 육지(陸贄)의 주의(奏議)에 부친 발문에 대한 서후(書後)로, 육지 주의의 가치를 정조(正祖)와 연계하여 칭송하고 있다.
㉖	璿源系譜紀略跋	계보	효명세자 탄생에 맞추어 종정시(宗正寺)에서 작성한 선원계보기략(璿源系譜記略)에 부친 발문으로, 효명세자 탄생시의 서조(瑞兆) 및 경사로움을 서술하며 그러한 경사가 적덕(積德)과 천명에 의한 것임을 강조하고 있다.(왕명에 의함)

남공철 제발문의 소재는 시첩(詩帖)이나 시축(詩軸)이 총 7편(②·⑤·⑦·⑨·⑩·⑪·㉒), 그 다음으로는 필찰(筆札)이나 서간첩(書簡帖)이 총 6편(①·③·④·⑥·⑯·⑰)으로 이 두 가지가 전체 제발문의 주요 소재 가운데 절반을 차지하고 있다. 또 남공철이 제발문(題跋文)에서 주요하게 다루고 있는 화제는 크게 교유, 인물, 산수, 시론, 기타 등으로 나누어 볼 수 있는데 이 가운데 가장 큰 비중을 차지하는 것이 바로 '교유'(①·②·④·⑤·⑥·⑦·⑯)와 '인물'(③·⑦·⑱·㉓·㉕), '산수'(⑨·⑩·⑪·⑮)에 관한 것이다. 또한 청탁에 의해 지었음이 명백한 것(⑧·⑱·㉓·㉖)이 없지 않으나 대부분은 자발적으로 지은 것으로 보인다. 이렇게 보면 남공철의 제발문은 시첩(詩帖)·시축(詩軸) 혹은 필찰(筆札)을 대상으로, 교유와 인물, 산수에 대해 자발적으로 지은 것이 상당수를 차지하는 셈이다.

이러한 남공철 제발문의 전반적인 특징으로 다음의 두 가지를 들 수 있다. 첫째, 남공철의 제발에는 서화발미(書畵跋尾)의 성격이 두드러진 것과 협의의 제발(題跋)의 성격이 두드러진 것,[21] 서발류(序跋類)로서의

21) 협의의 題跋의 성격이란, 서화의 고증과 감상을 위주로 하는 書畵跋尾類, 그리고 시문집의 성립 경위나 작자의 시문 성향 등을 위주로 기술하는 序跋類의 성격과 달리, 제발의 대상이 되는 자료는 부각되지 않고 그를 매개로 작자의 주관적 감상이나 감회, 기억 등을 위주

발(跋)의 성격이 두드러진 것을 두루 포함하고 있다는 점이다. 서화발미의 성격이 두드러진 것은 ①·③·⑪을, 협의의 제발의 성격이 특히 두드러진 것은 ②·④·⑤·⑦·⑫·⑬·⑭·㉓을, 서발류로서의 발의 성격이 두드러진 것으로 ⑧·⑯·⑲·㉔·㉖ 등을 들 수 있다. 서화발미의 성격이 두드러진 것은 대상 자료에 대한 객관적 정보와 그에 대한 감상을 기술하고 있고, 협의의 제발적 성격이 두드러진 것은 대상 자료와 관련한 화제에 대해 주관적이고 감각적인 기술을 일삼고 있으며, 서발류로서의 발의 성격이 두드러진 것은 일반적인 서발(序跋)이 그러하듯 제발에 비해 편폭이 길며 의론을 위주로 하고 있다. 가령 서화발미적 성격이 두드러진, 김수항(金壽恒)과 남용익이 주고받은 필찰(筆札)에 부친 짧은 제발인 ①「서김문충공필적후(書金文忠公筆蹟後)」는, 대상 자료와 직접적으로 관련된 사항과 자료에 대한 감상을 간략히 기술하고 있어 서화발미 편목에 수록해도 무방할 만큼 대상 자료 자체에 대한 서술이 주를 이루고 있다.[22] 반면 남공철 스스로 경각비(𥡴刻碑) 만드는 법을 배워 사람들에게 시험해 본 경험이나 그에 대한 자신의 감회를 기술한 ⑬「서경각비후(書㐫刻碑後)」와 같은 글은 대상 자료 자체의 특성보다는 대상 자료를 통해 환기되는 자신의 개인적 경험을 위주로 서술하고 있다.[23] 또한 남유용과 오원, 이천보가 당(唐) 이전의 시를 선발하여 엮은 책에 부친 ㉔「시선발(詩選跋)」과 같은 글은 대상 자료의 의미에 대해 자세히 궁구하고 편폭 또한 여타의 제발보다 길어 서발류로서의 발문(跋文)의 성격을 띠고 있다고 할 수 있다.

로 기술하는 것을 말한다. 이러한 협의의 제발은 중국과 조선에서 척독과 함께 소품문의 핵심 영역을 이루고 있었다.

22) 남공철, 「書金文忠公筆蹟後」, 『금릉집』 권13: "右故丞相文忠金公, 與余高祖文憲公所嘗往復書也. 二公俱以文章名節, 歷事四朝爲名臣. 觀乎此, 可以想其人而知其交焉. 宜陽南公轍書."

23) 남공철, 「書㐫刻碑後」, 『금릉집』 권13: "好事者用鹿角膠書紙, 潑墨塗鴉, 字白而紙黑, 如石刻印本, 世稱爲㐫刻碑, 中國人常喜爲之. 余學其法, 一日倣瘞鶴銘中興碑, 作此帖以示人, 人皆不能辨也. 作虛誕以欺人者, 惡其害於道, 而此但爲一笑之資而已."

남공철의 제발문이 보이는 두 번째 특징은, 제발의 대상이 되는 시축이나 필찰 등의 성립 경위나 그 특징, 혹은 감상을 서술하는 데 초점을 맞추는 대신 대상 자료를 통해 환기되는 개인적 경험이나 감회, 혹은 견해 등을 서술하는 경향이 강한 작품이 주조를 이룬다는 점이다. 이러한 특징이 특히 두드러진 글들은 위에서 언급한 세 가지 성격의 제발 가운데 협의의 제발의 성격을 띠는 것들이다. 이러한 특징은 김매순(金邁淳)의 제발과 비교해 보면 더욱 분명해진다. 김매순의 문집에는 22편이라는 적지 않은 수의 제발이 수록되어 있는데,[24] 「상촌간첩발(象村簡帖跋)」과 같은 글은 서간첩에 부친 글로, 신흠의 간첩(簡帖)이 이루어지게 된 경위가 중심 내용을 이루고 있다. 김매순의 여타 제발문도 대체로 이러한 성격을 띠고 있다. 대상 자료 자체에 대한 서술이 주를 이루고 있으며 자료와 관련한 개인적 경험을 드러낸 서술은 찾아보기 어렵다. 이에 반해 남공철의 제발은 거의가 제발의 대상이 되는 자료에 대한 구체적인 설명 없이 그 자료로 인해 환기되는 기억이나 감회, 생각 등을 서술하는, 협의의 제발문적 경향이 강하다.

> 옛사람들은 산에 노닐면서 이름을 제(題)하는 것을 돌의 곤액이라 하였는데, 나는 지당한 말이라고 생각한다. 일찍이 우리나라의 여러 산수를 유람하면서 선배들의 이름이나 오랜 벗들의 성명이 벼랑에 새겨져 있는 것을 마주치게 되면 완연히 그 얼굴을 보는 것 같아 한번 웃으며 읍하곤 하였다. 그러나 아취로운 일 때문에 삼가야 할 것을 어겨 이렇게 한 것임을 비로소 알게 되었다. 또한 직관(職官)과 성명(姓名)을 벼랑이나 바위에 새겨 명산대천에 남기지만 종정(鐘鼎)이나 비고(碑鼓)에 새겨 불후하게 하는 게 마땅할 것이다.[25]

---

24) 『臺山集』에 序와 별도로 '題跋' 편목 아래에 22편이 수록되어 있다.

25) 남공철, 「遊山題名記跋」, 『금릉집』 권13: "古人以遊山題名謂石厄, 余以爲至言. 嘗遊覽方內諸山水, 得先輩名勝及知舊姓名, 留在壁上, 宛然如見其面, 一笑而揖之, 始知爲趣事破戒爲此. 且以職官名姓, 鐫鑱崖石, 留之名山大川, 足當鐘鼎碑鼓以不朽也."

「유산제명기발(遊山題名記跋)」의 전문이다. 제목으로 보아 '유산제명기(遊山題名記)'라는 글에 부치는 제발인 듯한데 그 글에 대한 설명은 전혀 없고, 시종 명산대천에 노닐면서 바위에 이름을 새기는 일에 관한 남공철 자신의 경험과 견해를 서술하고 있다. 「서경각비후(書頃刻碑後)」나 「서경각비후(書頃刻碑後)-우제(又題)」 또한 위의 예와 같이 제발의 구체적 대상에 대한 언급이 전혀 없이 대상 자료와 관련한 자신의 경험이나 생각을 적은 것이다. 이와 같이 남공철의 제발은 제발의 대상에 대한 언급이 매우 간략하거나 아예 없는 것이 대부분이다.

이처럼 남공철의 제발은 주로 시첩・시축이나 서찰・서간첩을 대상으로 교유나 인물, 산수 등을 주요 화제로 한 것이 많다. 또 『금릉집』의 '제발(題跋)' 편목에 수록된 글들은 서화발미의 성격이 두드러진 것, 협의의 제발(題跋)의 성격이 두드러진 것, 서발류로서의 발(跋)의 성격이 두드러진 것을 골고루 포함하고 있으나, 대상 자체에 대한 서술보다 그로 인해 촉발된 개인적 경험이나 감회 위주의 서술이 두드러진 협의의 제발문이 압도적이라는 점도 그의 제발문(題跋文)의 특징으로 지적할 수 있다. 또 척독처럼 비교적 명확하게 시기에 따라 다른 경향성을 보이는 것은 아니지만, 대체로 후반으로 갈수록 서화발미 혹은 협의의 제발적 성격을 보이는 글보다는 서발류로서의 발(跋)의 성격이 두드러지는 글이 빈도 높게 나타나고 있다는 점도 주목된다.

2. 아취(雅趣)의 추구

1990년대 후반 들어 소품문에 대한 학계의 관심이 고조되고, 이후 2000년대에 들어 소품문의 핵심적인 문체인 척독에 대한 관심 또한 높아졌다. 이에 힘입어 척독에 대해 적지 않은 연구 성과가 축적되었다.[26] 그런데 척독에 대한 대부분의 연구는 개별 문인의 척독만을 대상으로 하고 있어 척독 전반의 특징이 규명되었다고 하기는 어렵다. 이들 기존 연구에서 밝힌 개별 문인들의 척독의 특징을 토대로 허균·신정하·박지원·이덕무 등의 척독에서 공통적으로 발견되는 특징을 지적할 수 있으니,[27] 그것은 곧 그들 척독이 정(情)의 표출을 위주로 하고 있다는 점이다. 이 밖에도 구어(口語)나 이속어(俚俗語)의 사용으로 풍자나 해학을 행하고 있다는 점도 많은 척독가들의 작품에서 확인할 수 있는 특징이다. 그렇다면 남공철의 척독은 어떠한가? 남공철의 척독에서도 이러한 특징이 확인될까?

친밀도 높은 수신자를 대상으로 취미나 정서의 교감을 위해 쓴 남공철의 전기(前期) 척독에서 가장 빈도 높게 확인할 수 있는 내용은 문주회(文酒會) 등의 아회(雅會)에 대한 것이나 산수 유람에 관한 것, 혹은 벗의 잘못에 대해 충고하거나 벗을 위로·격려하는 것들이다. 이 가운데서도 특히 아회(雅會)나 산수 유람을 주요 내용으로 하는 척독이 남공철 척독의 핵심 영역을 차지하며, 이를 통해 남공철이 구현하고자 한 것은 곧 '아취(雅趣)'라 할 수 있다.

남공철 척독에 대해 본격적으로 살피기에 앞서 한 가지 염두에 두어

---

26) 주요한 성과로는 김풍기, 「조선 중기 古文의 小品文的 성향과 許筠의 尺牘」, 『민족문화연구』 35, 고려대 민족문화연구원, 2001; 정민, 「燕巖 尺牘小品의 문예미」, 『한국한문학연구』 31, 한국한문학회, 2003; 김성진, 「허균의 척독에 대한 일고찰」, 『한국한문학연구』 31, 한국한문학회, 2003; 이우일, 「공안파와 북학파의 척독소품문 비교」, 『배화논총』 22, 배화여자대학, 2003; 배미정, 「조선 후기 척독문학의 유행과 그 배경」, 한국정신문화연구원 한국학대학원 석사학위논문, 2003; 홍인숙, 「이덕무 척독 연구」, 『한국한문학연구』 33, 한국한문학회, 2004; 김현경, 「남공철의 척독 연구」, 한국교원대 석사학위논문, 2006; 강혜선, 「조선후기 척독문학의 양상」, 『돈암어문학』 22, 돈암어문학회, 2009 등을 들 수 있다.

27) 정민은 박지원 척독에 대해 '情趣와 예술성을 추구하고 일상성의 妙解를 중시하며 풍자와 해학을 행하고 있다'는 점을, 배미정은 신정하 척독에 대해 '구어와 해학을 통해 晤言의 효과를 노리고 있으며 풍류와 탈속적 생활을 추구하는 것을 형상화하고, 시적 서정성이 강화되어 있다'는 점을, 홍인숙은 이덕무 척독에 대해 '낭만적인 자기 고백을 행하고 있으며 주관적 세계 인식을 통해 격조 높은 서정적 표현을 행하고 개성적 표현에 힘쓰고 있다'는 점을, 강혜선은 신정하 척독에 대해 '시적 情景을 추구하고 遊記나 雜記와 척독이 결합된 양상을 보이며 輕拔한 의론을 추구하고 있다'고 그 특징을 주요하게 논한 바 있다.

야 할 것은, 그의 척독이 원굉도의 척독으로부터 적잖은 영향을 받았다는 점이다.[28] 어째서 남공철의 척독은 33세 이전에 집중적으로 창작되었으며 어떠한 경위로 원굉도 척독을 수용했던 것일까? 이에 대해서는 앞서 교유관계에서 밝힌 이덕무와의 친분과 그로부터의 문학적 영향을 생각해 볼 수 있다. 즉 이덕무는 조선후기에 공안파를 적극적으로 수용한 인물로 알려져 있는데,[29] 그 역시 37인의 수신자를 대상으로 238편이라는 많은 수의 척독을 남겼다. 즉 젊은 시절 남공철은 이덕무와 활발히 교유하면서 이덕무를 통해 원굉도의 글을 접하고 원굉도 척독의 영향을 받았을 것이라 추정할 수 있다.

1) 아회(雅會)의 형상화를 통한 아취(雅趣) 구현

남공철은 그의 척독에서 시주회나 문주회 등 벗들과의 아회(雅會)를 형상화함으로써 아취(雅趣)를 구현하고 있다. 그런데 그의 척독에 형상화되어 있는 아회는 고동서화 취미와 깊은 관련을 지닌다. 이를테면 향(香)을 사르고, 거문고와 바둑판을 곁에 두고, 정원을 경영하며 화초나 수목을 가꾸고, 벗들과의 모임에서 패관이서와 고금의 경사(經史)에 대해 담론하는 등의 고동서화 취미와 관련한 행위를 형상화함으로써 아취를 구현하고 있다고 할 수 있다. 이러한 취미 향유 양상이 그의 척독

28) 김광섭, 「金陵 南公轍의 晩明小品 수용 양상과 그 의미-尺牘題跋을 중심으로」, 『한문교육연구』 31, 한국한문교육학회, 2008에서는, 남공철의 척독 「與朴山如」·「答金國器」·「與南丞士樹」 등에서 원굉도 척독의 영향을 확인할 수 있음을 밝혔다. 이 밖에도 남공철의 척독 「與崔生」에서도 원굉도 척독의 영향이 확인되는바, 아래에서 개별 작품을 분석하는 가운데 이에 대해서도 함께 살피기로 한다.

29) 이 점에 대해서는 이미 많은 연구가 이루어졌다. 이덕무가 自得을 중시해 독창적이고 개성적인 자기만의 문장을 쓸 것을 강조한 것은 공안파로부터 받은 주요한 영향으로 파악된다. 이에 대해서는 강명관, 「이덕무와 공안파」, 『민족문학사연구』 21, 민족문학사학회, 2002; 권정원, 「李德懋 文學의 形成背景에 대하여-公安派 受容과 관련하여」, 『대동한문학』 22, 대동한문학회, 2005 등 참조. 한편 남공철이 '務自己出'을 강조했던 것도 스승 김순택의 영향과 더불어 自得을 중시한 이덕무의 견해로부터 영향을 받은 결과로 보인다.

곳곳에서 산견되는바, 우선 남공철의 고동서화 취미에서 보이는 아취의 요소, 그리고 '아취'란 대체 무엇인가에 대해 살필 필요가 있다.

남공철은 18세기 말, 19세기 초반 경화세족의 고동서화 취미 향유 양상을 단적으로 보여주는 인물이다. 고동각(古董閣)이나 서화각(書畵閣), 분향관(焚香館)[30]과 같은 당호를 썼던 것으로도 그가 고동서화 취미에 경도되어 있었음을 확인할 수 있다. 또 그의 시에서도 서화나 골동품을 소재로 한 것이 적지 않고,[31] 서화를 감상하고 그에 대해 비평을 가한 서화발미가 116제 154편이나 된다. 서화발미 외에도 서화를 소재로 하는 제발(題跋)[32]이나 김용행(金龍行)·최북(崔北) 등 화가를 입전한 전(傳)[33] 등이 전하는 것을 보면 그의 서화에 대한 애호가 상당했음을 짐작할 수 있다. 고동서화 취미는 골동품과 서화를 수집, 품평, 감상하는 것을 핵심적인 내용으로 하지만, 그것에 수반되는 다음과 같은 여러 패턴들을 두루 포함한다. 즉 향(香)을 사르고,[34] 거문고와 바둑판을 곁에

30) 이 가운데 특히 古董閣이라는 당호는 젊은 시절 남공철이 꽤 오랜 기간 사용한 당호로 보인다. 이 古董閣이라는 당호는 1782년에 쓴 「米南宮眞蹟橫軸紙本」(남공철, 『금릉집』 권23)에 처음 보이고 이후 9년 뒤인 1791년에 쓴 「天都峯瀑布立軸絹本」(남공철, 『금릉집』 권23)이라는 글에서도 보인다. 이것으로 보아 최소한 남공철이 23세 되던 해부터 32세에 이르기까지는 古董閣이라는 당호를 사용했던 것으로 보인다.

31) 서화를 소재로 한 남공철의 시는 다음과 같은 것들이 있다. 「題洪湛軒家藏潘香祖書畵卷」·「柳秘省第　觀凌虛道人九龍淵畵障」·「檀園畵」·「余嘗扁其所居之堂曰爾雅　要姜豹庵書揭此公年七十 筆法愈奇姸 甚可珍翫也 遂作此寄謝」(이상 『금릉집』 권1), 「沈石田秋山欲雨圖」·「草書屛風行」·「大雪贈畵梅者」·「美人蝴蝶扇」·「題顔眞卿所書麻姑山仙壇記後」·「題錦鷄小屛」(이상 『금릉집』 권2), 「題李生扇畵 畵是張漢宗墨蟹也」(이상 『금릉집』 권3), 「春山欲雨亭　觀箕埜村家四景圖」·「燕舘觀倪迂山水卷」·「李畵師寅文山水戲墨」(이상 『금릉집』 권4), 「畵松扇歌」(『潁翁再續藁』 卷1), 「題金弘道美人障」(『歸恩堂集』 卷1). 한편 골동품을 소재로 한 시로는 「日本刀」나 「金匣鏡」(이상 『금릉집』 권4) 등이 있다.

32) 서화를 소재로 한 대표적인 題跋로 「書金文忠公筆蹟後」·「宋文貞公簡牘帖跋」·「書近庵尹文貞公筆札後」·「遁村四景圖跋」(이상 『금릉집』 권13) 등을 들 수 있다.

33) 「金純弼傳」(『금릉집』 권13)이 金龍行을 입전한 것이고, 「崔七七傳」(『금릉집』 권13)이 崔北을 입전한 것이다.

34) 남공철의 당호 가운데 '焚香館'이라는 이름이 있었던 데서 알 수 있듯이 그는 평소에 향을 즐겨 피웠다. 이러한 분향 습관은 남공철이 20대 초반부터 노년에 이르기까지 지속되었다. 「玉磬山莊記」·「李尙書東園雅集圖記」·「遁村四景圖跋」 등 그의 글 곳곳에 분향에 대한

두고,[35] 정원을 경영하고 화초나 수목을 가꾸며, 벗들과의 모임에서 패관이서와 고금의 경사(經史)에 대해 담론하는 등의 행위가 모두 고동서화 취미의 테두리 안에 있었다고 할 수 있다. 이러한 일련의 행위들은 각각 따로 이루어지기도 하고 때로는 몇몇이 한꺼번에 이루어지기도 하면서 고동서화 취미로 패턴화된 것이다. 고동서화 취미와 함께 남공철 척독에서 주요하게 등장하는 소재인 산수 유람 역시 탈속적인 면모를 중시한다는 점에서 아취를 구현하는 소재라 할 수 있다. 이러한 행위, 즉 고동서화 취미를 향유하는 것이라든가 산수 유람에 대한 것들은 공통적으로 아취(雅趣), 즉 세속적인 것이나 실용성과는 일정한 거리가 있었으며 심미성이 강조된다. 이 때문에 정조는 당시 경화세족의 젊은 자제들이 실용성이 탈각되고 심미성이 강화된 취미인 고동서화 취미에 몰두해 있는 것에 대해 비판적이었던 것이다.[36]

이러한 고동서화 취미나 산수 유람을 통해 형상화되는 '아취(雅趣)'란 무엇인가. '아(雅)'는 본래 지배그룹이 치리(治理)를 어렵게 하는 인간 속성을 배제하기 위하여 축적한 문화 정치적 기제로부터 형성된 미감이

언급이 보이는데, 그 글들에서 제시된 焚香의 공간은 한결같이 속세와 단절되어 있는 고요한 공간이다. 남공철이 焚香을 일삼는 상황을 핵심적으로 지적한 權常愼(1759~1825)의 「焚香館記」(『西漁遺稿』 권4)에서도 남공철의 焚香 습관과 그것이 가지는 의미를 구체적으로 언급하고 있다. 권상신은 이 글에서 분향이, 맑은 것을 더 맑게, 탁한 것을 맑게 하는 두 가지 상황에서 이루어진다고 하였는데, 이를 통해 어느 경우이든 雅趣의 고양을 위해 焚香이 이루어졌음을 알 수 있다.

35) 거문고와 바둑판을 곁에 두는 것은 거문고를 타고 바둑을 두는, 즉 본래의 목적을 달성하기 위한 실용적인 이유 때문이 아니다. 이덕무에게 보내는 척독 「與李懋官」(『금릉집』 권10)에서 볼 수 있듯이 남공철이 산수를 소요하는 과정에서 술과 거문고를 휴대한 것은, 그것을 마시고 타기 위해서가 아니라 그러한 소품들로 인해 형성되는 雅趣 때문이다. 이는 "性不喜飮, 而常置酒一壺, 有一張不彈之琴, 有一局不着之碁"(「又思潁亭記」, 『금릉집』 권12)라는 남공철의 진술에서 확인할 수 있다. 이러한 기물들을 雅趣의 차원에서 즐겼음은 유만주의 아들 兪久煥이 거문고를 두고 쓴 「琴解」(『默菴零藁』, 『通園稿』 附錄)라는 글을 통해서도 그 점을 확인할 수 있다.

36) 正祖, 「文學」三, 『日得錄』三, 『弘齋全書』 권163: "大抵近時之士, 不獨於文章爲然. 平居鼓琴瑟列銅玉, 評書品畫, 焙茶爇香, 自以爲清致文采, 而後生少年, 往往多效嚬而成習者, 此與向日邪學其害正而違道, 大小不同, 而爲弊則一也. 可勝歎哉!"

다.[37] 아(雅)와 상대되는 개념은 속(俗)이다. 이렇듯 아(雅)는 본래부터 어느 정도 불속(不俗) 혹은 탈속(脫俗)의 뉘앙스를 담고 있던 미감이다. 한편 '취(趣)'는 감각에 의해 일어나는 감정 상태를 의미한다. 이 말은 어떤 명사에 붙어 그 명사가 지시하는 사물이 나타내는 미감을 표시하는 것으로, 중국에서는 미감 전반을 대변하는 용어로 사용되었다.[38] 이 취(趣)가 문학사상 부각된 것은 만명(晩明)에 이르러서다. 원굉도는 취(趣)를 두고 '산의 색, 물의 맛, 꽃의 빛깔, 여인의 자태와 같은 것'으로 이해한 바 있다.[39]

남공철 또한 원굉도와 유사한 방식으로 취(趣)를 이해하고 있었다. 즉 그는 "모습에 혼이 없고, 말에 맛이 없고, 웃음에 자태가 없고, 소리에 여운이 없으며, 걸음에 운취가 없다면 껍데기만 남아 있는 하나의 진흙상일 뿐"[40]이라 하면서 취를 중시하였다. 진흙상이나 껍데기에 생명력을 불어넣는 것이 바로 취(趣)라는 것이다. 원굉도가 이른 색이나 맛, 빛깔이나 자태, 그리고 남공철이 이른 혼이나 맛, 자태나 운취 등과 같은 취(趣)는 모두 심미성이 강조된 것들로, 사람이나 사물에 생명력과 생동감을 불어넣는 요소로 이해된다. 그런데 '비루하고 속되어서 고아(高雅)하지 못하면 취(趣)가 없다'[41]고 한 것이나, '아(雅)로써 취(趣)를 드러낸다'[42]고 한 것에서 알 수 있듯이 남공철은 취(趣)를 아(雅)와 긴밀하게 관련짓고 있다. 취(趣)에는 흥취(興趣), 의취(義趣) 등 여러 가지가 있을 수 있음에도 남공철은 유독 '아취(雅趣)'를 강조한 것이다. 따라서 남공

37) 원종례, 「미적 범주 '趣'와 '雅'의 審美意識 차이의 변화 추이에 담긴 문학사회학적 의의」, 『중국문학』 39, 한국중국어문학회, 2003, 60면.

38) 위의 논문, 42면.

39) 袁宏道 著, 錢伯城 箋校, 「敍陳正甫會心集」, 『解脫集』 卷3, 『袁宏道集箋校』上, 上海古籍出版社, 1979: "趣如山上之色, 水中之味, 花中之光, 女中之態."

40) 남공철, 「與金國器論文書」, 『금릉집』 권10: "貌無神, 言無味, 笑無態, 聲無韻, 步無趣, 形殼徒存, 而一泥塑而已矣."

41) 남공철, 「四君子文鈔序」, 『금릉집』 권11: "陋俗而不雅也.…(중략)…不雅則無趣."

42) 위의 글: "精以立其法, 深以養其氣, 雅以著其趣."

철에게 취(趣)란 곧 '아(雅)의 미감이 지배적인 감정상태'를 의미한다고 볼 수 있다. 남공철이 적극적으로 향유하던 고동서화 취미 또한 '아(雅)'를 핵심으로 하는 취미라 할 수 있으며 따라서 고동서화 취미 향유가 아취(雅趣) 추구의 방편으로 이루어졌음을 짐작할 수 있다. 아(雅)의 미감은 만명(晩明)에 이르러서 그 안에 내재되어 있던 '탈속'의 의미가 대폭 강화되는 특징을 보인다. 이러한 만명 공안파의 성향이 이후 청조(淸朝)까지 이어지고, 조선 문사들은 만명 문인들과 청조 문인들로부터 고동서화 취미를 중심으로 한, 아(雅)의 미감이 지배적인 취미 향유 태도를 받아들이게 된다. 당시에 아취(雅趣)가 문학적으로 형상화될 때에도 역시 탈속(脫俗)의 이미지가 강조되는 특징을 보이는데, 남공철 산문 가운데 그러한 면모를 보이는 작품의 수가 적지 않다. 특히 그의 척독(尺牘)과 제발(題跋), 기(記)에서 아취(雅趣)를 추구하여 형상화하고자 하는 의지가 두드러짐을 확인할 수 있다.[43)]

남공철과 비슷한 시기에 박지원은 그의 척독에서 정취(情趣)와 예술성, 일상적인 것의 묘해(妙解), 풍자와 해학을 다양한 수사 기교를 동원하여 형상화하였고,[44)] 이덕무는 그의 척독에서 '격정적인 감정을 느끼고 고뇌하는 내면세계를 가진' 자아를 드러내었다면,[45)] 남공철은 그의 척독에서 아취(雅趣)로운 삶을 형상화하는 데 집중하고 있다.[46)] 남공철이 척

---

43) 청년기 남공철의 尺牘과 題跋에 나타나는 雅의 미감과, 중년기 이후 記에서 확인할 수 있는 雅의 미감은 脫俗的 성격이 두드러진다는 공통점이 있다. 하지만 척독·제발과 기문에서 雅趣를 추구하는 방식에는 각각 차이가 있다. 그 차이에 대해서는 본 장과 제5장에서 논의하고자 한다.

44) 정민, 「燕巖 尺牘小品의 문예미」, 『한국한문학연구』 31, 한국한문학회, 2003.

45) 홍인숙, 「李德懋 척독 연구-'내면', 혹은 '사적 자아'의 발견」, 『한국한문학연구』 33, 한국한문학회, 2004.

46) 남공철의 척독과 관련하여 김현경, 「남공철의 척독 연구」, 한국교원대 석사학위논문, 2006을 참고할 수 있다. 이 논문에서 김현경은, 남공철 척독의 특징을 개성적인 글쓰기, 관리로서의 애환, 경험적 관료 의식, 운치 있는 생활의 추구, 따뜻한 인간애의 다섯 가지로 나누어 살피고 있다. 그러나 이른 시기에 지은 척독과 30대 이후에 지은 척독의 내질이 달라졌다는 점에는 주목하지 않았다. 남공철은 자신의 척독 가운데에서 척독 장르의 본령에 있는

독에서 아취를 조성하고 고양한 방식은 다음 두 가지로 파악된다. 첫째, 아회(雅會)[47]에서 이루어지는 고동서화 취미, 혹은 산수 유람을 형상화함으로써 아취를 조성하는 방식이다. 둘째, 아(雅)의 경지(혹은 이상이나 소망)와 속(俗)의 경지(혹은 현실)를 대비함으로써 아취를 더욱 부각시키는 방식이다.

젊은 시절 남공철은 벗들과 모여 술을 마시면서 시문을 짓거나 기이한 이야기 듣는 것을 아취 있는 일이라 여겼다. 아취에 대한 이러한 인식은 당시 젊은 문사들 사이에서 공감대를 형성하고 있던 것이었다. 어려서부터 종유하며 절친하게 지낸 오윤상(吳允常)에게 보낸 척독 「여오사집(與吳士執)」에서는 벗들과의 아회(雅會)가 어떤 방식으로 이루어지는지 구체적으로 제시되어 있으며, 그 모임에서 아취를 중시하고 있음을 확인할 수 있다.

> ① 밤새 안녕하신지요? 최사룡(崔士龍) 어른이 전하기를, 21일부터 종암(鍾巖)의 별업(別業)으로 나가 계신다고 하니 날이 좀 서늘해지기를 기다렸다가 한번 들러 보려 합니다. 산수에서 술 마시며 시 짓는 즐거움은 선배들의 풍류를 이을 만하니 생각만 해도 좋습니다. ② 통원(通園) 유백취(兪伯翠)가, 저한테서 노닐 계획을 듣고는 따라가려고 하더군요. ③ 백취(伯翠)는 경사(經史)에 널리 통했고 더욱이 명나라 천계(天啓)와 숭정(崇禎) 사이의 일들을 잘 알고 있으니 산빛과 물소리 속에 이르게 하여 그의 이야기를 듣는다면 이 또한 하나의 아취로운 일일 것입니다. ④ 다만 그가

것으로 33세 이전에 지은, 雅趣가 강조된 전기 척독이라 여겼다고 할 수 있다.

47) '雅會'란 문인들이 詩文을 짓거나 飮酒를 하거나 淸雅한 談論을 일삼는 등(이 가운데 두 가지 이상을 겸하는 것이 일반적이다) 친목 도모를 위하여 비공식적으로 결성한 모임을 뜻한다. 이와 관련, 홍선표는 조선 초·중기의 契會가 관인층을 중심으로 이루어졌으며, 17세기 이후 신분의 고하에 상관없이 '遊於藝'에 기초한 동호회를 雅會라 칭한다고 주장한 바 있다. 아회의 개념에 대해서는 조규희, 「17, 18세기의 서울을 배경으로 한 文會圖」, 『서울학연구』 16, 서울시립대 서울학연구소, 2001; 홍선표, 「鄭惟吉 題詩 〈宣傳僚友重會關西圖〉」, 『미술사논단』 12, 한국미술연구소, 2001; 송희경, 『조선후기 아회도』, 다홀미디어, 2008 등 참조.

우산(虞山)의 글을 좋아하는 것이 곧 고치기 어려운 버릇이 되었으니 이는 우리들이 마땅히 충고해서 순정한 데로 돌아오게 해야 할 것입니다.

[1夜回起居萬重. 崔士龍丈傳欲自二十一日, 出住鍾巖別業, 稍俟日氣益凉, 約一往過. 溪山文酒之樂, 可能繼先輩風流, 預可喜也. 2通園兪伯翠因僕聞遊事, 欲往從之. 3伯翠博涉經史, 尤習於啓禎間遺事, 致之山色水聲之中, 聞其議論, 亦一趣事. 4但其好虞山之文, 便成痼癖, 此則吾輩當忠告, 使之返醇可也.][48]

최사룡(崔士龍)은 곧 최광태(崔光泰, 1744~?, 자는 士龍)를 가리킨다. 위에 언급된 유백취(兪伯翠)는 바로 유한준의 아들 유만주(兪晩柱, 1755~1788)다. 유만주의 장인은 오재륜(吳載綸, 1731~?)으로, 오윤상의 부친 오재순의 종제(從弟)다.[49] 유만주는 이렇듯 오윤상과 인척 관계였던 데다 오윤상의 아우들, 특히 오희상(吳熙常, 1763~1833)과 절친한 사이였다.[50] 유만주가 남공철의 시주회 이야기를 듣고, 자신도 그 모임에 참석하고 싶은 뜻을 내비치자 남공철이, 유만주는 천계(天啓)·숭정(崇禎) 연간의 일에 대해 잘 알고 있으니 시주회에서 그의 이야기를 들으면 아취를 더할 것이라 하고 있다. 유만주가 잘 알고 있다던 명나라 말기 천계(天啓, 1621~1627)·숭정(崇禎, 1628~1636) 사이의 일이란 곧 명나라 말기에 활동한 인물들과 관련된 이야기이다.[51] 우산(虞山)은 곧 전겸

48) 남공철, 「與吳士執」, 『금릉집』 권10.

49) 오재순에게는 오윤상·오희상·오연상의 세 아들이 있었는데, 이 가운데 오연상이 吳載綸에게 入系되었다.

50) 오희상은 유만주의 아들 유구환을 아껴 유구환에 대한 遺事를 남기기도 했다. 유만주의 『通園稿』에 부록된 유구환의 시문집 『默菴零藁』에 오희상이 쓴 유구환의 유사가 전한다.

51) 명말청초의 인물들, 특히 明 遺民들에 대한 전기가 이덕무의 『청장관전서』 권36~47에 수록되어 있는데, 유만주가 잘 알고 있다던 天啓·崇禎 연간의 일이란 곧 이덕무가 선발하여 수록한 명 유민들의 전기와 관련이 있는 듯하다. 이덕무가 모아 놓은 전기는 『明史』·『啓禎野乘』 등 176종의 중국 서적에서 가려 뽑은 것이다. 인용 서목을 보면 이덕무는, 전겸익은 물론 명말청초의 주요한 문인들의 문집을 섭렵하여 초록했음을 알 수 있다. 남공철의 동년배인 成海應(1760~1839) 또한 89종의 서책에서 가려 뽑은 明 遺民의 전기를 남긴 바 있다.

익(錢謙益, 1582～1664)의 호인데, 유만주가 전겸익을 너무 좋아하니 선배들이 충고를 해 주어야겠다는 내용도 주목된다.[52] 남공철은 그의 다른 글에서, 전겸익이 공안파와 더불어 고문(古文)을 위조하고 소설을 꾸며대어 기(氣)가 텅 비고 조잡해졌다고 평하기도 하였으며,[53] 그가 명(明) 왕조에 대한 절조를 지키지 못하고 청(淸)에서도 벼슬을 한 것에 대해 비판한바,[54] 전겸익에 대해 부정적인 시각을 갖고 있었기에 그러한 전겸익을 혹호(酷好)하는 유만주의 태도를 문제 삼은 것이다.[55] 이 편지에서 형상화되어 있는 시주회의 모습은, 산수에서 벗들과 술을 마시며 시를 짓고 기이한 이야기를 듣는 것인데, 이는 곧 속세의 가치가 개입되어 있지 않은 아취로운 것으로 형상화되고 있다.

위의 글의 수신자는 오윤상이고, 모임의 구성원은 남공철과 오윤상·유만주 등이 되었을 것으로 예상되는데, 남공철이 젊은 시절 이렇게 시주회나 문주회를 통해 함께 술을 마시며 시문을 짓기도 하고 청아(淸雅)한 담론을 일삼기도 한 벗들 가운데 가장 빈번하게 만났던 이들은 이덕무와 박지원, 그리고 박제가, 박남수 등이었다. 박남수에 대한 묘지명인 「박산여묘지명(朴山如墓誌銘)」[56]에서, 박남수의 벽오동관(碧梧桐館)에서 남공철이 박남수와 박지원, 이덕무, 박제가와 함께 모여 술을 마시면서 박지원이 읽어 주는 『열하일기』를 듣는 장면을 통해서도

---

52) 유만주가 전겸익을 좋아했다는 사실을 확인할 수 있는 하나의 예로, 유만주의 다음과 같은 언급을 들 수 있다. "謙益明季文章也.…(중략)…盖其立言纂辭, 婉篤深切, 使讀之者, 箚心着骨, 不自聊賴."(兪晩柱, 「欽英丁酉序」, 『通園文稿』 卷1)

53) 남공철, 「與金國器論文書」, 『금릉집』 권10: "於是, 徐、袁、牧齋輩出, 而詆其後曰: '贋古文.' 思欲捄之, 而顧六經之本旨難闚, 徒欲其形模字句之變置, 識者又從而譏之曰: '演小說.' 贋古文, 故其氣虛, 演小說, 故其氣粗."

54) 남공철, 「讀弇州牧齋二集」, 『금릉집』 권14: "彼牧齋, 一漢一滿, 半儒半佛, 其平生何如人也?"

55) 남공철의 척독만 해도 공안파 원굉도로부터 적지 않은 영향을 받은 것으로 확인되듯이 남공철이 표면적·의식적으로는 공안파와 전겸익을 비판하고는 있지만 그들로부터 받은 문학적 영향 또한 적지 않다. 이와 관련해서는 졸고, 「남공철의 원굉도 문학 수용 양상과 그 의미」, 『어문학』 120, 한국어문학회, 2013 참조.

56) 이 글에 대해서는 본서의 225～235면에서 자세히 분석하였다.

이들이 이러한 모임을 자주 가졌음을 짐작할 수 있다. 다음 항에서 제발(題跋)에 대해 논의하면서 다시 살피겠거니와 남공철이 박남수・이덕무・박제가와 함께 모여 술을 마시면서 즐기던 장면을 형상화한 「기소축발(寄所軸跋)」에도 이들의 모임이 어떤 양상으로 이루어졌는가가 잘 드러나 있다.

연암그룹 가운데 젊은 시절 남공철과 가장 빈번하고도 절친하게 어울린 이는 이덕무인 것으로 보인다. 이덕무에게 보내는 척독인 다음 「여이무관(與李懋官)」에서 남공철이 이덕무를 통해 박지원과 어울리던 사정을 짐작할 수 있다.

> ① 이별한 지 오래되었습니다. 갑자기 편지를 받자오니 매우 위로가 됩니다. 두 편을 어찌 시(詩)라 하십니까! 부족하나마 그 사이의 이별을 말하여 절로 그 뜻을 보인 것일 뿐이니 다듬어 주시길 바랍니다. ② 며칠 원중(院中)에 이불을 가지고 가서 숙직을 할 계획인데 자못 한가하여 공무가 적을 듯하니 연락을 기다려 한번 들르심이 어떠한지요? 박중미(朴仲美) 선생이, 족하가 오신단 말을 들으면 또한 당연히 합석하실 것입니다. 게다가 열하에서의 기이한 광경과 별난 이야기에 『청비록(淸脾錄)』 한 부까지 더해지게 한다면 또한 하나의 아취로운 일이겠지요.
>
> [①久別矣. 忽承晤言, 至慰至慰. 二篇豈曰詩乎哉! 聊以敍中間離別, 自見其志爾, 幸乞斧和焉. ②計於數日持被院中, 頗靜閒少公事, 竢相報枉臨如何? 朴仲美先生聞足下來, 亦宜盍簪. 益得熱河奇觀異聞, 俾博淸脾一部, 亦一雅事也.][57]

남공철은 20세가 되기 전부터 이덕무와 어울렸는데,[58] 이덕무의 폭넓은 독서 범위가 남공철에게도 영향을 미쳤으리라 생각되며 다양한 패관이서를 접하게 된 것도 이덕무를 통해서였을 가능성이 높다. 남공철은 25세 되던 1784년(정조 8)에 음직으로 익위사 세마가 되어 벼슬 생활을

57) 남공철, 「與李懋官」(二), 『금릉집』 권10.
58) 본서의 43면 각주 73참조.

시작하였다. 같은 해에 사옹원 주부가 되었는데 위에서 일컬은 '원(院)'이란 곧 사옹원을 가리키는 것으로 보인다. 이덕무가 온다는 소리를 들으면 박지원도 분명히 올 것이라 한 데서, 박지원이 일상에서 이덕무와 거취를 함께하던 사정을 짐작할 수 있다. 또 남공철이 박지원 등과 어울리는 과정에서 이덕무가 그 매개자 역할을 한 것을 확인할 수 있다. 박지원이 들려주는 열하에서의 기이한 이야기를 들으면 그 또한 아취로운 일이라고 한 데서 알 수 있듯이 벗들과 모여 패관이서나 고금의 경사(經史), 혹은 기이한 이야기를 주고받는 행위에서 남공철이 궁극적으로 추구하는 것은 역시 아취(雅趣)였음을 알 수 있다.

이덕무에게 보내는 위 척독에는 남공철이 제시한 척독의 서술 기법인 '단속(斷續)'이 잘 드러나 있다. 단락 ①은 간단한 인사말에 이어 남공철이 쓴 시에 대한 이덕무의 칭찬에 사례하는 내용이고, 단락 ②에서는 사옹원에서 이덕무 및 박지원과 함께할 모임에 대한 내용이 기술되어 있다. 단락 ①에서 화제로 삼고 있는 시는 곧 남공철이 이덕무를 방문하고 지은 「방무관(訪懋官)」[59]을 가리키는 것으로 보인다. 남공철이 지은 시에 대해 이덕무가 칭찬하자 겸사(謙辭)를 내세우며 시를 고쳐 줄 것을 청하고 있다. 그러다가 아무런 단서도 보이지 않은 채 시에 대한 이야기에서 갑자기 화제(話題)가 사옹원에서의 아취로운 모임에 대한 것으로 전환된다. 이러한 갑작스런 화제 전환은 역시 척독의 특성으로 제시한 '단속(斷續)'과 관련된다고 할 수 있다.

남공철이 이덕무에게 보낸 척독은 모두 두 편인데, 위에서 살핀 것은 그 가운데 두 번째 것이다. 그에 앞서 보낸 척독 또한 비슷한 시기에 쓴 것으로 보이며 산수를 소요하는 내용이 주요한 화제로 제시되어 있다.

---

59) 남공철, 「訪懋官」(二首), 『금릉집』 권2: "經年離別欲沾巾, 卽地相逢已餞春. 啼燕流鶯如訴客, 落花垂柳正關人. 髮斑變却銅中面, 印綠堆成案上塵. 知己惟存成秘閣, 巷南溪北好爲隣."(이상 제1수) "竹簾斜照纈羅紋, 情話重重復見君. 愛畵喜摹元代帖, 釋經無汰漢儒文. 落花撲面渾疑雪, 高柳當窗不礙雲. 墨綬無端頻去住, 可堪知舊各離分."(이상 제2수)

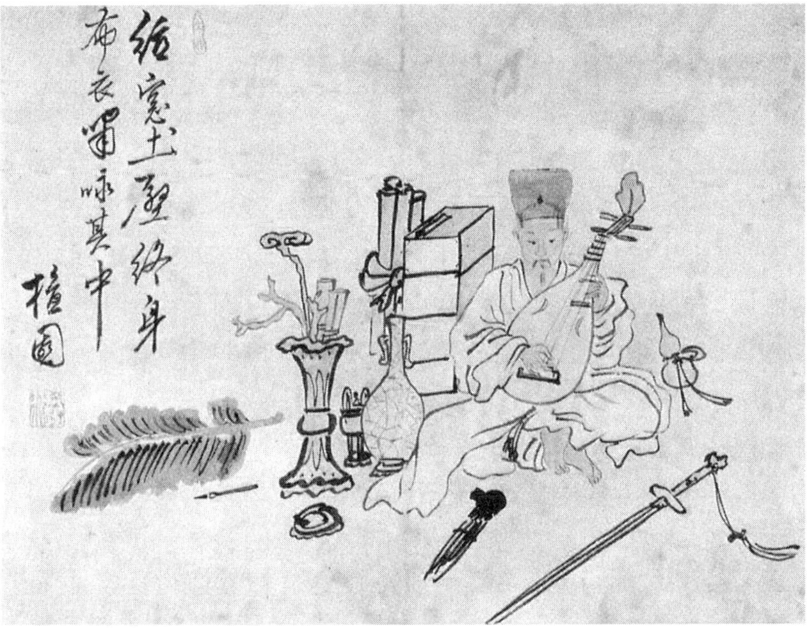

정선, 「포의풍류도」, 개인 소장

[1] 저는 벌써 휴가입니다. 복건(幅巾) 쓰고 나귀 타고 동자에게 거문고 하나, 술 한 동이를 지게 하고 태을산(太乙山)에 들어가 종일토록 거닐다 돌아왔습니다. [2] 어떤 이가 말하기를, “산을 십여 걸음 더 올라가면 소호천(小壺天)이 있는데 대개 원령(元靈)이 이름한 것이라 합니다. 어찌 가 보지 않으십니까?” 하더군요. [3] 제가 답하기를, “좋은 일엔 번잡함을 가장 꺼리니 다른 날을 기다려도 무방할 따름입니다. 비유하자면 사람이 기문이서(奇文異書)를 읽음에 그 책을 빨리 나 읽으려 하지 않는 것과 같지요” 하였습니다.

[[1]僕已休暇矣. 幅巾騎驢, 令童子携琴一張酒一榼, 入太乙山, 逍遙竟日而歸. [2]或曰: “稍上山十餘步, 有小壺天, 蓋元靈名之也, 盍往觀之?” [3]答曰: “好事最忌瀾漫, 不妨留俟他日耳, 譬如人讀奇文異書, 不欲遽畢其卷也.”][60]

60) 남공철, 「與李懋官」(一), 『금릉집』 권10.

휴가를 얻어 태을산을 소요하였다는 것으로 보아 이 글은 1784년, 남공철이 벼슬을 시작한 직후에 지은 것으로 보인다. 태을산은 곧 남산이고, 태을산의 모처(某處)에 소호천(小壺天)이라는 이름을 붙인 원령(元靈)은 곧 이인상(李麟祥, 1710~1760, 字는 元靈)이다. 복건을 쓰고 나귀를 타고 술 한 동이, 거문고 하나를 동자에게 지게 하여 산에 오르는 모습은 벼슬아치의 행색으로 보기 어렵다. 나귀를 타고 갔다는 것도 그렇거니와 특히 복건은 갈건(葛巾)이나 야복(野服), 학창의(鶴氅衣) 등과 더불어 은자(隱者)나 처사(處士)의 차림새를 이루는 것이기에 남공철의 이러한 차림은 속세와 거리를 둔 사람의 그것이라 할 수 있다.[61] 동자에게 들린 거문고 하나와 술 한 동이는 남공철이 연주하고 마시기 위해 준비한 것이 아니다. 어째서 태을산에 소요하러 가면서 복건을 쓰고 나귀를 타고, 타지도 않을 거문고와 좋아하지도 않는 술을 준비했을까? 그것은 실용적 목적 때문이 아니라 그러한 물건들로 인해 획득하게 되는 아취 때문이다.

이 글은 남공철 자신이 휴가 때 태을산에 소요하고 돌아왔다는 기술(1), 왜 소호천(小壺天)에 가보지 않느냐는 혹자의 물음(2), 번잡하지 않을 때를 기다려 가보겠다는 남공철의 대답(3)으로 구성되어 있다. 태을산에 소요하게 된 경과나 그곳에서 본 광경 등에 대한 기술은 생략한 채 갑자기 소호천 이야기를 꺼내고 사람들이 기문이서를 읽을 때 그것을 급하게 다 읽지 않고 천천히 읽는 것에 비유하여 소호천에도 훗날 천천히 가보겠노라고 하면서 글을 맺고 있다. 2에서의 혹자의 질문과 3에서의 남공철의 대답이 정합성을 보이기는 하지만, 질문이나 대답이 매우 압축적으로 제시되어 있다. 그것은 논리적으로 따지기 위한 문답이

---

61) 李裕元이 "余少時謁金陵, 韶顔野服, 眞神仙中人也"(「紫霞知南金陵」, 『林下筆記』 卷31)라 한 데서 알 수 있듯이 남공철은 退闕 후에 곧잘 野服을 입었던 듯하다. 이는 다음 鄭元容의 언급처럼 그의 귀거래 염원과도 관련이 있다고 할 수 있다. "寫方冠野服, 此其歸老之意歟."(鄭元容, 「金陵南相公畫像贊」, 『經山集』 권13)

아니라 소호천에 대해 남공철이 갖고 있던 기대와 정취를 드러내기 위해 설정한 문답이기 때문이다.

산수를 소요하는 일과 관련하여 위 글에서 남공철이 보이고 있는 태도는, 좋은 곳일수록 한가한 때를 기다려 천천히 가겠다는 것이다. 그런데 산수를 소요하는 것, 특히 승경지를 유람하는 것과 관련하여 남공철이 든 비유를 주목할 필요가 있다. 기문이서(奇文異書), 즉 기이한 문장이나 책은 앞서 오윤상에게 보낸 척독에서 언급한 '기이한 이야기'와 같은 맥락의 것이다. 즉 산수 유람은 기이한 이야기를 읽거나 듣는 것과 같은 의미를 지니는 것, 탈속(脫俗)의 경지에서 벗들과 어울리는 일과 더불어 아취를 향유할 수 있는 중요한 수단으로 제시되고 있다.

위 글에서 "좋은 일엔 번잡함을 가장 꺼린다"[好事最忌爛漫]라 하였듯이 남공철은 산수 유람을 할 때 뜻에 맞는 소수의 벗과 동행하는 것을 중시했다. 산청현감으로 가 있으면서 가야산 유람 계획을 세우며 김재순(金在淳), 남파수(南播秀) 등에게만 유람 계획을 알리면서 "좋은 일에 사람이 많으면 그르치기 쉽다"62)라 한 것도 같은 맥락이다. 위 글에서도 이덕무에게 산수를 소요한 일에 대해 말하고 있거니와, 남공철은 이덕무와 산수 유람에 관하여 빈번하게 이야기를 나눈 듯하다. 삼진(三眞), 곧 남덕유산의 안의삼동(安義三洞)에 다녀와 지은 시를 이덕무에게 보여주면서 그와 영남의 산수에 대해 이야기를 나눈 것 등에서 이 점을 확인할 수 있다.63)

남공철은 특히 산청현감으로 있을 때 덕유산이나 지리산, 가야산 등의 산수를 유람한 경험이나 이후의 유람 계획을 그의 척독에 빈번하게 드러내고 있다. 위에서 잠깐 언급하였듯이 삼진(三眞)을 다녀와 남파수라

62) 남공철, 「與南丞士樹」, 『금릉집』 권10: "凡好事多人, 則易敗."

63) 위의 글: "三眞山水秀媚不可言. 正如蒔花少女, 令人心愛之. 大抵嶺以南, 非無名山大川, 而皆大漢將軍鹽商婦耳. 譬之於人, 居汚濁而能自潔己者也. 然名之得則亦易矣. 前月抵京師, 偶逢李懋官誇遊事, 懋官始疑而不信, 及出龍淵瀑布詩諸篇, 而後樂之. 懋官久居南郵, 而常苦其地之陋, 不深入而求之耳. 山水之於人, 亦豈有緣乎哉."

는 벗에게 쓴 척독 「여남승사수(與南丞士樹)」에서도 그 점을 확인할 수 있거니와, 아래 한원리(韓元履)에게 보낸 척독 「여한사선(與韓士善)」에서도 지리산 유람 경험을 간략하게 적고 있다.

> 저는 근래 방장산에 들어가 안팎의 여러 산을 여기저기 둘러보았습니다. 절정에 올라 창해에 임하여 해와 달이 뜨고 지는 것도 보았는데 또한 즐길 만했지요.
>
> [僕近入方丈, 縱覽內外諸山, 仍登絶頂臨滄海, 觀日月之出入, 亦足樂也.][64]

전후 맥락은 모두 생략한 채 남공철 자신이 방장산 절정에 올라 일출과 월출을 보았다고만 간략히 기술하고 있다. 근황이 어떻다거나, 누구를 대동하였다거나, 산수 유람 과정이 어떠했다는 등에 대한 아무런 설명 없이 방장산에 다녀온 사실만 기술하고 '또한 즐길 만했다'[亦足樂也]는 짧은 말로 산수 유람의 감회를 서술하고 있다. 척독은 비교적 단소한 편폭에 격식을 갖추지 않는 표현을 일삼기는 하지만, 이 글은 내용 전달에 긴요하지 않은 표현을 모두 생략한 채 간략한 사실과 단편적 감회를 최대한 압축적으로 기술하고 있다. 이상의 척독에서 남공철은 벗들과의 아회(雅會)나 산수 유람을 아포리즘적으로 형상화하면서 아취를 강조하고 있음을 확인할 수 있다.

2) 아(雅)-속(俗) 대비를 통한 아취(雅趣)의 부각

남공철이 척독에 아취를 부각시키는 또 다른 방식은, 세속의 번거로움이나 현실의 냉엄함을 아취와 대비하여 아취가 더욱 두드러지게 하는 것이다. 아래와 같은 글이 대표적인 예다.

---

64) 남공철, 「與韓士善」, 『금릉집』 권10.

1 저는 낭야(瑯琊)에 현령으로 있는데, 현재(縣齋)의 버들이 푸르러 꺾을 만합니다. 때마침 5월이라 석류화가 빙 둘러 장막처럼 감싸고 있지요. 날마다 오수재(吳秀才), 거문고 타는 이억(李億)과 함께 그 아래에서 취하여 간단히 시문 한 편씩을 짓기로 하고, 틈이 나면 글을 읽으니 가슴속이 툭 터지는 것이 넘실거리는 물과 같았습니다. 매번 노래 한 곡 부르고 시 한 수 지을 때마다 서로 칭찬하는 것이 마치 쇠똥구리가 스스로 굴려 만든 쇠똥을 좋아하지만 사람들은 진실로 냄새나고 더럽다고 여기면서 좋아하지 않는 것과 같았습니다.

2 그런데 갑자기 아전이 문서를 들고 와 보고하기를, 사천(泗川)의 조운선 운행을 맡게 되면 쌀 백여 곡을 얻을 수 있다고 하였습니다. 그러나 모두 물리치고 다른 읍 수령에게 맡겼지요. 그랬더니 처자식이 모두 (제게) 세상사에 신경을 안 쓴다고 화를 냈지만, 생각건대 (일을 맡게 되면) 분주히 왕래하느라 장차 40일을 허비할 것이니 어찌 이것으로 그 즐거움과 맞바꿀 수 있겠습니까!

3 명분이 배 채우는 것보다 급하고 한가한 것이 바쁜 것보다 나으며 문주(文酒)의 정취(情趣)가 벼슬살이하는 것보다 낫다는 것을 알겠습니다. 자정(子定)께서 이를 들으시면 수염을 쓰다듬으면서 크게 웃으실 듯합니다. 제 즐거움이 이곳에 있지 저곳에 있지 않다는 것을 아시겠지요? 어떻게 생각하실지 모르겠습니다.(괄호-필자)

[1弟令瑯琊矣, 縣齋楊柳靑翠可折. 時五月, 石榴花擁匝圍幄, 日與吳秀才琴者李億, 醉其下, 約課詩文一篇, 暇則讀書, 胸中浩浩, 如漲水. 每唱一闋成一篇, 自相嘆賞, 如蛣蜣之自愛其轉, 人固以爲臭穢, 而未暇恤也. 2忽有吏人具牒報, 管泗上漕轉發船, 可得米百餘斛. 然皆辭却, 屬他邑宰, 妻孥皆怒其懶散, 而計其往來奔走, 將費四十日, 豈合以此易其樂也? 3是知名急於飽, 閒勝於忙, 文酒之趣, 賢於仕宦之役也. 子定聞此, 想奮髯大噱, 而有以知弟之樂處, 在此而不在彼也. 未知如何.][65]

정조 11년(1787), 남공철이 28세 때 산청현감으로 있으면서 처남 한상리(韓象履, 1764~?)에게 보낸 척독 「여한자정(與韓子定)」이다. 낭야(瑯

65) 남공철, 「與韓子定」, 『금릉집』 권10.

琊)는 곧 산청을 가리킨다. 단락 [1]에서는 버드나무가 푸릇푸릇하고 석류꽃이 만발한 현재(縣齋)에서 시주회(詩酒會)를 갖는 한가한 장면이 제시되어 있다. 남들에게는 보잘것없어 보일지 모르지만 남공철 자신에게는 그러한 즐거움이 소중하다는 것을, 쇠똥구리가 쇠똥 굴리는 것에 빗대어 사람들은 그것을 싫어할지 몰라도 그 스스로는 그것을 즐긴다고 하였다. 그러다가 단락 [2]로 넘어가면서 단락의 시작 부분에 나오는 '갑자기'[忽]라는 말이 암시하듯 이전의 한가로움을 위협하는 사건이 벌어진다. 조운선 운행을 맡게 되면 적지 않은 이득이 생길 것이라는 게 그것이다. 그러나 남공철은 그 일을 맡지 않고 다른 읍재(邑宰)에게 넘긴다. 이에 남공철의 아내와 자식이 쌀 백여 곡이라는 이득을 얻을 기회를 잃었다며 화를 내고 있지만 남공철은 그 일을 맡아 발생하게 될 분주함과 번거로움을 한가로운 경지에서 즐기는 즐거움과 바꿀 수 없다고 하였다. 이 단락은 간단하지 않은 사건의 발단과 처리 과정, 처자식의 반응, 사건 처리의 배경까지를 55자 안에 압축하고 있는 만큼 매우 촉급한 어조를 띠고 있다. 단락 [3]에서는 그러한 자신의 결정에 정당성을 부여하며 수신자의 동의를 구하고 있다. 그러면서 촉급한 어조는 다시 안정을 되찾고 수신자 한상리가 남공철의 이 글을 보게 되면 수염을 쓰다듬으며 웃을 것이라는 여유까지 부리고 있다.

위 글에서 또 주목을 요하는 것은 단락 [1]에서 비록 사람들이 냄새나고 더럽다 할지라도 쇠똥구리는 스스로 굴려 만든 쇠똥을 좋아한다는 서술이다. 이 구절은 바로 원굉도(袁宏道)가 그의 처남 이학원(李學元)[66]에게 보낸 척독 「답이원선(答李元善)」에서 따온 것이다.[67] 원굉도

---

66) 字는 素心・元善・存齋이며 號는 子髯이다. 公安 사람으로 원굉도의 처남이다. 원굉도와는 젊어서 同學하여 情誼가 매우 돈독하였다.

67) 이는 김명호 교수의 敎示로 확인하게 된 것이다.

의 글 가운데 남공철이 원용한 부분은 다음과 같다.

> 요즘 사제(舍弟)와 일과(日課)로 시문 한 편씩을 지으면서 틈이 나면 독서를 하는데 가슴속이 일렁이는 것이 마치 큰물이 갑자기 넘쳐흐르고, 구름이 걷히고 우레가 우는 듯하였습니다. 매번 한 편이 완성될 때마다 형제가 서로 감탄하였는데 마치 쇠똥구리가 스스로 제가 굴린 것을 좋아하지만 사람들은 도리어 냄새나고 더럽다고 여기면서 좋아하지 않는 것과 같았습니다.[68]

한상리(韓象履)에게 보낸 남공철의 앞의 척독 가운데 단락 [1]은 대부분 원굉도의 위 문장을 가져다 쓰고 있다. 특히 자신이 즐거움으로 삼는 것에 대해 남의 이목을 신경 쓰지 않고 즐긴다는 것을, 쇠똥구리가 제가 굴려 만든 쇠똥을 좋아하는 것과 같다고 한 표현은 조선후기에 여러 문사들이 원용한 바 있다.[69]

한편 남공철이 앞의 글에서 가장 강조하고 싶었던 것은 자신이 두고 있는 가치가 바쁘게 벼슬살이하는 데 있지 않고 한가하게 문주회(文酒會)를 즐기는 데 있다는 점이다. 단락 [1]에서 한가로운 가운데 문주회를 즐기는 광경을 묘사하고 단락 [2]에서 촉급한 어조로 현실의 번거로움을 제시하였으며, 단락 [3]에서 이 둘을 대비, 세속의 가치 대신 아취에 더 가치를 두는 자신의 입장을 제시하며 글을 마무리하고 있다. 이처럼 한가로운 경지에서 아취를 즐기는 상황과 현실의 번거로움을 동시에 제시하여 그 둘을 대비, 아취를 더욱 부각시키는 식의 서술을 이현수

68) 袁宏道 著, 錢伯城 箋校, 「答李元善」, 『瓶花齋集』 卷10, 『袁宏道集箋校』 中, 上海古籍出版社, 1979: "近日與舍弟日課詩文一篇, 暇則讀書, 胸中浩浩, 如漲水忽決, 雲捲雷奔. 每一篇成, 兄弟自相嘆賞, 如蛣蜣之自愛其轉, 人固以爲臭穢, 勿之恤也."

69) 申靖夏의 「與昉」(『恕菴集』 卷7), 朴趾源의 「蜋丸集序」(『燕巖集』 卷7 別集), 李德懋의 「蟬橘堂濃笑」(『靑莊館全書』 卷63) 등에서 원굉도의 이 구절을 원용하고 있다. 이와 관련한 좀 더 자세한 논의는 졸고, 「남공철의 원굉도 문학 수용 양상과 그 의미」, 『어문학』 120, 한국어문학회, 2013 참조.

에게 보낸 다음 척독에서도 확인할 수 있다.

> 관아에서 종일토록 문서를 끌어안고 장부를 정리하고 있습니다. 족하께서 『서상기(西廂記)』 한 권을 들고 석죽화 아래에서 서성거리신다면 신선 세계 속 사람 같겠습니다.
>
> [衙齋終日抱牘治簿領, 如足下手裏把西廂記一卷, 婆娑石竹花下, 想來若神仙中人矣.][70]

남공철이 절친한 벗 이현수(李顯綏)에게 보내는 척독 「여이원리(與李元履)」 아홉 편 가운데 다섯 번째 글이다. 총 34자에 불과한 짧은 글이다. 이 글은 1784년 내지 1786년 사이, 즉 남공철의 나이 25세 내지 27세 사이에 지은 것으로 보인다. 남공철 자신은 관아에서 종일토록 업무에 시달리고 있는데 이현수는 『서상기』와 같은 책을 읽으며 한가로이 지낼 것을 생각하니 몹시도 부럽다는 뜻을 부치고 있다.

이 글에서 남공철이 『서상기』를 읽고 있을 이현수를 부러워한 것은 어떤 의미를 지니는가? 조선후기에 『서상기』는 『수호전』과 함께 김성탄(金聖嘆)의 평비본(評批本)이 주로 읽혔다.[71] 『서상기』는 장군서(張君瑞)와 최앵앵(崔鶯鶯) 사이의 사랑 이야기를 형상화한 원대(元代) 왕실보(王實甫)의 희곡이다. 김성탄은 『서상기』에서의 사랑 이야기에 대한 도덕성을 변호하고 문학성을 입증하기 위해 왕실보의 원전을 왜곡, 개작하면서까지 적극적으로 『서상기』에 비평을 행했다. 다음 절에서 남공철의 제발(題跋)에 대해 논의하면서 다시 살피겠지만, 남공철 또한 김성탄이 평비(評批)한 『서상기』를 읽은 흔적이 보인다. 그런데 남공철의 위 글에 등장하는 『서상기』는 꼭 『서상기』일 필요는 없으며

70) 남공철, 「與李元履」(五), 『금릉집』 권10.

71) 정선희, 「朝鮮後期 文人들의 金聖嘆 評批本에 대한 讀書 談論 硏究」, 『동방학지』 129, 연세대 국학연구원, 2005 참조.

그것이 여타의 패관기서(稗官奇書)여도 큰 상관이 없다. 남공철은 기문이서의 표상으로 『서상기』를 적시한 것일 뿐이며, 이는 아마도 이 글을 쓸 당시 남공철과 이현수가 『서상기』를 애호하는 취향을 공유하였기 때문일 것이다. 또 『서상기』가 패관기서나 기문이서와 마찬가지로 치세(治世)나 실용과는 거리가 있는 글이었다는 점도 주목해야 한다. 남공철이 제시한, 『서상기』를 포함한 기문이서를 읽거나 읽기를 희망하는 장면은 그 문맥상 한결같이 탈속적인 경지에서 이루어지는 것으로 제시된다. 이는 향을 사르고 정원을 가꾸고, 타지도 않는 거문고를 곁에 두고, 마시지도 않는 술을 늘 갖고 다니는 것과 같은 맥락에서 이해할 필요가 있다는 것이다. 이렇듯 이 글은 번잡하게 공무를 처리하는 남공철 자신과, 탈속적인 경지에서 기문이서를 읽는 벗의 모습을 대비함으로써 아취를 고양하고 있다고 할 수 있다.

남공철은 25세에 처음 관직에 나아간 직후 한동안은 글을 통해 공무의 번거로움을 간간이 표출하였다. 그러면서 한결같이 번거로운 공무와 대비되는 한가한 경지에서의 아취를 지향하는 태도를 보인다. 앞서 살핀 「여한자정(與韓子定)」이나 「여이원리(與李元履)」에서도 그 점이 드러나거니와 서화발미로 지은 「원명인첩묵각(元名人帖墨刻)」에서도 이 점이 확인된다. 「원명인첩묵각(元名人帖墨刻)」에서 남공철은, 번거로운 공무에서 잠시 물러나 맑은 바람에 한가로이 책을 펼쳐두고 앉아 있는 것을 아취로운 일로 형상화하기도 하였다.[72] 다음 글 「여최생(與崔生)」은 번거로운 공무 대신 냉엄한 현실이 아취와 대비되는 것으로 제시되어, 성취하기 어려운 아취가 더욱 두드러지도록 형상화하고 있다.

1 제가 임실에 삼 개월 머무르는 동안 괴롭게 피를 토하고 때때로 기진맥진하여 그다지 유쾌하지 못하였습니다. 한두 벗이 전하기를, 족하의 이름

---

72) 남공철, 「元名人帖墨刻」, 『금릉집』 권23: "公退閒暇, 松檐竹簟, 任卷舒於淸風, 得消遣而終日, 亦奔忙中趣事也."

난 정원이 이곳에서 십 리쯤 떨어진 곳에 있는데, 구름과 숲이 펼쳐져 마치 물 위에 떠 있는 누각이나 산사와 같다고 합니다. 곡우 전에 지팡이를 짚고 한번 들러서 바위에 기대거나 연못에 임하여 패관이서(稗官異書)에 대해 이야기를 나누면 청산은 약이 될 만하고, 호수는 속을 튼튼하게 할 수 있을 것이니 곧 그 많은 한약과 삼을 물리칠 수 있을 것이라 생각하였습니다.

[2] 그런데 이것에 대해 고민하던 차에 산청(山淸)의 환곡 횡령 문제로 암행어사가 보고서를 올리고 대조하여 검사한다는 말을 듣고, 황공하여 관사를 나와 처벌을 기다리고 관직이 해임되기를 기다리고 있어 더 이상 신경 쓰기에 부족합니다. 다만 이 일은 가슴 아픈 일이니 참으로 슬프고도 슬픕니다. 글을 남겨 이별을 고합니다. 이만 줄입니다.(밑줄-필자)

[[1]僕寄任實三月, 苦唾血, 有岂忽忽不樂. 一二友生傳足下名園, 距此十里, 雲煙林麓如水樓山寺, 計穀雨前扶藜一過, 攲石臨池, 談論稗官異書, 青山可以當藥, 湖水可以健脾, 便却了多少金膏蔘木. [2]以此思量煩惱, 聞以山南糴逋, 按司狀奏照勘, 惶恐出廨宇, 待罪解官, 不足掛念. 但此事敗情, 悵甚悵甚. 留書角告別. 悤悤.][73)]

최생(崔生)이라는 이에게 보내는 척독 「여최생(與崔生)」의 전문(全文)이다. 여기서도 남공철은 한적한 정원을 찾아 자연과 벗 삼아 지내며 패관이서를 읽는다면 아픈 몸이 다 나을 것 같다고 하였지만, 현실은 그로 하여금 그러한 바람을 충족하도록 내버려 두지 않았다. 남공철은 정조 14년(1790) 3월에 임실현감으로 부임하였는데, 부임 삼 개월 만에 몇 해 전 산청현감으로 있을 때 환곡을 횡령했다는 혐의가 뒤늦게 불거져 처벌을 기다리느라 계획했던 최생의 정원 방문에 신경 쓸 겨를이 없음을 한탄하고 있다.[74)]

이 글과 관련하여 주목할 것은, 이 글의 전반부에서 원굉도의 척독

73) 남공철, 「與崔生」, 『금릉집』 권10.

74) 『승정원일기』 정조 14년 6월 16일조, 17일조, 24일조에 이 사건에 대한 언급이 보인다. 남공철은 前 산청현감 鄭來鼎 · 趙弘鎭 등과 함께 이 사건에 연루되었다가 약 일주일 뒤인 6월 24일에 罪名이 蕩滌되었다. 따라서 이 척독은 1790년 6월 16일 내지 6월 24일 사이에 지은 것으로 추정할 수 있다.

「탕운륙(湯鄖陸)」을 상당 부분 참고한 흔적이 보인다는 점이다. 1595년에 오현(吳縣) 현령으로 부임한 원굉도가, 이듬해인 1596년 벗 탕목(湯沐, 字는 鄖陸)에게 쓴 편지는 다음과 같다.

> 아우는 병으로 휴가를 얻어, 돛을 달고 돌아갑니다. 번번이 서호(西湖)가 승경(勝景)이라 들었기에, 등절(燈節)을 전후하여 청려장을 짚고 한번 가 보고 싶습니다. 호숫물은 약으로 쓸 만하고, 청산은 속을 튼튼하게 해주겠지요. 수풀 속을 소요하고 바윗골짝에 기대어 누우면, 서너 알 삼령(蔘苓)으로 만든 알약을 복용하지 않아도 될 것이라고 생각합니다. 다만 모르겠군요, 관문(關門)의 영윤(令尹)이 능히 푸른 소의 기색을 알아차릴 수 있을지.[75)]

앞의 남공철 척독 가운데 단락 [1]의 밑줄 친 문장이 바로 원굉도의 위 척독을 참고하여 지은 부분이다. 그런데 남공철이 다른 이의 글을 원용하여 지은 글들이 대부분 그러하듯, 위 남공철의 척독 또한 원굉도의 것을 거의 그대로 가져다 쓰고 만 것은 아니다. 원굉도의 위 척독은 경치 좋다는 서호에 한번 가보면 약을 먹지 않아도 병이 절로 나을 것 같다는 내용인데, 이러한 내용을 남공철은 자신의 척독의 일부로 원용하면서 현실적인 문제로 인해 그러한 기대를 실현할 수 없다는 서술을 덧붙이고 있는 점이 다르다. 원굉도의 서호 유람에 대한 소망은 아직 실현 가능성을 충분히 남겨두고 있는 것인 데 반해 남공철의 산수 유람 소망은 현실에서의 장해 요인을 극복할 수 있을지의 여부가 불투명하여 더 간절한 의미를 지니게 되었다. 이처럼 이 글에서 남공철은 아취로운 경지(최생의 정원에 노니는 것)와 현실의 문제(환곡 횡령 사건에 연루된 것)를 대비, 제시함으로써 현실의 냉엄함 내지 번거로움이 소망의 실현

75) 袁宏道, 「湯鄖陸」, 『袁中郎集』 卷6: “弟以病得休, 掛帆歸矣. 每聞西湖之勝, 欲于燈節前後, 杖藜一來. 湖水可以當藥, 青山可以健脾, 逍遙林莽, 欹枕巖壑, 便不知省却多少蔘苓丸子矣. 但不識關門令尹, 能辨青牛氣色不.”

가능성을 더욱 멀어지게 하여 아취로운 경지에 대한 희구를 더욱 간절한 것으로 부각시키고 있다.

3. 우정과 책선(責善)

1) 회합(會合)과 이별(離別)의 감회 표출

남공철은 이른 시기에 절친한 벗들을 많이 잃었다. 19세 되던 해에는 족친 남유형(南有衡)이, 24세 되던 해에는 집안끼리 오래도록 교유하여 사우지간(師友之間)으로 지내던 오윤상(吳允常)이, 26세 및 28세 되던 해에는 수학기에 뜻을 같이하며 교유한 김재련(金載璉)과 박남수(朴南壽)가, 27세 및 31세에는 최북(崔北)과 이단전(李亶佃)이, 34세 되던 해에는 취향을 공유하며 문학적으로도 많은 교유를 한 이덕무가 죽게 된다. 남공철 자신도 젊은 나이에 친한 벗을 많이 잃은 것을 스스로 안타깝게 여기기도 했다.[76] 그래서 그가 젊은 시절 쓴 글 가운데에는 유난히 벗들에 대해 형상화하거나 벗들과 함께했던 기억을 회상하는 내용이 적지 않다. 많은 벗들을 위해 쓴 전(傳)이나 묘지명에서도 그러한 면모를 확인할 수 있거니와, 척독과 제발, 특히 제발에서 그 점이 확연히 드러난다. 이덕무・박제가・박남수 등과의 모임을 형상화한 「기소축발(寄所軸跋)」, 김재련・박남수와의 교유 내력에 관한 「제태학창수집후(題太學唱酬集後)」, 민극대(閔克大)・이현수(李顯綏)・한상리(韓象履)와 함께 과거 공부를 하던 기억을 형상화한 「제제자원시후(題弟子院詩後)」, 윤급(尹汲)과 오윤상(吳允常)의 장자다운 면모를 추억한 「서근암윤문정공필찰후(書近庵尹文貞公筆札後)」와 「제오사집필찰후(題吳士執筆札後)」, 김

76) 남공철, 「金國器書簡帖跋」, 『금릉집』 권13: "余年未衰耄, 而哭朋友之死者多矣."

재련이 남긴 시고(詩藁)와 서간을 매개로 그를 추억하며 그가 재주를 펴지 못한 채 요절한 것을 안타까워하는 내용의 「김국기서간첩발(金國器書簡帖跋)」 등을 그 예로 들 수 있다.

교유를 주된 화제로 삼은 남공철의 제발(題跋)은 벗들과의 즐거웠던 기억을 형상화하는 방식, 그리고 벗과의 만남과 이별을 경험하면서 갖게 된 즐거웠던 기억과 아쉽고 슬픈 기억을 함께 제시하는 방식을 선보이고 있다. 20세 내지 21세경에 지은 것으로, 초기 제발에 속하는 아래 「기소축발(寄所軸跋)」은 벗들과의 즐거웠던 기억을 제시한 것이다.

> ① 기해년(己亥年, 1779) 여름, 나는 이무관(李懋官, 이덕무)・박차수(朴次修, 박제가)와 함께 벗 박산여(朴山如, 박남수)의 기소원정(寄所園亭)에 모였다. 그때 날씨가 무척 더워 몇몇은 늙은 소나무 아래나 파초 그늘 밑에 앉아 있었다. 어떤 이는 옷을 풀어 젖히고, 또 어떤 이는 배를 다 드러내고 누워 취하도록 술을 마시고, 취해서는 천하 문장의 높고 낮음, 일의 시비에 대해 한껏 토론하다가 강개하여 눈물을 줄줄 흘렸는데 그 의기(意氣)를 즐길 만했다.
>
> ② 조금 뒤 산여(山如)가 다시 저자에서 술을 사와 객들을 더욱 취하게 하고는 금색 비단폭 약간을 내어 그 축에 시를 지어줄 것을 청하고 내게는 끝에 발문을 써주기를 부탁하였다. 산여는 단정하고 곧아 그 집안의 명성을 이을 만하고, 무관(懋官)과 차수(次修)는 모두 문장으로 이름을 날려 연경에 들어가서 추루(秋庫, 潘庭均)・양촌(兩邨, 李調元)・묵장(墨莊, 李鼎元) 등 여러 명사들과 교유하였다.(괄호-필자)
>
> [①歲己亥夏, 余與李懋官朴次修, 宴集于友人朴山如之寄所園亭. 時天大熱, 數子者, 就古松之下芭蕉之蔭, 或披衣而坐, 坦腹而臥, 取酒飮至醉. 醉後劇論天下文章高下事是非, 慷慨以泣, 意氣可樂也. ②旣而山如更市酒, 使客益醉, 出金牋若干幅, 求詩爲此軸, 屬余跋尾. 盖山如端直, 能世其家, 而懋官、次修, 俱以文章入燕京, 與秋庫、兩邨、墨莊諸名士游者也.][77]

77) 남공철, 「寄所軸跋」, 『금릉집』 권13.

남공철이 스무 살 되던 해 여름, 박남수의 기소원정(寄所園亭)에서 있었던 시주회 때 지은 시축에 부친 발문인 「기소축발(寄所軸跋)」 전문이다. 앞서 남공철 제발의 특징 가운데 하나로 대상 자료가 이루어지게 된 경위나 대상 자료의 성격, 대상 자료에 대한 감상 등을 기술하기보다 대상 자료로 인해 촉발된 개인적 경험이나 감회를 기술하는, 협의의 제발이 압도적임을 지적한 바 있다. 이 글 또한 그러한 특징을 잘 보여주는 예다. 즉 '기소축(寄所軸)'이라는 대상 자료가 이루어지게 된 경위나 대상 자료에 대한 감상보다는 대상 자료가 이루어지던 당시의 상황을 제시하는 데 초점을 맞추고 있다.

1779년 여름, 남공철이 이덕무·박제가·박남수와 함께 술을 마시며 노닐던 일을 묘사하고 박남수와 이덕무, 박제가의 문장과 덕업에 대해 간략히 언급하며 마무리하고 있다. 모임 장소가 박남수의 '기소원정'으로 제시되어 있는데, 「박산여묘지명(朴山如墓誌銘)」에서 이덕무·박제가·박지원 등과의 모임 장소 역시 박남수가 제공했다는 점으로 보아 모임의 구성원 가운데 가장 어린 축에 속했던 박남수가 모임 장소를 자주 제공했던 것으로 보인다.[78] '옷을 풀어 젖히고', 혹은 '배를 다 드러내고' 취하도록 술을 마셨다는 데서 이들 모임이 격의 없는 분위기에서 이루어졌음을 알 수 있다. 이들의 모임은 이처럼 자유로운 분위기에서 술을 마시면서 시문을 짓거나 천하 고금의 문장과 역사에 대해 담론하는 것을 위주로 하였는데, 술을 많이 마신 탓에 종종 구성원 간에 갈등이 있기도 했다.[79]

이 글에서는 짧은 편폭에 모임의 구체적 광경을 서사적으로 기술한 점, 모임에 참여했던 인물들을 역동적으로 형상화하는 데 심혈을 기울인

78) 박남수가 모임 장소를 자주 제공했던 것은 그 모친의 배려 덕분이었다. 이에 대해서는 본서의 4장 3절의 「朴山如墓誌銘」에 대한 분석 참조.

79) 「朴山如墓誌銘」(『금릉집』 권17)에 나타난 박남수와 박지원 사이의 갈등을 그 예로 들 수 있다.

점 등이 주목된다. '시(時)', '취후(醉後)', '기이(旣而)' 등 시간성이 드러나는 글자를 차례로 배치해 시간 경과에 따라 장면을 분할, 제시하고 있다. 인물들을 역동적으로 형상화한 점은 '취(就)', '취(取)' 등의 글자로 확인할 수 있다. 즉 늙은 소나무 아래나 파초 그늘에서 더위를 피하던 인물들을 정지되어 있는 '상태'로 제시한 것이 아니라 '취(就)'라는 글자로 움직임을 부여하고 있다. 또한 술을 마시고 취한 상태를 '음주지취(飮酒至醉)'라 서술하지 않고 '취주음지취(取酒飮至醉)'라 서술한 것도 인물들의 동작에 역동성을 부여하기 위한 것이다. 한편 마지막 부분에 박남수와 이덕무, 박제가를 다시 언급한 것은 다소 난데없는 서술인 듯하지만, 이는 글의 서두에 제시했던, 모임에 참석한 인물들을 환기하기 위한 기술이다.

위 글이 어느 여름날 벗들과의 의기로운 모임에 대한 기록으로 벗들과의 모임을 형상화하는 데 초점이 맞추어져 있다면, 아래 몇몇 척독과 제발에서는 벗들과의 모임에 대한 기억과 이별의 기억을 함께 제시함으로써 회합의 즐거움과 이별의 슬픔을 한 편의 글 안에 함께 제시하고 있다.

> 성상(聖上) 8년(1784), 나는 김국기(金國器, 김재련), 박산여(朴山如, 박남수)와 함께 태학에서 공부하였다. 함께 수창하여 이 수창집을 이루었는데 그 의기가 질탕한 것이 즐길 만하다. 이듬해, 국기가 그 대인공(大人公)을 따라 연경에 들어가게 되어 나와 산여가 배웅하려고 역정(驛亭)에 이르러 가시(歌詩)를 지어주었다. 얼마 지나지 않아 국기가 죽자 나와 산여가 또 시로써 그를 곡하였으며 함께 모아 수록하여 하나의 시집이 되었다. 이것을 보면 몇 년 사이, 만나고 이별하고 죽은 데 대한 감개가 어떠하겠는가.(괄호-필자)
>
> [聖上八年, 余與金國器、朴山如遊太學, 相與唱酬爲此集, 其意氣跌宕可喜也. 明年, 國器隨其大人公入燕京. 余與山如, 送至驛亭, 以歌詩相贈. 未幾國器歿, 余與山

如, 又以詩哭之, 幷以錄之, 合爲一集. 觀於此, 數年之間, 會合離別與其死亡之感, 何如也.」[80)]

김재련 및 박남수와 어울리며 지은 시들을 모은 시집인 『태학창수집(太學唱酬集)』에 부친 발문 「제태학창수집후(題太學唱酬集後)」다. 남공철은 20세경부터 박남수 및 김재련과 의기가 투합하여 어울렸다. 이현수(李顯綏)·황종오(黃鍾五)·민극대(閔克大) 등도 같은 시기에 함께 어울리던 벗들이다. 남공철이 박남수를 처음 만난 것도 성균관에서였거니와,[81)] 성균관은 남공철이 박남수 및 김재련과 어울리던 주된 공간 가운데 하나였다. 성균관에서 함께 어울리며 지은 시가 『태학창수집(太學唱酬集)』의 토대가 된 것이다. 이후 김재련이 1784년 7월에 문효세자(文孝世子) 책봉을 주청하기 위해 책례주청사(冊禮奏請使)로 입연(入燕)하는 부친 김익(金熤, 1723~1790)을 따라 연경으로 떠나자 남공철은 박남수와 함께 김재련을 전송하며 시를 지어주었다. 그리고 얼마 안 있어 김재련이 죽자 그를 곡하면서 박남수와 다시 시를 지었다. 이렇게 성균관에서 함께 노닐며 수창한 시, 김재련이 연경에 갈 때 그를 전송하며 수창한 시, 김재련을 곡한 시 등을 한데 모아 『태학창수집(太學唱酬集)』을 엮었으니 이 시집은 곧 남공철·김재련·박남수 세 사람의 교유 내력이 고스란히 집약되어 있는 산물이라 할 수 있다. 그래서 남공철은 『태학창수집』을 보면 몇 년 사이에 만남과 이별과 죽음에 대한 감개가 어떠한지가 드러나 있다고 한 것이다.

그런데 '만남과 이별과 죽음'은 단순히 벗들과 만나고 헤어지는 문제를 통칭한 것만은 아니다. 태학에서 함께 노닐던 일에 대한 감개가 곧 '만남에 대한 감개'요, 연경으로 떠나는 김재련을 전송하며 시에 담은 것

---

80) 남공철, 「題太學唱酬集後」, 『금릉집』 권13.

81) 남공철, 「答朴山如書」, 『금릉집』 권10: "及見足下於太學也, 靚然其貌, 溫然其色, 望之昂昂, 而與之語, 愷悌君子也."

은 곧 '이별에 대한 감개'이며, 김재련이 죽어 그를 곡한 시에 담은 것이 곧 '죽음에 대한 감개'인 것이다. 또 태학에서 함께 노닐며 지은 시, 김재련을 전송하며 지은 시, 김재련을 곡한 시에 대한 서술 태도를 주목할 필요가 있다. 세 시기에 지은 시들 가운데 남공철은 유달리 태학에서 노닐 때 지은 시에 대해서만 '그 의기가 질탕하여 즐길 만했다[其意氣跌宕可喜也]'라는 감회를 덧붙였고, 나머지 두 시기에 지은 시에 대해서는 개인적 감회를 서술하지 않고 있다. 이로써 회합(會合)하여 질탕한 의기를 즐기던 기억을 더욱 도드라지게 하였고, 이후의 이별과 죽음에 대한 감회는 서술하지 않아 구구한 서술을 피하는 동시에 절제된 감정 너머의 슬픔이 앞의 즐거웠던 기억과 대비, 부각되도록 하고 있다.

또한 '이듬해'[明年] 이후의 서술을 주목할 필요가 있는데, 김재련의 입연(入燕)에 대해 '나와 산여가'[余與山如] 전송하며 시를 짓고, 김재련의 죽음에 대해 '나와 산여가'[余與山如] 곡하며 시를 지었다는 식으로 기술되고 있다. 김재련의 행위나 상태를 먼저 제시하고, 그에 상응하여 남공철과 박남수가 취한 행위[詩作]를 반복, 기술하여 행문(行文)에 리듬감을 부여하고 있다.

벗들과 만나 즐겁게 어울리던 경험, 짧은 시간 사이 그 벗들과 이별하거나 벗을 곡한 경험이 짧은 편폭으로 기술되면서 즐거웠던 기억과 아쉽고 슬픈 기억이 어우러져 형성된 미감은, 위의 글에서뿐만 아니라 남공철의 다른 글에서도 발견할 수 있다. 「제제자원시후(題弟子院詩後)」라는 제발이 그렇다.

> 성상 5년, 나는 민성능(閔聖能), 이원리(李元履), 한자정(韓子定)과 함께 성북(城北)에 있는 김씨(金氏)의 제자원(弟子院)에 모여 진사 시험 공부를 하였다. 때때로 술이나 투호를 가져오면 늙은 소나무가 있는 정원에서 옷을 걸어붙이고 놀거나 시원한 바람이 부는 관사에서 더위를 식히면서 간혹 익살을 떨기도 하고 농담을 하기도 했다. 50일 동안 지은 시가 모두 서른두 편이었다. 그 뒤로 이제까지 4년이 지나는

동안 성능(聖能)과 원리(元履)는 사방을 떠돌아다니고 나와 자정(子定) 또한 아직 진사가 되지 못한 채 서울에 있다. 비록 그 세 사람과 다시 모여 술 한잔 들어 서로 권면하고 싶어도 그렇게 할 수 없다. 원평이 푸른 파초 아래에서 짓는다.

[聖上五年, 余與閔聖能李元履韓子定, 集城北金氏之弟子院, 爲進士業. 時或携酒挈投壺, 披襟於古松之園, 納凉乎淸風之館, 詠調諧謔其間. 凡五十日, 得詩共三十二篇. 至今四年之間, 聖能元履, 落落游四方. 余與子定, 亦不成進士, 在京師. 雖欲與三人者復爲集處, 擧一觴相屬, 不可得也. 元平題于碧芭草下.][82]

남공철이 1781년 민극대(閔克大)·이현수(李顯綏)·한상리(韓象履)와 성북의 제자원에서 진사시 준비를 하며 지은 시축에 부친 발문인 「제제자원시후(題弟子院詩後)」의 전문이다. 이 글은 1785년에 이루어졌다. 진사시험 준비라는 현실적인 목적으로 결성된 모임이었지만, 남공철이 이 모임과 관련하여 인상적으로 기억하고 있는 것은 시험 공부 여가에 한가로이 놀던 일이다. 4년 전 시험 공부를 하던 당시의 기억은 한가롭고 즐거운 것이기만 한데 글의 후반부에서 보듯 모두 아직 진사시에 급제하지 못한 현실이 개입하면서 한가로이 즐기던 정취가 아릿하게 부각되고 있다.

한편 남공철 자신과 교유하던 인물에 대한 기억을 회상하고 그 인물의 부재를 환기하여 대상 인물에 대한 애틋함을 부각시킨 다음 글들도 주목된다.

오른편의 것은 공(公)께서 내게 보내신 편지다. 공(公)은 우리 선인(先人)과 조정에 나란히 서서 우의가 좋았다. 하루는 공이 퇴궐하여 건덕방 집에 들렀는데 급하게 나를 불러서는 지은 장단구(長短句)와 가행(歌行)을 가져오게 하여 읽히시고는 머리를 쓰다듬으며 감탄하여 말씀하셨다. "이 아이는 나중에 반드시 크게 이름이 날 아이

82) 남공철, 「題弟子院詩後」, 『금릉집』 권13.

로구나!" 그리고는 선인(先人)께 "공(公)은 걱정하지 마시오" 했다. 며칠 뒤 이 편지를 보내시면서 북경에 사신 갔을 때 얻은 상호(霜毫)와 자옥묵(紫玉墨)을 함께 보내주셨다. 당시 내 나이는 7, 8세였는데 아직 어렸음에도 그 물건만은 간직해 두고 그 편지에 답장은 하지 않았다. 공은 다시 사람을 보내 사과하며, "어른이 아이와 장난해서야 되겠느냐?"라 하셨다. 영조를 거쳐 지금 임금에 이르기까지 이제 19년이 되었는데, 그 편지가 아직 상자 안에 있어 때때로 꺼내보고 나도 모르게 눈물을 흘리곤 한다. 아! 지금 사람 가운데 그 풍도(風度)가 후생소자 아끼기를 공과 같이 할 수 있는 자가 있던가? 하물며 공은 선조(先朝)에서 필찰(筆札)로 이름이 났으니 더욱 소중히 여길 만하다. 을사(乙巳) 3월 청명일(淸明日)에 쓰다.

[右公與余書也. 公與余先人, 俱立朝友善. 一日, 公退過建德坊第, 亟呼余, 索所爲長短謌行而讀之, 撫頂歎曰: "此他日必大名者也." 仍謂先人曰: "公其無憂矣." 後數日, 遺此書以奉使北京時所得霜毫紫玉墨賜之. 時余年七八歲, 尙幼留其物, 不復其書. 公又使人趣謝曰: "長者與童子戲, 可乎?" 歷英宗至當宁, 今爲十九年, 而其書尙在篋笥, 時時出而覽閱, 不覺泫然也. 嗟! 今之人, 其風流愛後生小子, 有能如公者乎? 況公在先朝, 以善筆札名, 尤可重也. 乙巳三月淸明日書.][83]

윤급(尹汲, 1697~1770)이 남공철에게 보낸 필찰을 두고 지은 것으로, 남공철이 26세 되던 1785년에 지은 글이다. 19년 전, 윤급으로부터 받은 필찰과 그때 함께 받은 상호(霜毫), 자옥묵(紫玉墨)[84]을 상자 속에 고이 간직해두고, 때때로 그것을 꺼내어 볼 때마다 자신도 모르게 눈물을 흘린다고 했다. 그 이유는, 남공철이 서술한바 후생소자(後生小子)를 아끼는 장자(長者)다운 윤급의 풍도 때문이다. 어린 남공철의 머리를 쓰다듬었다거나[撫頂] 나중에 반드시 크게 이름이 날 아이[此他日必大名者也]라고 했다거나 사신으로 갔다가 구해 온, 윤급 자신도 소중하게 여겼을 법한 물건을 어린 남공철에게 편지와 함께 보내준 것은 모두 윤급의

83) 남공철, 「書近庵尹文貞公筆札後」, 『금릉집』 권13.
84) 霜毫와 紫玉墨은 각각 붓과 먹의 종류인 듯하다.

장자(長者)다운 풍모를 구체적으로 보여주는 것들이다.

남공철은 이 글에서 윤급이 자신에게 보낸 필찰을 매개로 자신을 아껴주던 윤급의 장자다운 면모에 대해 회상하고 있다. 남아 있는 것은 윤급이 보낸 필찰과 물건이요, 사라진 것은 자신을 아껴주던 장자다운 인물 윤급이어서 '현존'과 '부재'를 대비하여 안타까움을 극대화하고 있다. 아래 오윤상의 필찰에 대한 제발 또한 같은 맥락에서 이해할 수 있다.

> 아! 오사집(吳士執)의 학문과 문장이 세상에 행해지지 못한 것은 또한 천명이 아니겠는가? 나는 사집보다 나이가 매우 어려서 사집 대하기를 스승과 같이 했고, 사집은 나 보기를 형제처럼 했다. 이제 그 사람을 다시는 볼 수 없게 되었으니 비록 약간의 글이라도 사람들 사이에 남아 있는 것은 귀중히 여길 만하다. 하물며 사집은 나와 아주 오랫동안 교유하여 일찍이 주고받은 필찰이 매우 많은데, 그 편지를 보면 점과 획을 조금도 함부로 한 것이 없는 것에서 또한 사집이 지키던 것을 알 수 있다. 공자는 안평중(晏平仲)이 남과 잘 사귀어, 오래되어도 공경한다고 칭찬하였다. 이제 사집이 이미 죽었으니 또 어디에서 오래도록 공경할 이를 얻을 수 있겠는가?
>
> [嗚呼! 以吳士執之學問文章, 不克施於世者, 豈非天哉. 余於士執, 年甚少, 待士執爲師, 而士執之視余如兄弟. 今其人不可見矣, 雖其隻字片墨留在人間者, 足可貴重也. 況士執與余交最久, 所嘗往復筆札甚多, 而視其書點畫無尺寸放過者, 亦可知士執之所存也. 孔子稱晏平仲善與人交, 久而敬之. 今士執旣歿, 又安得久而敬者耶.][85]

앞의 교유 관계에서 살핀 것처럼 오윤상(吳允常, 1746~1783)은, 14살 연장자였음에도 불구하고 남공철과 절친하게 지낸 인물이다. 남공철이 24세 되던 해에 오윤상이 죽은 것에서 알 수 있듯이 두 사람이 서로 교유한 기간은 그렇게 길었다고 할 수는 없다. 그러나 어려서부터 한결같이 14살 연하의 자신을 존중하며 아껴주던 오윤상에 대한 남공철의 정

---

85) 남공철, 「題吳士執筆札後」, 『금릉집』 권13.

은 남다른 것이었다. 위 글에서 공자가 안평중을 두고 사귀기를 잘한다고 칭찬했다고 했는데, 남공철이 오윤상을 안평중에 견준 것은, 나이 어린 남공철을 항상 친근하면서도 예의를 갖추어 대한 오윤상의 한결같은 태도 때문이다. 오래되어도 공경하는 태도를 지킬 수 있는 이를 얻기 어렵다고 한 것은, 남공철과 오윤상이 서로 오래도록 공경하는 태도를 지켰음을 강조하기 위한 서술이다.

남공철과 오윤상의 사귐이나 오윤상의 장자다운 면모는 남공철의 다른 글 「송오사집유성도서(送吳士執遊成都序)」에서 자세히 확인할 수 있다. 남공철의 고조부 남용익과 오윤상의 고조부 오두인(吳斗寅, 1624~1689)이 교유하면서 남공철 집안과 오윤상 집안 간의 교유는 대대로 이어지게 되었다. 그러한 까닭에 남공철이 14세 연하였음에도 불구하고 오윤상은 남공철을 친구처럼 대했고, 남공철은 나이를 생각하여 오윤상을 스승처럼 대했다. 오윤상은 남공철이 자신에게 스승을 대하는 예로 절을 하려 하면 굳이 말리며 서로 읍하는 것으로 인사를 대신했다고 한다.[86)]

자신이 교유하던 인물이 남긴 흔적을 매개로 그 인물을 회상하며 지은 제발(題跋)로, 이 밖에도 「김국기서간첩발(金國器書簡帖跋)」을 함께 살필 수 있다. 수학기에 절친하게 지내다가 요절한 벗 김재련(金載璉)의 서간첩에 대한 제발인 이 글은, 한유(韓愈)가 「답이수재서(答李秀才書)」에서 벗 이관(李觀, 766~794)에 대한 애틋한 정을 서술한 것을 염두에 두고 쓴 글이다. 김재련이 죽자 그 형 김재찬이 아우의 시문집 편찬을 위해 남공철에게 김재련이 지은 시를 보내줄 것을 청하였는데, 남공철은 한유가 이관의 유고(遺稿)를 소중히 여겼듯이 자신에게도 김재련의 시고(詩稿)가 소중하므로 꼭 되돌려 달라고 청하고, 김재련이 뜻과 재주가 있었음에도 불구하고 하찮은 관직을 지내 세상에 드러나지 못한 것을

86) 이상의 내용은 「送吳士執遊成都序」(『금릉집』 권11)에 상세히 기술되어 있다.

안타까워하고 있다.

이처럼 벗들과의 교유를 주요 화제로 삼은 제발(題跋)은 남공철의 제발 가운데 핵심적인 영역을 이루는 것이다. 이러한 제발은 벗들과의 만남과 이별을 대비적으로 제시하거나 벗이 남긴 유품과 벗의 부재를 대비적으로 제시하는 등의 방법으로 벗을 회상하고 벗의 부재를 안타까워하는 내용으로 이루어져 있다. 제발의 특성상 일반적으로 글을 짓는 대상이 되는 자료가 존재하게 되는데, 남공철의 제발은 그러한 대상 자료 자체에 초점을 맞추기보다는 그 자료를 매개로 그것이 촉발하는 개인적 경험과 심회를 표출하는 데 역점을 두고 있다. 또한 남공철의 척독과 제발에서 공통적으로 벗들과의 교유가 형상화되고 있지만 척독이 벗들과의 교유를 형상화함으로써 아취(雅趣)를 구현하는 데 중점을 두고 있다면 제발은 그 대상 자료가 매개체가 되어 벗들과 교유하던 기억을 회상하는 데 초점이 맞추어져 있다는 점이 다르다.

2) 벗에 대한 책선(責善)

남공철은 벗의 잘못을 보면 바로잡아 주는 '책선(責善)'을 우도(友道)의 핵심 요소로 꼽았다. 특히 그는 벗의 잘못이 명백해진 이후에 그것을 바로잡아 주기보다는 아주 사소한 것이라도 잘못의 징후가 보이면 가차 없이 먼저 지적하는 방식으로 우도(友道)를 실천하고자 했다. 이러한 점은 척독뿐 아니라 그의 서(書)에서도 확인되는데, 「여이원리서(與李元履書)」와 「여권경호서(與權景好書)」가 그 예다. 친한 벗 이현수(李顯綏)가 남공철에게 보낸 편지에 자법(字法)에 맞지 않게 쓴 글씨가 있었는데, 처음에는 그저 장난 삼아 그렇게 한 것이려니 하다가 우연히 이현수가 이전에 쓴 글들을 읽어 보고는 다음과 같이 이현수를 호되게 질책한 바 있다.

> 모(母)와 무(毋)를 혼동해 쓰기도 하고 인(亻)과 척(彳)을 뒤바꿔 쓰기도 하였으며 혹은 토(土)를 사(士)로 쓰기도 하고 혹은 부(阜)를 읍(邑)으로 써서 아무것도 모르는 무식쟁이가 쓴 것과 같이 하였으니 그렇게 통용해서 쓰는 예가 『설문(說文)』에 보입니까, 자전(字典)에 보입니까? …(중략)… 글자에 점과 획과 직선과 곡선이 있는 것은, 비유하자면 사람에게 귀와 눈이 있는 것과 같습니다. 조금이라도 어긋남이 있으면 제 모양을 갖춘 사람이 아니지요. 지금 눈이 귀 밑에 가 있고 귀가 눈 위에 가 있는데도 이것으로도 충분히 보고 들을 수 있다고 하면서 남들과 다를 바 없다고 우긴다면 사람들이 놀라 손가락질하고 비웃으며 병으로 여길 것입니다. 족하의 편지가 이것과 무엇이 다릅니까?[87]

글자를 어긋나게 써 놓고 문제가 되지 않는다고 하는 것은 마치 사람의 눈이 귀 아래에 있으면서 듣고 보는 데 문제가 안 된다고 하는 것과 같다는 비유를 하고 있다. 글자를 사람의 겉모습에 비유하고 있는데 그 비유가 극단적이고 비약이 심하기는 하지만, 그만큼 남공철의 자학(字學)에 대한 태도가 얼마나 강고한 것이었는지를 확인할 수 있다. 남공철이 이렇게 이현수를 강도 높게 비판할 수 있었던 이유는, 이현수가 절친한 벗이고 벗의 책무는 책선(責善)에 있다고 여겼기 때문이다.

이렇게 글자를 바꾸어 쓰는 풍조는 18세기에 갑자기 나타난 것이 아니었다. 이미 17세기 후반부터, 모양이 비슷한 다른 글자로 바꾸어 쓰거나 뜻을 유추해 새로운 글자를 만들어 쓰던 풍조가 만연해 있었다. 남구만이 지적하였듯이 별이 하늘에 있다고 하여 '천연(天淵)'을 '성연(星淵)'으로 바꾸어 쓰고, 해(亥)가 12지지의 끝이기 때문에 '말세(末世)'를 '해세(亥世)'로 바꾸어 쓴 것이 그 예다. 이는 신기함을 좇아, 전통적으로

87) 남공철, 「與李元履書」, 『금릉집』 권10: "或母毋相混, 亻彳相雜, 或從土爲士, 或從阜爲邑, 若庸庸無識者之爲此, 見於說文耶, 是見於字典耶?…(中略)…字之有點畫曲直, 譬如人之有耳目, 一差則非人矣. 今有目在耳下, 耳在目上而曰: '是足以視聽,' 而欲同於人. 人將駭然, 指笑以爲病. 足下之書, 何異於此乎?"

사용하던 단어를 새롭게 바꾸어 남들이 잘 알아보지 못하도록 한 것이다.[88] 이현수가 비슷한 모양의 다른 글자로 바꾸어 쓴 것이나 변과 방을 뒤바꾸어 쓴 것 등도 또한 신기해 보이기 위한 것이었는데 이미 많은 사람들이 그런 방식으로 썼으니 이는 더 이상 신기한 일도 아니었다. 그런데도 남공철은 사소해 보이는 벗의 실수를 묵과하지 않고 있다.

남공철은 권선(權襈, 1759～?)에게 보낸 편지인 「여권경호서(與權景好書)」에서도 자학(字學)의 역사와 그 중요성을 세세히 기술한 바 있다. 유자(儒者)에게 자학이 비록 말예(末藝)이기는 하지만 그 쓰임이 매우 커서 소홀히 할 수 없다고 하고,[89] 자기 마음대로 글자의 점이나 획을 더하고 빼면서 글자 모양이 민첩하고 오묘한 것을 공교롭게 여기는 세태를 비판하고 있다.[90] 이 두 편의 편지는 모두 서(書)로서, 수신자와의 친소에 관계없이 매우 정중한 어조를 띠고 있다. 특히 친밀했던 벗인 이현수에게 보내는 편지인 「여이원리서(與李元履書)」는, 비록 벗을 호되게 질책하는 내용을 담고 있으면서도 그렇게 호된 질책을 가하는 것이 모두 벗을 책선(責善)하기 위한 것이라는 명분을 제시하면서 최대한 정중한 태도를 지키려 하고 있다. 이는 서(書)가 갖는 공식성 내지 격식 때문이다. 이에 반해 똑같이 책선(責善)을 위한 편지라도 척독은 격식을 덜 갖추고, 하고자 하는 말을 곧바로 진술하는 특징을 보이는바, 남공철이 조진구(趙鎭球, 1765～?)에게 쓴 아래 척독 「답조국진(答趙國珍)」에서 그러한 특징을 확인할 수 있다.

> ① 일전에 의사한테 들으니 병이 자못 깊으시다 하더군요. 올해 서울에 역병이 크게 돌아 걸리지 않은 사람이 없다고 합니다. 족하의 몸이 허약하다는 생각이 들어 우

---

88) 『숙종실록』 8년 11월 25일조: "知經筵南九萬曰: '臣頃忝試官, 見擧子之文, 則文體比前大變. 凡例用文字, 必務爲新奇. 若云天淵則變曰星淵, 以星之在天也. 末世則變曰亥世, 以亥居十二支之末也.…(中略)…且以險字僻語, 綴成章句, 必欲使人不可解見.'"

89) 남공철, 「與權景好書」, 『금릉집』 권10: "字學於儒者, 雖爲末藝. 然其用甚大, 不可忽也."

90) 위의 글: "任自己意增損點畫, 惟視體樣之敏妙以爲工."

려를 금치 못했었습니다. 그런데 이제 회복되고 있다는 족하의 편지를 받아보니 기쁩니다.

[2] 벗이 귀한 이유는 단지 과오를 범하는 것을 보고 나서야 선한 행동을 하도록 격려해 주기 때문만은 아닙니다. 비록 작은 기예나 사소한 일이라도 도에 맞지 않으면 또한 서로 말해주면서 격려해야 합니다. 족하께서는 현명하시니 꼭 저의 이런 말을 기다리실 필요는 없을 것입니다.

[3] 그런데 보내오신 글을 보니 이상하게도 글자의 획들이 잘못되어 있었습니다. 또 연월(年月) 아래에 하신 서명이 꼭 무슨 사물의 모양을 본떠서 하신 것 같더군요. 이것이 어찌 족하께서 기이한 것을 좋아해서 그렇게 한 것이겠습니까? 우연히 그랬을 뿐이겠지요. 그러나 군자의 도는 일상적인 것을 귀하게 여기지, 기이한 것을 숭상하지는 않습니다. 족하께서도 『중용』을 읽으셨겠지만, 중용의 도는 그저 성현이 날마다 일상적으로 행하는 일이 아닙니까? 중화(中和)에 이르는 데 뜻을 두고 도에 어긋나지 않게 행동하며 괴이한 행동을 배척해야 더할 나위 없다고 할 것입니다. 그런데 족하께서는 어찌 그렇게 하기를 힘쓰지 않으십니까?

[4] 비바람이 심합니다. 기거(起居)를 신중히 하시고 음식을 조절하시며 생각을 줄이시어 더더욱 보중(保重)하시기를 바랍니다.

[[1]日前因醫人聞患候頗重. 今年京師大疫, 人無免者, 而念足下氣質脆弱, 憂慮不釋. 今承敎示, 且喜其向蘇也. [2]所貴乎朋友者, 不但見過惡而後責善而已. 雖小藝末事, 其不至於道者, 亦相告勉. 足下賢者, 不必待僕之言矣. [3]然見來書, 怪其字畫多舛纇. 及至年月下有署押, 而有若象物形而爲者, 豈足下好奇者耶. 是適然耳. 然君子之道, 貴常而不尙奇. 足下方讀中庸, 中庸之道, 獨非聖賢日用常行之事乎. 其致意於致中和, 發而中節之德, 而斥行怪之事, 可謂至矣. 足下盍勉諸. [4]風雨甚惡, 惟冀愼起居節飮食省思慮, 益加保重.][91]

이 척독에서 남공철이 하고자 하는 말의 핵심은 단락 [3]에 드러나 있

91) 남공철, 「答趙國珍」, 『금릉집』 권10.

다. 척독이라면 하고자 하는 말만 간략히 한다고 했는데, 어째서 남공철은 단락 [3]을 중심으로 그 앞뒤에 짧지 않은 말을 덧붙인 것일까? 그 이유는 이 글의 성격과 관련이 있다. 즉 이 글도 결국 앞서 언급한, 글자 쓰는 법을 무시한 벗 이현수의 처사를 질책하는 편지와 그 성격이 흡사하다. 벗을 질책한다는 것은, 그것이 아무리 절친한 사이라도 조심스럽기 마련이다. 그래서 전하고자 하는 핵심 메시지가 담겨 있는 단락 [3]에 앞서서 벗을 걱정하는 마음을 담아 친절하게 안부를 묻고([1]), 벗으로서의 도리를 밝혀 자신이 상대에게 하는 말이 모두 벗으로서의 도리를 실천하기 위한 것임을 전제한 후에야([2]) 하고자 하는 말의 핵심을 전하고 있다.

이 글은 내용상으로나 체재상 「여이원리서(與李元履書)」의 축소판이라고 할 수 있다. 「여이원리서」에서는 서술이 보다 구체적이고, 행문(行文)이 상대적으로 유장(悠長)하며, 핵심 메시지를 전후하여 자신이 상대의 잘못을 지적하는 것이 갖는 의미, 즉 벗으로서의 도리와 상대에 대한 자신의 충심(衷心)을 절절하게 드러내고 있다. 그에 반해 조진구에게 보내는 위의 척독은 서(書)에 비해 비교적 단소한 편폭을 보이고 있으며 갑작스러운 결말로 '단속(斷續)' 효과를 통한 미감을 형성하고 있다. 즉 「여이원리서」에서는 핵심 메시지 이후 다시 한번 수신자의 출중한 능력을 기리면서 정중한 태도를 견지하고 있는 데 반해 이 글에서는 핵심 메시지를 전하고 난 후 갑작스럽게 글을 맺고 있다.

조진구에게 보낸 위 척독과 함께, 진지한 태도로 벗을 우려하는 또 다른 척독으로 「답오생정(答吳生珽)」과 「답나생필겸(答羅生匹縑)」을 들 수 있다. 이 두 편의 척독의 수신자들은 남공철이 27세 되던 1786년부터 2년 남짓 산청현감으로 있으면서 사귄 이들이다. 당시는 경향(京鄉)의 분기가 가속화되고, 서울이 정치 · 경제 · 문화의 중심지로 번성하던 시기였다. 이 두 편의 척독을 통해 벗들에 대한 남공철의 우려와 더불어 당시 지방 유생들이 느끼던 소외감, 무작정 서울을 동경하여 상경하려던 세태 등을 함께 확인할 수 있다.

「답오생정」의 수신자 오정(吳珽)은 퇴계의 문인 덕계(德溪) 오건(吳健, 1521~1574)의 10대손이며[92] 남공철이 산청현감으로 내려갔을 때 사귄 이라는 점 외에 구체적인 행적은 자세하지 않다. 남공철의 여타 척독에 비해 편폭이 긴 축에 속하는 이 글은 크게 세 단락으로 이루어져 있다.

> [1] 듣자하니 두 차례의 편지가 모두 문지기에게 막혀 결국 하나도 받아보지 못하게 된 것이라 합니다. 그런데 족하께서는 편지가 (제게) 이르지 않은 줄도 모르시고 저를, 믿을 것도 없으면서 일부러 이처럼 교만하고 소홀하게 대한다고 여기실 것이니 매우 두렵습니다. 이미 절교당했다고 생각했었는데 다시 편지를 받다니요. 말과 뜻이 간절하여 다만 저를 버리지 않으셨을 뿐만 아니라 다시 유익함을 구하는 것이 있는 것처럼 하셨으니 진실로 군자는 사람을 처음부터 끝까지 취하시는군요. 시고(詩藁)에 읊으신 것을 몇 차례 보고는 이미 청상한 기운이 수염과 머리카락에 몰아치니 진실로 두려워할 만합니다.
>
> [2] 무릇 소릉(少陵, 杜甫)과 방옹(放翁, 陸游)을 모방하여, 미치지 못한 자라도 더욱 나아가 그것을 구한다면 어찌 그들에 이르기 어렵겠습니까? 비록 그렇기는 하지만 족하는 부모가 노쇠하셨고 집이 매우 가난한데도 어찌 고문사(古文詞)에 급급하여 과거에 응시하는 것을 소홀히 하시는지요? 세상에서 일컫는, 문장이 아름답다고 칭송받는 이들로는 구양수(歐陽修)와 소식(蘇軾) 등보다 뛰어난 이가 없는데 이들 또한 일찍이 시문(時文)을 폐한 적이 없었습니다. 문집 가운데 사륙문(四六文)과 책문(策文)을 보면 알 수 있습니다. 구양수와 소식이 어찌 시문(時文)을 좋아서 지었겠습니까? 그들의 뜻이 공명을 급하게 여겨 다 폐하지는 않았던 것이지요.
>
> [3] 지난날 제가 연소하고 기(氣)가 아직 강성했을 때에는, 득실(得失)은 명에 달려 있으니 선비는 좋아하는 것을 택하여 그것만 일삼으면 그만이라고 생각했었습니다. 여러 차례 예부(禮部)에 천거되었다가 연달아 담당자에게 내침을 당한 후에야 돌이

92) 「弘文館典翰知製敎兼經筵侍講官春秋館編修官吳公墓表」(『금릉집』 권18)가 곧 吳健의 묘표이며, 이 묘표는 吳珽의 청탁에 의해 이루어진 것이다.

켜 그것[時文]을 구하여 다시 몇 편을 얻게 되었습니다. 그러나 그 배움이 늦으면 늦을수록 그 공은 갑절이 들어 아직도 진사(進士)가 되지 못하였습니다. 저는 일찍이 낭패를 당한 자로서, 족하께서는 이처럼 되지 않았으면 합니다. 무릇 선비가 오로지 과거에만 매달려 사율(詞律) 등 옛 작품이 어떤 것인지도 모르는 자가 있으니 이는 말할 것도 못 됩니다. 그러나 족하께서는 이미 고문(古文)에서 힘을 얻었고 (고문을) 지을 줄도 아십니다. 처음에는 소신을 굽혀 벼슬 먼저 취하고 나서 두 가지를 함께 힘쓰면서 그만두지 않는 것 또한 하나의 방도일 것입니다. 기대가 크니만큼 이 어리석은 뜻을 바치오니 족하 같은 고결한 선비께서 비웃지나 않으실는지요? 한번 들러 주십시오. 자세히 적지 않습니다.(괄호-필자)

[①聞兩次通書, 而俱爲閽者所阻, 遂無一耗, 足下不知書之未達, 將以僕無所挾, 而故爲此驕簡, 則甚可懼也. 意已見絶, 而更蒙手書, 辭旨勤懇, 不但不棄之, 而若復有求益者, 信乎君子之取人終始也. 詩藁諷詠數過, 已覺淸爽之氣來拍人鬚髮, 誠可畏也. ②大抵倣少陵放翁而未及至者, 益進而求之, 彼豈難到也. 雖然, 足下親老而家甚貧, 何汲汲於古文詞, 而忽應擧業哉. 世之稱文章之美者, 莫過於歐、蘇諸公, 而亦未嘗廢時文焉. 觀於集中四六制策之作, 可知也. 歐、蘇豈樂爲時文者哉? 其志急於功名而不全廢也. ③向僕年少而氣尙强, 以爲得失在命, 士擇其所好而爲之而已. 及屢擧禮部, 連爲有司所黜, 然後反而求之, 更得若干篇. 然其學愈晩而其工愈倍, 尙未成進士. 以僕之所嘗見敗者, 故不願足下之爲此也. 夫士之專趨科臼而不知詞律古作之爲何物者有之, 此不足道也. 然足下旣得力於古文, 知所述作矣. 始屈之以取仕祿, 或兼治而兩不廢焉, 則亦一道也. 期望之深, 貢此迷愚, 足下高士, 能不見笑耶. 承一臨過此. 不必覼縷.][93)]

위 편지 내용에 의하면 수신자 오정(吳珽)은 가난한 환경에서 노부모를 모시고 산청에 머물러 있으면서, 과거 공부에는 관심을 두지 않은 채 고문에만 전념하던 인물이다. 남공철은 그러한 벗에게, 우선 과거 공부

---

93) 남공철, 「答吳生珽」, 『금릉집』 권10.

를 해서 급제하여 관직에 나아가 그 봉록으로 생활을 꾸리고 노부모를 봉양하라고 충고하고 있다. 단락 1에서는, 오정(吳珽)이 수차례 편지를 보내왔으나 문지기가 제대로 전하지 못해 자신이 오정의 편지를 미처 받아보지 못한 데 대한 미안함, 그럼에도 불구하고 자신을 버리지 않고 다시 편지를 보내온 벗에 대한 고마운 심정을 기술하고 있다. 이르고자 하는 말의 핵심은 단락 2에 나타나 있는데, 구양수나 소식과 같은 대문장가도 시문(時文), 즉 과거(科擧)에 소용되는 문자를 전폐(全廢)한 적이 없다고 하여[94] 오정(吳珽)이 고문에 힘쓰는 것도 좋지만 과거 공부에도 소홀하지 않았으면 하는 의중을 전하고 있다.[95] 즉 가난한 처지에서 부모님을 봉양하기 위해서는 과거에 응시해서 벼슬을 해야 하는데, 과거에 응시하기 위해서는 고문에만 힘써서는 안 된다는 것이다. 그러한 당위성을 내세우는 데 그치지 않고 남공철은 단락 3에서 자신이 과거에 급제하지 못해 겪은 경험과 그에 따른 심경을 솔직히 서술해 벗만은 그러지 않았으면 하는 바람을 드러내고 있다. 의론만을 일삼지 않고, 친밀한 사이가 아니면 드러내기 어려운 자신의 치부(恥部) 혹은 실패의 경험까지 드러내어, 벗에 대한 충심(衷心)을 확인할 수 있는 것이 바로 단락 3이다. 남공철은 21세에 승보시(陞補試)에 합격했으나 이후 33세에 문과에 급제할 때까지 진사시에 급제하지 못하였다. 남공철이 진사시를 준비하지 않은 것은 아니었다. 승보시에 합격하고 난 이듬해에도 이현수(李顯綏) 등 벗들과 함께 진사시에 대비하여 공부하였다는 기록이 있으며,[96] 관직에 나아가기 직전인 1784년까지도 태학에서 공부하였다는 것

---

94) 실제로 구양수는 과거시험에 낙방한 이후 당시에 유행하던 서곤체, 즉 時文을 익히느라 韓愈의 문장을 연구할 틈이 없었다고 진술한 바 있다. 歐陽修, 「記舊本韓文後」, 『居士外集』 卷23 참조.

95) 「答金國器」(『금릉집』 권10); 「金國器詩集序」(『금릉집』 권11); 「四君子文鈔序」(『금릉집』 권11) 등에서도 時文에 대해 언급하고 있는데, 남공철은 時文을 주로 表策과 같은 科擧文字를 뜻하는 것으로 사용하고 있다. 위 주에도 드러나듯이 구양수 역시 時文을 科文과 관련지어 언급한 바 있다.

96) 남공철, 「題弟子院詩後」, 『금릉집』 권13: "聖上五年, 余與閔聖能、李元履、韓子定, 集城北金

으로 보아[97] 지속적으로 진사시 준비를 했던 듯하다. 그러나 1784년에 익위사 세마로 벼슬을 시작하면서 번거로운 공무 때문에 진사시 준비에 소홀하게 된 것으로 보인다. 그 결과 새로운 관직에 임명될 때마다 과거에 급제하지 못한 것이 스스로 탐탁지 않았던 것이다.

오정(吳珽)에 대해서 그가 과거 시험을 소홀히 하는 것을 우려하였다면, 나필겸(羅匹縑)이라는 벗에게 보낸 아래 척독은 일 없이 서울에서 머무는 것을 우려하는 내용이 중심을 이루고 있다.

> 남쪽에는 눈이 한 자 남짓 내려 겹갖옷을 입지 않으면 나갈 수 없을 정도입니다. 생(生)이 추위에 고생할 것을 생각하니 매번 손생(孫生, 孫繼)을 만날 때마다 걱정하는 말이 끊이지 않습니다. 첩문(帖文)이 이르러서야 여행 중에 무탈하심을 알게 되었습니다만 집도 가난하고 겨울을 만나 소식이 끊겨 더욱 힘드실 거라 합니다. 저도 녹봉이 얼마 안 되어 지난번에도 얼마 못 도와드리고 그저 근심만 하였으니 무슨 도움이 되겠습니까? 8월 중에 그대가 과거를 보러 서울로 올라갔다는 말을 들었으나 그 후 소식이 끊어졌습니다. 과거 시험에 낙방했으면 곧장 고향으로 돌아올 것이지 어찌 이리 오래도록 돌아오지 않는 것입니까? 이 때문에 마을 사람들이 그릇되이 비방을 더하는 것을 저 또한 여러 번 들었습니다. 서울이 비록 좋다고들 하지만 고향은 밭과 책이 있는 곳이요 처와 자식이 함께 살아가는 곳이요 가족과 사우(師友)들이 가르침을 주고받는 곳입니다. 일도 없이 오래도록 객지에 눌러앉아 있으면 득 될 것도 없고 일을 그르치는 경우가 많습니다. 하물며 남쪽의 인사들은 과거나 벼슬살이가 아니면 백의(白衣)로 영(嶺)을 넘으려고 하지 않으니 그 뜻을 지키는 것은 숭상할 만합니다. 근래에는 노선생(老先生)의 유풍과 여운이 아득하여 구할 수 없지만, 유독 이 일은 지키고 있는 것 가운데 하나이지요. 저 향인(鄕人)들 가운데 그대의 뜻을 알지 못하는 자들은 애석하게도 그대를 헐뜯으며 비난하니, 또한 그대를 따라 노니는 자들까지 덩달아 본받을까 두렵습니다. 이 점을 알려드리니 생(生)은 힘쓰시기 바랍

氏之弟子院, 爲進士業."

97) 남공철, 「題太學唱酬集後」, 『금릉집』 권13: "聖上八年, 余與金國器、朴山如遊太學."

니다. 갖추지 않습니다.(괄호-필자)

[南雪盈尺, 非重裘不能出. 念生寒苦, 每對孫生, 念說不已. 辱帖際至, 以審行李珍重, 第窮冬契活, 轉益艱窘云. 僕俸祿薄, 旣無以數相厚助, 徒自嘆咄, 尙何益哉. 八月中, 聞生爲應試上京師, 其後書問阻絶, 計下第便當尋鄕, 而何久不返也. 以此鄕人誤加謗誚, 僕亦屢聞之. 京師雖云樂矣, 故土是田園圖書之所, 妻子同憂樂之地, 父兄師友敎責之場也. 無事事而久自滯客, 無益而多敗事也. 況南中人士, 非赴貢遊宦, 思不欲白衣踰嶺, 其志守可尙也. 輓近以來, 老先生遺風餘韻, 邈不可求, 而獨此事, 乃其約束中一也. 彼鄕人之不知生意者, 惜以自生毁破非之, 亦恐從生而遊者, 相率效之. 玆以報知, 生勉之哉. 不一.][98]

나필겸에게 보낸 두 편의 척독 가운데 앞의 것이다. 나필겸이 어떤 인물인지는 미상인데, 오정(吳珽)과 마찬가지로 남공철이 산청현감으로 내려갔을 때 그곳에서 사귄 이로 보인다. 남공철은 산청에서 오정(吳珽)·나필겸(羅匹縑)·손계(孫繼)와 같은 이들과 어울렸는데, 위 편지에서 함께 나필겸을 걱정한 손생(孫生)은 곧 손계(孫繼)일 가능성이 높다.

과거를 보러 서울에 간 나필겸이, 과거를 보고도 돌아오지 않는 것을 우려하는 내용이다. 하는 일 없이 서울에 머물러 있는 나필겸을 두고, 산청의 인사들은 그를 비방하는 말을 일삼고 있으며, 자칫 그와 어울리던 이들조차도 나필겸을 비방할까 두렵다고 했다. 남공철은 나필겸을 비난하는 사람들이 그의 뜻을 알지 못하여 비방하고 있다고는 했지만, 나필겸이 서울에 머물러 있을 정당성은 위 글 어디에도 드러나 있지 않다. 남공철 자신조차 나필겸의 처사에 동의하지 못하고 있는 것이다. 이 편지 이후 나필겸에게 보낸 또 다른 편지에서 나필겸이 온 가족을 이끌고 상경한다는 언급이 있는 것으로 보아 나필겸은 서울에 대한 동경이 강한 인물이었음을 짐작할 수 있다. 그러나 그러한 나필겸의 뜻에 대해

98) 남공철, 「答羅生匹縑」(一), 『금릉집』 권10.

남공철은 여전히 동의하지 않으며 "오(吳) 지방의 귤이 회수(淮水)를 건너면 탱자가 되는 것과 같다"라 하며 나필겸의 상경에 반대하고 있다.[99)]

조진구(趙鎭球)·오정(吳珽)·나필겸에게 보내는 위 척독들이 다소 긴 편폭에 벗에 대한 충고, 우려의 마음을 담고 있다면 이학빈(李學彬)에게 보내는 아래 척독은 역시 벗에 대한 우려의 마음을 담고 있으면서 짧은 편폭을 유지하고 있는 것이다.

> 관리가 돌아와 보내주신 편지를 받고는 잘 계시다는 것을 알았습니다. 족하께서는 이전 젊으셨을 적에 행실을 바르게 닦아 법도 있는 집안의 풍모가 있었고 또 의론하기를 좋아하여 우리들과 열에 여덟아홉은 뜻을 같이했지요. 근래에 들으니 술에 빠져 자못 단속을 소홀히 하신다 하니 혹 취향풍류(醉鄕風流)를 사모하는 것입니까? 풍문을 듣고 걱정을 하면서 벗을 생각한 지 오래되었습니다. 갖추지 않습니다.
>
> [官人還, 得奉惠翰, 審學履淸勝. 足下前時少年, 端飭有法家規步, 又喜議論, 與吾輩十同八九. 近聞自放於酒, 頗少拘檢, 豈或慕醉鄕風流耶? 臨風悵然, 思故人者久之. 不具.][100)]

이 편지 역시 남공철이 산청현감으로 있을 때 쓴 것이다. 이학빈(李學彬, 1758~1807)은 영조조에 대구판관(大邱判官)·여주목사(驪州牧使) 등을 지낸 이서(李漵, 1728~1794)의 아들이다.[101)] 백부는 영조조에 좌의정을 지낸 이은(李溵, 1722~1781)으로, 이은(李溵)에게 후사가 없자 조카 이학빈을 그에게 출계(出系)시켰다. 이학빈은 현감(縣監)과 감찰(監察) 등의 관직을 지내기는 했으나 늦도록 과거에 급제하지 못하여 낙척한 생활을 했던 듯하다.[102)] 이학빈은 명문가의 자제로, 젊었을 때에는

---

99) 남공철, 「答羅生匹謙」(二), 『금릉집』 권10: "令季言足下擬以九月旬望, 盡室來京師, 政如吳橘渡淮而枳, 非得計也."

100) 남공철, 「答李而習」, 『금릉집』 권10.

101) 李漵의 행적에 대해서는 洪直弼, 「敦寧府都正李公墓誌銘」, 『梅山集』 권41을 참고할 수 있다.

102) 申佐模는 늦도록 과거에 급제하지 못한 이학빈을 위로하기 위해 「李君有彬學彬 讀書士也

풍모나 의론이 볼 만하여 함께 어울렸는데 어느새 낙척하여 술에 빠져 지낸다는 소문을 듣고 심려하는 마음에 보낸 글이다.

이 글은 하고자 하는 말만 간략히 하고 의례적인 말이나 군더더기가 될 만한 서술을 제거하여 단소한 편폭을 보이고 있거니와 허사(虛辭)의 사용 또한 극도로 자제하고 있다. 자기 절제를 잘하여 단정한 풍모를 갖추고 있던 벗의 과거 모습과, 어느새 술에 빠져 자기 검속도 제대로 못하는 이로 소문이 난 벗의 모습을 대비, 제시하여 벗에 대한 염려를 표하고 있다.

한편 비교적 초기작에 속하는, 최북(崔北, 1712～1786)에게 보내는 아래 척독은 술에 취해 돌아간 최북을 염려하는 진정이 잘 드러나 있으며 남공철 스스로 척독의 서술 기법으로 제시한 바 있는 '섬세단속(纖細斷續)'을 단적으로 보여주는 글이다. 앞의 척독들이 벗에 대한 도리로서 책선(責善)을 실천하는 의도에서 쓴 것이라면 이 글은 말 그대로 술 취해 돌아간 벗을 염려하는 마음을 드러내고 있다.

1 아침나절 남쪽 거리에서 돌아왔는데, 헛걸음하셨단 말을 듣고 서운했답니다. 종들이 모두 말하기를, 최생이 왔을 때 술에 취해서 책상 위 책들을 마구 뽑아다가 앞에 잔뜩 늘어놓고는 소리를 지르며 술을 토하려고 해서 사람들의 부축을 받고 나가서야 잠잠해졌다고 하던데, 길거리에 쓰러지지나 않으셨는지.

2 조자앙(趙子昂)의 〈만마축(萬馬軸)〉 그림은 참으로 명품입니다. 이단전이 말하기를, 비단이 아직도 깨끗하니 분명 질질(七七)이 자기가 그려 놓고는 일부러 남을 속이려 한 것이라고 하더군요. 그러나 비록 칠칠의 손에서 나왔더라도 그림이 이처럼 좋다면 자앙이 그린 것이라고 해도 문제될 것이 없으니 꼭 진짜인지 가짜인지 따질 필요는 없을 것입니다. 그런데 이 그림은 다른 사람한테서 구한 것이라고 하니, 이는 모두 그대가 평소 술을 좋아하기 때문인지라 한바탕 배를 움켜잡고 웃었답니다.

於主人爲從昆弟 屢試不中 貌若甚慽焉 各贈一詩以慰之」(『澹人集』 권3)라는 시를 지어 주기도 했다.

마침 술 한 병이 생겼으니 다시 제게 들르시지요.

[①朝自南衕還, 聞虛過, 悵然也. 僮僕皆傳, 生來時被酒, 亂抽案上書帙, 紛然滿前, 仍欲狂叫嘔吐, 爲人扶出而止, 能免街上顚仆之患不. ②趙子昂萬馬軸, 儘是名品. 亶佃言: "綃本尙不毁傷, 必是生自作, 而故爲此欺人也." 雖出七七手, 而畵若是好, 則不害爲子昂筆也, 不須論眞贗也. 然得此於人, 皆緣生平生愛酒, 爲一捧腹. 適得一壺, 更過我.][103]

이 편지는 늦추어 잡아도 남공철이 19세 되던 해인 1778년 이전에 쓰여진 것으로,[104] 남공철의 척독 가운데 초기작에 속하는 것이다. 이 글은, 필자가 단락을 둘로 나누어 제시했듯 두 가지 이야기로 구성되어 있다. 앞의 것은 남공철이 집을 비운 사이 술에 취해 찾아와 난동을 부린 최북이 혹시나 돌아가는 길에 길거리에 쓰러지지나 않았는지 염려스럽다면서 안부를 묻는 내용이고 뒤의 것은 조맹부(趙孟頫)의 그림에 얽힌 에피소드다. 조맹부의 〈만마축〉이라는 그림에 대해 최북 스스로는 진품이라고 주장하였지만,[105] 이단전은 그림의 바탕이 되는 비단이 너무 깨끗한 것으로 보아 그것이 최근 최북이 그린 그림이라고 반박하였다. 이어 그 그림이 다른 사람에게서 얻은 것이며, 최북이 술을 좋아한다는 데까지 이야기가 미치자 배를 잡고 웃었다고 했다. 술 좋아하는 최북이 술값 마련을 위해 조맹부의 그림을 모사하여 진품이라 속이고 그것을 팔아 술값을 마련했으며, 그 팔린 그림을 어쩌다 다시 남공철이 구해 보게 되었다는 식의 구구한 설명은 접어두고 단서들만을 간략히 제시하고 있다. 그럼에도 불구하고 이 글만으로도 사태의 정황을 충분히 짐작할 수 있게 했다.

---

103) 남공철, 「答崔北」, 『금릉집』 권10.

104) 『금릉집』에는 이 편지 바로 뒤에 南有衡(1715~1778)에게 보낸 편지가 수록되어 있어 이렇게 추정할 수 있다.

105) 남공철, 「趙子昂萬馬圖橫軸綃本」, 『금릉집』 권13: "子昂倣韓愈畵記, 作此軸. 筆意生動, 設彩侈麗. 余嘗得此於崔七七, 七七以畵名一國, 亟稱其爲眞本也. 下有印識, 曰子昂寫."

서(書)를 포함한 여타 문체의 글에서는 서두를 열고 결말을 맺는 법, 즉 개합(開闔)의 방법을 충실히 지키고, 글의 맥락이 중시되면서 대체로 한 가지 주제로 귀결되는 서술이 이루어지기 마련이다. 그런데 이 글에서는 다른 언급 없이 곧바로 "아침에 남쪽 거리에서 돌아와 헛걸음하셨단 말을 듣고 서운했다오"라는 말로 서두를 열고 있다. 게다가 술에 취해 헛걸음했던 최북의 안부를 묻는가 싶더니 느닷없이 조자앙의 그림에 관한 에피소드를 진술하고 있다. 얼핏 보면 단락 [1]과 단락 [2]는 서로 무관한 이야기처럼 생각되지만, 이는 남공철이 제시한 척독의 기법, 즉 단속(斷續)의 방법이 주는 효과를 노리기 위해 계산된 서술이다. '단속(斷續)'의 기법이란 이야기가 끊어지는 듯 이어지고, 혹은 이어지는 듯하다가 갑작스레 끊어지는 서술을 말한다. 서두에서부터 맥락 없이 난데없는 서술을 하거나, 하고자 하는 말을 다 하지 않은 채 글을 마무리해 여운을 남기는 것도 모두 '단속(斷續)'의 효과라 할 수 있다. 단락 [1]이 이어지다가 단락 [2]로 넘어가면서 이야기의 흐름이 끊어지는 듯하지만, 이 글을 다 읽고 나면 [1]과 [2]가 동일 단서를 축으로 이어지고 있음을 감지할 수 있다. 그 단서가 되는 것은 바로 '최북이 술을 좋아한다는 것'이다. 최북이 남공철의 집에 술에 취해 헛걸음을 해 술주정을 한 것이나, 최북이 술값 마련을 위해 조맹부의 〈만마축〉을 모사했을 것이라는 추정은 모두 최북이 술을 좋아한다는 사실을 전제로 연결되어 있다. 결정적으로 '마침 술 한 병이 생겼으니 다시 제게 들르시지요'[適得一壺, 更過我]라고 하여 최북과 술을 관련짓는 말로 글을 맺고 있다. 이처럼 이 글은 얼핏 서로 관련이 없어 보이는 두 가지 일화를 병렬적으로 제시하면서도 두 일화를 관통하는 요소를 배치함으로써 그 둘을 다시 긴밀히 묶어 글을 맺는, 단속(斷續)의 기법을 단적으로 보여주는 글이라 할 수 있다.

4. 와유(臥遊)의 정취(情趣)

남공철이 그의 제발(題跋)에서 주요하게 다룬 것은 앞서 살핀 바와 같이 벗들과의 회합(會合)과 이별, 그리고 교유하던 인물의 부재를 확인하며 그 인물이 남긴 물품을 매개로 그에 대한 그리움을 형상화하는 것이었다. 이와 함께 그의 제발에서 주요하게 문제 삼은 것이 바로 산수 유람에 관한 것이다. 그런데 제발에서 문제 삼은 산수 유람은 척독에서의 그것과는 다른 의미를 지닌다. 즉 척독에서의 산수 유람이 아취 구현과 관련이 있다면 제발에서에 등장하는 산수 유람은 유람의 태도와 관련된다. 다음 「삼진첩발(三眞帖跋)-우발(又跋)」에서 남공철은 세간의 산수 유람이 무엇이 문제인지를 단적으로 지적하고 있다.

> [1] 화림동(花林洞)은 삼진(三眞) 가운데 하나다. 나는 당시에 아직 가보지는 못했지만 이곳을 두고 지은 시가 있었으니 (이곳) 산수의 경치가 이미 마음속에 갖추어져 있었다.
>
> [2] 세상에서 제대로 유람할 줄 모르는 사람은 번번이 기이하고 그윽한 곳을 다 찾아 헤매면서 눈 힘과 다리 힘을 다 소진한 후에야 "연일 계속되는 유람이 상쾌하구나!"라고 한다. 비로소 하나의 동천(洞天)을 다 보고 또 다른 어떤 복지(福地)로 찾아가면서도 그가 전에 떠나온 동천이 어떤 곳인지 끝내 알지 못하기도 한다. 복지(福地)의 한가운데에 도착하기도 전에 먼저 득의하는 사람도 있으니 이는 아는 사람에게나 말할 수 있다. 또 짓는다.
>
> [[1]花林洞, 居三眞之一. 余時未及遊, 而有詩者. 山水之境, 已具胸中爾. [2]世之不知遊者, 輒窮奇探幽, 費盡目力足力而後曰: "連日之遊, 快哉!" 始畢一洞天, 乃又造一福地, 殊未知其離前之洞天, 而未到福地中間, 先得其意者有之, 此可與知者道也. 又題.][106]

---

106) 남공철, 「三眞帖跋-又跋」, 『금릉집』 권13.

1786년 산청현감으로 부임한 남공철은 이듬해에 덕유산을 유람하게 된다. 안의현(安義縣)에 있다고 해서 '안의삼동(安義三洞)'이라고도 이르는 삼진(三眞)은 곧 남덕유산의 세 동천(洞天)인 심진동(尋眞洞)과 원학동(猿鶴洞), 그리고 위 글에서 언급한 화림동(花林洞)이다.107) 이 세 동천 가운데 남공철이 먼저 가본 곳은 심진동(尋眞洞)과 원학동(猿鶴洞)이다. 두 동천(洞天)을 유람하면서 지은 시 일곱 수에 김재순(金在淳)과 남파수(南播秀)가 차운하여 지은 시들까지 모아 시첩을 엮어 '삼진첩(三眞帖)'이라 하고 거기에 부친 제발이 곧 「삼진첩발(三眞帖跋)」이다. 이후에, 직접 가보지 못한 화림동을 두고 시를 지어 이전에 엮은 '삼진첩'에 덧붙였는데, 화림동 시를 더한 시첩에 부친 것이 바로 위 글이다.108)

남공철은 이 글에서 화림동을 두고 지은 시 혹은 화림동과 관련한 어떤 정보를 기록하는 데 치중하기보다는 산수 유람의 태도에 대해 성찰하는 내용을 위주로 기술하고 있다. 이 글의 핵심은 곧 단락 [2]에 제시되어 있는 것처럼 '제대로 유람하는 자는 굳이 직접 가 보지 않아도 마음속에 그곳의 경개를 갖춘다'는 것인데, 이러한 핵심 내용은 명말청초의 비평가 김성탄(金聖嘆, 1610~1661)의 의론을 원용한 것이라는 점이 주목된다.

> 내 세간의 유기(遊記)를 읽어보니 세상에는 참으로 유람을 잘하는 사람이 없다는 것을 알겠다. 무릇 유람을 잘한다고 하는 사람은 천하의 모든 해산(海山)과 방악(方岳)의 동천(洞天)과 복지(福地)를 천리만리 마다치 않고 반드시 일일이 다니며 그 기이함을 모두 찾아본다. 그러나 가슴속 하나의 남다른 재주와 눈썹 아래 한 쌍의 색다

107) 安義三洞이라는 명칭이 언제 생긴 것인지는 확실하지 않지만 16세기경부터 승경으로 이름이 높았다. 안의삼동에 대해서는 이종묵, 『조선의 문화공간』2, 휴머니스트, 2006의 '안의삼동을 사랑한 사람들'편 참조.

108) 남공철이 산청현감으로 있을 때 안의삼동을 유람하고 나서 三眞을 소재로 지은 글은 「三眞帖跋」과 「三眞帖跋-又跋」 이외에도 「與孫生繼」・「與南丞士樹」(이상 『금릉집』 권10), 「風珮亭記」(『금릉집』 권12) 등이 더 있다.

> 른 눈이라면 또한 꼭 직접 해산(海山)과 방악(方岳)의 동천(洞天)과 복지(福地)에 가본 뒤에야 비로소 "나는 또 기이함을 찾았다"라고 할 필요는 없다. 지난번 한 동천에 이르러 며칠 동안 다리 힘, 눈 힘, 마음을 허비한 뒤에야 그 일을 마치게 된다. 그 다음 날 또 하나의 복지에 이르려 하고 또 며칠 동안 다리 힘, 눈 힘, 마음을 허비하면서 이러기를 일삼는다. 저 곁에 따라다니는 사람들은 그 까닭을 마음으로 알지 못하면서 "날마다 계속되는 유람이 상쾌하구나! 비로소 한 동천을 마쳤으니 이에 또 하나의 복지에 가봐야지"라 말하는 것을 면치 못할 것이다.[109](밑줄-필자)

위 글은 『서상기』에 대한 김성탄의 비평 가운데 일부로, 세상 사람들이 기력을 소모하며 기이함을 찾아 여기저기 산수를 돌아다니는 것에 대한 비판의 뜻을 담고 있다. 김성탄은 그러면서 제대로 유람하기 위해서는 가슴속 하나의 남다른 재주와 눈썹 아래 한 쌍의 색다른 눈이 있어야 한다고 하였다.[110] 남공철은 김성탄의 비평 가운데 밑줄 친 부분을 원용하여 「삼진첩발-우발」에서 "世之不知遊者, 輒窮奇探幽, 費盡目力足力而後曰: '連日之遊, 快哉! 始畢一洞天, 乃又造一福地'"와 같이 서술한 것이다.

남공철은 위 글에서 김성탄이 비평을 가한 『서상기』를 참고한 것임에 틀림없지만, 『서상기』에서의 김성탄의 평에 비해 훨씬 압축적으로 제시한 것이 특징이다.[111] 또한 남공철의 위 글은 김성탄의 의론을 단순히

---

109) 王實甫 原著, 金聖嘆 外書, 「請宴」, 『第六才子西廂記』 권5, 文源書局有限公司, 1975, 173면: "吾讀世間遊記, 而知世眞無善遊人也. 夫善遊之人也者, 其於天下之一切海山方嶽洞天福地, 固不辭千里萬里, 而必一至以盡探其奇也. 然而其胸中之一副別才, 眉下之一雙別眼, 則方且不必直至於海山方嶽洞天福地, 而後乃今始曰: '我且探其奇也.' 夫昨之日, 而至一洞天, 凡罄若干日之足力目力心力, 而旣畢業其事矣. 明之日, 又將至一福地, 又將罄若干日之足力目力心力, 而於以從事. 彼從旁之人, 不能心知其故, 則不免曰: '連日之遊, 快哉! 始畢一洞天, 乃又造一福地.'"(밑줄-필자)

110) 근대 중국 문인 林語堂(1895～1976)은 여행의 즐거움을 말하면서 '여행에는 관찰능력이 있어야 한다'는 세간의 주장을 '얼빠진 철학'이라 혹평하고 김성탄의 위 주장을 인용하여 그에 동조한 바 있다. 이에 대해서는 임어당 지음, 김병철 옮김, 『생활의 발견』, 범우사, 1995, 441～446면 참조.

인용하는 데 머무르지 않고 자신의 글에 적절하게 용해한 점도 주목할 만하다. 남공철은 서두에서, 화림동에 가보지는 않았지만 그곳 산수의 경개가 이미 가슴속에 갖추어져 있다고[余時未及遊, 而有詩者. 山水之境, 已具胸中爾] 서술하고 복지(福地)의 한가운데에 이르기도 전에 먼저 득의하는 이가 있으니 이런 사람이야말로 지혜로운 자라고 말할 수 있다[未到福地中間, 先得其意者有之, 此可與知者道也]고 글을 맺음으로써 수미(首尾)의 호응을 도모하고 있다. 남공철이 원용한 김성탄의 의론은 '직접 가보기도 전에 먼저 득의한 자가 지혜롭다'는 말을 도출하기 위해 사용된 것이며, 이러한 결론이 다시 서두에서의 언급과 조응하는 것이다. 결국 남공철의 이 글은 단락 ①에서 ②로 넘어가면서 또 다른 이야기를 시작하는 것 같지만[斷] 단락 ②의 종반에 이르면 다시 단락 ①과 관련을 맺어[續] 남공철이 척독 제발의 기법으로 제시한 '단속'을 효과적으로 운용하였다고 할 수 있다.

이렇게 직접 가보지 않고도 마음속으로 터득하는 것을 중시했던 것은 '와유(臥遊)'와 상통하는 것으로 이는 남공철이 중시한 산수 유람법이다. 그는 산수를 잘 노니는 것이 꼭 그곳에 가보고 기이한 것을 찾는 게 아니라 눈으로 상상하여 마음으로 터득하는 데 달려 있다고 여겼다.[112] 귀거래할 곳으로 정해 둔 둔촌(遁村)을 그리워하며 그곳 풍경을 그린 그림에 부친 「둔촌사경도발(遁村四景圖跋)」에서도 이 점이 확인된다. 바쁜 관직 생활 때문에 둔촌에 자주 가볼 수 없어 그곳의 경치를 그림으로 그려 두고 그 그림에 대해 지은 「둔촌사경도발」은 와유(臥遊)를 소중하게 생각한 남공철의 태도를 단적으로 확인할 수 있는 글이다.

---

111) 남공철이 이 글에서 언급한 산수 유람 태도가 김성탄의 것에서 빌려 온 것이라는 점은 남공철 지음, 안순태 옮김, 『작은 것의 아름다움』, 태학사, 2006, 157~159면; 김광섭, 「金陵 南公轍 散文 硏究」, 고려대 박사학위논문, 2009, 76면 등에서 언급된 바 있다.

112) 남공철, 「換鵝亭記」, 『금릉집』 권12: "夫善遊山水者, 在乎目想而意得爾, 不直至其地而後, 始探其奇也."

송수현, 「둔촌사경도」 中 춘경(春景)

1 〈둔촌사경도(遁村四景圖)〉의 첫 번째 폭은 못가의 석상(石床)에 앉아 향을 사르며 책을 펼치고 있는 모습이다. 매화와 살구, 철쭉이 불이 붙은 듯 곱게 붉어 이따금 팔랑팔랑 떨어지려고 하는데, 금빛 은빛 날개를 한 나비는 옷에 붙어 날아가지 않는다. 두 번째 폭은 도연명의 두건을 쓰고 명아주로 만든 지팡이에 종려에서 뽑은 실로 엮은 신발로 벽오동 아래에 기대어 있는 모습이다. 맑은 바람이 천천히 불어와 벼이삭이 흔들흔들하면 온통 푸른빛으로 파도가 치는 듯하다. 세 번째 폭은 송아지를 타고 있는 모습이다. 송아지의 등에는 술병을 걸고 단풍나무 숲과 바위틈을 왔다갔다하는데 사방의 산이 검푸르러 비가 내릴 듯하여 석전(石田) 심주(沈周)와 자구(子久) 황공망(黃公望)의 필의(筆意)가 있다. 네 번째 폭은 산에 내리던 눈이 막 그치고 처마의 고드름이 땅에까지 드리워졌는데, 대로 만든 창에는 휘장을 내리고, 아이로 하여금 화로를 뒤적여 밤을 굽게 한다. 그 아래로 마당에 늙은 잣나무 한 그루가 우뚝 서 있는 것이 내려다보이는데 세한(歲寒)의 자태가 있다. 그 아래 여백에 한 폭의 발문이 적혀 있다.

2 의양자(宜陽子)가 산(山)을 산 지는 오래되었지만 곧 귀거래하지 못하여 한번 성시(城市)로 들어오면 이러한 풍경이 문득문득 꿈에 나타나 이 그림을 그려 때때로 펼쳐 본다. 옛사람의 말 중에 "내 사는 곳에는 산이 없지만 내 눈엔 산이 없었던 적이 없다"라 한 것 또한 이러한 뜻이다.

[1遁村四景圖, 一幅坐池上石床, 焚香展卷, 梅杏躑躅花嫣紅如燒, 時蔌蔌欲墜, 金銀翅蛺蝶撲衣不去. 二幅戴淵明巾, 藜筇椶履, 倚碧梧桐下. 清風徐來, 禾黍卷舒, 有波濤一碧之勢, 三幅騎子犢. 犢背掛酒壺, 往來楓障巖广間, 四山紺黑欲雨, 有黃子久沈石田筆意. 四幅山雪初霽. 檐氷拄地. 竹牕施幔. 令童子撥爐火煨栗, 俯見庭中老柏特立, 有歲寒之姿, 其下餘一幅書跋. 2宜陽子買山已久, 不能便歸. 一入城市, 輒發於夢境, 爲此圖, 時一展觀. 古人有言曰: '吾居無山, 吾目未嘗無山.' 亦此意也.][113]

〈둔촌사경도〉라는 그림은 남공철이 둔촌, 즉 지금의 경기도 성남시 금토동 청계산 기슭에 자리잡고 있는 골짜기와 들판의 사계절을 그린 그림이다. 단락 1은 그 그림을 계절별로 간략하게 묘사한 것이고 단락 2는 〈둔촌사경도〉가 이루어지게 된 경위와 둔촌에 대한 그리움을 기술한 것이다. 그런데 석상(石床)에서 분향(焚香)을 한다든지, 도연명의 두건을 쓰고 명아주 지팡이를 짚고 종려나무 신발을 신고, 송아지 등에 술병을 거는 등의 광경은 모두 속세와는 거리가 있는 것이다.

한편 위 글은 서화발미적 성격이 농후하다는 점도 주목된다. 다른 설명 없이 서두에서부터 각 계절에 따라 그림으로 형상화되어 있는 풍경을 다시 글로 옮기고 있다. 이러한 갑작스런 도입은 남공철의 서화발미에서 어렵지 않게 찾을 수 있는 특징이다. 가령 「홍씨보장재화축(洪氏寶藏齋畵軸)」이라는 서화발미에서 남공철은 "〈용호교(龍虎交)〉는 오도자(吳道子)가 그린 것이고, 〈한무제전렵도(漢武帝田獵圖)〉는 왕역(王繹)이 그린 것이며, 〈오원협접(烏猿蛺蝶)〉은 도군황제(道君皇帝, 徽宗)가 그린

113) 남공철, 「遁村四景圖跋」, 『금릉집』 권13.

것이고 〈관음화(觀音畵)〉는 이공린(李公麟)이 그린 것이다. 〈매죽석(梅竹石)〉은 동파(東坡)가 그린 것이고…"[114]와 같이, 그림과 그 그림을 그린 이를 열거하는 것으로 서두를 열고 있는 것이 하나의 유사한 예가 된다. 서화발미에서 이러한 방식의 글쓰기가 나타난 것은, 남공철에게 서화발미는 때때로 해당 서화와 관련한 정보를 잊지 않기 위해 적어두는 비망록(備忘錄)의 성격도 갖고 있었기 때문이다.[115] 그러한 서화발미의 기술법이 위의 「둔촌사경도발」에서도 나타난 것이다. 〈둔촌사경도〉는 둔촌과 남공철을 이어주기 위한 매개체 역할을 할 뿐이다. 즉 중요한 것은 남공철이 마음으로 되짚어 보는 둔촌의 모습이지 그림 그 자체는 아니다. 고인(古人)의 말이라 하여 인용하고 있는 "내 머무는 곳에는 산이 없지만 내 눈에는 일찍이 산이 없은 적이 없다"[吾居無山, 吾目未嘗無山]라는 표현은 곧 앞서 「삼진첩발-우발」에서 "(가 보지도 않은 화림동) 산수의 경치가 이미 마음속에 갖추어져 있다"는 것과 같은 맥락으로 이해된다. 그림을 이런 방식으로 이해하는 그의 태도는 심주(沈周)의 〈호산권(湖山卷)〉을 두고 지은 다음 서화발미에서도 확인할 수 있다.

> 나는 젊어서부터 은둔의 뜻이 있어 매번 그림 중에 앞선 사람들이 산수를 그린 득의작을 보면 감상하는 것을 그만두지 못하였는데 이제 계남(啓南, 沈周)의 〈호산권(湖山卷)〉을 보니 비로소 이 노인의 가슴속에 구학(丘壑)과 강호(江湖)가 있음을 알겠다. 높은 바위와 깊은 골짜기, 아득하게 일렁이는 안개, 저잣거리 다리와 밭 가운데의 집, 수풀의 정자와 시냇가 암자, 묻고 답하는 어부와 초부, 소요하는 도사와 불승이 모두 내 책상 사이에 있으니 어찌 꼭 작은 가마나 한 척 배로 구름을 뚫고 시내를 건너 눈 힘과 다리 힘을 다 쓴 후에야 얻겠는가. 아래에는 문가(文嘉, 1501~1583)의 견해와 왕세정(王世貞)의 발문이 있다.(괄호-필자)

114) 남공철, 「洪氏寶藏齋畵軸」, 『금릉집』 권23: "龍虎交吳道子筆, 漢武帝田獵圖王繹筆, 烏猿蛺蝶道君皇帝筆, 觀音畵李公麟筆, 梅竹石東坡筆…(하략)"

115) 이러한 이유로 남공철의 서화발미에는 전거를 밝히지도 않은 채 중국의 문헌 가운데서 상당 부분 그대로 인용한 것이 적지 않다. 이에 대해서는 문덕희, 「남공철의 서화관」, 홍익대 석사학위논문, 1994 참조.

[余少有棲遁之志, 每於畵卷中, 見前人得意溪山者, 賞翫不置. 今見啓南湖山卷, 始知此老胸中, 丘壑江湖矣. 山石嵌空, 煙波森渺, 市橋田舍, 林亭溪庵, 漁樵之問答, 仙佛之徜徉, 盡在吾几案之間, 何必理短輿孤棹, 穿雲涉澗, 費盡目力脚力而後得哉! 下有文嘉觀王世貞跋.][116]

남공철이 〈호산권(湖山卷)〉을 심주(沈周, 1427~1509, 자는 啓南)의 득의작이라 평하고, 그 그림을 통해 심주의 가슴속에 갖추어진 산수를 엿보고 있다. 또 남공철은 심주가 그린 그림의 배경이 되는 곳에 직접 가보지는 않았지만 심주가 그린 그림을 통해 심주의 가슴속에 갖추어진 산수를 터득하여 굳이 그곳에 가보지 않고도 남공철 자신의 가슴속에 그곳의 산수를 갖추게 되었다고 하고 있다.

한편 「둔촌사경도발」에서도 탈속적인 경지가 제시되고 있다는 점에서 척독에서 주요하게 다루어지던 아회(雅會)와의 상관성을 생각해 볼 수 있다. 이 제발은 그런데 젊은 시절 남공철이 벗들과의 아취로운 모임을 형상화한 척독과는 약간 달라진 면모를 보인다. 탈속적인 경지를 즐기고자 하는 점은 같지만, 벗들과 함께 고아(高雅)한 취미를 즐기는 것이 아니라 이제 남공철 혼자 고즈넉히 탈속의 경지를 즐기는 것으로 형상화되어 있다. 남공철은 1804년에 모친상을 당하고부터 줄곧 둔촌에 가 머물러 있다가 1806년에 탈상하고 나서 다시 조정으로 복귀, 각조 판서를 지내고 동지정사로 연경에 다녀오기도 하는 등 바쁜 관직 생활을 하게 된다. 「둔촌사경도발」이 지어진 것은 1807년 내지 1808년경으로 보이는데, 이 즈음에 그가 쓴 다른 글들, 이를테면 「옥경산장기(玉磬山莊記)」나 「둔촌제승기(遁村諸勝記)」 등과 같은 글에는 더 이상 벗들과 아회(雅會)를 약속하거나 그것을 동경하는 징후를 찾아볼 수 없고 단지 남공철 혼자서 탈속적인 경지에서 소요하거나 한가로이 지내는 생활상을 형상화하고 있을 따름이다. 이는 순조조에 들어서 심상규(沈象奎)나 김조순(金

116) 남공철, 「沈周湖山卷綃本」, 『금릉집』 권24.

祖淳), 이만수(李晩秀) 등 동년배의 벗들이 외부와 철저히 차단되어 있는 저택을 경영하던 것과 크게 다르지 않은 맥락에서 이해할 수 있는 문제라 생각된다. 즉 18세기에는 일련의 고동서화 취미가 집단적으로 향유되었다면 19세기에 들어서면서 도회의 가운데에서 속세와 단절된 아취를 개별적으로 향유하는 양상이 전개된 것이다.

이상 남공철의 척독과 제발 가운데 주요한 작품에 대한 분석을 통해 그의 척독과 제발의 특징에 대해 살폈다. 아회(雅會)의 형상화 등을 통해 아취(雅趣)를 추구한 것은 척독에 집중적으로 나타나는 양상이며 와유(臥遊)의 정취에 대한 것은 주로 제발을 통해 확인할 수 있었다. 벗과의 만남과 이별을 소재로 하고 거기에서 느끼는 감회를 표출한 것은 척독이나 제발 모두에서 확인할 수 있었다.

젊은 시절 남공철의 소품 취향은 척독에서든 제발에서든 어렵지 않게 찾아볼 수 있다. 남공철의 척독과 제발은 주로 그의 젊은 시절에 집중적으로 창작되었는데, 이는 그가 젊은 시기에 고동서화 취미에 몰두하는 한편 이덕무 등과의 교유를 통해 원굉도나 김성탄의 글을 접하고 그것을 애호하여 소품 취향에 젖어든 결과다. 비록 중년기 이후에도 아취(雅趣)로운 '중은(中隱)'을 실천함으로써 아취 추구 성향을 이어가기는 하지만 그때의 아취 추구는 개별적으로 이루어진 것이고, 척독과 제발에 드러나는 이러한 집단적 고동서화취미 향유 양상은 그의 청년기의 작품에 국한되어 나타나는 특징이라 할 수 있다.

제4장 전(傳)과 비지(碑誌)의 인물 형상

전(傳)은 행장(行狀)과 더불어 흔히 '전장류(傳狀類)'로 칭해진다. 비지(碑誌)는 묘갈(墓碣) · 묘표(墓表) · 묘지(墓誌) 등의 묘도문자를 통칭하는 이름이다.[1] 문체 이름으로서 '전장'과 '비지'가 사용된 것은 요내(姚鼐, 1732～1815)의 『고문사유찬(古文辭類纂)』이 최초이며 이후 오증기(吳曾祺, 1851～?)의 『함분루고금문초(涵芬樓古今文鈔)』에서도 문체 분류 항목으로 전장과 비지를 나란히 들고 있다. 그런데 요내에 앞서 이미 청초(淸初)의 저흔(儲欣, 1631～1706)은 『당송십대가유선(唐宋十大家類選)』을 편찬하면서 전장류와 비지류를 한데 묶어 '전지류(傳志類)'라 칭한 바 있으며, 증국번(曾國藩, 1811～1872) 또한 『경사백가잡초(經史百家雜鈔)』에서 전장류와 비지류를 '전지(傳志)'라는 용어로 칭한 바 있다. 이처럼 '전장'과 '비지'는 둘 다 인물의 행적을 기록하는 문체라는 점에서 청초(淸初)부터 한데 묶어 칭한 예가 있거니와, 전장과 비지를 별도의 항목으로 나누더라도 그 둘은 서로 유사한 문체라고 인식되어 왔다.[2]

전은 기술 주체와 입전 대상에 따라 사전(史傳)과 사전(私傳)으로 나누기도 한다. 사전(史傳)은 사관(史官)이 공적인 입장에서 공적인 입전 인물의 선악과 현부(賢否), 공적을 객관적으로 기술하는 글이고, 사전(私

---

1) 碑誌類에는 宮室神廟碑 등과 같이 인물을 대상으로 하지 않은 글도 포함되어 있어 비지류를 무조건 묘도문자로 보는 데에는 이론의 여지가 있다. 남공철의 비지문 또한 「羅井碑」 · 「雞林遺墟碑銘」 · 「表訓寺橋碑」 등과 같이 인물을 대상으로 하지 않은 것을 포함하고 있다. 그러나 비지의 본령은 인물을 대상으로 한 것이므로 본고에서는 비지를 묘도문자, 그 가운데 특히 묘지명에 한정하여 살피고자 한다.

2) 姚鼐나 儲欣 모두 傳狀과 碑誌를 나란히 제시하고 있다.

傳)은 문인·학사가 사사로운 입장에서 입전 인물의 행적을 포폄의식과 연민의 마음으로 서술하여 입전 인물의 가치를 확인하고 표창하는 데 주안을 두는 글이다.[3] 전장류에 속하는 행장은 전과 달리 사관(史官)에게 올리거나 비지문 청탁을 위해,[4] 혹은 의시(議諡)를 위해 짓는 것으로 죽은 이의 세계(世系)·명자(名字)·작리(爵里)·행업(行業)·수년(壽年) 등을 최대한 자세히 기록하는 글이다.[5] 또한 대상 인물에 대한 포폄(褒貶)이 이루어지는 전(傳)과 달리 행장은 대개 망자의 친한 친구나 망자의 자제들의 손에서 이루어지는 것이어서 대상 인물의 가언선행(嘉言善行)만을 기술하고 이론의 여지가 있는 것은 꺼리어 쓰지 않는다.[6] 『금릉집』에는 두 편의 행장과 세 편의 시장(諡狀)이 수록되어 있는데, 이 글들 또한 낱낱의 사실을 평면적이고 구체적으로 기술하는 행장 일반의 성격에서 크게 벗어나고 있지 않다. 그에 반해 『금릉집』 소재 전은 비록 세 편에 불과하지만 높은 문학적 성취를 보이고 있기에 본고에서는 남공철의 전장(傳狀) 가운데 전(傳)을 주된 논의 대상으로 삼고자 한다.

---

3) 전의 장르적 성격에 대해 박희병은 "文人·學士가 사사로운 입장에서 사실을 바탕으로 주로 一士人의 행적을 포폄의식과 연민의 念으로써 서술하여 역사에 길이 전하고자 하는 교술산문으로, 例話를 통해 입전 인물을 일방적으로 부각시키면서 그 가치를 확인하고 표창하는 데에 주안을 두는 장르"라고 정의한 바 있다. 물론 이는 私傳에 대한 정의이며 史傳은 이와 다르게 정의될 수 있지만 私傳과 史傳의 거리는 가변적이어서 그에 대한 정의가 작품의 실상과 항상 부합하는 것은 아니다. 전의 장르적 성격에 대해서는 박희병, 『朝鮮後期 傳의 小說的 性向 硏究』, 성균관대 대동문화연구원, 1993, 19~40면 참조.

4) 행장이 碑誌 및 史傳을 서술하는 기반 자료가 된다는 점과 관련, 奇正鎭의 다음 언급이 주목된다. "正鎭聞行狀者, 銘誄史傳之權輿也. 太上嗚呼延陵季子之墓, 其次狀其行, 行狀差則銘誄史傳皆差矣."(「書李氏先狀後」, 『蘆沙集』 권24)

5) 馮書耕·金仞千, 『古文通論』中, 國立編譯館中華叢書編纂委員會, 1979, 663면.

6) 민병수, 『韓國漢文代表作評說』, 태학사, 2000, 61면. 행장은 문학성이 아예 없다고 할 수는 없지만 傳이나 여타 묘도문자에 비해 대체로 문학적 성취도가 낮은 것이 사실이다. 행장을 지을 때 문장성취능력은 큰 고려 대상이 아니었고 그 성격상 애초에 문학적 완성도를 목표로 하는 장르가 아니었다. 따라서 행장은 傳이나 文名 있는 문인이 짓는 묘지명 등의 묘도문자와 단순 비교할 수 없다. 이와 관련해 이경하는, 행장의 가치를 문예물로서의 완성도나 문학적 성취에서 찾는 것은 불합리하고, 일상의 구체성이나 규범화된 언술 이전의 진정성에서 그 가치를 찾아야 한다고 한 바 있다. 행장을 바라보는 의미 있는 시각이라 생각한다. 이에 대해서는 이경하, 「亡室行狀類 연구」, 『한국문화』 40, 규장각한국학연구원, 2007 참조.

한편 묘도문자로 일컬어지는 비명(碑銘)·묘갈(墓碣)·묘지(墓誌)·묘표(墓表) 등은 글쓰기 방식에 따른 분류라기보다는 용도에 따른 분류라 할 수 있다. 비명·묘갈·묘표는 돌에 새겨 무덤 앞에 세우는 것이며, 묘지는 돌에 새겨 땅속에 묻는 것이다. 그런데 이러한 용도의 차이가 그 서술의 차이, 글쓰기 방식의 차이를 야기했다. 지상에 세워야 했던 비명·묘갈·묘표 등은 비록 공식적인 것이 아니라 할지라도 많은 이들에게 '공개'되고, 편폭의 제한을 두었기에 땅에 묻는 묘지에 비해 상대적으로 공적(公的)인 성격을 띠게 되어 공식적인 서술의 틀에서 크게 벗어나기 어려웠다. 반면 땅에 묻는 묘지 등은 앞의 것들에 비해 상대적으로 서술의 폭이 자유로웠다고 할 수 있다. 묘주와 작자가 공유하던 사적인 경험에 대한 서술이라든지 묘주에 얽힌 구체적 일화는 대부분 묘지나 장지(葬誌), 광지(壙誌) 등처럼 땅에 묻는 글에서 주로 발견되는 것도 이러한 이유 때문이다. 또한 땅에 묻는 묘지류는 서술의 상대적 자율성이 확보된다는 점에서 문인들의 창작 동기를 일정하게 자극했을 가능성이 높다.

이러한 용도상의 특성과 함께 묘지의 성격에 영향을 주는 다른 요인으로 청탁 여부를 들 수 있다. 묘도문자는 일반적으로 묘주의 자손이나 친척이 문명(文名) 높은 이를 찾아가 청탁하는 과정을 거쳐 이루어진다. 청탁 행위는, 청탁을 받는 문인의 입장에서는 자신의 문명(文名)을 인정받고 있음을 확인하는 과정이라는 점에서 사회적 영예가 인정되는 것이고, 그러한 문인에 의해 이루어진 묘도문자를 받는다는 것은 청탁하는 쪽에서도 영광스러운 일이다. 즉 청탁의 과정을 통해 묘도문자를 창작하는 것은 일종의 사회적 활동으로 볼 수 있다. 또 청탁 과정이 있다는 것은 앞으로 이루어지게 될 묘도문자의 성격을 어느 정도 제한한다는 의미를 지니기도 한다. 더군다나 청탁 과정에서 묘도문자 제작의 자료로 활용되는 행장은 망자의 행적을 긍정적인 입장에서만 서술하는 게 일반적이다. 이 때문에 행장을 활용하여 짓는 묘도문자는 이미 묘주의 공업을 칭송하는 내용을 전제하고 있다고 할 수 있다. 이광사(李匡師)가 지적하였듯 우리나라에서는 인정(人情) 때문에, 비지를 지을 때 한 글자 한 글자를 쓸 때마다 청탁하는 쪽을 신경 쓰지 않을 수 없어 묘주를 칭송하는 내용 일변도로 비지를 작성하던 관습이 만연했다.[7)]

반면 문인 개인의 창작 욕구에 의해 청탁 과정 없이 짓는 묘도문자는 굳이 묘주의 덕업을 일일이 나열하는 글로 지을 필요가 없었다. 이 때문에 청탁 없이 이루어진 묘도문자(주로 묘지)는 문인 개인의 창작 동기에 의해 창작된 것이기에 천편일률적인 여느 묘도문자와는 달리 기본적으로 어느 정도의 문학성을 확보할 수 있었다.[8)] 또한 조선후기에 들어서 청탁 없이 이루어지는 묘지명, 즉 그 실용성이 퇴색되고 문학성이 제고된 묘지명이 나타나면서 묘지명 수요층의 인식도 달라지게 되었다.[9)]

남공철의 묘도문자는 비명(碑銘), 묘갈(墓碣), 묘표(墓表), 묘지(墓誌) 등이 전하는데, 이 가운데 비명이나 묘갈, 묘표는 제한된 공간에 새겨넣어야 하는 데다가 묘지(墓誌)에 비해 공적인 성격이 강하기에 주로 대상 인물의 세계(世系)와 행력(行歷) 등을 압축적·평면적으로 제시하는 데 머무르고 있다. 반면 묘지(墓誌)는 남공철의 묘도문자 가운데 가장 많은 편수를 차지하기도 하거니와 청탁 과정 없이 지은 글이 청탁에 의해 지은 것보다 수적으로도 우세하다. 즉 남공철의 묘도문자 가운데 그 자신이 문인으로서의 창작 동기에 의해 집중적으로 창작한 것은 바로 묘지

---

7) 李匡師, 「讀南豊寄歐陽舍人書」, 『圓嶠集』 권8: "盖東俗就人情太勝, 且畏忤於人, 雖有氣節自厲者, 不敢如韓漂載載還婢幣. 碑誌將以傳後, 而此何足以傳. 今玆所請, 唯以文簡語直爲事, 一字無以循人情低仰也."

8) 「同知中樞府事安君墓誌」에서 남공철은 묘주 安命觀에 대해 貶懲 일변도로 기술하고 있는데, 이는 청탁의 과정이 없고 실제 묘에 묻을 것을 전제로 하여 지은 것이 아니기 때문에 가능했던 것이다.

9) 이제 묘지명을 청탁할 때, 굳이 땅속에 묻지 않더라도 문학성이 높은 글을 요구하는 수요자들이 나타나게 된 것이다. 조선후기에는 이렇게 땅에 묻지 않을 것을 전제하고 청탁하여 이루어진 묘지가 상당수 발견된다. 왜 실용성이 퇴색된 묘지를 요구하는 이들이 많아졌으며, 그러한 수요자들의 묘지에 대한 인식이 이전 시기와는 어떻게 달라졌는가에 대해서는 별도의 논의가 필요하다.

혹은 묘지명이라 할 수 있다.

1. 개관

1) 전(傳)·비지(碑誌)의 창작 양상과 전반적 특징

『금릉집』에는 모두 세 편의 전(傳)이 수록되어 있다. 시인이자 화가였던 김용행(金龍行, 1753～1778)을 입전한 「김순필전(金舜弼傳)」, 여항 화가 최북(崔北, 1712～1786)을 입전한 「최칠칠전(崔七七傳)」, 임진왜란 때 의병장으로 활약한 장수 권응수(權應銖, 1546～1608)를 입전한 「권충의공전(權忠毅公傳)」이 그것이다. 남공철이 예인에 대한 전을 짓게 된 직접적인 요인은 그 자신이 서화에 큰 관심을 갖게 되면서 그러한 취향으로 인해 입전 인물들과 직접 교유한 데다가 입전 인물들에 대한 강한 연민의식이 있었기 때문이다. 그뿐만 아니라 부친 남유용의 영향도 무시할 수 없다. 남유용 역시 화가 김명국(金命國, 1600～?), 음악가 김성기(金聖基, ?～?)와 같은 예인(藝人)에 대한 전을 남겼다. 그러한 예인들은 다 중인층에 속했고, 비록 남유용이 그들과 직접 교유한 것은 아니지만[10] 그 자신이 중인층과 허물없이 어울렸으며 그러한 점이 남공철에게도 영향을 미쳤을 것으로 보인다. 남공철이 최북이나 이단전 등과 허물없이 교유하게 된 것도 어려서 그가 목도한 부친의 교유망, 그리고 부친의 문집에 전하는 그들 중인층에 대한 전(傳)이 다소간 영향을 미쳤을 가능성이 있다. 또 예인이 아닌 권응수를 입전한 글은, 사마천의 「항우본기(項羽本紀)」나 『통감(通鑑)』을 본받아 지은 것으로 이 글에서 남공철은 권응수의 전술 운용의 묘를 박진감 있게 형상화하고 있다. 창

10) 남유용은 鄭來僑(1681～1759)의 전언을 통해 그들에 대한 전을 지었다. 남유용이 지은 중인층에 대한 전에는 시인 林俊元(?～1697)에 대한 것도 있다.

작 시기나 창작 동기가 분명하지는 않지만 글의 대부분이 전쟁 장면을 구체적으로 형상화하는 데 할애하고 있어 역시 다양한 에피소드를 구체적으로 형상화한 「최칠칠전」과 비슷한 시기에 지은 것일 가능성이 높다. 「김순필전」은 1788년 이전, 「최칠칠전」은 1788년에 지어졌으며[11] 「권충의공전」 역시 비슷한 시기에 지은 것으로 본다면 『금릉집』에 수록되어 있는 남공철의 전은 모두 그가 20대에 지은 것이라 할 수 있다.

한편 『금릉집』에는 묘도문자로서 14편의 비명(碑銘)과 8편의 묘갈(墓碣), 21편의 묘지(墓誌),[12] 14편의 묘표가 수록되어 있다. 앞서 언급한 바 있듯이 비명이나 묘갈, 묘표는 모두 비석에 새겨 지상에 세우던 것이고 청탁의 과정이 중시되어 정형화된 기술에서 벗어나기 어려웠다. 남공철의 비명·묘갈·묘표 또한 이러한 묘도문자 일반의 특성에서 벗어나지 않고 있다. 그의 묘도문자 가운데 특히 주목되는 것이 바로 묘지명(墓誌銘)이다. 청탁 과정이 없고 땅에 묻지 않은 글들이 적잖이 발견된다는 점에서 그렇다. 본고에서는 남공철의 묘도문자 가운데 묘지명을 중점적으로 고찰하도록 한다. 남공철 묘지명의 전반적인 특성을 살피기 위해 우선 『금릉집』 권17에 수록되어 있는 21편의 묘지명의 주요 내용을 정리하면 다음과 같다.

---

11) 「최칠칠전」은 남공철의 벗 權常愼의 문집인 『서어유고』에 잘못 끼어들어 수록되어 있는데, 권상신의 문집에는 이 글이 己酉年, 즉 1788년에 지은 것으로 되어 있다. 최북이 죽은 것이 1786년이므로 1788년에 이 글이 이루어졌다는 기록은 신빙성이 높다고 하겠다.

12) 墓誌銘은 본디 銘이 핵심적인 역할을 하였고 墓誌는 그 서문에 해당하는 것으로 흔히 幷序라 칭해져 부수적인 역할을 하였다. 그러나 후대로 올수록 銘보다 墓誌가 더 중시되었다. 우리나라에서는 조선조에 들어서면서 그러한 인식 변화가 문집에 반영된 것으로 보이는데, 이에 대해서는 좀 더 세밀한 고찰이 필요하다. 남공철 역시 『금릉집』에서 墓誌와 墓誌銘을 수록한 卷17에 '墓誌'라는 편목명을 사용하고 있거니와 본고에서 칭하는 '墓誌'라는 명칭은 墓誌와 墓誌銘을 아우르는 것이며, '묘지'와 '묘지명'을 별도로 구분하여 칭하지 않음을 밝혀 둔다.

〔표7〕『금릉집』 소재 묘지명 일람표

	제목	묘주	주요 내용
①	弘文館直提學知製敎南公墓誌銘	南褒 (1489～1570)	기묘사화를 일으킨 남곤(南袞)의 형 남포(南褒)에 대한 묘지명. 포(褒)는 조광조를 두둔하였으나 그 아우 곤(袞)이 조광조를 해하는 바람에 의(義)와 우애(友愛) 사이에서 고심하다가 유랑(流浪)하던 일을 기록하고 있다.
②	贈弘文館副提學兼經筵參贊官春秋館修撰官行司憲府持平蔡公墓誌銘	蔡聖龜 (1605～1647)	정묘호란과 병자호란 때 척화(斥和)를 내세운 채성귀(蔡聖龜)에 대한 묘지명. 그의 행력을 자세히 서술하고 최명길(崔鳴吉)이 주화(主和)를 내세우자 그에 강하게 반발하며 상소를 올려 척화를 내세운 일화 등을 제시하고 있다.
③	贈吏曹參議行木川縣監成公墓誌銘	成僩 (1664～1719)	이현일(李玄逸)에게서 배우고 후에 이현일을 배척하다가 유배된 성한(成僩)에 대한 묘지명. 성한과 이현일의 대립 양상을 문제 삼고 있다.
④	贈司憲府持平韓公墓誌銘	韓尙箕 (1687～1756)	진사(進士)로서 대보단(大報壇)에 배향된 한상기(韓尙箕)에 대한 묘지명. 묘주가 특별한 행적을 남긴 것은 아니지만 지극히 간절하고 인상적인 묘지명 청탁 과정을 부각하여 서술하고 있다.
⑤	高祖考知中樞府事…贈謚文憲公府君墓誌銘	南龍翼 (1628～1692)	남공철의 고조부 남용익에 대한 묘지명. 희빈장씨(禧嬪張氏)의 아들 윤(昀, 경종)을 원자로 삼는 것이 지나치게 이르다 하여 남인 세력과 대립하던 일을 중점적으로 기술하고 있다.
⑥	伯父太華先生墓誌銘	南有常 (1696～1728)	남공철의 백부(伯父) 남유상(南有常)에 대한 묘지명. 이광좌(李光佐)와 대립하던 일, 아우 남유용과의 우애 등에 대해 집중적으로 서술하고 있다.
⑦	同知中樞府事安君墓誌	安命觀 (1725～1778)	은광 사업과 제방 축조 사업으로 가산을 탕진하고 유랑한 안명관(安命觀)에 대한 묘지. 안명관을 허영심 많은 인물로 형

			상화하면서 폄징(貶懲) 일변도로 기술하고 있는 점이 주목된다.
⑧	僉知中樞府事鄭公墓誌銘	鄭錫基 (1722～1797)	남공철의 족형(族兄)인 남공혁(南公赫)의 장인 정석기(鄭錫基)에 대한 묘지명. 묘주의 효성과 순실(純實)한 면모를 부각시키고 있다. 남공혁의 청탁에 의해 이루어졌다.
⑨	南君山墓誌銘	南有衡 (1715～1778)	남공철의 족숙(族叔) 남유형(南有衡)에 대한 묘지명. 벼슬하지 않고 가난하게 지내면서 시 짓는 데 힘썼던 점, 세상에 영합하지 않았던 묘주의 절개에 초점을 맞추어 기술하고 있다.
⑩	石居士墓誌銘	石繼祖 (1593～1633)	명말(明末)에 난을 피해 승려 휘정(徽貞)과 조선으로 건너와 숨어 지낸 석계조(石繼祖)에 대한 묘지명. 묘주가 휘정과 조선으로 건너오는 과정, 조선에 정착하는 과정, 묘주 사후 휘정이 다시 찾아와 묘주의 성명이 비로소 알려지게 된 사정 등이 기술되어 있다. 묘주의 현손인 한영(漢英)의 청탁에 의해 이루어졌다.
⑪	學生南君墓誌銘	南星耉 (1753～1796)	남공철의 종질(從姪)인 남성구(南星耉)에 대한 묘지명. 남성구가 시문과 글씨에 능했던 점, 특히 남성구의 독서법에 대해 자세히 소개하고 있다.
⑫	眞樂先生墓誌銘	南有斗 (1725～1798)	남공철의 족숙(族叔) 남유두(南有斗)에 대한 묘지명. 나무꾼으로 자처하며 향리에 살던 묘주의 소박한 생활상을 구체적으로 묘사하고 있다. 후에 전(傳)으로 개작하여 『귀은당집』에 재수록했다.
⑬	朴山如墓誌銘	朴南壽 (1758～1787)	절친한 벗 박남수에 대한 묘지명. 자신의 신념을 꺾지 않는 묘주의 면모가 부각되어 있다. 이덕무・박제가 등과 함께 모여 박지원이 낭독하던 『열하일기』를 듣다가 박남수가 취중에 이를 불사르려 했던 일화 등이 수록되어 있다.

⑭	黃生墓誌銘	黃相雨 (1776~1793)	남공철의 벗 황종오(黃鍾五)의 아들로 열여덟의 나이에 요절한 황상우(黃相雨)에 대한 묘지명. 어린 나이에도 언행에 신중했으며 부친의 잘못을 직접 간하지 않고 얼굴빛으로 드러내 간했던 일 등을 서술하고 있다.
⑮	從氏象靈居士墓誌銘	南公佐 (1740~1781)	남공철의 종형(從兄)인 남공좌(南公佐)에 대한 묘지명. 당시 소단(騷壇)에서 원굉도와 경릉파를 본받고 있던 시풍(時風)을 일신(一新)한 점 등을 기술하고 있다.
⑯	孺人申氏墓誌銘	孺人申氏 (1760~1779)	남공철의 벗 박남수(朴南壽)의 부인 신씨(申氏)에 대한 묘지명. 박남수와 파혼할 뻔한 사정, 며느리와 아내로서의 묘주의 면모 등을 구체적으로 드러내고 있다.
⑰	淑人趙氏墓誌	淑人趙氏 (?~1786)	남공철의 외종형수 조씨(趙氏)에 대한 묘지명. 가난하게 생활하면서도 항상 밝은 모습으로 내조했던 숙인조씨를 기리고 있다. 구양수의 「남양군현사씨묘지명(南陽郡縣謝氏墓誌銘)」을 의방(依倣)하여 지은 것이다.
⑱	孺人南氏壙誌	孺人南氏 (1745~1783)	남공철의 조카 남씨(南氏)에 대한 광지(壙誌). 묘주가 그 조부 남유용을 아버지처럼 친근하게 대했던 일, 세속적 가치를 염두에 두지 않았던 일 등을 기술하고 있다.
⑲	淑人南氏墓誌銘	淑人南氏 (1724~1792)	남공철의 막내 고모 남씨(南氏)에 대한 묘지명. 묘주는 남편 이규량(李奎亮)을 따라 죽었으며, 묘주의 며느리로서의 효, 아내로서의 정절, 어머니로서의 자애로움에 해당하는 일화를 제시하고 있다.
⑳	先妣墓誌	安東金氏 (1733~1804)	남공철의 모친 안동김씨(安東金氏)에 대한 묘지. 모친의 인(仁)에 초점을 맞추고 있으며 부인으로서 임금으로부터 불세지은(不世之恩)을 입은 점도 부각시키고 있다. 구양수의 「상강천표(瀧岡阡表)」를 의방(依倣)하여 지은 것이다.

㉑	淑人吳氏墓誌銘	淑人吳氏 (1716～1780)	남공철의 종형(從兄) 남공필(南公弼)의 아내이자 오윤상(吳允常)의 고모인 오씨(吳氏)에 대한 묘지명. 묘주의 여사(女士)로서의 풍모를 중점적으로 드러내는가 하면 그 딸의 효까지 함께 드러내고 있다.

남공철이 지은 묘지는 묘주의 성격에 따라 크게 ①～⑧, ⑨～⑮, ⑯～㉑의 세 부류로 나누어 볼 수 있다. ①～⑧은 모두 남공철보다 앞선 시기를 산 이들에 대한 묘지로, 남공철의 선조(先祖)에 대한 것(①·⑤·⑥)이거나 청탁에 의해 지은 것(②·④·⑧)이 대부분을 차지하고 있다. ⑨～⑮는 ⑩을 제외하고 모두 남공철과 동시대를 산 인물들을 대상으로 한 것이다. 청탁 과정이 없거나 청탁 과정이 창작 동기에 크게 영향을 미치지 않은 것들이다.[13] 즉 이 부류의 묘지명은 대부분 남공철의 창작 동기가 강하게 작용하여 남공철 자신의 직접 경험을 토대로 지은 것들이라 할 수 있다. 한편 ⑯～㉑은 모두 부인에 대한 묘지명으로 작품을 짓게 된 동기에 청탁 여부가 중요하게 작용하는 것도 있고 그렇지 않은 것도 있다. 밖으로 드러나지 않은 여성에 대한 묘지명이라는 점에서 근거를 무척 중시하는 태도를 보이고 있다.

그런데 이처럼 묘주의 성격에 따라 남공철의 묘지를 세 부류로 분류한 것은 바로 남공철 자신이었다. 이들 묘지명은 각각 ①(?)→⑧(1802년경), ⑨(1779년경)→⑮(1805), ⑯(1779년경)→㉑(1805년경)의 순으로 지어졌다. 이렇게 자신의 묘지명 전체를 창작 시기에 따라 일률적으로 편차하지 않고 세 부류로 나누어 편차한 것은 이미 남공철 자신이 묘주의 성격에 따라 ①～⑧, ⑨～⑮, ⑯～㉑을 서로 다른 부류로 인식하

13) ⑩「石居士墓誌銘」의 묘주는 남공철과 동시대인은 아니지만 "余竊悲居士之志, 而至世之知其事, 則自徽貞始, 故於墓道之文, 屢致意焉者, 欲幷傳徽貞於世也. 譚者謂銘誌而備史體, 知言哉"라는 서술에도 드러나듯이 묘주에 대한 연민의식과 일실될 사건을 전하고자 하는 역사의식으로 지은 글이다.

였기 때문이다. 이 가운데 ④·⑧·⑮·⑳·㉑ 등은 40대에 청탁에 의해 부득이해서 지은 것이다. 그 나머지는 모두 20대 내지 30대 초반에 걸쳐 이루어진 것이고 『금릉집』에 수록되어 있는 세 편의 전(傳) 또한 모두 30대 이전에 이루어진 것들이라는 점에서 전과 묘지명 또한 남공철이 주로 젊은 시절에 힘을 기울여 창작했던 것으로 보인다.

①~⑧의 묘지는 청탁에 의해 지은 것이 많으며 창작 과정에서 전적으로 전문(傳聞)이나 기록에 의거하여 지은 것이다. 이러한 까닭에 이 부류의 묘지는 묘주의 덕업(德業)을 위주로 서술하는 평범한 작품일 것이라 여길 수 있는데 실상은 그렇지 않다. 이 부류의 묘지들 가운데 ①·②·③·⑤·⑥ 등 대부분의 글에서 주축을 이루고 있는 것은 묘주의 덕업(德業)이 아니라 내적 갈등과 외적 갈등 등 묘주의 '갈등'이다. 또한 그 '갈등'이 단편적인 삽화로 제시되는 데 그치지 않고 글 전체가 어떤 하나의 갈등을 축으로 전개되고 있다. 가령 ①의 묘주 남포(南褒)는 조광조에 대한 의(義), 그리고 아우 곤(袞)과의 우애 사이에서 갈등하고 있으며, ②의 묘주 채성귀(蔡聖龜)는 척화의 입장에서 주화(主和)를 주장하는 최명길 등과 대립하고 있다. ③의 묘주 성한(成僩)은 한때 스승으로 삼았다가 배척하게 된 이현일(李玄逸)과, ⑤의 묘주 남용익은 남인 세력과, ⑥의 묘주 남유상(南有常)은 이광좌(李光佐)와 대립하고 있다. 이상의 글들은 묘지가 갖추어야 할 최소한의 요건이라 할 수 있는 족계관현(族系貫縣)이나 수년(壽年) 등의 정보를 포함하고 있지만 묘주의 공덕을 중심으로 서술하기보다는 묘주의 자기 신념을 지키려는 태도가 강하게 부각되어 내적 갈등에 시달리거나 외부와 대립, 갈등하는 양상이 주요하게 부각되어 있다. 특히 성한(成僩)의 묘지명인 ③은 그 도입부에서 묘주에 대한 인정(人定)이나 묘지 청탁 과정 등에 대한 설명이 전혀 없이 처음부터 인현왕후가 손위(遜位)하고 민암(閔黯)과 이현일(李玄逸) 등이 득세하게 된 정황에 대해 서술하여, 묘지로서는 다소 특이한 서술을 보이고 있다. 남공철의 고조부 남용익에 대한 묘지인 ⑤도 마찬

가지다. 희빈 장씨가 왕자를 낳아 그 이듬해 왕자를 원자로 삼으려 하자 남용익이 숙종 앞에서 이를 굳이 반대하던 일이 객관적 공업(功業) 대신 서술의 중심에 놓여 있다.

이상의 묘지명에서 묘주의 내적 갈등이나, 외부와의 대립으로 갈등이 빚어지는 이유는 묘주의 강한 자기 신념 때문이다. ⑨~⑮의 묘주들 또한 마찬가지다. 특히 ⑨의 남유형(南有衡), ⑫의 남유두(南有斗), ⑬의 박남수(朴南壽), ⑮의 남공좌(南公佐)와 같은 묘주들은 자기 신념을 굳게 지키려는 태도 때문에 세상과 화합하지 못하였고, 남공철은 그러한 인물들이 세상과 갈등을 빚는 양상에 주목하여 그들의 절조(節操)를 주요하게 부각시키고 있다. 이 부류의 묘주들은 남공철과 가까이 지내던 이들이 대부분이었기 때문에 평소 직접 보고 들은 것을 토대로 작성하여 생동감 있는 형상화에도 성공하고 있다. 특히 박남수의 묘지명은 「최칠칠전」과 함께 남공철의 대표작으로 꼽을 수 있을 만큼 생동하는 인물 형상을 보이고 있다.

⑯~㉑의 묘지명은 모두 부인(婦人)을 대상으로 하고 있다. 이 가운데 ⑱과 ⑳을 제외하고는 모두 청탁에 의해 지은 것이다. 자발적으로 지은 ⑱과 ⑳의 묘주는, 여타 부인 묘지명의 묘주에 비해 남공철과 친밀한 관계에 있던 이들이다. 남공철 자신보다 나이 많은 조카인 ⑱의 묘주는 어려서부터 남공철과 함께 자란 사이이고 ⑳의 묘주는 남공철의 모친 안동김씨다. 그 나머지, ⑯의 묘주는 남공철의 절친한 벗 박남수의 아내 평산신씨(平山申氏)이고 ⑰의 묘주는 남공철의 외종형수 순창조씨(淳昌趙氏), ⑲의 묘주는 남공철의 고모인 의령남씨(宜寧南氏), ㉑의 묘주는 남공철의 종형수이자 오윤상의 고모인 해주오씨(海州吳氏)다. 이처럼 남공철이 지은 부인 묘지명의 묘주들은 모두 매우 가까운 이의 아내이거나 지친이다. 남성 묘주 묘지명과 달리 여성 묘주 묘지명은 청탁의 과정이 있더라도 대개는 같은 집안의 여성이나 절친한 벗의 부인, 모친에 한해서만 지었다.

남공철이 지은 여성 묘주 묘지명에서 형상화되고 있는 여성은 모두 전통적인 여성상에서 벗어나지 않는다. 그러면서도 특히 여사적(女士的) 면모를 중점적으로 부각시키고 있으며 형상화 방식에 있어서도 전언(傳言)을 재연(再演)하거나 핵심 일화를 활용하는 등 주목할 만한 특징이 보인다.

2) 전(傳)·비지(碑誌)에 대한 장르 의식과 장르 교섭

전장(傳狀)과 비지(碑誌)는 인물의 행적에 대한 기록이라는 점, 사실을 중시한다는 점 때문에 일찍부터 서로 유사한 장르로 인식되었다. 전장과 비지 가운데 특히 문제가 된 것은 전(傳)과 묘지(墓誌)다. 전과 묘지의 차이는 다음과 같이 요약될 수 있다. 첫째, 전은 다른 이의 청탁에 의해 짓기보다 작자 스스로 짓는 경우가 많은 반면 묘지는 대부분 청탁을 받아 짓는다. 둘째, 전은 작자의 규범의식에 따라 입전인물에 대한 포폄을 비교적 자유롭게 할 수 있는 반면, 묘지는 작자의 규범의식과는 별 상관 없이 대개 묘주에 대한 칭송으로 일관한다. 셋째, 전은 입전인물의 품성과 재능을 드러내기 위해 주로 일화를 통해 구체적 사례를 들어가며 자세히 서술하는 반면, 묘지는 묘주의 일생 동안의 행적을 공적 중심으로 최대한 압축해서 서술한다.[14]

그런데 일반적으로 인정되어 온 이러한 전과 묘지의 차이점으로 남공철의 전과 묘지를 설명하다 보면 적잖은 문제에 봉착하게 된다. 우선 남공철의 묘지 가운데 청탁 과정이 없이 스스로의 창작 동기에 의해 지은 것이 상당수 존재한다.[15] 그리고 남유두(南有斗)의 평소 생활 태도를

---

14) 이상 전과 묘지의 장르적 차이에 대해서는 박희병, 『朝鮮後期 傳의 小說的 性向 硏究』, 성균관대 대동문화연구원, 1993, 24~25면; 황의열, 「韓國 碑誌類 硏究」, 성균관대 박사학위논문, 1996, 19~20면 참조.

15) 「眞樂先生墓誌銘」·「同知中樞府事安君墓誌」·「孺人南氏壙誌」·「石居士墓誌銘」·「學生南君墓誌銘」·「從氏象靈居士墓誌銘」 등은 명백하게 청탁 과정 없이 작자의 창작 동기에 의해 지은 것들이고, 이 밖에도 형식적인 청탁 과정이 있으나 그것이 형식적인 표지로 제시된 것

우스꽝스럽게까지 제시한 「진락선생묘지명(眞樂先生墓誌銘)」이나 안명관(安命觀)의 허영을 폄징 일변도로 기술한 「동지중추부사안군묘지(同知中樞府事安君墓誌)」 등과 같이, 묘주에 대해 칭송으로 일관하지 않은 묘지들도 존재한다. 또한 남공철이 지은 대부분의 묘지에는 구체적 일화가 제시되고 있으며, 그것이 작품에서 중요하게 기능한다. 이러한 점들 때문에 제목과 명사(銘詞) 유무를 제외하면 남공철의 전과 묘지명은 명확히 구분되지 않는 경우도 많다.

어째서 이렇게 일반적으로 인정되어 온 전과 묘지의 차이가 남공철의 전과 묘지에는 적용되지 않는 것일까? 이는 전과 묘지에 대한 남공철의 장르의식 때문이다. 청탁 과정 없이 작자의 창작 동기에 의해 묘지를 짓게 되면서 굳이 묘지의 법식을 고수할 필요가 없었고, 생동하는 인물 형상화에 주력하다 보니 두 문체의 차이에 크게 유의하지 않게 된 것이다. 중국에서는 이미 명대부터 전과 묘지의 문체를 혼용하는 일이 있었는데, 간엄함을 중시하는 묘지에 전에서나 보일 법한, 자질구레하고 구체적인 상황 묘사가 이루어지는가 하면 일화의 삽입 빈도도 늘어나 전의 문체를 사용하여 묘지를 짓는 현상이 나타나게 되었다.16)

전의 문체를 사용하여 묘지 등 비지문을 짓는다는 것은 무엇을 의미하는가? 이에 대해 일찍이 김창협(金昌協)이 문제 제기를 한 바 있다. 그는 사전(史傳)과 비지의 문체적 유사성을 인정하면서도 비지에서 사전의 문체를 가져다 쓰는 것을 문제 삼으면서 사전과 비지의 문체적 특성에 대해 언급한 바 있다.17) 사전(史傳)은 갖추어서 넉넉하게 기술하는

이어서 서술에 큰 영향을 미치지 않은 작품도 다수 있다.

16) 김창협은 明人 가운데 특히 왕세정이나 이반룡과 같은 이른바 後七子의 전과 묘지를 문제 삼은 바 있다. 김창협은 그들이 전과 묘지를 지을 때 『史記』나 『漢書』를 모방하면서도, 기술해야 할 사항의 경중을 가리지 않고 요체 없이 세세한 것까지 모조리 적는 태도를 비판하였다. 김창협이 明人의 전과 비지를 비판한 주요 내용은 다음과 같다. "弇州諸人, 惟不識此意, 故其爲誌傳, 擧其人一生行事, 以至日用細瑣, 一準史漢敍次之法, 而摸寫之, 其亦可笑也已"; "至明人, 始純用史傳體爲碑誌, 而又不識古人敍事之法, 故其文, 遂無體要, 而碑誌簡嚴之法, 掃地矣."(이상 김창협, 「잡지」외편, 『농암집』 권34)

것[該贍]을 위주로 하고 비지는 간엄(簡嚴)함을 위주로 한다고 하여 둘의 차이점에 주목하였다. 갖추어서 넉넉하게 기술하는 것이란, 입전 인물의 행적 가운데 공적으로 여길 만한 것을 빼놓지 않고 가급적 상세히 기술하면서, 동시에 관련 예화를 풍부하게 제시하는 것을 뜻한다. 이에 반해 비지의 간엄함이란 대상 인물의 행적 가운데 부각시키고자 하는 주제의식에 걸맞는 제재만을 선택하되 수사적 측면에서도 가급적 짧고 명료하게 기술하는 것을 의미한다고 할 수 있다. 김창협은 비지의 간엄함을 모범적으로 구사한 이로 구양수를 들고 있는데, 구양수가 지은 범중엄(范仲淹)의 신도비명 「자정전학사문정범공신도비명(資政殿學士文正范公神道碑銘)」을 들어 구양수가 범중엄의 큰 절개만 서술하고 기타 범중엄의 훌륭한 말이나 뛰어난 행실을 모두 생략한 것을 높이 평가하였다. 그러면서 후대 사람들이 비지를 지을 때 묘주의 행적을 자세히 서술하고 사소한 일 하나도 빠짐없이 기록하는 것을 비판한 바 있다.[18]

김창협의 후배 세대인 이덕수(李德壽, 1673～1744)와 이광사(李匡師, 1705～1777) 또한 비지에 대한 김창협의 이러한 문제의식을 이어받았다. 이광사는 묘도문자에서 볼 만한 작품이 나오지 않는 이유로, 청탁하는 쪽이 망자의 자질구레한 행적을 모두 적은 행장을 들고와 그러한 행적을 빠짐없이 적어 달라고 하여 작자 스스로의 주장을 하지 못하는 것을 들었다.[19] 이와 관련해 이덕수는 『사기』나 『한서』와 같이 먼저 대상 인물의 성품을 간략히 제시하고 그 아래 본문에 해당하는 내용에서 앞서 표식으로 내세운 핵심적 성품을 초상화처럼 자세히 드러내야 한다

---

17) 김창협의 해당 글은 본고의 제2장 각주 152 참조.

18) 김창협, 앞의 글: "范文正公, 宋朝第一人物也. 其平生行事, 可爲後世法者, 極多, 而歐陽公作神道碑, 只叙其出處事業終始大節, 而其餘嘉言善行, 皆略之, 如義田及麥舟事, 尤古人所難能, 而碑猶不載也, 其叙事, 簡嚴不苟如此矣. 後來碑誌, 雖名賢偉人, 有大事業大名節, 亦必俱載其細行, 至於筆翰小事, 亦皆不遺, 不如此, 則得者不滿, 而作者亦不安, 習俗之弊, 久矣, 其難變也."

19) 李匡師, 「讀南豊寄歐陽舍人書」, 『圓嶠集』 권8: "竊見近世巨匠文稾, 他文雖或偉麗, 至墓道術, 可觀者絶希. 盖人持所謂家狀來, 悉紀細行, 覶縷庸瑣, 而請無漏畢見, 不敢違而並檃揉粎譔, 不敢自作主張, 所以絶無可觀者."

는 주장을 내세웠다.[20] 이는 곧 김창협이 강조한 구양수의 비지법, 즉 글의 강령(綱領)과 안목(眼目)을 갖추어야 한다는 주장과 맥을 같이하는 것이다. 그런데 이덕수나 이광사는, 사전체(史傳體)와 비지체(碑誌體)를 굳이 구분하려던 김창협과는 달리 글의 강령과 안목을 갖추기만 한다면 사한(史漢)의 필법, 곧 전(傳)의 문체를 활용해 비지를 짓는 것을 적극 긍정하고 있는 점이 주목된다. 즉 김창협의 다음 세대인 이덕수나 이광사는 굳이 사전과 비지의 문체를 구분하지 않고 둘 다 사람을 후세에 전하는[傳人] 글쓰기로 파악한 것이다. 그들의 관심은 사전체와는 구분되는 비지체를 구현하는 데 있는 것이 아니라 강령과 안목을 갖춘 전인문자(傳人文字)를 작성하는 데 있었다.

이후 남공철에 이르러서는 강령과 안목을 갖추는 것이 전인문자(傳人文字)로서 갖추어야 할 요건이라고만 하여, 전과 비지를 엄밀히 구분하려는 의식이 김창협에 비해 현저히 약해진 것으로 보인다. 전과 비지에 대한 남공철의 관심은 두 문체를 구분하는 데 있지 않았고 오히려 어떻게 하면 전인문자(傳人文字)로서 강령과 안목을 갖추고 '생동감 있게' 기술하는가에 있었다. 남공철은 그 요건으로 작자가 대상 인물을 가까이에서 겪었는가, 즉 대상 인물의 인간적이고 사적인 면모까지 구체적으로 잘 알고 있는가의 여부를 중시하고 있다.

> 무릇 사람을 전하는 데에는 두 가지 방법이 있습니다. 사관(史官)의 전기(傳記)와 비갈(碑碣)의 장덕(狀德)이 그것이지요. 비록 다 같은 것은 아니지만 후세에 전하기는 한가지입니다. 사관(史官)은 사람의 선과 악, 현부(賢否)를 취하여 모두 기록해서 금궤와 석실에 보관합니다. 그렇기 때문에 그 기록은 당시 사람들에게는 비밀에 부쳐져 혹 다 알지 못하는 것도 있습니다. 비갈(碑碣)에 이르러서는 그것을 무덤가에

---

20) 위의 글: "因曰: '後世碑誌之不古, 不獨就人情而然. 文氣益下, 不知輕重去就故也. 史漢之長, 每傳人, 先標其人性行數句, 其下數百千言, 皆由於此, 此如畫家傳神. 後人無是眼目, 無是筆力, 狀每人之德, 畢具百行, 所以委苶無可觀.' 余應曰: '是固然.'"

> 세워 나무하는 아이나 소 먹이는 노인이라도 모두 자획을 판별할 수 있고 탑본을 뜨고 장황(裝潢)을 하여 이목에 환하게 배포되고 또 짓는 자가 반드시 친구나 문인(門人)에서 나오기 때문에 그 전하는 것이 사관의 전기보다 더욱 사실에 긴절하여 믿을 만합니다.[21)]

이는 공적인 전인문자(傳人文字)와 사적인 전인문자의 차이에 대한 언급이다. '사관(史官)이 개인의 사적을 기록하는 것'은 사전(史傳)을 가리키며 '비갈(碑碣)로 덕(德)을 기리는 것'은 곧 비지(碑誌)를 가리킨다. 사전(史傳)은 사관이 기록하는 것으로, 입전 인물의 선악과 현부(賢否), 즉 공적인 영역에 초점을 맞추어 기록한다. 사관이 이와 같은 공적인 관점에서 기록하다 보니 입전 인물의 다른 면모, 즉 사적인 영역의 특징 등을 알기 어려워 '혹 (대상 인물에 대해) 다 알지 못하는 것'도 있다고 한 것이다. 반면 비지는 친구나 문인(門人)처럼 평소 대상 인물을 가까이에서 대하며 그 사람에 대해 사적(私的)으로 자세히 아는 이가 짓는 경우가 많기 때문에 사전(史傳)보다 더 신뢰할 만하다고 하였다. 전인문자(傳人文字)의 요체가 인물의 공적만을 자세히 열거하는 데에 있지 않고 얼마나 그 인물의 사적(私的)이고 구체적인 면모를 생동감 있게 형상화하는가에 있다고 여긴 것이다. 여기서 대상 인물을 생동감 있게 형상화한다는 것은 무슨 의미인가?

> 또 듣기로는, 묘갈의 글은 초상화가 그러하듯 머리털 하나라도 차이가 나면 곧 그 사람이 아니어서, 가까이에서 그 행동을 보는 듯이 한 것이 아니고는 몇천 년 뒤에 더듬어 생각하게 되면 근본에 쉬이 누가 되고 그 정신을 얻을 수도 없습니다.[22)]

---

21) 남공철, 「上吳大學士乞先大夫碣銘書」, 『금릉집』 권10: "夫傳人, 有二法. 史氏之傳記, 碑碣之狀德. 雖皆不同, 而其傳之則一也. 史氏取人之善惡賢否而悉書, 藏之金匱石室. 故其書, 秘當時之人, 或有未盡知者. 至於碑碣, 則立之墓隧, 樵童牧叟, 皆可以辨別字畫, 而搨刻裝本, 昭布耳目. 又其作者, 必出於故舊門人, 故其傳之也, 視史氏尤切而能信."

22) 위의 글: "抑又聞之碑碣之作, 如畫像然, 毛髮差爽, 便非其人, 非臨見其顧眄動作, 而摸想於數

묘갈 등 비지(碑誌)를 초상화에 견주어, 대상 인물을 직접 눈앞에서 보는 듯이 묘사해야 그 인물을 제대로 문장에 담았다고 할 수 있다고 하였다. 실제로 보는 듯 묘사하기 위해서는 작자가 대상 인물의 특징적인 면모를 잘 파악하고 있어야 한다. 비지를 초상화에 견주어 대상 인물을 눈으로 보는 듯 형상화해야 한다고 한 것은, 묘사 등 사실적 형상화를 중시한 것이다. 사실성을 중시한다는 것은 대상 인물의 공덕을 기리는 데에만 골몰할 것이 아니라 평소 행실과 특징적 면모를 가감 없이 드러내야 한다는 것을 의미한다.[23] 비지에 대한 이러한 관점에 기인하여 남공철은 자신의 묘지에서 묘주를 형상화할 때 긍정적이고 아름다운 면모뿐 아니라 다소 부정적으로 비칠 수 있는 면모까지 묘사하고 있다. 가령 「진락선생묘지명」에서 게으르고 몸이 뚱뚱한 묘주 남유두의 모습을 가감 없이 묘사하기도 하고 「동지중추부사안군묘지」에서는 묘주의 불미(不美)한 행실에 초점을 맞추기도 하였다. 남공철은 전에서도 이러한 인물의 형상화를 중시하여 대상 인물의 특징적 면모를 포착해 직접 눈으로 보듯 묘사하기도 하였는데, 「최칠칠전」에서 최북이 구룡연에 몸을 던지려다 결행하지 못한 일화나 최북이 서평공자와 바둑을 두다가 바둑돌을 흩어 버린 일화 등을 사실적으로 형상화한 것 등이 그 예다. 이러한 점 때문에 문체의 측면에서 그의 전과 묘지는 명확히 구분되지 않는 경우가 적지 않다.

전과 묘지에 대한 남공철의 장르의식은 애초에 묘지명으로 지은 글을 후에 전으로 개작한 사례를 통해 보다 명확하게 파악할 수 있다. 남공철은 『금릉집』에 수록했던 「진락선생묘지명」을 개작하여 『귀은당집』에

千載之後, 則易累本, 而不得其神."

23) 비지를 초상화에 비유하여 사실적으로 형상화해야 한다는 점은 이미 김창협이 언급한 바 있으며, 남공철은 김창협과 거의 흡사한 관점에서 비지의 특징을 언급하고 있다. 비지를 초상화에 비유한 김창협의 언급은 다음과 같다. "大抵稱道前賢, 須要眞實的當. 若一味推尊, 無復斟酌, 則便不是道理. 譬如畫像, 不問肖似, 只要美好. 美則美矣, 如非其人何."(김창협, 「잡지」 내편, 『농암집』 권31)

「지산초부전(芝山樵夫傳)」으로 수록하였다. 그런데 개작 과정에서 사소한 몇 가지를 고쳤을 뿐이어서 두 작품을 거의 동일한 작품이라 해도 무방하다.[24] 묘지명에서 명(銘)을 삭제하고 호칭만 바꾼 것 외에는 거의 변개가 없다고 할 수 있을 만큼 최소한의 형식적인 개작만을 하여 묘지명을 전으로 바꾼 것이다.[25] 또한 남공철의 묘지명 가운데에는 일화가 큰 비중을 차지하거나 시간의 흐름에 따른 사건의 경과를 제시하는 등 서사적 요소가 다분하여 전에 다가선 작품들도 적지 않다.[26] 이와 같이 남공철은 전과 묘지를 엄밀히 구분하지 않고 오히려 인물의 사실적이고 특징적인 형상화에 더 주목하였다. 그 결과 실제 그가 지은 전과 묘지는 형식적인 특징뿐 아니라 그 서술 의식 또한 흡사한 면모를 보인다. 즉 남공철 전의 입전인물과 묘지의 묘주는 공통적으로 자의식이 강하며, 이들은 강한 자의식을 바탕으로 형성된 신념을 굳게 지키려는 자세, 즉 절조(節操)를 중시하는 태도를 보인다.

2. 예인(藝人)의 지우(知遇)

예인(藝人)을 입전한 전은 조선후기 이전에도 창작되었으나 다음 두 가지, 즉 조선후기에는 사관(史官)이 아닌 문인·학사가 지은 사전(私傳)으로만 창작되었다는 점, 조선후기에 보다 강렬해진 예술가의 자의식에 주목했다는 점 등에서 이전 시기 예인전과 차별성을 지닌다. 상품화폐경제의 발달, 도시의 성장 등을 배경으로 음악, 그림, 문학을 포함한

24) 제목을 바꾼 점, 묘지명에 있던 銘을 전으로 개작하면서 삭제한 점, 묘지명에서의 '先生'이라는 칭호를 전에서는 '樵夫'로 바꾼 점, 묘지명에서 '著爲策論'이라고 되어 있던 것을 전에서 '著井田均田策論'으로 바꾼 점 외에는 두 작품이 동일하다.

25) 졸고, 「남공철의 전장비지문 연구」, 서울대 석사학위논문, 2002, 67~68면.

26) 「박산여묘지명」을 대표적인 예로 들 수 있으며, 앞서 살핀 ①~⑧의 묘지 가운데 적지 않은 글에서 '사건'의 전개에 초점을 맞춘 서술을 찾아볼 수 있다.

예술 향유층과 창작층의 폭이 넓어지게 되었고, 이러한 상황에서 예술적 재능으로 생계를 잇는 이들이 출현하면서 그 창작 주체의 자의식 또한 성장하게 되었다. 앞선 시기의 예인전이 입전 인물의 예술적 재능에만 초점을 맞춘 것에 비해 조선후기에 창작된 예인전은 예인의 예술가적 자의식에 주목하여 그것을 형상화하는 사례가 보이기 시작한 것이다.[27]

전은 기본적으로 사실에 기반한다는 장르적 성격 때문에 작중 화자와 작자가 동일하다. 그리고 대상 인물의 자의식을 포함, 인물의 내면을 형상화하는 데 있어서 작자는 그것을 직접적으로 제시하는 대신 주로 인물의 언행을 통해 간접적으로 드러낸다.[28] 인물이 자기 자신에 초점을 맞추고 지속적으로 갖는 의식을 자의식이라고 한다면, 전에서는 이러한 자의식 또한 작자가 직접 언급하기보다는 인물의 구체적 언행을 통해 제시된다. 인물의 언행을 구체적으로 드러내는 과정에서 인물의 내면을 보다 강렬하게 드러낼 수 있는 방법은 바로 일화를 활용하는 것이다. 남공철은 전에서는 물론 묘지명에서도 일화를 즐겨 활용하고 있다.[29]

김용행(金龍行, 1753～1778)은 서족(庶族)이라는 신분적 굴레를 안고 태어나 그림에 대한 뛰어난 재능과 시적 재능을 보이면서 이덕무·유득공·박제가·남공철 등과 교유하다가 스물여섯에 요절한 인물이다. 김용행과 관련한 글은 남공철의 「김순필전(金舜弼傳)」뿐만 아니라 박제가가 쓴 편지 「여김석파(與金石坡)」, 김려(金鑢)의 「김순필전(金舜弼傳)」 등이 더 있는데 대부분 그의 기이함에 초점이 맞추어져 있다. 이러한

27) 박희병, 「조선후기 예술가의 문학적 초상-예인전의 연구」, 『대동문화연구』 24, 성균관대 대동문화연구원, 1990, 87～94면.
28) 박희병, 『조선후기 전의 소설적 성향 연구』, 성균관대 대동문화연구원, 1993, 52～53면.
29) 박지원이, 전이 아닌 글에서 일화를 다양하게 활용한 예가 있기는 하지만 여타 문인의 묘지명에서 일화를 제시하는 일은 흔치 않았다. 남공철의 묘지명에는 대부분 일화가 삽입되어 있는데 이 점에서 일화의 활용은 남공철 묘지명의 주요한 특징 가운데 하나라 할 수 있으며, 이 점은 또한 전과 묘지명을 엄밀히 구분하지 않았던 남공철의 장르의식과 관련이 있다고 할 수 있다.

기이함은 그가 안고 있던 신분적 굴레와 무관하지 않다. 술에 취하면 『초사(楚辭)』를 읊으며 눈물을 흘렸다거나[30] 중국에서 태어나지 못한 자신의 처지를 비관하는 등의 언사[31]는 모두 그의 신분적 굴레와 관련이 있다. 남공철의 「김순필전(金舜弼傳)」에서는 김용행의 뛰어난 재주, 기이한 언행과 관련한 일화 등이 제시되어 있는데, 이 가운데 특히 강조되고 있는 것이 신분적 굴레로 말미암은 김용행의 기이한 언행이다.

> 1 군(君)의 이름은 용행(龍行)이고 자는 순필(舜弼)이며 자호(自號)는 석파도인(石坡道人)이다. 안동김씨는 문장과 절의로 명문가로 일컬어졌는데, 군은 의정부 영의정 문충공(文忠公) 김수항(金壽恒, 1629～1689)의 증손(曾孫)이다. 아버지 김윤겸(金允謙, 1711～1775)은 포의로서 많은 저명인사와 교유하였으며 호는 진재(眞宰)다.
> [君名龍行, 字舜弼, 自號石坡道人. 安東之金, 以文章節義, 名爲大家, 君議政府領議政文忠公壽恒之庶曾孫也. 父曰允謙, 以布衣遊諸名公間, 號眞宰.]

글의 첫 부분으로 김용행의 인정(人定)에 대해 기술하고 있다. 김려의 「김순필전」에 의하면 김용행의 자호는 석파도인(石坡道人) 외에도 파황거사(破篁居士), 육불암(六佛菴), 포도인(泡道人) 등이 더 있다.[32] 이 가운데 포도인(泡道人)이라는 자호는 '물거품 도인'이라는 뜻으로 신분적 굴레를 안고 스물여섯이라는 짧은 생애를 살다 간 그의 기구한 삶을 떠오르게 하는 이름이다.[33] 김용행의 부친 김윤겸(金允謙, 1711～1775)은 그림으로 이름이 높았으며, 남공철의 부친 남유용과도 교유하였다. 남유용은 김윤겸을 아껴 김윤겸이 단양에 유람할 때 시를 한 편 지어 주며 유람을 함께하고픈 뜻을 전하기도 하였다.[34] 또 남유용이 수락산에 오

30) 김려, 「김순필전」, 『담정유고』 권12: "龍行喜讀楚騷、九歌、哀江南、招魂諸作, 每誦一篇, 輒悲嘅泣數行下."
31) 위의 글: "酒半輒悲曰: '咄! 龍行不生中國, 故如此耳.'"
32) 위의 글: "龍行自號曰石坡, 曰破篁居士, 曰六佛菴, 曰泡道人."
33) 안대회, 『고전산문산책』, 휴머니스트, 2008, 445면.

르내리며 화운(和韻)한 시를 김윤겸에게 주어 그림으로 그리게 하려 했던 일도 있다.[35] 남공철은 김윤겸을 포의라 하였으나 비록 말직이기는 하지만 김윤겸은 경상도 소촌찰방(召村察訪)이라는 벼슬을 지낸 적이 있다. 김윤겸에게는 지행(摯行, 1733~1783)과 용행(龍行)의 두 아들과 딸 하나가 있었으며 부인은 연안이씨(延安李氏)다. 김윤겸 또한 아들 김용행만큼이나 기이한 인물이었다. 처자식이 생기면 구차하게 벼슬을 하며 몸을 망치고 명예를 잃기까지 한다면서 일부러 혼인을 거부하고 지내는 유생을 두둔했다는 일화만 보아도 예사롭지 않은 그의 면모를 확인할 수 있다.[36]

> ② 군은 어려서부터 영특하였다. 네 살경에 병이 위독한 적이 있었는데 어머니가 언문으로 된 글을 읽으면서 그를 간병했다. 그때 군은 누워서 눈을 감은 채 아무것도 듣지 않는 체했다. 나중에 병이 나아 일어나서 그 글을 외우는데 한 글자도 틀리지 않았다. 그 재주가 이러했다.
>
> 조금 커서 아이들과 함께 놀다가 우연히 벽 위에 먹을 칠했는데 그것이 어느 순간 산수초목을 그린 그림이 되었다. 그제야 아버지가 대단히 특별한 재주라고 여겨 드디어 그에게 그림을 가르치고 곧 글씨도 가르쳤다. 이후 글씨와 그림 모두 오묘한 경지에 이르렀다. 군이 일찍이 〈남정부(南征賦)〉를 지은 적이 있었는데 그 글이 몹시 맑았다. 김용겸(金用謙, 1702~1789)이 그것을 보고 "기이한 재주로구나! 기이한 재주로구나!"하며 감탄을 아끼지 않았다.
>
> 영조 말년에 형암(炯菴) 이덕무(李德懋), 영재(泠齋) 유득공(柳得恭), 초정(楚亭) 박제가(朴齊家)가 모두 시문을 잘 짓는다고 세상에 이름이 알려졌다. 이 세 사람이 모두 군과 함께 어울려 날마다 오가며 술을 마시고, 서로 경쟁하면서 그것을 낙으로

---

34) 남유용, 「贈金生允謙遊湖中」, 『뇌연집』 권2.

35) 남유용, 「諸君子游水洛 用寒流石上一株松 分韻賦詩 余爲和之 遺眞宰以發畫意」, 『뇌연집』 권5.

36) 이 일화는 沈翼雲의 「送金督郵序」, 『百一集』 책2에 보이며 안대회의 앞의 책에 번역, 소개된 바 있나.

삼았다. 그러면서도 그들 모두 스스로 김용행의 재주엔 미치지 못한다고 생각했다. [君幼穎悟. 生四歲病篤, 其母孺人爲誦諺書以守病, 君時臥瞑目無聽也. 及瘳, 遂起誦其書, 不錯一字, 其才如此. 稍長, 與羣兒戲嬉, 偶塗墨壁上, 俄而爲山水草木矣. 於是, 其父乃大奇之, 遂敎之畵, 已又敎之書, 其後書與畵皆極其玄少. 君嘗作南征賦, 詞甚淸絶, 金公用謙亟歎其: '奇才奇才.' 英祖末年, 炯菴李德懋、泠齋柳得恭、楚亭朴齊家, 俱以文詞知名于世. 三人者皆從君遊, 日往來飮酒, 上下角逐, 以爲樂. 諸君皆自以其才不及也.]

김용행이 자라면서 있었던 일화들을 간략하게 서술하고 있다. '어려서'[幼], '조금 자라서'[稍長], '영조 말년에'[英祖末年] 등과 같이 시기를 가늠할 수 있는 말들을 차례로 제시하고 각 시기마다 김용행이 보인 남다른 재능, 즉 뛰어난 기억력과 화재(畵才), 시재(詩才)를 차례로 들어 보이고 있다. 그런데 각 시기에 보인 김용행의 재능을 그저 기억력이 뛰어났다든가 그림에 대한 재주가 있었다는 식의 평면적인 서술 대신 남공철은 각각의 재능을 단적으로 보여주는 짤막한 일화를 요약적으로 제시하고 있다.

김용행은 워낙 젊어서 세상을 떠났기에 뚜렷한 행적이 남아 있지 않다. 그러나 위에서 이덕무나 유득공, 박제가도 스스로 김용행의 재주엔 미치지 못했다고 한 것으로 보아 시와 그림에 타고난 재주가 있었던 것으로 보인다. 또한 그들은 김용행과 함께 어울리며 김용행의 재주를 아꼈던 것으로 보이는데, 특히 자신의 재주를 자부하며 결코 누구에게도 지기 싫어했던 박제가가 김용행에게 쓴 편지[37]를 보면 그가 얼마나 김용행을 아꼈는지를 가늠할 수 있다. 소변을 보겠다고 하고 갑자기 사라진 김용행을 찾아 몇날 며칠을 이곳저곳 헤매다가 보낸 편지에는 김용행에 대한 원망의 말이 가득하지만 그렇게 애타게 김용행을 찾아다닌

37) 박제가, 「與金石坡」, 『정유각집』 권4.

일을 낱낱이 적은 행간에는 벗에 대한 원망보다 더 짙은 그리움이 배어 있다.

> ③ 군은 집에 있으면서 생계를 꾸리려 하지 않았다. 일찍이 여강(驪江)에서 노닌 적이 있었는데 군은 매번 밤이 깊어 달이 환하면 한 조각 나룻배를 강에 띄우고 산천을 두루 구경하였다. 그러다 문득 퉁소를 들고 우조(羽調)와 치조(徵調)를 불면 그 소리가 너무도 비장해서 강가의 어부들이 모두 앉은자리에서 일어나 눈물을 흘리며 오래도록 그 자리를 떠나지 못했다.
>
> [君家居不治生産. 嘗客遊驪江, 每中夜月明, 拏一葉船中流, 周覽山川. 忽引洞簫爲羽徵之調, 聲甚悲壯, 江上漁父皆起立泣下, 久之不能去.]

김용행이 달 밝은 밤에 연주한 퉁소 소리에 어부들이 눈물을 흘린 것은 퉁소 소리가 비장해서이고, 퉁소 소리가 비장한 것은 김용행이 마음속에 쌓인 울분이 퉁소 연주를 통해 드러났기 때문이며, 김용행의 마음속에 울분이 쌓인 가장 주된 요인은 서족(庶族)이라는 그의 신분적 굴레였다. 앞의 단락 ②에서 남공철은 김용행의 남다른 재능에 대해서만 서술하였고 인정(人定)을 서술한 단락 ①에서도 김용행이 서족임은 굳이 언급하지 않았다. 글의 초반부터 이어지는 김용행의 재능에 대한 상찬(賞讚)은 독자로 하여금 김용행이 남다른 재주를 발휘한 행적에 대한 서술이 이어지지 않을까 기대하게 한다. 그러나 그 전에 남공철은, 김용행이 달밤에 퉁소를 분 일을 묘사함으로써 김용행이 남다른 재주를 펴는 데 무언가 장해요인이 있었음을 암시하고 있다. 남공철은 그 장해요인이 무엇인가를 끝까지 밝히지 않지만 그것은 물론 서족이라는 신분적 굴레다.

신분적 굴레로 자기 뜻을 펼치는 데 제한을 받고 있던 김용행은 그 울분을 기이한 언행으로 표출하곤 했다. 그런데 그의 기이한 언행은 기이함 그 이상의 의미를 갖는다. 그 기이함 속에는 세상을 기롱하는 뜻이 담겨 있었다. 다음에 차례로 제시되는 두 일화가 그 점을 확인할 수 있는 대표적인 예다.

> 4 군은 성품이 기이한 것을 좋아하였다. 언젠가 객에게
> "나한테 감휴(甘休)라는 친구가 있는데 아주 호걸이야!"
> 라고 하면서 그의 행적을 하나하나 말해 주었다. 그 객이 매우 기뻐하여
> "그 사람 좀 만나볼 수 있겠는가?"
> 라고 묻자 군이
> "그럼!"
> 하며 허락했다. 약속을 하고 나서 드디어 함께 남한산성에 들어가 장대(將臺)에 올라 그를 기다렸다. 날이 곧 저물려고 하는데도 그 사람이 오지 않았다. 그러자 객이
> "어째서 그가 이렇게 늦게 오는가?"
> 하고 묻자 군이 크게 웃으며
> "내 자네에게 장난을 좀 쳤네"
> 라고 말하는 것이었다. 감휴(甘休)라는 글자를 파자(破字)하면 모인(某人)이 되기 때문이었다.
>
> [性好奇, 嘗謂其客曰: "吾有友名甘休者, 豪傑士也." 仍具道其事, 客大喜曰: "可得而見耶?" 君曰: "諾." 業有約, 遂與入南漢城, 登將臺而俟. 日且暮, 其人不來. 客曰: "何其來之遲也!" 君大笑曰: "欲與子爲戲." 盖甘休者釋字爲某人云.]

원문에 보이는 '날이 곧 저물려 하는데[日且暮]'와 같이 시간의 경과를 나타내는 표지는 의론문보다는 기사문에 능했던 남공철이 자주 쓰던 것이다.[38] 단락의 첫부분에 '성품이 기이한 것을 좋아했다[性好奇]'라는 말을 시작으로 그 예가 되는 일화를 제시하고 있다. 그러나 앞서 언급했듯이 이 일화를 그저 김용행의 기이한 면모를 드러낸 것으로 보고 말

38) 「박산여묘지명」에서도 같은 표현을 찾을 수 있다.

수는 없다. 일화의 끝부분에서 김용행이 말한 감휴(甘休)라는 벗은 곧 아무개[某人]임이 밝혀지는데, 그 아무개[某人]는 물론 김용행 자신이다. 호걸스럽고 뛰어난 재주를 갖고 있는 인물 김용행이 이미 거기에 있는데, 객은 호걸스럽고 뛰어난 재주를 갖고 있는 이가 어째서 나타나지 않느냐고 묻는다. 객으로 나타난 상대 인물은 특정한 인물이라기보다는 뛰어난 인물을 알아보지 못하는 세상의 범인(凡人)을 표상하는 것이다. 이 일화는 단순히 김용행의 호기적(好奇的) 면모를 보여주기 위해서가 아니라, 뛰어난 재능을 갖고도 세상에서 알아주지 않아 형성된 김용행의 울울한 내면을 드러내기 위해 제시된 것이다.

여기서 간과할 수 없는 또 한 가지는, 김용행 스스로 호걸로 여겼다는 점이다. 이는 그의 강한 자의식과 무관치 않다. 이 작품에 드러나는 김용행의 자의식은 그대로 예인적 자의식이라 할 수는 없을지라도 기이한 행동을 일삼는 그의 내면에 자리한 강한 자의식은 그가 예인이었다는 점과 무관하지 않다. 스스로는 대단하다고 여기는데 세상은 그러한 대단함을 몰라주니 그 갈등의 골은 더 깊어질 수밖에 없었다. 김용행의 강한 자의식에 의한 이러한 언행이 그저 한 기인의 기이한 일화로 머물지 않는 이유는, 앞서 남공철이 제시하였듯이 김용행이 뛰어난 재주를 갖고 있기 때문이다. 최소한 이 작품 안에서 김용행은 뛰어난 재주를 갖고도 세상에서 알아주지 않는 인물로 형상화되고 있다. 이어지는 일화 또한 김용행의 기이함을 보여주는 것이다.

> 5 군은 또 명나라 우통(尤侗)의 제시문(祭詩文)을 가져다가 자기 작품이라고 하면서 남에게 보여주었다. 그것이 일시에 사람들의 입에 오르내렸다. 얼마 뒤 어떤 사람이 그것이 우통의 시라는 사실을 알고는 군을 찾아가 꾸짖었다. 그러자 군은 또 웃으며
>
> "세상에는 글을 아는 자가 없어 진짜와 가짜를 분간하지 못하지요. 내가 이런 짓을 한 것은 그저 한번 세상 사람들을 놀리려 했던 것일 뿐입니다"

하고는 자리에서 일어나 술을 따르며 사죄했다.

이런 일이 있은 뒤로부터 그와 어울리던 사람들이 그의 허탄함에 많이들 염증을 내어 차차 그에게서 흩어져 떠났다. 그러나 당시 현인군자(賢人君子) 중에 군을 깊이 이해하는 사람들은 모두 '이런 것쯤 젊은 시인의 우연한 실수지' 하면서 더욱 그를 현명하다고 여기며 그에게 거는 기대를 줄이지 않았다.

[君又得明尤侗祭詩文, 稱己作以示人, 一時傳誦, 膾炙人口. 已而有覺之者, 往見君誚之. 君又笑曰: "世人無知文者, 莫辨眞贋. 吾爲此, 聊欲一玩世弄人耳." 遂起酌酒以謝. 自是從之遊者, 多厭其虛誕, 稍稍散去. 然當世賢人君子深知君者, 皆謂此年少騷人偶失, 愈賢重而期待之不衰.]

이 일화는 표면적으로 김용행의 기이함에 초점이 맞추어져 있지만 역시 이면에는 적지 않은 의미를 함축하고 있다. 우통(尤侗)의 시문을 김용행 자신이 지은 것이라고 속인 것은, 김용행 스스로의 발언에서도 확인할 수 있듯이 세상을 기롱하기 위해 의도된 것이다. 김용행의 그 행위에 대해 표면적으로는 그렇게 이해해도 그만이지만 그 이면에는 다른 의미가 더 있다. 그것은 곧 단락 4에서 제시된 일화, 즉 감휴(甘休)라는 호걸을 소개해 주겠다고 객을 수어장대로 데리고 가서는 그게 곧 자기 자신임을 밝힌 일화와 관련이 있다. 김용행이 말한 '진짜와 가짜를 구분하지 못하는 세상'이란 곧 진정한 가치를 알지 못하는 세상이며, 그것은 다시 말해 김용행과 같은 인재를 알아보지 못하는 세상이다. 자신과 같은 진짜 인재를 알아보지 못하는 세상을 기롱하는 행위 저변에는 김용행의 강한 자의식과 세상에 대한 강한 저항감이 함께 자리하고 있는 것이다.

위와 같은 김용행의 기이한 행동에 대한 반응은 크게 두 가지로 나뉜다. 김용행이 허탄한 인물이라는 반응과 젊은 시인의 실수라는 반응이 그것이다. 김용행을 허탄하다고 하던 이들은 그를 떠났고, 그저 젊은 시인의 실수라고 하던 이들은 여전히 김용행에게 큰 기대를 했다. 남공철은 이 두 반응을 객관적으로 제시하고 있는 것 같지만 심정적으로 후자의 편에 서 있었음은 물론이다. 이어지는 일화에서 그 점이 좀 더 명확히 드러난다.

> 6 국자좨주 김양행(金亮行) 공은 그의 종부형(從父兄)인데 특히 군을 후대했다. 오랜 세월이 지나 군은 일이 뜻대로 되지 않아 속이 답답하여 서쪽으로 평양에 가 노닐고 싶어 했다. 길을 떠나려 할 때, 〈낙지도(樂志圖)〉를 그려 좨주공에게 바쳤다.
> 김양행은 손님과 담소를 나눌 때면 늘 그 그림을 내어놓고 가리키면서
> "이 사람은 기이한 선비건만 세상에서 알아주는 이가 없습니다. 이 그림은 그러한 뜻을 밝힌 것이지요"
> 라고 말하곤 하였다. 그러면 앉아 있던 손님들이 그것을 보고 낯빛을 바꾸었다.
> [國子祭酒金公亮行, 其從父兄也. 特厚遇君, 久之君鬱鬱不得志, 欲西遊浿上, 將行爲畵樂志圖, 以獻祭酒公. 祭酒公每讌客, 出其圖指之曰: "此人奇士, 世無有知者, 此畵所以志也." 座客爲之動色.]

김양행(金亮行, 1715~1779)[39]은 김용행의 종부형, 즉 사촌형이다. 김순필의 조부 노가재(老稼齋) 김창업(金昌業, 1658~1721)은 이속(李涑)의 딸 전주이씨(全州李氏)와의 사이에 우겸(祐謙)·언겸(彦謙)·신겸(信謙)의 세 아들과 딸 하나를 두었고 측실과의 사이에 비겸(卑謙)·윤겸(允謙)의 두 아들과 딸 둘을 두었다.[40] 김양행은 신겸(信謙)의 아들이고 김용행은 윤겸(允謙)의 아들이니 두 사람은 사촌지간이다. 김용행의 사촌형으로 유행(由行)이나 제행(悌行) 등이 더 있었지만 위 일화에서 드러나듯이 사촌형들 사이에서 김양행이 특히 김용행의 뜻을 잘 알아주고

39) 김양행의 자는 子靜, 호는 止菴·驪湖이며 본관은 安東이다. 閔愚洙의 문인으로 벼슬에 뜻을 두지 않아 여러 차례 관직에 임명되었으나 고사하고 나아가지 않았으며 잠시 성균관좨주와 이조참의 등을 지낸 일이 있다. 그가 국좌좨주, 즉 성균관 좨주로 임명된 것은 정조 즉위년(1776)의 일이다.

40) 金元行, 「從祖老稼齋公行狀」, 『渼湖集』 권19: "男長祐謙, 次彦謙, 季信謙魁進士, 敎官三有除命, 皆不仕. 女適左議政趙文命. 側室有二男二女, 男長卑謙, 次允謙, 女長適李灌, 次適李浹."

그를 아꼈다.

김용행이 그렸다는 〈낙지도(樂志圖)〉라는 그림은 그 실체를 정확히 알 수 없지만 제목으로 보아 후한(後漢)의 중장통(仲長統)이 지은 「낙지론(樂志論)」의 주지(主旨)와 관련이 있을 가능성이 높다. 「낙지론」은 벼슬길에 나아가 입신양명하고자 해도 이름이 항상 보존되는 것이 아니고 주어진 삶은 짧으니 한가로이 노닐며 그 뜻을 즐기는 것이 낫다는 게 그 주지다. 따라서 김용행이 그린 〈낙지도〉는 한가로이 노니는 광경을 그린 그림이었을 가능성이 높다. 얼핏 그 그림을 보면 단순히 한가로이 노니는 뜻으로 그린 것 같지만 실은 그렇지 않다. 이는 그 그림에서 형용했을 법한 한가로이 노니는 장면이, 실은 한가로운 마음에서 비롯한 것이 아니라 신분적 굴레 등 외부적 요인 때문에 벼슬을 등지고 한가로이 노니는 뜻으로라도 자위할 수밖에 없는 울울함을 담은 그림이었을 것이기 때문이다. 그래서 김양행으로부터 이러한 사정을 듣고 나면 손님들의 낯빛이 바뀌었다고 한 것이다.

> 7 처음에 군이 서울에서 노닐 적에 일시의 사람들이 모두 그가 뛰어나고 기이한 인물이라는 것을 인정했으며 학사대부들도 입을 모아 칭찬하며 모두 그의 문하에 나아가고 싶어 했다. 그러나 군은 눈치를 보며 남들에게 용납되기를 바라지 않았다. 그래서 군은 세상을 마칠 때까지 세상에서 그 재능을 다 펴지 못하였다.
>
> 군은 사람됨이 깨끗하고 단정했으며, 인륜을 지키는 데에도 정성을 다하였다. 집안이 가난해서 겨울에도 해진 삼베옷을 입었지만 달고 맛있는 음식을 부지런히 마련하여 부모를 봉양하였으므로 마을 사람들이 그를 칭송하였다. 그의 생긴 모습은 기이하고 예스러웠다. 그는 말수가 적어 마치 입 밖으로 말을 내지 않는 것 같았다. 사람들이 일부러 시험해 보고자 술을 먹여도 잘 취하지 않았다. 술을 더 먹이면 조금씩 자신의 날카로움을 드러내어 차차 천하 만사의 잘잘못과 인물의 시시비비를 논하기에 이르고, 비웃고 질타하는 말들을 쏟아내며 분연히 공명(功名)을 이루려는 뜻을 드러내기도 하였다.

[初君遊京師, 一時之人, 皆知君爲落落可奇, 而學士大夫, 亦莫不交口稱譽, 皆欲出其門下. 然君終不肯俯仰以取容, 故終君之世, 世莫有盡其才者. 君爲人修潔, 又肫肫人倫. 家貧, 冬月衣敝褐, 汲汲具甘旨, 以養其父母, 鄕黨稱之. 其狀貌奇古, 恂恂然言若不出口. 人故欲試之, 飮之酒不醉, 益酒之, 隱隱見鋒刃, 稍與及天下事得失人物是非, 笑咤淋漓, 慨然有功名之志.]

이 단락에서 주목해야 할 서술은 김용행이 눈치를 보면서까지 남들에게 용납되기를 좋아하지 않았다는 점과 술을 많이 마시면 분연히 공명을 이루려는 뜻을 드러냈다는 점이다. 세상 사람들은 모두들 그의 뛰어난 능력에 감복하였지만 강한 자의식과 세상에 대한 불만 때문에 일삼은 기행(奇行)으로 인해 사람들이 차차 그를 등지기 시작했다. 자의식이 강했던 데다 신분적 굴레를 자각하게 되면서 그의 자의식은 세속적 가치에 과민하게 반응하거나 세상을 기롱하는 것으로 표출된 것이다.

술을 많이 마시고 나면 분연히 공명을 이루고자 하는 뜻을 표출했다는 것은 그가 평소 마음속에 공명을 이루려는 뜻을 품고 있었음을 보여주는 것이다. 그러나 눈치 보며 세상에 영합하기를 꺼렸던 그가 신분적 굴레까지 안고 공명을 이룬다는 것은 애초부터 실현 가능성이 낮은 것이었다. 그의 갈등은, 신분적 굴레라는 현실과 공명을 이루려는 이상 사이의 메워질 수 없는 간극으로 인해 더욱 심각해진 것이다.

8 군은 영조 30년(1753) 계유생(癸酉生)인데 정조 2년(1778) 무술(戊戌)에 병에 걸려 죽었으니 나이 스물여섯이었다. 군은 평생 시를 좋아했는데 시 역시 그의 그림과 같았다. 저서로 『영영쇄쇄집(零零瑣瑣集)』 몇 권이 남아 집에 보관되어 있다. 군이 운명할 때 "넋이여 돌아오라! 강남은 슬프구나!"라는 구절을 읊조렸다고 하니 그 뜻이 비장하고 강개하구나.

[君以英宗三十年癸酉生, 今上二年戊戌遇疾卒, 年二十六. 君平生嗜詩, 詩如其畵. 所著有零零瑣瑣集幾卷, 藏于家. 君死時誦'魂兮歸來哀江南', 些意悲涼慷慨.][41]

이 단락은 글의 마지막에 위치하고 있다. 일반적인 전에서라면 작자의 논찬이 놓일 자리다. 그러나 보다시피 남공철은 김용행에 대한 객관적 논평보다는 마치 묘지(墓誌)에서 묘주의 생몰년과 문집 사항 등을 기술하는 방식과 같이 글을 맺고 있다. 김용행의 문집 이름 '영영쇄쇄(零零瑣瑣)'는 자질구레하고 보잘것없다는 뜻이다. 그가 스스로 지어 불렀다는 '물거품 도인'[泡道人]이라는 호와 교묘하게 조응된다. 김용행 스스로 이렇게 자신의 호와 문집 이름에 대해 덧없고 하찮은 것으로 명명한 것은 실제로 자신을 하찮게 여겨서였다기보다 강렬한 자의식에 기반하여 자신이 제대로 쓰이지 못하는 세상에 대한 반감을 자조적으로 드러낸 것으로 볼 수 있다.

김용행이 운명할 때 읊었다는 "넋이여 돌아오라, 강남은 슬프구나[魂兮歸來 哀江南]"는 『초사』「초혼」의 마지막 구절이다. 김려도 「김순필전」에서 김용행이 「이소」, 「초혼」 등 『초사』 읽기를 좋아하였고 그러한 글들을 읽을 때마다 번번이 눈물을 흘렸다고 하였거니와 『초사』 가운데에는 억울하고 불평한 마음을 노래한 것이 많기 때문이다.[42] 김용행은 『초사』에 표출된 억울함과 불평을 자신의 것과 동일시하여 번번이 눈물을 흘린 것이다. 글의 종결부에 제시된, 김용행이 읊으면서 죽었다는 위 『초사』의 구절은 김용행의 불우한 삶을 집약적으로 드러내는 것이어서 묘지명에서의 명사(銘詞)와 같은 기능을 하고 있다. 이는 묘주가 평소부터 선호하여 죽는 순간에도 들릴 듯 말 듯 『논어』 구절을 읊다가 죽었다는 내용으로 제작한, 남공철의 「진락선생묘지명」의 명사(銘詞)와 상통하는 면이 있다. 글의 종결부가 이처럼 묘지명과 닮아 있는 것은, 전과 묘지를 애써 구분하지 않은 남공철의 장르의식에 기인한 것이다.

남공철의 이 글은 김용행의 인정(人定)에 대해 간략히 언급하고(1)

41) 남공철, 「김순필전」, 『금릉집』 권13.
42) 申維翰, 「題楚詞卷末」, 『青泉集』 권6: "其聲易以感, 感而興悲而賦, 抑菀之以暢, 魂磊之以寫."

김용행의 뛰어난 재능에 대해 언급한 후(2) 퉁소를 분 일화를 통해 김용행이 재능이 있었음에도 무언가 풀리지 않는 울울함이 있음을 드러내었다.(3) 이어 주요한 일화를 통해 그의 기이한 행적을 제시하고 있는데(4 · 5), 일화를 통해 드러난 김용행의 기이한 행적은 모두 김용행 자신의 강한 자의식에 기반한 것이며 자신의 재능을 알아주지 않는 세상을 기롱하는 의미를 갖는 것으로 나타나 있다. 남공철은 이어서 김용행의 종형 김양행(金亮行)의 일화를 통해 김용행이 이렇게 재주를 갖고 있으면서도 세상에서 쓰이지 못한 것에 대한 연민의식을 드러내고 있다.(6) 이 연민의식은 김양행이 김용행에게 느낀 것이기도 하지만 작자 남공철이 김용행에게 느낀 것이기도 하다. 7은 김용행의 삶에 대한 총평이라 할 수 있는데, 여기서 남공철은 김용행이 세상과 화합하지 못하면서도 속으로는 공명을 이루려는 뜻을 갖고 있었음을 주요하게 언급하고 있다. 그런데 이 두 가지는 서로 융화될 수 없는 성질의 것으로, 이는 김용행이 재능을 갖고도 불우하게 살다 죽을 수밖에 없었던 이유이기도 하다. 김용행은 자신의 재능을 인정받을 수 있는 세상, 그래서 공명을 이룰 수 있는 이상적인 세상을 꿈꾸었지만 현실은 그가 기롱한, 호걸다운 인재를 알아보지 못하고 참과 거짓을 구별하지 못하는 세상이었다. 남공철 역시 이 점에 공감하였기에 그와 같은 일화를 채택하여 제시한 것이다. 한편 마지막 단락 8은 전의 논찬부에 해당하는데 마치 묘지(墓誌)의 종결부에서 흔히 보이는 서술, 즉 대상 인물의 생몰년과 문집 현황 등에 대해 언급하고 있어 주목된다. 종결부에서 제시한, 김용행이 운명하던 순간에 읊조렸다고 하는 『초사』의 한 구절은 묘지명에서의 명사(銘詞)와 같은 기능을 하고 있어 이 글이 비록 전으로 쓰여지기는 했지만 전과 묘지를 엄밀히 구분하지 않았던 남공철의 장르의식에 기인하여 꼭 묘지명처럼 글을 맺은 것이다.

남공철이 김용행에 대해 강한 자의식으로 인해 세상과 화합하지 못하고, 도리어 그 자의식으로 인한 기행(奇行) 때문에 세상으로부터 배척당하여 불우한 삶을 산 인물로 형상화하고 있다면, 최북의 기행(奇行)은 모두 강렬한 예술가적 자의식의 소산이며 김용행보다도 한층 강렬한 자의식의 소유자로서 최북을 형상화하고 있다. 최북을 입전한 작품이 바로 높은 문학적 성취를 보인, 남공철의 대표작이라 할 만한 「최칠칠전(崔七七傳)」이다.

최북(崔北, 1712～1786)은 자가 성기(聖器)·유용(有用)이고 호는 성재(星齋)·호생관(毫生館)이며 초명은 식(埴)이다. 그림을 잘 그렸는데 특히 메추리 그림을 잘 그려서 '최 메추리'[崔鶉]로 불리기도 하였고 산수화를 잘 그려서 '최 산수'라 불리기도 했다. 한국미술사에서 그는 사의적(寫意的) 남종화를 구사한 조선후기 최초의 여항 출신 직업화가로 평가된다.[43] 그는 성품이 칼끝이나 불꽃과 같아 조금이라도 자기 뜻에 맞지 않으면 곧 상대를 욕보여 사람들이 기피하는 경우가 많았다.[44] 이러한 성품 때문에 그가 남긴 일화들도 예사롭지 않으며 일화의 수도 적지 않다.

최북과 같이 예술가적 자의식이 강한 이는 자신이 집중하는 것 이외의 것을 전혀 돌보지 않는 경향이 강하다. 특히 예술가적 자의식을 고취시키는 촉매제 역할을 하는 술을 마실 경우 그 기행(奇行)은 더욱 심각한 양상을 띤다. 남공철은 이단전을 통해 최북을 알게 되었고, 수학기와 청년기에 걸쳐 빈번하게 그와 어울렸다. 남공철이 최북에게 보낸 편지가 한 편 전하는데,[45] 이 편지를 통해 남공철과 최북이 거의 50년이나 되는 나이 차에도 불구하고 서로 격의 없이 어울렸음을 확인할 수 있다. 남공철은 최북의 그림에 대해 깊이 이해하고 있었고 최북 또한 남공철을 각별히 여겼다. 「최칠칠전」[46]은 이처럼 대상 인물에 대한 애

---

43) 홍선표, 『朝鮮後期繪畵史論』, 문예출판사, 1999, 408～425면.

44) 이규상, 『18세기 조선 인물지-幷世才彦錄』, 민족문학사연구소 한문분과 옮김, 창작과비평사, 1997, 146～147면.

45) 「答崔北」(『금릉집』 권10)을 가리킨다. 이 편지에 대해서는 본서의 149～151면에서 자세히 살핀 바 있다.

정이 있었기 때문에 득의작이 될 수 있었을 터이다.

> ① 세상 사람들은 최북(崔北) 칠칠(七七)이라는 자의 집안이나 본관을 알지 못한다. 그래서 세상 사람들은 그의 이름을 파자(破字)하여 자로 삼아 불렀다. 그림을 잘 그렸으며 한쪽 눈이 애꾸였는데 늘 외알 안경을 끼고 그림을 그렸다. 본성이 술을 좋아하고 나돌아다니기를 좋아하였다.
>
> [崔北七七者, 世不知其族系貫縣. 破名爲字, 行于時. 工畵, 眇一目, 嘗帶靉靆半, 臨帖摹. 本嗜酒, 喜出遊.]

최북은 초명이 식(埴)이고 본관은 경주(慶州)로 숙종 38년(1712), 회계를 맡아보는 종8품 벼슬인 계사(計士)를 지낸 최상여(崔尙餘)의 아들로 태어났다.[47] 그가 양반이 아닌, 한미한 중인 집안 출신이었기 때문에 세상 사람들이 그 집안이나 본관을 알지 못한다고 한 것이다. 오히려 이름 북(北)을 파자하여 부르던 자인 칠칠(七七)로 널리 알려져 있었다. 그와 가까이 지낸 이단전이나 남공철도 스스럼없이 그를 '칠칠'이라 부른 것은, 그만큼 '칠칠'이라는 자(字)가 거리낌 없고 기이한 최북의 면모와 더 잘 부합한다고 여겼기 때문일 것이다. 또한 그가 애꾸가 된 것은 재물이 많은 어떤 이가 그에게 그림을 요구하다가 뜻을 이루지 못하자 위협하려고 하니 최북이 성을 내며 스스로 한쪽 눈을 찔러 그리 된 것이라고 전한다.[48] 정약용의 전언에 의하면 최북이 이렇게 한쪽 눈이 멀게

---

46) 「최칠칠전」은 권상신의 문집인 『西漁遺稿』에도 실려 있는데, 이는 잘못 끼어들어간 것이다. 유재건의 『이향견문록』과 오세창의 『근역서화징』에도 「최칠칠전」이 전재되어 있으며 출처를 모두 『금릉집』이라 밝히고 있다.

47) 李家煥, 『東稗洛誦續』: "崔北字七七, 初名埴, 字聖器, 慶州人, 肅宗壬辰生, 計士尙餘子也." 한편 1749년에 李匡師와 함께 단양의 명승지를 유람하면서 그린 〈丹丘勝遊圖〉에 이광사가 쓴 書題에는 최북의 본관을 月城이라 하였다. 이로써 최북의 본관이 정확히는 月城임을 확인할 수 있는데, 月城崔氏는 경주최씨의 분파이므로 이가환이 그의 본관을 경주최씨로 기록한 듯하다.

48) 趙熙龍, 「崔北傳」, 『호산외사』 권2: "一貴人要畵於北, 而不能致, 將脅之. 北怒曰: '人不負吾,

된 것은 만년의 일이라고 하니[49] 호기(豪氣)로운 예술가적 기행(奇行)이 비단 젊은 시절의 것만은 아니었다고 할 수 있다.

최북은 30대에 이미 금강산이나 단양 등 여러 명승지를 유람하였다. 그는 글을 많이 읽는 것만으로는 지기(志氣)를 격발(激發)시키기 어렵다면서 광대한 세계 이곳저곳을 직접 찾아다니기를 좋아했다.[50] 위 단락의 끝부분에 최북이 술을 좋아하고 나돌아다니는 것을 좋아했다는 서술이 보이는데, 이는 이 글 전체의 일화들과 관련해 매우 중요한 의미를 지닌다. 이 두 가지, 즉 술과 출유(出遊)는 최북의 예술가적 자의식을 극대화하는 기능을 하는 것이다. 이 글에서 채택하고 있는 일화들 가운데 최북이 예술가적 자의식 과잉의 상태에 이르러 벌인 기행(奇行)은 바로 자의식 과잉의 촉매제 역할을 하는 술과 출유(出遊)로 인한 것이었다. 바로 이어지는 일화가 그 대표적인 예이다.

> ② 어느 날 금강산 구룡연에 들어가서는 기분이 너무 좋아 술을 마시고 잔뜩 취해 울다 웃다 하다가
>
> "천하 명인(名人) 최북은 마땅히 천하 명산에서 죽어야지!"
>
> 하고 소리 지르고는 마침내 몸을 날려 연못으로 달려갔다. 때마침 곁에 말리는 자가 있어 연못에 떨어지지는 않았다. 최북을 떠메고 산 아래 너럭바위에 이르니 숨을 헐떡이며 그곳에 누워 있다가 갑자기 일어나서 휘-하고 휘파람을 불었는데 그 소리가 숲을 진동하여 둥지에 있던 새매들이 모두 푸드덕 날아가 버렸다.
>
> [入九龍淵, 樂之甚, 飮劇醉, 或哭或笑, 已又叫號曰: "天下名人崔北, 當死於天下

吾目負吾.' 乃刺一目而眇."

49) 정약용, 「餛飩錄」, 『與猶堂全書補遺』 제2책, 다산학회 편, 경인문화사, 1973: "崔北字七七, 近世名畵也. 晩年眇一目, 遂取舊所御靉靆, 亦去其一眼."

50) 李玄煥, 「送崔北七七之日本序」, 『蟾窩雜著』, 『近畿實學淵源諸賢集』 6, 대동문화연구원 편, 성균관대 대동문화연구원, 2002: "且人生於偏壤, 所見不過數百里之間, 無高山大川可登眺, 而自廣其心胸. 諸子百家之書, 雖或徧覽, 不過古人之陳跡, 亦不足以激發其志氣, 恐遂汨沒, 決然捨去, 將欲浮海而東, 求天下奇聞壯觀, 以知天地之廣大而歸焉."

名山!" 遂聳身躍至淵, 旁有救者, 得不墮. 舁至山下盤石, 氣喘喘臥, 忽起劃然長嘯, 響動林木間, 棲鶻皆磔磔飛去.]

최북이 나돌아다니는 것을 좋아한다고 한 것은 그가 새로운 물상(物象)이나 승경지 보기를 좋아했다는 의미다. 최북은 30대에 이미 금강산 등 관동의 여러 산들을 돌아보고 다수의 금강산도(金剛山圖)를 제작했는데[51] 위 일화 또한 30대의 것으로 보인다. 금강산 구룡연의 경치가 최북의 예술적 감수성을 자극하여 최북은 이미 '기분이 매우 좋은'[樂之甚] 상태였다. 거기에 더해 좋아하는 '술까지 마셔 취하자'[飮劇醉] 그의 자의식은 주체할 수 없는 지경에 이르러[或哭或笑] 급기야 구룡연으로 뛰어들려 했던 상황을 서술하고 있다.

최북에 대한 전은 남공철의 이 글 외에도 조희룡(趙熙龍, 1797~1859)이 지은 것이 있어 비교가 된다. 조희룡의 「최북전」은 남공철의 이 글에 비해 서술이 매우 간략하고 정황 묘사에 있어서 일체의 상상력이 배제되어 있다. 조희룡도 위 단락 [2]에 보이는 일화를 다음과 같이 채택하여 제시한 바 있다.

금강산을 유람하다가 구룡연(九龍淵)에 이르러 갑자기 크게 부르짖으며, "천하 명사(名士)는 천하 명산에서 죽어야 한다!"라 하고, 못에 뛰어들어 거의 구할 수 없을 뻔하였다.[52]

'천하 명사(名士)는 천하 명산에서 죽어야 한다'는 서술은 동일하게 제시되어 있지만 그 앞뒤의 서술과 장면 묘사에 있어서는 확연한 차이를 보인다. 조희룡은 앞뒤 정황 설명 없이 곧바로 최북이 금강산 구룡연에

51) 홍선표, 「崔北의 生涯와 意識世界」, 『미술사연구』 5, 미술사연구회, 1991, 13면.
52) 조희룡, 「최북전」, 『호산외기』 권2: "遊金剛, 至九龍淵, 忽大叫曰: '天下名士, 死於天下名山, 足矣.' 墜淵幾至不救."

갔다가 연못에 뛰어들려 했던 일을 평면적으로 기술하고 있다. 이에 반해 남공철은, 최북이 이미 금강산에 가서 기분이 좋은 상태에서 술까지 마셔 자의식 과잉 상태에 이르렀으며 그 상태에서 연못에 뛰어들려던 일뿐만 아니라 이후의 상황까지 비교적 자세하면서도 역동적으로 기술하고 있다. 특히 남공철의 서술에서는 실제로 보지 않고는 알기 어려운 정황들, 이를테면 최북이 몸을 날려 구룡연에 뛰어들려던 장면이나 너럭바위에 누워 숨을 헐떡이는 장면, 최북의 휘파람 소리에 숲속의 새들이 날아가는 장면 등이 실감나게 묘사되어 있다.[53]

위 일화에서도 확인할 수 있듯이 술은 최북의 예술가적 자의식을 더욱 강렬하게 자극하여 자의식이 과잉된 상태에 이르도록 하는 역할을 하고 있다. 이어지는 서술에서도 최북이 술을 좋아하던 정황에 대해 언급하고 있다.

> ③ 칠칠은 하루에 대여섯 되의 술을 마셨다. 저자에서 술 파는 아이들이 술병을 들고 칠칠을 찾아올 때마다 번번이 집에 있던 책이며 돈을 다 주어 술과 바꾸었다. 살림이 더욱 궁색해져서 마침내 나그네가 되어 평양과 동래를 떠돌아다니며 그림을 팔았는데 두 고을에서 비단을 들고 찾아오는 자가 줄을 이었다.
>
> [七七飮酒, 常一日五六升. 市中諸沽兒, 携壺至七七, 輒傾其家書卷紙幣, 盡與取之. 貲益窘, 遂客遊西京萊府賣畫, 二府人持綾綃踵門者相續.]

하루에 대여섯 되라는 많은 양의 술을 꼬박꼬박 마시다가 최북은 결국 가산을 탕진하고 말았다. 최북의 생애에 대해 전하는 기록이 제한되어 있어 그의 구체적 행력은 자세히 알기 어렵다. 통신사행(通信使行) 기록을 통해 그의 30대 행력을 약간이나마 확인할 수 있고 신광수(申光洙)의 「최북설강도가(崔北雪江圖歌)」를 통해 그의 50대 생활상의 일단을

---

53) 졸고, 「남공철의 전장비지문 연구」, 서울대 석사학위논문, 2002, 48면.

엿볼 수 있을 뿐이다.[54] 평양과 동래를 오가며 그림을 팔아 생계를 유지했다고 하였는데 통신사 기록에 의하면 최북은 통신사행단에 소속된 수행화원 이성린(李聖麟, 1718~1777)을 따라 1747년 11월에 서울을 떠나 동래에 도착하여 2개월을 머문 후 일본으로 떠난 것으로 되어 있다.[55] 또 신광하(申光河)의 「최북가(崔北歌)」에는 그가 중국 땅에도 다녀왔다는 언급이 있어 중국 사행단에 따라간 적이 있었음을 시사하고 있는데,[56] 이때 평양에 들렀을 가능성이 있다. 최북이 평양과 동래를 떠돌면서 그림을 팔아 생활한 게 먼저인지 혹은 사행단을 따라 일본과 중국에 다녀온 이후에 다시 평양과 동래에 갔던 것인지는 분명하지 않다. 그러나 『풍요속선』에 수록된 그의 시에서 자신의 집이 북악산 기슭에 있음을 읊은 바 있으며[57] 60대 이후 남공철과 교유하였던 점을 감안하면 최소한 중년기 이후 그의 주된 생활 근거지는 서울이었음을 알 수 있다.

최북의 그림이 당세에 유명해져 비단을 들고 찾아오는 자들이 줄을 이었다고 했는데, 그렇다고 해서 최북이 그 기회를 십분 활용하여 그림으로 부를 축적한 것은 아니었다. 그림을 팔아 생계를 이었고, 사람들이 그의 그림에 큰 관심을 가졌지만 최북은 팔기 위한 그림 그리는 일에 금방 싫증을 내게 되었다. 가져온 비단이 상자에 쌓이도록 한 해가 지나도 붓을 들지 않기도 했다.[58] 그의 그림에 대한 수요가 대단했는데도 이처럼 최북이 그에 성실히 응하지 않았던 이유는 자의식의 소산인 그

---

54) 홍선표, 앞의 논문.

55) 洪景海, 『隨槎日錄』.

56) 申光河, 「崔北歌」, 『震澤先生文集』 권7, 문집편찬위원회 편, 경인문화사, 1999: "北窮肅愼經黑朔, 東入日本過赤岸."

57) 崔北, 「秋懷」, 『風謠續選』, 千壽慶 編, 아세아문화사, 1990: "白麓城邊落日斜, 數株黃葉是吾家."

58) 李玄煥, 「崔北畵說」, 『蟾窩雜著』, 『近畿實學淵源諸賢集』 6, 성균관대 대동문화연구원, 2002, 266면: "四方之人, 來請畵者, 足相躡於其門. 王公貴人, 甚或使之以畵史, 七七終厭之. 人有以素紈來者, 輒受而置之, 盈奩軸而積箱篋, 或有經歲而不肯下筆者夥矣."

림을 팔아 생계를 유지할 수밖에 없었던 처지에 대한 불만 때문이기도 했지만 그림 수요자들이 자신의 그림을 제대로 이해하지 못한다고 여겼기 때문이기도 했다.[59] 이어지는 일화에서도 이 점을 확인할 수 있다.

> [4] 어떤 사람이 칠칠에게 산수화 그려줄 것을 요구하자 칠칠은 산만 그리고 물은 그리지 않았다. 그 사람이 이상하게 여기며 그것을 트집 잡았다. 그러자 칠칠이 붓을 던지고 일어나며 말했다.
>
> "아, 종이 밖이 모두 물이잖소!"
>
> 그림이 자기 마음에 드는데도 돈을 적게 쳐줄 때마다 칠칠은 번번이 화를 버럭 내면서 꾸짖으며 그림을 찢어버리고 떠나곤 했다. 혹 그림이 자기 마음에 들지 않는데도 값을 과분하게 쳐주면 주먹질을 하며 껄껄 웃었다. 그 사람이 그림을 짊어지고 문을 나가면 또 손가락질하고 웃으며
>
> "저 바보 같은 놈, 그림 값도 모르는군"
>
> 하였다. 그리고 이에 스스로 호를 '호생자(毫生子)'라 하였다.
>
> [人有求爲山水, 畵山不畵水. 人怪詰之. 七七擲筆起曰: "唉! 紙以外, 皆水也." 畵得意, 而得錢少, 則七七輒怒罵, 裂其幅, 不留. 或不得意, 而過輸其直, 則呵呵笑拳. 其人還負出門, 復指而笑, "彼竪子, 不知價." 於是自號毫生子.]

산수화에 어째서 산만 있고 물은 없느냐는 수요자의 힐난에 최북은 종이 밖이 모두 물이라는, 다소 황당하게 여겨질 수 있는 대답을 하고 있다. 최북의 그림은 사의적(寫意的) 남종화풍을 보이고 있는 것으로 평가되는데, 산만 그려 놓고 종이 밖이 모두 물이라 한 것 역시 최북의 작화(作畵) 태도와 관련된 것이다. 수요자의 요구가 있어 그림을 그려 파는 입장인데도 그림을 그리는 단계에서는 순전히 자기 내면에만 귀 기울이고 있음을 확인할 수 있다. 비록 그가 그림을 그려 그것을 팔아

59) 위의 글: "惟畵, 適吾意而已. 世之知畵者, 鮮矣. 誠如子之言, 雖百世之下, 觀此畵者, 可以想其人. 吾欲以俟後之知音也."

생계를 유지하기는 했지만 그것으로 풍족한 생활을 할 수 없었음은 물론이다. 그림의 값 또한 현실적이고 객관적인 화폐 가치를 기준으로 매겼던 것이 아니라 최북 자신의 판단에 의해 득의작인가 그렇지 않은가에 따라 결정되었다. 이 또한 그의 시선이 온통 자기 내부로 향하고 있음을 잘 보여주는 것이다.

호생자(毫生子)란 붓으로 먹고사는 사람이라는 의미이다. 최북이 칠칠(七七)로 자를 삼고 호생자(毫生子)·호생관(毫生館)으로 자호한 것은 30세 무렵이다.[60] 최북이 사용한 이 자호(自號)는 프로페셔널로서의 자부심에 의해 붙여진 이름이라기보다는 얼마간 자조적인 의미를 지니는 것이다. 그림을 그려봐야 제대로 대접도 받지 못하고 생계를 위해 어쩔 수 없이 자신의 자의식의 소산인 그림을 제대로 이해하지도 못하는 이들에게 팔아야 했던 현실에 대한 불만이, 호생자라는 자호에 담겨 있다고 할 수 있다.[61] 술값 마련을 위해 조자앙의 그림을 모사하여 진품이라 속여 판 것도 얼마간 희학적인 의미가 없는 것은 아니지만 이 또한 세상에 대한 조롱의 의미가 담겨 있다고 할 수 있다. 이는 곧 김용행이 세상을 조롱하기 위해 벌인 기행(奇行)과 같은 맥락에서 이해할 수 있다.

강렬한 자의식은 때로 세속적 가치를 돌아보지 않는 단계를 넘어서서 세속적 가치에 대한 저항으로 표출되기도 한다. 서평공자와 바둑을 두면서 있었던 다음 일화는 그러한 점을 잘 보여준다.

---

60) 홍선표, 앞의 논문, 13면. 호생관이란 이름은 최북이 처음 사용한 것이 아니다. 명대의 화가 丁雲鵬(1547~1628)이 일찍이 毫生館이라는 호를 쓴 바 있다. 董其昌이 정운붕에게 毫生館이라는 도장을 새겨 주었는데 정운붕은 자신의 그림 가운데 득의작에만 이 도장을 찍었다고 한다. 이에 대해서는 안대회, 『조선의 프로페셔널』, 휴머니스트, 2007, 106면 참조.

61) 동기창은 모든 생명체가 胎生·卵生·濕生·化生·毫生으로 나뉘고 이 가운데 붓에서 태어난[毫生] 것이 바로 보살이라 한 바 있는데, 안대회 교수는 동기창의 이러한 말을 들어 '호생'이란, 화가의 붓끝에서 위대한 생명체가 탄생한다는 뜻이며 최북이 이러한 호를 사용한 것은 화가로서의 자긍심의 소산이라고 한 바 있다. 요는 '毫生'에서의 '生'을, 먹고 사는 것으로 볼 것인가 태어나는 것으로 볼 것인가에 따라 '호생관'이 중의적 의미를 지닌다는 것이다. 이에 대해서는 안대회, 위의 책, 106~108면 참조.

5 칠칠은 성격이 뻣뻣하여 남에게 순종적이지 않았다. 하루는 서평공자(西平公子)와 백금(百金) 내기 바둑을 둔 적이 있다. 최북이 막 이기려고 할 때 서평공자가 한 수 물릴 것을 청하였다. 그러자 최북이 갑자기 바둑돌을 흩어버리고는 팔짱을 끼고 앉아 말했다.

"바둑이란 본디 재미로 두는 것이오. 만약 물리기를 계속한다면 한 해가 다 가도록 한 판도 끝낼 수 없을 것이오."

그 후로 다시는 서평공자와 바둑을 두지 않았다.

[七七性亢傲, 不循人. 一日與西平公子, 圍碁睹百金. 七七方勝, 而西平請易一子. 七七遽散黑白, 斂手坐曰: "碁本於戲. 若易不已, 則終歲不能了一局矣!" 後不復與西平碁.]

최북과 바둑을 둔 서평공자(西平公子)는 선조(宣祖)의 현손(玄孫)인 서평군(西平君) 이요(李橈, 1684~?)다. 그는 상당한 재력을 기반으로 송실솔 등 예인을 후원하던 패트런으로 유명하다. 종실인 데다 예인의 후원자이기도 했으니 보통 예인이라면 서평군의 비위를 거스르는 일이 쉽지 않았을 법한데 이는 최북에게는 해당하지 않는 이야기였다. 그가 이렇게 신분이 높은 이들이나 패트런과의 관계에 얽매이지 않을 수 있었던 이유는 강한 자의식 때문이기도 했지만, 현실적으로는 자신의 그림을 팔아 스스로 생계를 꾸려갔기 때문이기도 하다.[62] 하지만 그렇다 해도

62) 물론 그림 판 돈만으로 안정적으로 생계를 유지할 수 있었던 것은 아니다. 申光河가 「題丁大夫乞畵金弘道」(『震澤先生文集』 卷9, 경인문화사, 1999)라는 시에서 "崔北窮死畵亦賤"이라 언급했듯이 최북의 그림은 그 값이 높지 않았던 듯하다. 최북은 다른 수입이나 후원금 없이 賣畵로만 생계를 꾸렸다. 그가 궁핍한 생활을 면치 못했던 것은 그가 술을 많이 마셔 술값으로 많은 돈을 써서이기도 하지만 이처럼 그림값만으로 여유로운 생활을 할 수 있을 만큼 그림값이 높지 않았기 때문이기도 하다. 최북의 다음 세대인 김홍도 시대에 이르러서는 그림값이 월등히 높아지게 되는데, 박희병 교수는 이에 대해 정조조에 이르러 유통경제와 도시의 발달에 따른 그림의 수요가 확대되었기 때문이라고 지적한 바 있다. 이에 대해서는 박희병, 「조선후기 예술가의 문학적 초상-예인전의 연구」, 『대동문화연구』 24, 성균관대 대동문화연구원, 1990, 138~139면 참조.

위 일화에서 최북은, 한 수 물리자는 서평군의 요구에 필요 이상으로 과민하게 반응하고 있다. 바둑돌을 흩어버리고 다시는 서평군과 바둑을 두지 않았다는 서술에서 그 점을 확인할 수 있다. 이러한 신경질적인 반응은 곧 그의 강렬한 자의식과 관련이 있다. 이어지는 일화에서도 최북의 이러한 과민한 반응을 살필 수 있다.

> 6 한번은 높은 벼슬을 하던 사람의 집을 찾아간 적이 있었다. 그런데 문지기가 들어가서는 이름을 함부로 부르지 않으려고
> "최 직장님께서 오셨습니다"
> 라고 했다. 최북이 화를 내며 말했다.
> "어째서 정승이라고 하지 않고 직장이라고 하느냐!"
> 문지기가 말했다.
> "정승은 언제 지내셨는지요?"
> 최북이 말했다.
> "그럼 내 언제 직장을 지냈더란 말이냐! 만약 관직 이름을 빌려서 나를 높이고자 한다면 어찌 정승이라고 하지 않고 직장이라고 하느냐!"
> 하고는 주인도 만나지 않고 돌아와 버렸다.
> [嘗至貴人家, 閽者嫌擧姓名入告: "崔直長至." 七七怒曰: "胡不稱政丞, 而稱直長?" 閽者曰: "何時爲政丞?" 七七曰: "吾何時爲直長耶? 若欲借啣而顯稱我, 則豈可捨政丞, 而稱直長耶?" 不見主人而歸.]

직장(直長)은 종7품의 하급 관직이다. 비록 여항 출신의 궁핍한 화가였지만 최북은 심사정(沈師正)이나 강세황(姜世晃), 이광사(李匡師), 남공철 등 양반들과도 어울렸다. 여항 출신이라는 신분적 굴레나 기괴한 그의 겉모습[63]과는 대조적으로 그는 양반들 사이에서 상당한 대접을 받았

63) 申光河가 「崔北歌」에서 최북의 행색에 대해 "軀幹短小, 眇一目"이라 한 것에서 알 수 있듯이 최북은 깡마른 몸에 키도 작았고 애꾸눈이었다.

던 듯하다. 그래서 남공철이 집을 비운 사이에 최북이 술에 취해 찾아와 난동을 부리는데도 종들이 그에게 함부로 대하지 못하였던 것이다.[64] 위 일화에서 최북이 찾아간 귀인(貴人)의 집 문지기 역시 최북이 어떤 인물인지 알고 있었다. 그래서 문지기 자신으로서는 최북을 예우한다고 '최 직장'이라 부른 것인데 최북은 문지기의 그런 태도에 과민하게 반응하며 만나러 갔던 그 집 주인도 만나지 않고 돌아서 버린다.

최북의 이러한 과민한 반응은 평소 품고 있던 신분차별에 대한 강한 불만이 순간적으로 폭발한 것으로 볼 수 있다.[65] 조희룡의 「최북전」에 소개된 다음 일화는 특히 벼슬 높은 양반에게 신경질적이고 오만했던 최북의 성품을 잘 보여준다.

> 일찍이 아무개 집에서 달관(達官)을 만난 적이 있었다. 달관이 최북을 가리키며 주인에게 "저 생(生)은 성이 무엇이오?" 하고 묻자 최북이 얼굴을 쳐들고 달관을 향해 말했다. "먼저 묻노니, 군(君)의 성은 무엇이오?" 그 오만하기가 이와 같았다.[66]

조희룡이 위 일화를 제시한 것은 그 자신이 덧붙였듯이 최북의 오만함을 보여주기 위해서다. 그림 값을 제대로 쳐주지 않는 이를 앞에 두고 자신의 득의작을 찢어버린 일화에서 알 수 있듯이 최북이 신경질적으로 대응하는 대상은 특정 계층에 한정된 것은 아니었다. 그렇지만 앞의 단락 5에 제시된, 서평군과 바둑을 두면서 있었던 일화나 조희룡이 제시한 위 일화에서도 드러나듯이 최북은 유달리 세상에서 행세깨나 한다는 고관대작이나 거부(巨富) 앞에서 더욱 뻣뻣한 태도를 보였다. 양반 자제들이 그림을 펼쳐놓고 감상하면서 '그림은 잘 모르겠다'고 하면 최북

64) 남공철의 「答崔北」에 이 내용이 보인다. 이 글에 대해서는 본서의 149~151면 참조.
65) 박희병, 앞의 논문, 139~140면.
66) 조희룡, 「최북전」, 『호산외사』 권2: "嘗於某家逢達官, 達官指北向主人曰: '彼生者姓誰?' 北仰面向達官曰: '先問, 君姓誰何?' 其傲慢如是."

이 나서서 "그럼 다른 건 다 안다는 말이냐?"라 했다는 일화[67] 또한 같은 맥락에서 이해할 수 있다. 강한 예술가적 자의식 때문에 자신의 심기를 건드리는 이에게 견잡을 수 없이 신경질적으로 대했던 것이며 특히 세상에서 행세하는 이들에게는 그 정도가 더욱 심했다고 할 수 있다.

> 7 칠칠의 그림은 갈수록 세상에서 유명해져 세상 사람들은 그를 '최 산수'라고 불렀다. 그러나 최북은 화훼나 영모(翎毛), 괴석(怪石), 고목 따위를 더 잘 그렸다. 광초(狂草)로 장난 삼아 그린 그림도 여느 필묵가들의 투식적인 기법을 훌쩍 뛰어넘었다.
>
> [七七畵, 日傳於世, 世稱崔山水. 然尤善花卉翎毛怪石枯木. 狂草戱作, 倏然超筆墨家意匠.]

이 단락에서는 최북의 그림에 대한 남공철의 평가가 이루어지고 있다. 세상에서는 최북이 산수화를 잘 그려 '최 산수'라 불린다고 하지만 남공철은 그의 화훼나 영모(翎毛), 괴석(怪石), 고목 그림을 더 높이 평가하고 있다. 실제로 최북은 산수화로 이름이 나 있었고 작품 수에 있어서도 산수화가 월등히 많다. 또 메추리 그림을 잘 그려 '최 메추리'라 불리기도 했거니와 매, 쥐, 난초 등을 소재로 한 그림에도 능했다. 위 단락에서 최북이 장난 삼아 아무렇게나 그린 그림조차 여느 화가들의 그림보다 나았다고 한 것은 남공철의 주관적 평가라고 할 수만은 없다. 이규상 또한 최북의 그림에 대해 평하면서 최북의 그림은 근력(筋力)을 위주로 하여 세필(細筆)로 대강 그려도 모양을 갖추었으며 거칠고 사나운 분위기를 풍겼다고 한 바 있다.[68]

---

67) 丁若鏞, 「餛飩錄」, 『與猶堂全書補遺』 제2책, 다산학회 편, 경인문화사, 1973: "嘗於宰相家, 貴游子弟展畵看閱, 必曰: '畵則吾不知.' 崔便勃然曰: '畵則吾不知, 他物皆知之乎?' 人皆愧笑."

68) 이규상, 『18세기 조선인물지-幷世才彦錄』, 민족문학사연구소 한문분과 옮김, 창작과비평사, 1997, 146면.

[8] 처음에 나는 이단전을 통해 최북을 알게 되었다. 한번은 최북과 산방에서 만나 밤을 새우면서 대나무 그림을 여러 폭 그렸다. 최북이 내게 말했다.

"나라에서 수군을 몇만 명이나 두고 장차 왜적에 대비하려 하오. 왜적은 수전에 잘 훈련되어 있소. 그런데 우리는 예로부터 수전에는 능하지 못하오. 왜적이 오더라도 우리가 대응하지 않고 육지에서 막기만 하면 저절로 빠져 죽게 될 텐데 어째서 삼남(三南)의 백성들을 괴롭혀 소란스럽게 만든단 말이오?"

하고는 다시 술을 마시며 날이 샐 때까지 이야기를 했다.

[始余因李佃, 識七七. 嘗與七七, 遇山房剪燭, 寫澹墨竹數幅. 七七爲余言: "國家置水軍幾萬人, 將以備倭. 倭固習水戰, 而我俗不習水戰. 倭至而我不應, 則彼自滓死爾. 何苦三南赤子騷擾爲?" 復取酒打話窓至曙.]

남공철이 이단전과 어울리게 된 것은 10대 후반, 연암그룹과 교유하던 시기의 일로 보이는데 이단전의 소개로 최북을 알게 되었다고 했다. 아래 단락에서 확인할 수 있듯이 최북은 세상 사람들로부터 광생(狂生)으로 지목되기도 했는데 이단전 역시 예의에 벗어나거나 기이한 행동을 일삼는 일이 많아 광생(狂生)으로 지목되기도 하였다.

위 일화는 익숙하지 못한 수전(水戰)에 대비하기 위해 삼남 백성들을 괴롭게 하는 국가의 처사를 비판하는 최북의 말로 채워져 있다. 앞의 일화들이 최북의 강한 자의식에 초점을 맞추어 자못 기이해 보이는 그의 언행 자체를 문제 삼고 있다면 위 일화는 비교적 현실적인 시각에서 국가 정책을 비판하는 최북의 면모를 주시하고 있다. 물론 최북의 이러한 견해에 남공철 또한 동의하였기에 이 일화를 채택한 것이다.

[9] 세상 사람들은 최북을 술꾼이라고도 하고 화사(畵史)라고도 하며 심지어는 그를 가리켜 광생(狂生)이라고도 했다. 그러나 그의 말은 때때로 묘한 깨달음을 주거나 쓸 만한 것도 있었으니 위와 같은 것이 그렇다. 이단전은, 최북이 『서상기』나 『수호전』 등 여러 책을 읽었으며 지은 시도 기이하고 고풍스러워 읊조릴 만했지만 그것들

을 감춰두고는 세상에 내놓지 않는다고 했다. 최북은 서울의 여관에서 죽었는데 나이가 얼마나 되었는지는 모른다.

[世以七七, 爲酒客, 爲畵史, 甚者目以狂生. 然其言, 時有妙悟實用者類此. 李佃言, 七七好讀西廂記、水滸傳諸書. 爲詩, 亦奇古可諷, 而秘不出云. 七七死於京師旅邸. 不記其年壽幾何.][69]

최북이 언제 죽었는지는 분명하지 않다.[70] 최북에 대한 세상의 평가는 '술꾼'이나 '화사(畵史)', '광생(狂生)'과 같은 호칭에서 알 수 있듯이 부정적인 것이었다. 그런데 남공철은 최북을, '자의식의 과잉 상태'를 잘 드러내는 일화들을 채택해 이 글을 구성하고 있다. 남공철은 이 글에서 일화를 매우 비중 있게 배치하고 있다. 여러 일화들은 모두 최북의 강렬한 자의식을 구심에 두고 배치되어 있다. 그런데 일화들이 무작위적으로 배치되어 있는 것이 아니라 그 성격에 따라 교묘하게 배치되어 있는 점을 놓쳐서는 안 된다.

1 도입

2 일화 1: 금강산에 갔다가 술에 취해 구룡연에 뛰어들려 함.

3 술을 많이 마셔 가산을 탕진하고 객이 되어 평양과 동래를 떠돌며 그림을 그림.

4 일화 2: 산만 그린 산수화에 불만을 표한 수요자에게 종이 밖이 모두 물이라고 힐난함.

69) 남공철, 「최칠칠전」, 『금릉집』 卷13.

70) 최북의 죽음에 대해서는 여러 가지 설이 있다. 조희룡은 최북의 자가 七七이어서 그가 49세에 죽었다고 기록하고 있으며, 신광하는 최북이 술에 취해 성벽 모퉁이에 쓰러져 동사했다고 전하고 있다. 이가환은 최북의 생년을 숙종 38년(1712)이라 하였는데 이 기록을 믿는다면 최북이 49세, 즉 1760년에 죽었다는 말은 훗날 호사가들이 지어낸 것으로 보아야 한다. 1760년은 곧 최북과 교유한 남공철이 태어난 해이기 때문이다. 최북에 대한 조희룡과 신광하의 기록은 다음과 같다. "年四十九而卒, 人以爲七七之讖"(조희룡, 「최북전」, 『호산외사』 권2); "賣畵一幅十日餓, 大醉夜歸, 城隅臥, 借問北邙塵土萬人骨, 何如北也, 埋却三丈雪. 嗚呼北也, 身雖凍死名不滅."(신광하, 「崔北歌」, 『震澤先生文集』 권7, 문집편찬위원회 편, 경인문화사, 1999)

5 일화 3: 서평공자와 바둑을 두다가 한 수 물리기를 청하자 바둑돌을 흩어버림.
6 일화 4: 귀인의 집 문지기가 '최 직장'이라 부른 것을 꾸짖고 주인도 만나지 않고 돌아옴.
7 세상에서 최북의 산수화를 높이 평가하지만 대강 그린 그림도 여느 화가의 것보다 나음.
8 일화 5: 최북이, 수전에 능하지 못한 우리나라에서 수군을 두어 백성들을 괴롭게 하는 나라의 처사를 비판함.
9 최북의 기행(奇行)은 묘한 깨달음을 주며 『서상기』 등 소설을 읽고 시도 잘 지었음.

어느 일화이든 모두 최북의 강한 자의식을 잘 보여주는 것이다. 그런데 일화 1에서 일화 5로 옮겨갈수록 갈등의 초점이 점차 내부에서 외부로, 갈등을 일으키는 대상의 범위가 자신으로부터 국가에 이르기까지 확대된다는 사실을 확인할 수 있다. 일화 1은, 이리저리 돌아다니기 좋아하는 최북이 금강산의 승경에 지기(志氣)가 격발(激發)된 상태에서 자의식을 확장시키는 술까지 더해져 자의식 과잉 상태에 이르러 구룡연에 뛰어들려 했던 상황을 서술하고 있다. 자연 경관과 술이 최북의 자의식을 확장시키는 매개체가 되기는 했지만 거기에는 최북의 자의식을 훼손하는 어떠한 사회적 기제도 개입되어 있지 않다. 일화 2에서는 최북의 그림에 대해 세속에서 통용되는 잣대를 들이대자 최북이 과민하게 반응하고 있는데, 여기에는 최북의 분신이라 할 만한 그림과 사회적 가치를 표상하는 수요자의 요구 사이에 갈등의 초점이 맞추어져 있다. 갈등의 초점이 내부에서 외부로 옮겨진 것이다. 일화 3, 4에서는 각각 서평공자와 문지기와 같은 구체적 대상과 갈등을 빚고 있다. 비록 갈등을 빚는 대상이 구체적 인물로 제시되어 있기는 하지만 여기에서 보인 최북의 과민한 반응은 그가 평소 불만을 품고 있던 신분제도 때문에 더욱 극대화되어 나타난 것이다. 일화 5에서 최북이 문제 삼고 있는 것은 국가의 처사다. 이처럼 이 글에 드러난 일화들은 갈등의 초점이 최북 내부로부터 외부로 이동하고 있는 양상이 확인되며, 그 범위 또한 최북 자신으로부터 자신의 그림, 사회, 국가에 이르기까지 확대되고 있음을 알 수 있다.

모든 일화들은 최북 내부의 강한 자의식에 의해 촉발된 것들이며 그 시선이 외부로 옮아가고 일화 5에 이르러 국가의 처사를 문제 삼는 단계에 이르면 최북의 강렬한 자의식은 표면적으로 미약해지고 있다. 즉 각 일화들에 나타나는 자의식, 특히 예인으로서의 자의식의 강도는 일화 1에서 가장 강하게 나타나고 일화 5로 갈수록 약해지고 있다. 결국 이 글은 최북의 강렬한 자의식과 외부적 가치의 충돌로 인해 발생한 일화들을, 갈등의 초점과 갈등 요인의 범위에 따라 순차적으로 배치한 것으로 볼 수 있다. 내부의 갈등(자의식 과잉)에서 가장 강한 자의식을 확인할 수 있으며 갈등의 초점과 범위가 외부로 옮겨가며 확장될수록 자의식의 강도는 약화되고 있다. 무작위적으로 배치한 듯한 일화들을 차례로 읽으면서 모종의 질서를 감지하게 된다면 그것은 이와 같은 일화 배치의 묘 때문일 것이다.

또한 이 글은 긴 호흡을 필요로 하는 유려(流麗)하고 장중(莊重)한 문체를 택하기보다는 불필요한 허사(虛辭)나 '矣・也・而' 등과 같은 어조사의 사용을 최대한 자제하고 의미 전달에 긴요한 글자들만을 운용하여 박진감 넘치는 문체를 구사하고 있다. '숨을 헐떡이며 누워있다가[氣喘喘臥] 갑자기 일어나서 휘-하고 휘파람을 부니[忽起劃然長嘯] 그 소리가 숲을 진동하여[響動林木間] 둥지에 있던 새매들이 모두 푸드덕 날아갔다[棲鶻皆磔磔飛去]'와 같은 구절만 보아도 허사가 전혀 나타나지 않고 한 글자 한 글자가 모두 의미 전달에 긴요하게 기능하고 있다. 그러면서도 '樂之甚, 飮劇醉'나 '或哭或笑', '畵山不畵水' 등과 같이 리듬감을 고려한 표현이나 의미상 대응 구조를 취하는 등의 서술로 박진감과 리듬감을 동시에 느낄 수 있는 문체를 구사하고 있다.

3. 사절(士節)의 표창(表彰)

남공철이 그의 전에서 강렬한 자의식을 지닌 인물에 주목하고 있다면 묘지명에서는 절개를 굳게 지킨 이른바 일절지사(一節之士)에 주목하고 있다. 일절지사란 세상을 돌아보지 않고 성현의 학문에만 매진하는 선비를 가리키는 소극적인 의미로도 사용되지만 남공철이 주목한 일절지사는, 강한 자의식을 바탕으로 형성된 신념을 굳게 지키며 현실과 타협하지 않고 때로는 자신의 신념을 지키는 가운데 타인과 갈등을 빚기까지 하는 면모를 보인다. 「종씨상령거사묘지명(從氏象靈居士墓誌銘)」에서 묘주 남공좌(南公佐)가 자신의 예봉(銳鋒)을 드러내며 남들이 어떻게 반응하든 신경 쓰지 않았다고 한 것이나,[71] 「백부태화선생묘지명(伯父太華先生墓誌銘)」에서 남유상(南有常)이 실록낭청으로 있을 때 평소 배척하던 이광좌(李光佐)가 실록청 총재로 부임하자 주위의 만류에도 불구, 드러내놓고 그를 배척하는 뜻을 왕에게 진언하고 벼슬을 그만둔 일화[72] 등은 모두 묘주의 일절지사적 면모를 부각시킨 것이라 할 수 있다. 그런데 이들 묘지명에서는 자신의 신념을 지키기 위해 분투하는 주인공에 대해 단편적인 언급만을 보이고 있는 데 반해 「남군산묘지명(南君山墓誌銘)」·「진락선생묘지명(眞樂先生墓誌銘)」·「박산여묘지명(朴山如墓誌銘)」 등의 묘지명에서는 글 전체에서 주인공의 일절지사적 면모가 두드러지게 강조되고 있거나 지속적으로 그것을 문제 삼고 있다.

「남군산묘지명(南君山墓誌銘)」은 남공철의 재종숙(再從叔) 남유형(南有衡, 1715～1778)에 대한 묘지명이다. 남유형은 자가 군산(君山), 호가

71) 남공철, 「從氏象靈居士墓誌銘」, 『금릉집』 권17: "公爲人淸羸端重, 其與人談論, 根據儒術, 間雜以諧謔, 遇不可意, 時露鋒鍔, 不避觸忤."

72) 남공철, 「伯父太華先生墓誌銘」, 『금릉집』 권17: "爲攝起居, 間以軍銜兼春秋館記事官, 差實錄郎廳, 其斥光佐也. 母夫人方患痁, 人勸以母病爲辭, 則曰: '事君勿欺而已, 吾所以不出, 不欲與匪人共事, 當以實對.' 遂納供, 聞者爲公危之, 而顧公怡然也."

포감(苞甘)으로 일찍부터 출사의 뜻을 버리고 포의로 지낸 인물이다. 일찍부터 출사의 뜻을 버린 이유는 그가 서족이었기 때문이다. 부친은 진사(進士) 남한종(南漢宗, 1691～1734)이고 조부는 남성중(南聖重, 1665～1733), 증조부는 남용익이다. 조부 남성중이 남용익의 서자였기 때문에 남유형 또한 서족으로서의 신분적 굴레를 안고 살 수밖에 없었다.

> 1 군은 휘가 유형(有衡)이고 자가 군산(君山)이며 의령현(宜寧縣) 사람이다. 증조부는 휘가 용익(龍翼)으로 이조판서와 대제학을 지내셨으며 시호는 문헌(文憲)이다. 조부는 휘가 성중(聖重)인데 문헌공의 서자로 판병부종사(判兵部從事)를 지내다가 서천병마첨사(西川兵馬僉使)로 옮기셨다. 선고(先考)는 휘가 한종(漢宗)인데 진사(進士)로서 태학에 이름이 알려졌다. 모친은 공인이씨(恭人李氏)다.
>
> 2 군은 사람됨이 절조가 굳어 안으로 지키는 것이 있었다. 어렸을 때부터 이미 독서를 좋아하여 병에 걸린 것도 아닌데 입에서는 웅얼대며 글 읽는 소리가 끊이지 않아 이웃 사람들이 듣고는 탄식하였다. 부모를 모시는 데에는 효성이 지극하기로 알려졌고 남들과 사귀는 데에는 한결같이 정성스럽고 신실했다. 그가 지은 시 또한 매우 맑아 좋아할 만했다. 오래도록 집안이 가난하여 입고 먹을 게 없어서 일찍이 나그네가 되어 동남쪽 고을 사이에 노닐었는데 그가 다닌 것이 천 수백여 리였다. 지나는 산천의 경치가 좋으면 또 스스로 나그네의 시름을 이기지 못하고 이에 시 수천 수를 지었는데, 모두 세상에 전할 만했다. 그런데도 군의 뜻은 오히려 스스로 만족하지 못했다. 이미 늙게 되자 말은 더욱 많아지고 그 생각은 더욱 공교로워졌으나 세속에서는 그를 좋아하지 않았다. 처음에 우리 선고(先考)께서 치사(致仕)하고 태학사부군(大學士府君)이 문장과 명덕(名德)으로 당세에 기림을 받았는데 그 교유가 성대하여 한 시대에 이름을 날렸다. 그러자 군은 항상 그 사이를 오가며 빈객 명사들 중에 왕래하는 이들과 날이 갈수록 더욱 친해지게 되었다. 이로 말미암아 사대부들 사이에 왕왕 군의 이름을 아는 자가 있게 되었다. 군이 이미 세상의 어질고 뛰어난 장자들과 교유하면서 일시(一時)의 현사들이 그 사람을 훌륭하다 여기지 않음이 없었는데도 재상은 그를 쓰지 못하였다.

> 3 군은 숙종 을미년(1715) 정월 17일에 나서 금상(今上) 무술(戊戌, 1778) 11월 13일에 졸하였다. 장차 이듬해 정월 갑자에 과천현(果川縣) 호계(虎溪)의 모좌(某坐) 언덕에 장사 지내려 한다. 향년 64세다. 처음에 용인이씨(龍仁李氏) 진사(進士) 래(萊)의 따님에게 장가들어 아들을 두었으니 공근(公謹)이라 하고, 완산이씨(完山李氏) 사인(士人) 아무개를 재취하였는데 자식은 없다. 두 유인(孺人)은 모두 현숙하여 옛날 여사(女士)의 풍도가 있었다.
>
> [1君諱有衡, 字君山, 宜寧縣人. 曾祖諱龍翼, 吏曹判書大提學, 謚曰文憲. 祖諱聖重, 以文憲公庶子, 爲判兵部從事, 遷西川兵馬僉使. 考諱漢宗, 以進士遊太學知名. 母恭人李氏. 2君爲人耿介有內守. 自爲童子, 已能好讀書, 非病口不絶咿唔聲, 隣里聞之, 爲之嘆息. 其事父母, 以至孝聞, 其與人交, 一於誠信. 其爲詩, 亦淸絶可喜. 久之家貧無衣食, 嘗客游東南州郡之間, 其行千數百餘里. 所過多山川景物, 又不自勝羈旅之愁, 乃著詩凡數千餘言, 皆可以傳於世, 然君志猶不自足. 及其旣老, 其言愈多, 其思愈工, 而世俗莫之好也. 始余先人致仕, 大學士府君, 以文章名德, 爲當世所尊. 其交游之盛, 傾一代名勝. 然君恒左右其間, 與賓客名士往來者, 得日益親. 由是士大夫之間, 往往有知君名者. 君旣與世賢豪長者游, 一時賢士莫不多其人, 而顧宰相不得以用之. 3君以肅宗乙未正月十七日生, 以今上戊戌十一月十三日卒. 將以其明年正月甲子, 葬于果川縣虎溪某坐之原, 享年六十有四. 初娶龍仁李氏進士萊之女, 有子曰公謹. 再娶完山李氏士人某之女, 無子. 二孺人皆賢淑, 有古女士風.]

남공철은 이 글에서 묘주가 특출한 시재(詩才)가 있음에도 불구하고 서족이라는 신분적 굴레로 인해 세상에 쓰이지 못해 불우하게 산 것을 주요하게 문제 삼고는 그럼에도 불구하고 묘주 남유형이 자신의 신념을 끝까지 지킨 면모에 주목하고 있다.

1에서는 족계(族系)와 관현(貫縣)을, 2에서는 묘주 평생의 주요한 행적을, 3에서는 생몰년과 장지(葬地), 처자(妻子) 등에 대해 서술하고 있다. 위에 제시한 1~3은 그 자체로 하나의 완결된 묘지(墓誌)라 할 수 있을 만큼 전형적인 묘지의 서술을 따르고 있다. 본문에 해당하는

[2]에서는 남유형이 시재가 있었으나 궁핍함 때문에 이곳저곳을 떠돌며 시를 지었고 끝내 세상에 쓰이지 못했다는 점이 핵심적으로 언급되고 있다. 독서를 유달리 좋아하였다는 점, 그를 바탕으로 시를 잘 지었다는 점, 그럼에도 불구하고 세상에 쓰이지 못하고 불우하게 살다 죽었다는 점 등 남유형의 삶의 전반적인 양상에 대해 서술하고 있다.

생몰년과 장지(葬地), 가족 관계 등은 일반적으로 묘지의 종결부, 즉 명(銘) 바로 앞에 위치한다. 이러한 서술이 [3]에서 이루어지고 있으니 여기에서 글이 마무리되고 명(銘)이 이어져도 하등 이상할 것이 없다. 그런데 그 뒤에, 전(傳)에서나 보일 법한 작자의 논찬이 짧지 않은 분량으로 제시되어 있다.

> [4] 아! 무릇 군자는 곤궁함으로 생을 마치는데, 군(君)과 같은 경우도 종신토록 가난하게 지내는 것을 싫어하지 않았다. 그러나 가난해도 취하지 않는 것이 있었고 곤궁해도 하지 않는 것이 있어서 늙어 머리가 세도록 후회하지 않았으니 어찌 옛날의 이른바 절개를 한결같이 한 선비[一節之士]가 아니겠는가. 군은 이미 자신을 굽혀 스스로 (세상에) 영합하지 않았고 세상 사람들 또한 자신들을 굽혀 그를 애석하게 여기지 않았다. 이 때문에 마침내 그 사람으로 하여금 곤액을 당하여 떠돌아다니면서 뜻을 얻어 펴지 못하게 하고는 세상을 마칠 때까지 돌아보지 않았다. 죽고 사는 것과 궁달(窮達)에 있어서는 애초부터 천명(天命)이 아님이 없지만 또한 꼭 그 적당한 사람이 그렇게 되는 것도 아니니 어찌 아깝지 않은가, 어찌 아깝지 않은가! 군(君)은 늙어서도 스스로 시 짓는 것을 좋아하여 일찍이 그가 평생 지은 시를 산정하여 두 권으로 만들어 '포감고(苞甘藁)'라 이름하고는 집에 보관해 두었다. 군은 일찍이 자미추보법(紫微推步法)에 뛰어났는데 사람의 수요(壽夭)·귀천(貴賤)·길흉(吉凶)에 대해 말한 것이 열에 일고여덟은 들어맞았다.(괄호-필자)
>
> [嗚呼! 夫君子者, 固窮以終, 若君者, 終身蓬戶糟糠不厭而已. 然貧有所不取, 窮有所不爲, 至老白首而不悔, 豈非古之所謂一節之士歟. 君旣不能屈己而自合矣, 世亦不能屈己而愛惜之. 卒使其人困阨流離, 志不獲伸, 以終其世, 而莫之顧焉. 死生

> 窮達之際, 未始不天也, 而亦未必非其人也, 豈不惜哉, 豈不惜哉. 君雖老矣, 其自喜爲詩, 顧甚嘗删定其平生所爲詩, 得二卷, 名曰苞甘藁, 藏于家. 君嘗善紫微推步法, 言人壽夭貴賤吉凶, 十中七八.」[73)]

묘지명으로서는 다소 특이한 서술을 보이는 단락이다. 우선 묘주의 삶에 대해 저자의 직접적인 논평이 이루어지고 있다는 점부터 예사롭지 않다. 묘지명에서는 일반적으로 묘주에 대한 저자의 주관적인 평가를 기술하기보다는 행장을 토대로 묘주의 공업(功業)을 현양하는 서술이 주를 이룬다. 묘주의 삶에 대한 저자의 주장을 담은 평가는 주로 명(銘)을 통해 짤막하게 이루어지기 마련이다. 그런데 위 단락에서는 묘주에 대한 저자의 논평이 전에서처럼 직접적이고도 자세히 이루어지고 있다. 또 위 단락의 마지막 부분에 나타난 서술에도 주목할 필요가 있다. 묘주가 자미추보법(紫微推步法), 즉 자미성의 밝기나 위치 등으로 점을 치는 것에 능하여 높은 적중률을 보였다는 서술은 다소 난데없는 것이다. 남공철은 어째서 이 짧고 난데없는 서술로 글이 마무리하고 있는 것일까?

이 서술은 난데없어 보이지만 묘주 남유형의 삶의 태도를 간접적으로 보여주는 것이다. 다른 사람의 수요(壽夭)와 귀천(貴賤), 길흉(吉凶)을 점쳐 열에 일고여덟이 들어맞았다는 것으로 보아 남유형은 이미 자신의 운명도 알고 있었다고 할 수 있다. 가난하고 불우한 삶을 살 수밖에 없는 자신의 운명을 알고 있던 남유형은 굳이 외부와의 갈등을 일으키지도 않았고 가난한 삶을 편안히 여기며 절조를 지키는 삶을 살았던 것이다.

위 단락에서 남공철이 행한 논평의 핵심은, 곤궁한 삶을 살면서도 절조(節操)를 한결같이 하였다는 남유형의 일절지사적(一節之士的) 면모다. 비록 남유형과 세상이 서로를 용납하지 않아 그가 불우한 삶을 살 수밖

---

73) 남공철, 「남군산묘지명」, 『금릉집』 권17.

에 없었지만 그러면서도 곤궁한 처지를 편안히 여겼기에 세상과의 갈등이 심각해지는 단계에까지 이르지는 않았다. 그가 곤궁함을 편안히 여긴 것은 그의 신분적 굴레 때문이고, 그 때문에 애초부터 세상의 영욕에 대한 욕심을 버리고 살았기에 그처럼 자족적인 삶을 살 수 있었던 것이다. 이에 대해 남공철은 생사(死生)과 궁달(窮達)은 모두 천명이기는 하지만 남유형과 같이 재능 있는 이가 곤궁하고 불우한 삶을 산 것에 대해 강한 연민의식을 내비치고 있다. 이어서 살필 남유형의 아우 남유두(南有斗)에 대한 묘지명인 「진락선생묘지명」에서도 남공철은 묘주의 안분자족적 태도를 높이 평가하고 있다.

「진락선생묘지명(眞樂先生墓誌銘)」은 남공철에게 7촌뻘되는 재종숙(再從叔) 남유두(南有斗, 1725～1798)에 대한 묘지명이다. 남유두는 곧 위에서 살핀 「남군산묘지명」의 묘주 남유형(南有衡, 1715～1778)의 아우다. 조부가 남용익의 측실 소생이었기 때문에 그 또한 형 남유형과 마찬가지로 서족(庶族)이라는 신분적 굴레를 안고 살 수밖에 없었다. 그는 평생 벼슬하지 않고 가난하게 지냈으며 역시 형 남유형과 마찬가지로 시에 능했다. 유한준은 이들 가운데 아우인 남유두의 시명(詩名)이 더 높았지만 이들의 시재(詩才)는 난형난제(難兄難弟)라 할 만큼 우열을 가리기 어려웠다고 하였다.[74] 『병세재언록(幷世才彦錄)』에 소개된 남유두의 시를 보면 그의 시적 경향을 얼마간 짐작할 수 있다.

> 황혼에 한가로이 가다가 고목을 만나고
> 맑은 시내에 지팡이 짚고 돌아가는 구름 바라보네.
> 落日閒行逢老木　　淸溪扶杖望歸雲

---

74) 유한준, 「南有衡詩集序」, 『自著』 권16: "君山雖名稱損於其弟乎, 然古所謂陳元方難爲弟兄者也."

한 해가 저무는데 사립문엔 달빛이 깃들고
밤 깊은데 산속 누각엔 쏴하는 소나무 소리.
歲晏柴門留月色　　夜深山閣自松聲[75]

어느 시어 하나 예외 없이 쓸쓸한 정조를 띠고 있는데, 위 시를 보면 남유두의 시는 주로 초목과 산수를 매개로 시인의 울울한 심정을 드러내는 경향이 짙음을 알 수 있다.[76] 남유두 시의 전모가 어떠한지는 단정할 수 없으나 이규상은 『병세재언록』에 널리 알려진 작품을 수록했을 것이므로 그의 시적 성향이 대략 이와 같다고 할 수 있겠다. 그의 시는 이처럼 쓸쓸하고 울울한 정조를 띠고 있지만 남공철은 그의 시와는 다른 분위기로 그의 삶을 기록하고 있다.

[1] 선생은 살아서는 벼슬하지 않았고 죽어서도 추증된 벼슬이 없었다. 평생 마음 내키는 대로 행동하며 숲이나 강호에 살면서 나무꾼으로 자처하였고, 사람들도 그렇게 불렀다. 선생이 돌아가셔서 장사 지내려 할 때 마을의 제자들이 울면서 공철(公轍)에게 말하였다.

"옛날에는 어진 선비가 죽으면 사사로이 시호(諡號)를 올리는 관례가 있었습니다. 선생께서 몸소 밭 갈면서 독서한 지 50년입니다. 나라를 경영하고 세상을 구제하는 학문을 당세(當世)에 한번도 펼쳐보지 못하시기는 했지만 저희들이 입은 선생의 사랑은 정말 두텁습니다. 그런데 돌아가셔서까지 평소에 불리던 나무꾼이라는 호칭으로 계속 부르게 된다면 앞으로 마을 사람들에게 무어라고 하겠습니까? 그 호칭을 바꾸어 주십시오."

나는 "알았네" 하고 대답했다.

---

75) 이규상, 『18세기 조선 인물지-幷世才彦錄』, 민족문학사연구소 한문분과 옮김, 창작과비평사, 1997, 103~104면. 일부 번역은 필자가 수정하였다.

76) 남유두의 형 남유형의 시 또한 이와 비슷한 경향의 시를 지었을 것으로 생각된다. 남유형 또한 가난한 채로 떠돌아다니면서 산천과 경물을 보고 나그네의 시름을 읊은 시를 많이 남겼다고 했다. 이에 대해서는 앞의 「남군산묘지명」 참조.

[先生生而不仕, 歿無贈爵. 嘗放跡, 居林麓江湖之間. 自稱以樵夫, 人亦以此稱之. 旣卒且葬, 鄕之弟子, 泣謂公轍曰: "古者賢士死, 則有以私謚之. 先生躬耕讀書五十年, 經濟之學雖未一施當世, 而吾黨之被其愛者厚矣. 沒而猶襲其嘗稱, 將謂鄕人何? 請易其號." 公轍曰: "諾."]

마을에 사는 남유두의 제자들이 찾아와 남유두 생전에 그를 나무꾼[樵夫]으로 불렀는데 죽어서까지 그렇게 부를 수 없다면서 사시(私謚)의 예를 들어 부르기에 적합한 호칭을 지어 달라고 청하고 있다. 묘지명에서 청탁의 과정이 서술되는 것은 일반적인 것이기는 하지만 엄밀히 따지자면 마을의 제자들이 남공철에게 남유두의 묘지명을 청탁하러 온 것이 아니라 새 호칭을 지어 달라고 찾아온 것이다.[77] 남공철의 이 글은 후에 큰 변개 없이 전(傳)으로 바꾸어 문집에 수록했다는 점까지 고려한다면 이 글은 청탁에 의해 지은 것이라기보다 남공철이 문인으로서의 자신의 창작 동기에 의해 쓴 글로 볼 수 있다.

2 선생은 사람됨이 강직하고 오만하면서도 통이 컸으며, 애써 꾸미는 짓을 하지 않았고 천진스러웠다. 생계를 꾸려 나갈 것이 없어 해진 옷을 입고 거친 밥을 먹고 살았다. 남들이라면 그 괴로움을 감내하지 못했을 테지만 선생은 곤궁함을 잘 견디면서 한평생을 마치며 다른 것에는 마음을 두지 않았다. 공자께서 말씀하신 '가난하면서도 즐거워할 줄 아는 사람'이란 아마도 선생에게 해당하는 것이리라. 그래서 마침내 금먹을 붓에 묻혀 선생의 관에 나아가 '진락(眞樂)'이라고 썼다.

[先生爲人, 亢傲曠達, 不矯飾, 爲任眞. 家無産業, 麤衣糲飯. 人不堪其苦, 而能固窮以終其身, 無慕於外. 孔子所稱貧而樂者, 其庶幾矣. 遂以泥金, 就先生之柩而書之曰: '眞樂.']

---

77) 傳은 청탁에 의해 짓는 것이 아니고 전하고자 하는 인물의 행적이 逸失될 것에 대비하여 작자가 자의로 짓는 글이어서 청탁 과정이 드러날 리 만무한데, 이 작품을 傳으로 개작하여 『歸恩堂集』에 수록한 「芝山樵夫傳」에도 위 부분(단락 1)은 거의 변개 없이 수록되어 있다.

이 단락에서는 남유두의 평소 생활상을 간략하게 제시하고 있는데, 그 생활상이란 '가난하면서도 즐거워할 줄 아는 것'에 초점이 맞추어져 있다. 남유두의 곤궁함이 언급되어 있기는 하지만, 남공철은 남유두의 곤궁함에 초점을 두고 있지 않다. 오히려 이 글은 묘주 남유두의 곤궁함보다는 다음에 이어지는 단락 3에서의 '가난하지만 꾸밈없는 모습'과 단락 5에서의 '자신의 신념을 굳게 지키고자 하는 태도'에 초점이 맞추어져 있다.

3 선생은 만년에 지산(芝山)에 살았다. 그곳에서 따비밭 몇 이랑을 부쳤으나 그것으로는 일 년을 지탱할 수 없었다. 창호지로 된 창과 대나무로 이은 지붕은 찢어지고 꺾이어 비바람을 가리지 못했다. 그 사는 것을 들여다보면, 경사책(經史冊) 수십 권이 어지러이 책상에 널려 있고, 한 구석에는 깨진 벼루 하나, 몽당붓 몇 자루, 세 치쯤 남은 먹이 방안에 놓여 있을 뿐이었다. 몸에는 물 마시는 표주박을 차고 돌아다닐 뿐 다른 값나가는 물건은 없었다. 처자식이 쌀독이 비었다고 말하면 돌아보고 웃으면서 "편안하게 생각해!"라고 하였다. 성품이 게으른 데다 몸이 뚱뚱해서 겨울에도 언제나 뱃가죽을 드러내고 누워 지냈다. 한 달 내내 머리를 빗지 않았고, 일 년이나 발을 씻지 않았다. 딸아이에게 등이라도 긁게 하면 더러운 때가 손톱에 가득할 정도였다. 어쩌다 도성 안에 사는 친구에게 초대를 받기라도 하면 마지못해 두건과 옷을 입고 들어갔으나 그것 또한 오래 견디지 못했다.

[先生晩居芝山, 有石田數頃, 不能支一歲. 紙窓竹屋破折, 不蔽風雨. 入視其居, 則經史數十卷, 錯列在兀, 破硯一方, 禿毫數枚, 墨三寸餘在室中. 身自佩飮瓢以行, 他無長物. 妻子告乏, 則顧笑曰: "安之." 性懶且肥重, 冬月常坦腹而臥, 一月不梳頭, 一年不洗足, 令兒女搔背, 塵垢滿爪. 其或爲朋友招邀入城闉, 則强起巾服, 而亦不能久也.]

남유두가 지산(芝山)[78]에 살 때의 생활상을, 먼저 집 밖에서 집의 외관을 관망(觀望)하듯 묘사한 후 다시 집안의 광경을 자세히 묘사하는 방법으로 제시하고 있다. 집안 광경을 묘사하는 데 이르러 책상에 어지러이 널려진 책들, 깨진 벼루, 몽당붓 몇 자루, 먹 하나가 전부라고 하여 빈한한 남유두의 생활상을 보여주고 있다. 이러한 묘사 수법은 남공철의 다른 글에서도 확인된다.[79] 방 안의 사물을 일일이 나열하고 그 밖의 값나가는 물건은 없다고 하여 오히려 더 빈한하고 휑한 듯한 인상을 부여하고 있다. 인물에 대해 언급하기 전에 그가 지내는 곳의 광경을 소박하게 제시함으로써 묘주의 생활상을 간접적으로 보여주는 것이다.

묘주의 생활 태도를 직접적으로 보여 주는 것은 그 다음 서술이다. 몸이 뚱뚱해서 겨울에도 배를 드러내 놓고 누워 지냈다든가, 한 달 내내 머리를 빗지 않고 일 년 내내 발을 씻지 않았으며, 하도 씻지 않아 딸아이에게 등을 긁게 하면 손톱에 때가 가득 낄 정도라 한 것은 묘주 남유두가 얼마나 소탈하고 꾸밈없는 삶을 살았는가를 단적으로 보여준다. 겉으로 보이는 이러한 형상은 남유두의 소탈함을 구체적으로 형용하는 것임과 동시에 세속적 가치를 기준으로 보면 게으르고 지저분하기 짝이 없는, 볼품없는 모습이다. 남유두의 겉모습이나 생활 태도를 이렇게 소탈한 것으로 묘사하여 그가 격식에 얽매이지 않는 자유로운 성품의 소유자임을 부각시키고 있다.

> [4] 선생은 살아가는 모습이 평이하고 소탈하였으니 곤궁하다고 낯을 찌푸리지 않았고, 뜻대로 된다고 희희낙락하지 않았다. 겉치레를 하지 않고 스스로 만족하고 기뻐하면서 외물로 인하여 갈등하는 일이 없었다. 모르는 사람은 간혹 세상을 우습게 보는 사람이라고 의심하기도 하였으나 가만히 그 집안에서의 행동을 살펴보면 하루도 예에서 벗어난 적이 없었다. 젊었을 때는 시명(詩名)이 일세(一世)에 가득하였으

78) 芝山은 서울의 지명으로 보이는데 미상이다. 李睟光이 駱山에 거했던 적이 있는데, 그 호를 '芝峯'이라 했던 것으로 보아 芝山은 곧 낙산을 가리키는 것이 아닌가 한다.

79) 남공철, 「學生南君墓誌銘」, 『금릉집』 권17: "君死, 草屋一區在城南, 壓折不蔽風雨. 中有書簏二、破釜一、箒一、僮婇各一指, 餘無長物."

나 이윽고 다 물리치고 말하기를, "나는 말을 잊고자 한다"라 하였다. 정주(程朱)의 여러 책 읽기를 좋아하였으며 침잠하고 연구하여 거의 먹고 자는 것도 잊을 정도였다. 일찍이 삼대(三代)의 정사를 시행하고자 하면 정전법(井田法)부터 시작하는 것이 마땅하다고 말하고, 책론(策論)을 지어 공경대부를 찾아갔다. 그 글을 읽은 공경대부가 모두 그 말을 기이하다고 여겼으나 그뿐이었다. 또 사람들을 잘 가르쳐, 선생의 문도가 되어 몸을 일으켜 명사 문인이 된 사람이 수십 인이었다. 저술에 『초부언(樵夫言)』 몇 권과 『국춘추(菊春秋)』 몇 권, 『속기아(續箕雅)』 몇 권과 『고금격언(古今格言)』 몇 권이 있다. 선생은 연안김씨를 아내로 맞아들였으나 아들이 없어 집안사람의 아들 공귀(公龜)를 데려다 후사로 삼았다. 딸 여섯은 모두 남에게 시집갔다. 선생은 영종(英宗) 원년(1725)에 태어나 당저(當宁) 22년(1798)에 돌아가셨으니 춘추가 74세였다. 아무개 고을 아무개 동리에 묘를 썼는데 문집을 같이 묻었다.

[盖先生之道, 平易坦直, 不以窮戚戚, 不以得欣欣. 翦撤厓幅, 于于施施, 與物無牴. 不知者或疑以傲世, 而徐察其內行, 則未嘗一日離於禮也. 少時, 詩名滿一世, 旣而盡屛之曰: "吾欲忘言矣." 好讀程朱諸書, 沈潛硏究, 殆欲忘寢食. 嘗言欲倣三代之治, 當自井田始, 著爲策論, 干公卿大夫. 公卿大夫見之者, 皆奇其說而已. 又善敎授人, 自門徒起爲名士聞人者數十人. 所著有樵夫言幾卷, 菊春秋幾卷, 續箕雅幾卷, 古今格言幾卷. 先生娶延安金氏, 無子, 取族子公龜爲嗣. 女六人皆嫁人. 先生以英宗元年生, 當宁二十二年歿, 春秋七十四. 墓于某鄕某里, 用文集殉葬焉.]

이 단락에서 말하고 있는 '평이하고 소탈함', '겉치레를 벗어젖힘' 등은 앞 분절에서 말한 '꾸밈없음'과 같은 맥락에 있는 것이다. 그의 그러한 꾸밈없는 행동 때문에 사람들로부터 '세상을 우습게 본다'고 오해를 받기도 했지만, 작자가 가만히 그의 집안에서의 행동을 지켜보면 그의 행동은 언제나 예에서 벗어나지 않았다. 이처럼 남공철은 남유두를, 예를 굳게 지키면서도 외물의 부림을 받지 않은 인물로 형상화하고 있다.

5 예전에 선생의 명성이 성대했을 때 태학사 조관빈(趙觀彬, 1691~1757), 승상

> 유척기(兪拓基, 1691~1767)가 조정에 천거하여 관직을 제수받도록 하고자 하였으나 이루어지지 않았다. 충문공(忠文公) 유언호(兪彦鎬, 1730~1796)가 재상이 되어 당세의 급선무를 물으니, 선생이
>
> "독서에나 더 힘쓴 후에 물으시오!"
>
> 라고 하였다. 그러자 공이 웃으며
>
> "세상 사람들은 나무꾼이 물정에 어둡다고 하던데, 당신이 한 말을 들어보니 간결하면서도 요체가 있구려. 내 비록 늙었으나 마땅히 힘쓰리다"
>
> 하였다.
>
> [始先生負盛名, 趙大學士觀彬、兪丞相拓基, 欲薦於朝除官而未果. 兪忠文公彦鎬爲相, 問當世切務, 先生曰: "第益讀書, 然後問之." 公笑曰: "世言樵夫迂, 而聽其言, 簡而要. 吾雖老矣, 當勉之."]

벼슬 한번 하지 않고, 스스로 나무꾼이라 일컬으며 글을 읽는 선비가 재상을 만나 한 말이 독서에나 더 힘쓰라는 것이다. 세속적 시선으로 보자면 황당하기까지 한 상황이다. 그러나 남유두의 시선은 벼슬의 높고 낮음에 있었던 것이 아니라 얼마나 자기 자신에 침잠하여 자신이 지키고자 하는 가치를 잘 지키는가에 있었다. 최북이나 김용행과 같이 강한 자의식 때문에 타인과 갈등을 빚는 데까지 나아가지는 않았지만 남유형과 마찬가지로 절조(節操)가 있었던 남유두가 그 시선을 외부로 돌리지 않고 자신의 내면에 집중하고 있음을 잘 보여주는 일화다. 독서란 바로 자신의 시선을 내부로 돌리는 방편으로 제시된 것이다.

유언호는 1795년 좌의정에까지 오르게 된다. 거의 최고의 관직에 올라 나무꾼이라 하는 이에게 당세의 급선무를 묻는 것도 예사롭지 않은데, 모멸감을 느낄 법한 남유두의 대답에 수긍하는 것 또한 기이하다. 길지 않은 이 일화를 통해 남공철은 남유두와 유언호의 사람됨을 동시에 보여주고 있다. 즉 세속적 가치는 안중에도 없이 가난한 현실 속에서도 만족할 줄 알며 내면의 가치를 고수하는 남유두의 자족적인 태도,

나무꾼에게는 당치도 않게 정사(政事)에 대해 질문하고 모멸감이 느껴질 법한 대답까지 포용하는 유언호의 아량이 동시에 드러나고 있다.

> 6 명에 이른다. "의롭지 않게 부귀를 누리는 것은 내게는 뜬구름과 같다." "아침에 도를 들으면 저녁에 죽어도 좋다." 선생은 늘 이 글을 허리띠에 써 놓고 다니면서 나에게 읊어 주셨다. 병이 위중한 지경에 이르렀는데도 이 글을 들릴 듯 말 듯 읊다가 돌아가셨다. 아아! 선생을 통달하지 못했다고 할 것인가? 선비가 되어 이것을 알았다면 모든 것을 다 안 것이리라. 높은 산 흐르는 물은 선생의 마음이요, 골짜기마다 부는 솔바람 소리는 선생의 거문고 소리로다. 내 노래로 은자(隱者)를 부르건만 누가 이 마음을 알아줄 것인가!
>
> [銘曰: "'不義而富且貴, 於我如浮雲.' '朝聞道, 夕死可矣.' 先生嘗書諸紳, 而爲余誦之矣. 及其病之亟也, 猶微微吟誦而歿. 嗚呼! 先生謂不達兮. 士而知此, 斯可畢兮. 高山流水兮, 先生之心, 萬壑松聲兮, 先生之琴. 我歌招隱兮, 誰有知音."][80]

남유두가 평소 읊조렸다는 "의롭지 않게 부귀를 누리는 것은 내게 뜬구름과 같다[不義而富且貴, 於我如浮雲]"라든가 "아침에 도를 들으면 저녁에 죽어도 좋다[朝聞道, 夕死可矣]"라는 구절을 보면 그가 안으로 지키고자 하는 가치가 '의(義)'나 '도(道)'와 같은 성인의 가르침이었음을 짐작할 수 있다. 이 단락에서 남유두는 평생 『논어』의 구절을 좌우명처럼 여겼고, 그것을 몸소 실천하려 했던 인물로 형상화되고 있다.

남공철은, 『금릉집』에 수록되어 있던 이 작품을 개작하여 『귀은당집』에 「지산초부전(芝山樵夫傳)」이라는 제목으로 재수록했다. 두 작품은 묘지명에 있던 명(銘)이 전으로 개작되면서 삭제된 것 외에는 거의 차이가 없다.[81] 남공철은 어떤 이유로 묘지명으로 지었던 것을 두드러진 개작의

80) 남공철, 「진락선생묘지명」, 『금릉집』 권17.
81) 개작 양상에 대해서는 본 장의 각주 24 참조.

흔적 없이 전으로 바꾸었을까? 기본적으로 『귀은당집』은 남공철 자신이 이미 펴낸 문집 가운데 있던 시문을 정선(精選)한 것이므로 「진락선생묘지명」이 다른 묘지명에 우선하는 가치가 있다고 여겼기 때문에 『귀은당집』에 재수록했을 터이다. 게다가 「진락선생묘지명」은 실제로 묘에 묻지 않았을 가능성이 큰 데다가 문체가 전에 가깝다고 판단하여 묘지명의 형식적 표지인 명(銘)을 빼고 전으로 개작했을 가능성이 크다. 그렇다면 왜 명(銘)만 제거하는 것으로 개작을 끝냈을까? 여기에 대해서는 남공철의 만년의 저술 태도와 관련지어 설명할 수 있다. 즉 그는 만년에 부득이해서 짓는 글 말고는 새로 글을 짓지 않았다고 하고 있는 것으로 보아[82] 「진락선생묘지명」을 보고 굳이 힘들여 개작할 필요가 없다고 판단하여, 묘지명의 명사(銘詞)만 제거하고 전으로 바꾸었을 가능성이 높다. 남공철이 전과 묘지명을 명확히 구분하려는 의도에서, 즉 「진락선생묘지명」이 묘지명으로서의 성격보다 전의 성격이 강하다고 판단하여 제목을 바꾸었을 가능성은 그리 크지 않다. 남공철이 전과 묘지명을 명확히 구분하려 했다면 전의 서술 기법을 상당 부분 차용하고 있는 「박산여묘지명」과 같은 작품도 전으로 개작했어야 했기 때문이다.[83] 앞에서도 언급했듯이 이러한 정황으로 미루어 보아 이 작품은 남공철의, 전과 묘지명에 대한 장르의식을 단적으로 보여주는 작품이라 할 수 있다.

「남군산묘지명」의 남유형이나 「진락선생묘지명」의 남유두는 자신의 신념을 고수하며 궁핍한 삶을 편안히 여긴 인물로 형상화되고 있다. 그들은 신분적 굴레 때문에 애초부터 세속의 영달을 꿈꾸지 않았고, 비록

---

82) 남공철, 「文藁小引」, 『영옹속고』 권2: "吾惡夫多言者, 晩年絶不復著述.…(中略)…除非公事, 奏疏及姻親知舊間碑版、狀誄之不得已, 應求者, 則皆不作."

83) 「박산여묘지명」은 『금릉집』에 수록되어 있던 것을 그대로 『귀은당집』 묘지명 편목 아래에 재수록했다.

재주를 품고도 불우한 삶을 살기는 했지만 그로 인해 타인과 심각한 갈등을 빚지는 않은 것으로 형상화되고 있다. 그들은 가난한 삶을 살면서도 그것을 편안히 여겼고, 서족(庶族)이라는 신분적 굴레 때문에 울분을 느끼기는 했지만 그것을 정면으로, 혹은 적극적으로 문제 삼지 않았기 때문이다. 이들의 삶의 태도는 김용행이 서족(庶族)으로서 공명(功名)을 꿈꾸어 그 불우함이 심각하게 드러난 것과 대비된다. 그런데 이어서 살필 「박산여묘지명(朴山如墓誌銘)」의 묘주 박남수는 신분적 굴레가 있었던 것도 아닌데 타인과 심각한 갈등을 빚은 인물로 형상화되고 있다. 이는 그의 강한 자의식과 절조(節操)를 지키려는 강고한 태도 때문이다.

박남수(朴南壽, 1758～1787)는 남공철이 20세 되던 해부터 김재련(金載璉)과 함께 절친하게 어울린 인물이다. 그의 자는 산여(山如)이고 호는 수우(修隅)·정존와(靜存窩) 등이며 본관은 반남이다. 그는 한유(韓愈)를 모범으로 삼고 당송문(唐宋文)과 진한문(秦漢文)을 본받고자 하였으며 명말(明末) 이후의 문장에 대해서는 비판적이었다. 아래 일화에서도 확인되듯이 박지원이 패관기서를 본받은 문장을 쓴다고 하여 갈등을 빚은 일이 있는데 이처럼 그는 당송고문이나 진한고문에 몰두하였으며 명말청초의 패관소품에 대해서는 부정적인 태도를 보였다.[84]

남공철의 「박산여묘지명」은 묘지명으로서는 상당히 이색적인 작품이다. 묘주 박남수와 박지원 사이의 첨예한 갈등 양상을 섬세하게 포착하여 형상화한 것도 그렇거니와 특히 전에서나 보일 법한 일화가 큰 비중을 차지하고 있는가 하면 글이 마무리되는 시점에 갑자기 새로운 일화가 제시되어 있는 점도 주목을 요한다.

---

84) 朴南壽, 「答南元平」, 『修隅前集』 권3: "蓋文章旣有秦漢之祖宗, 唐宋之源流, 而嗟近世之人, 往往有不此之法, 全以明季元淸雜家, 取作程式…(中略)…以爲戒, 唯足下諒察也."

1 죽은 친구 박산여(朴山如)의 상제(祥祭) 때 나도 가서 제사에 참석하였다. 그 친척과 친구들 등 제사에 온 사람들이 말하기를, "산여(山如)가 죽었는데 아들이 아직 어려 덕을 기리는 글을 지을 수 없네. 그런데 산여를 잘 아는 사람으로 자네만한 이가 없으니 묘지명 한마디 써 주시게나"라고 하였다.

아아! 나는 늘 남의 좋은 점 말하기를 좋아하였다. 나는 약관 때부터 글을 써서, 함께 교유한 이들 중에 명사(名士)가 많았지만 그 가운데 산여가 가장 뛰어났다. 또 내게 돈독하고 후하게 대해 주었는데, 나의 글로써 명(銘)을 지어주다니 떠난 이가 반드시 황천에서 빙그레 웃을 것이다.

[亡友朴山如之祥祭, 余往與焉. 其親戚朋友來者言: "山如歿, 嗣子尚幼. 狀德之文未成. 然知山如者, 莫如子, 要一言識墓." 嗚呼! 余常樂道人之善. 且余自弱冠, 治文詞, 所與交多知名士, 而山如最傑. 又遇余篤厚, 以余文銘之, 逝者必且莞爾于九原.]

박남수는 1787년, 서른 살의 나이로 죽었다. 상제(祥祭)는 보통 죽은 뒤 2년 만에 지내는 대상(大祥)을 가리키므로 박남수의 상제에 남공철이 참석한 것은 1789년일 가능성이 높고 이 글의 대략적인 체제가 갖추어진 것 또한 그 즈음인 것으로 보인다.[85] 위 단락은 묘지명을 짓게 된 계기, 즉 청탁의 과정에 대해 서술한 부분이다. 이 글이 형식적으로나마 청탁의 과정이 있기는 하지만 남공철은 실용적인 목적 때문에 이 글을 쓴 것은 아니다. 물론 땅에 묻지도 않았다.

2 산여의 휘는 남수(南壽)다. 아버지를 일찍 여의고, 어머니 이 숙인(李淑人)을 지극한 효성으로 봉양하였다. 숙인은 충절을 지키는 집안에서 나고 자라 어질면서도 식견이 있는 분이셨다. 과부가 되자 숙인은 산여를 위하여 눈물을 거두고 살기로 작

85) 이 글 바로 앞에 수록된 「진락선생묘지명」이 1798년에 지어진 점을 감안하면 이 글은 1798년 이후에 지은 것일 가능성도 있다. 또는 박남수의 상제를 지낸 직후, 즉 1789년에 초안을 마련하고 1798년경에 다시 손을 보아 완성했을 가능성도 있다. 그렇다 하더라도 이 글에서의 인물 형상화 방법이나 문체적 특징으로 보아 「최칠칠전」(1788년작)을 지은 시기와 비슷한 시기에 대체적인 틀이 갖추어졌을 가능성이 높다.

정하였다. 비녀와 귀고리 등속을 팔아 재물을 마련, 이름 있는 스승을 맞아들여 산여를 가르쳤다. 산여가 점차 성장하여 문인(文人) 운사(韻士)와 함께 교유하기를 좋아하자 숙인은 또 자주 술과 음식을 정성껏 장만하여 인색한 기색을 보이지 않으셨다. 이로 말미암아 산여의 시문(詩文)은 날로 진보되었고 사람들과의 교유도 더욱 넓어져 마침내 큰 명성을 떨쳤다. 그러자 세상에 산여를 꺼리는 자들이 많아져 무리를 지어 비방하는 말을 만들어 그의 앞길을 막기도 했다. 그러나 산여는 성품이 본래 강인하여 당세에 한번 큰일을 하고자 하였기 때문에 끝내 좌절하지 않았다.

[山如諱南壽. 早孤, 奉母李淑人以至孝. 淑人生長, 忠節故家, 賢而有見識. 旣寡, 爲山如收泣以生. 鬻簪珥具幣, 延名宿以敎之. 稍長, 喜與文人韻士游, 則又數具酒食甚設而無吝色. 由是山如詩文日進, 交遊益廣, 名聲遂大振. 世之忌山如者衆, 或相與爲謗言而枳之. 然山如性素剛, 欲一有爲於當世, 故終不自沮.]

박남수의 부친은 그가 태어나기도 전에 세상을 떠났다. 박남수가 자신의 벽오동관(碧梧桐館)이나 기소원정(寄所園亭) 등을 모임 장소로 제공한 것이 확인되는데,[86] 그가 이와 같이 모임 장소와 함께 술과 안주를 제공할 수 있었던 것은 그의 모친의 적극적인 후원 덕분이었다. 위 일화에서도 박남수의 모친에 대해 비교적 자세한 서술이 이루어지고 있는데, 이는 박남수가 벗들과 어울리면서 시문(詩文)을 성취하게 된 데에 그 모친의 역할이 지대했기 때문이다. 또한 박남수의 명성이 크게 떨쳐지면서 그를 비방하는 자들도 많아졌다고 했는데, 이는 자신의 신념을 지키며 남에게 굽힐 줄 모르는 그의 성격 때문이었다. 이후 서술에서 박남수의 이 점이 지속적으로 부각되고 있다.

3 정종 7년(1783), 규장각 직학사 심염조(沈念祖)가 국자시를 주관할 때, 산여의

86) 아래 단락 4와 5에 걸친 일화에서 벗들이 박남수의 碧梧桐館에 모여 文酒會를 가졌던 것이 확인되며 「寄所軸跋」(『금릉집』 권13)에서는 박남수가 寄所園亭을 모임 장소로 제공한 것이 확인된다.

문장을 보고는 고등(高等)으로 뽑아두고 자리를 뜨면서 후임자에게 말해 마침내 급제할 수 있었다. 그로부터 2년 뒤 진사가 되자 임금께서 함인정(涵仁亭)으로 산여를 불러 보시고, 술을 하사하신 뒤 태학장의(太學掌議)로 삼으셨다. 산여가 여러 유생들을 이끌고 역적을 징치해야 한다는 상소를 하였는데 허락지 않으시자 대성전(大成殿) 문밖에서 사직하는 절을 올리고 떠났다. 이때 정권을 잡은 재상이 산여의 명성을 듣고 동몽교관(童蒙敎官)을 제수하려 했으나, 이를 막는 사람이 있어 뜻을 이루지 못했다. 그 후 여러 차례 과거 시험에 떨어져 낙척하여 뜻을 펴지 못한 지 오래되었다.

[正宗七年, 奎章閣直學士沈公念祖, 掌國子試, 見山如文, 擢置高等, 公去而言於後至者, 竟得發解. 後二年成進士, 召見涵仁亭, 賜法醞, 爲太學掌議. 率諸生上疏討逆, 不報, 卽大成殿門外, 拜辭而去. 時有宰相當路者, 聞山如名, 擬除爲童蒙敎官, 有沮之者不果. 其後屢下第, 落拓不得志者久之.]

박남수가 국자시에 급제한 것은 1781년의 일이다. 그가 국자시에 급제하는 데 기여한 심염조(沈念祖, 1734～1783)는 남공철과 오랫동안 교유한 심상규의 부친이기도 하다. 2년 뒤 진사가 된 직후 정조는 그를 성균관 유생 가운데 으뜸자리인 태학장의(太學掌議)로 삼았다고 했다. 그런데 박남수는 태학장의로서 자신의 신념에 따라 역적을 토벌해야 한다는 상소를 올렸는데 이것이 받아들여지지 않자 곧바로 사직하고 떠났다. 그가 올린 상소 내용은 구체적으로 확인할 수 없지만, 이를 통해 박남수가 자의식이 강하고 자기 확신에 차 있던 인물이라는 점을 다시 확인할 수 있다. 눈치를 보거나 일신의 안위만을 생각했더라면 유생들을 이끌고 앞장서지도 않았을 터이다. 또 하나 눈여겨보아야 할 것은 정권을 잡은 재상이 박남수의 뛰어난 능력을 보고 그를 동몽교관으로 삼으려 했으나 방해자가 있어 이루지 못했다고 한 점이다. 이는 그의 강고한 태도를 싫어하여 그를 배척하는 이들이 많았음을 보여주는 것이다. 박남수는 1783년, 그의 나이 26세까지는 장래가 촉망되던 인물이었으나 자신의 신념에 따라 행동하는 그의 고집스러움 때문에 결국 성균관 생활도 그만두고 이후로는 문과에도 연이어 낙방해 낙척한 삶을 살게 된다.

4 내 일찍이 연암(燕巖) 박중미(朴仲美)와 함께 산여의 벽오동관(碧梧桐館)에 모인 적이 있었다. 청장(青莊) 이무관(李懋官)과 정유(貞蕤) 박차수(朴次修)가 모두 그 자리에 있었다. 그날 밤은 달빛이 밝았다. 연암이 긴 목소리로 자기가 지은 『열하일기』를 읽었다. 무관과 차수도 둘러앉아서 듣고 있었는데 산여가 연암에게

"선생의 문장이 비록 훌륭하기는 하지만 패관기서(稗官奇書)를 좋아하시니 이 때문에 고문(古文)이 흥기되지 않을까 두렵습니다"

하였다. 연암이 술에 취해,

"네가 뭘 안다고!"

하고는 전처럼 다시 읽었다. 산여 역시 취하여 자리 곁에 있던 촛불을 집어 들어 『열하일기』 초고를 불살라버리려 하였다. 내가 급히 만류하자 그만두었다. 화가 난 연암이 마침내 몸을 돌리고 누워서는 일어나지 않았다.

이때 무관이 거미 그림 한 폭을 그리고, 차수는 병풍에다 초서로 〈음중팔선가(飮中八仙歌)〉를 쓰니 바로 종이가 가득 찼다. 내가 글씨와 그림이 아주 잘 되었다고 칭찬하면서 연암도 마땅히 발문(跋文) 하나를 지어 삼절(三絶)이 되게 해야 한다고 해서 그 노여움을 풀려고 했으나, 연암은 더욱 화가 나서 일어나지 않았다.

[余嘗從燕巖朴仲美, 會山如碧梧桐亭館. 青莊李懋官、貞蕤朴次修皆在. 時夜月明. 燕巖曼聲讀其所自著熱河記. 懋官、次修環坐聽之, 山如謂燕巖曰: "先生文章雖工, 好稗官奇書, 恐自此古文不興." 燕巖醉曰: "汝何知?" 復讀如故. 山如時亦醉, 欲執座傍燭, 焚其藁, 余急挽而止. 燕巖怒, 遂回身臥不起. 於是, 懋官畵蜘蛛一幅, 次修就屛風, 草書作飮中八仙歌, 紙立盡. 余稱書畵極妙, 燕巖宜有一跋爲三絶, 欲以解其意, 而燕巖愈怒愈不起.]

『열하일기』가 불태워질 뻔한 일을 적은 유명한 일화의 전반부다. 박남수의 벽오동관에 박지원과 이덕무, 박제가, 남공철이 함께 모였을 때 있

었던, 박남수와 박지원 사이의 팽팽한 갈등 양상을 생동감 넘치게 제시하고 있다. 모임에서 박남수가 박지원의 문장을 비판하면서 술김에 『열하일기』를 불태우려 했다는 것이 대강의 내용인데, 이러한 일을 형상화하는 과정이 예사롭지 않다. 남공철은 사건의 경과뿐 아니라 당시의 분위기나 인물들의 움직임까지 놓치지 않고 포착하여 제시하고 있다. '그날 밤은 달빛이 밝았다'[時夜月明], '자리 곁에 있던 촛불을 집어 들고'[執座傍燭], '몸을 돌려 누워서는 일어나지 않았다'[回身臥不起] 등의 서술은 사건의 경과 전달에 긴요하지 않은 것들이다. 그러나 남공철의 이 글이 득의작이 될 수 있었던 요인은 사건의 경과 전달에 긴요하지 않은 그러한 표현들을 통해서 당시 모임의 분위기와 인물 형상을 생동감 있게 재현해낸 데 있다.

그뿐만 아니라 박지원과 박남수의 대립 과정에서 그 자리에 있던 이덕무, 박제가, 남공철이 둘 사이의 갈등을 해소하기 위해 행한 노력 또한 짧은 문장으로 표현되었지만 그 이면에는 함축하고 있는 바가 적지 않다. 그들 사이에는 어떠한 직접적인 의견 교환도 없었지만 누구랄 것도 없이 모두 나서서 박남수와 박지원의 갈등 해소를 위해 노력을 기울이고 있다. 이덕무가 거미 그림을 그리자 박제가가 그것을 받아 〈음중팔선가〉를 쓰고 나니, 마치 계획했던 것처럼 남공철은 큰소리로 그림과 글씨가 아주 잘 되었으니 삼절(三絕)이 되게 해야 한다면서 박지원에게 발문을 청하고 있다. '그림과 글씨가 아주 잘 되었다'[書畵極妙]는 남공철의 말은, 물론 박지원더러 들으라고 한 것이다. 등을 돌리고 누워 있는 박지원이 듣도록, 일부러 허공에 대고 큰 소리로 말했을 것임에 틀림없다. 이 단계에 이르면 묘주 박남수의 존재감은 희미해지고 온통 박지원의 노여움을 푸는 일에 서술의 초점이 맞추어지고 있다.

남공철이 이 일화를 통해 드러내고자 한 박남수의 면모는 바로 자기 신념에 충실한 그의 태도다. 이후의 단락 [7]에 제시된 일화에서도 박남수의 절(節)이 강조되고 있거니와 위 일화에서도 자신보다 스무 살이나 연장자인, 연암그룹에서 늘 큰 어른으로 모시던 박지원에 대해 정면으로 도전할 만큼 자신의 신념에 충실했던 박남수의 면모를 부각시키고 있다. 그러나 결과적으로 생동감 있는 인물 형상화에 치중하여 이 일화에서 박남수는 후반부로 갈수록 그 존재감이 미약해지고 있다. 위 단락 후반부에 이르면 오히려 박지원이 주인공이 된 형상이다. 이렇게 묘주가 배제되고 다른 이가 전면에 부각되는 상황 묘사는, 일반적인 묘지명에서라면 찾아보기 어렵다.

[5] 날이 새자 연암이 술이 깨어 옷매무새를 가다듬고 꿇어앉더니

"산여는 이 앞으로 오게. 내 이 세상에 불우한 지 오래되어 문장을 빌려 마음속에 맺힌 불평한 기운을 펴서 제멋대로 장난을 쳤던 것이지, 어찌 좋아서 한 것이겠는가. 산여와 원평(元平, 남공철)은 모두 나이가 젊고 자질이 아름다우니 글을 신중히 지어 나를 본받지 말고 정학(正學)을 일으키는 것을 자기 임무로 삼아 나중에 나라에 쓰일 수 있는 인물이 되기를 바라네. 내 마땅히 그대들을 위해 벌을 받지"

하고 술잔을 들어 다시 마시고, 무관과 차수에게도 마시기를 권하여 드디어 잔뜩 취해서 즐거워하며 소리를 질러댔다.

나는 이 일로 연암의 뛰어난 기질과 자기를 비울 줄 아는 아량에 감탄했다. 그리고 산여의 의론이 옳은 것임을 더욱 잘 알게 되었다. 산여로 하여금 몇 년 더 살게 했더라면, 그 배우던 것을 마쳐 반드시 볼 만한 것이 있었을 것이다. 그런데 불행히도 단명하여 죽었다. 비록 그렇다 해도 그가 아까운 이유가 어찌 이것뿐이겠는가?

[天且曙, 燕巖旣醒, 忽整衣, 跪坐曰: "山如來前. 吾窮於世久矣. 欲借文章, 一瀉出傀儡不平之氣, 恣其游戲爾, 豈樂爲哉? 山如、元平, 俱少年, 美資質, 爲文愼, 勿學吾, 以興起正學爲己任, 爲他日王朝黼黻之臣也. 吾當爲諸君受罰." 引一酌復飮, 又勸懋官、次修飮, 遂大醉懽呼. 余以是歎燕巖奇氣, 有虛己之量, 而益知山如議論之正也. 若使假之年, 而竟其所學, 則必將有可觀者, 而不幸短命死矣. 雖然, 其可惜者, 豈獨此也哉?]

박지원과 박남수의 갈등은 날이 새어서야 해소되고 있다. 갈등 해소의 주체로 나선 것은 갈등의 당사자 박지원이다. 게다가 박지원의 발언은 박남수가 아니라 박지원 자신의 글쓰기에 초점이 맞추어져 있다. 박지원의 발화 상대도 박남수 한 사람이 아니라 박남수와 남공철 두 사람으로 분산되어 있다. 여기서도 여전히 일화의 전면에 박남수가 아닌 박지원이 큰 비중을 차지하고 있다고 할 수 있다. 박지원의 사과로 갈등이 해소되고 난 후 남공철은 이 일화에 대해 논평하면서 두 가지 의미를 구하고 있다. '박지원의 아량', 그리고 '박남수의 의론이 옳다는 것'이다.

4, 5로 이어진 이 일화는 남공철의 이 글 한가운데에 놓여 있다. 글 전체에서 차지하는 비중도 가장 크다. 하지만 여기 제시된 일화에서 박남수는 시종 낮은 비중을 차지하고 있다. 초반부에는 묘주 박남수가 박지원과 갈등을 일으키는 존재로 부각되고 있지만 일화의 중반부 이후에는 오히려 박지원이나 이덕무, 박제가, 남공철 등에 의해 박남수의 존재감은 희석되고 있다. 이 일화에 이어 남공철은 묘지명의 주인공이 박남수임을 상기시키듯 묘주 박남수의 족계(族系)와 관현(貫縣), 문집 등 묘지명에서 필수적으로 기술되는 사항들을 적고 있다.

> 6 산여는 세상 사람들이 반남대족(潘南大族)이라 하는 집안 사람이다. 그리고 그 선조 중 동량(東亮)이라는 분은 금계군(錦溪君)에 봉해지기도 했다. 산여의 조부의 휘는 도원(道源)이고 사헌부 대사헌을 지내셨다. 돌아가신 부친의 휘는 상면(相冕)이고 사간원 정언을 지내셨다. 산여는 한산이씨(韓山李氏) 참판(參判) 이해중(李海重)의 딸과 혼인했고, 평산신씨(平山申氏) 신대현(申大顯)의 딸과 두 번째로 혼인했으며, 아무개 군(郡)의 선비 아무개의 딸과 세 번째로 혼인했다. 슬하에 어린 자식이 하나 있다. 산여는 정미년(1787) 8월 갑자일에 죽었는데, 당시 나이 서른이었다. 개성부(開城府) 어화산(魚化山) 언덕에 장사지냈다. 남아있는 몇 권의 문집은 집에 보관해 두었다.
>
> [山如世爲潘南大族, 其先有曰東亮, 封錦溪. 君祖諱道源, 司憲府大司憲, 考諱相

晃, 司諫院正言. 山如娶韓山李氏參判海重女, 再娶平山申氏士人大顯女, 三娶某郡某氏士人某女. 有一子幼. 山如以丁未八月甲子卒, 年三十. 葬于開城府魚化山之原. 所著有寄所稿若干卷, 藏于家.]

일반적인 묘지명이라면 여기에서 글이 종결되고 명사(銘詞)가 이어지는 것이 자연스럽다. 그러나 남공철은 여기에서 글을 마무리하지 않고 일화를 하나 더 제시한다. 이 점은 위 일화에서 당시의 정황과 등장인물들을 생동감 있게 형상화한 것과 더불어 이 작품에서 주목해야 할 대목이다.

> 7 5년 전, 내가 산음(山陰)에서 서울로 돌아와 산여와 함께 술을 마시는데, 안주로 복어를 삶아 먹었다. 어떤 객이 말하기를,
>
> "복사꽃이 이미 떨어졌으니 복어 먹는 것은 마땅히 피해야 합니다"
>
> 하니, 산여가 술을 한 사발 들이켜고는 거침없이 말하기를,
>
> "아! 선비가 절개를 지켜 죽을 수 없으면 차라리 복어를 먹고 죽는 것이 낫지, 어떻게 남에게 굽신거리며 살아!"
>
> 했다. 내가 지금 그 말을 생각해 보니, 장난인 것 같으면서도 아주 이치에 맞는 말이니 슬프구나!
>
> [前五年, 余自山陰來京師, 與山如飮, 烹河豚. 客言: "桃花已落, 服河豚者, 當忌." 山如喫一碗, 且盡曰: "唉! 士旣不能伏節死, 則寧食河豚死, 豈不愈於碌碌而生耶?" 余至今思其言, 似戲而甚有理, 悲夫!][87]

작품이 종결부로 치닫다가 갑작스레 새로운 일화가 제시되고 있다. 그러나 이 일화는 이 글의 주인공이 박남수임을 감안하면 불가결한 요소다. 단락 6에 이르러 형식적으로는 한 편의 완결된 묘지(墓誌)가 끝나

87) 남공철, 「朴山如墓誌銘」, 『금릉집』 卷17.

지만 앞서 살핀 일화에서 보듯 ④와 ⑤에 걸쳐 제시한 일화는 박남수를 주인공으로 한 것이라기보다는 오히려 박지원이 주인공으로 부각되어 있다. 묘주 박남수의 존재감이, 생동감 있게 형상화된 박지원과 이덕무, 박제가, 남공철의 뒷전으로 밀려난 것이다. 따라서 박남수를 정면으로 내세운, 인상적인 일화가 하나 더 필요했기에 ⑦의 일화를 추가한 것이다. ⑦의 서술이 끝나자 묘지(墓誌)가 종결되고 명(銘)이 이어진다.[88] 이상에서 살핀 이 글의 내용을 요약하면 다음과 같다.

① 도입(묘지명의 청탁 과정)
② 모친의 정성스러운 보살핌의 결과 시문이 진보되어 명성을 떨침.
③ 일화 1: 심염조의 눈에 띄어 국자시에 급제했으나 유생들을 이끌고 상소하다가 받아들여지지 않자 사직하고 떠남.
④ 일화 2-1: 박지원・이덕무・박제가・남공철과 함께 모여 문주회(文酒會)를 하다가 술에 취해 박지원과 갈등을 빚음.
⑤ 일화 2-2: 이튿날 박지원이 먼저 사과하여 갈등이 해소됨.
⑥ 결말[人定]
⑦ 일화 3: 안주로 복어를 삶아먹으며, 절개를 지켜 죽을 수 없으면 복어를 먹고 죽는 것이 낫다 함.
⑧ 명(銘)

이 글 전체에는 세 가지 일화가 삽입되어 있다. 일화 1은 박남수의 고집스러움이, 일화 2는 박남수와 박지원 사이에 발생한 갈등과 그를 해소하려는 벗들의 노력 등이, 일화 3에서는 자신의 신념을 굳게 지키려는 박남수의 태도가 부각되어 있다고 할 수 있다. 이 세 일화 가운데 특히 두드러지는 것은 일화 2다. 애초에 남공철은 이 글에서 박남수의 절(節)을 중점적으로 부각시키려 하였고, 일화 1에

---

88) 銘의 내용은 다음과 같다. "山如生而愛吾之文. 其死也, 銘以吾之文. 人或毀而擠之, 天亦阨而促之. 其竟使山如不止於所欲止, 而止於斯."

서 그러한 시도를 하였으나 이는 곧 더욱 인상 깊은 일화 2에 묻히게 된다. 그래서 글이 다 맺어진 상황에서 일화 3을 추가 삽입하여 이 글의 주인공이 박남수이고, 박남수의 절(節)을 부각시키려 했음을 환기하고 있는 것이다.

이상 「남군산묘지명」, 「진락선생묘지명」, 「박산여묘지명」 세 작품을 중심으로 남공철의 묘지명에 대해 분석했는데, 이들 작품에서 남공철은 남유형·남유두·박남수의 절(節)에 주목하여 그것을 부각시키고 있다. 앞의 두 작품의 묘주는 서족(庶族)이라는 신분적 굴레를 안고 있던 이들이어서 애초부터 벼슬이나 공명에 뜻을 두지 않은 이들이다. 따라서 벼슬이나 공명과 같은 것을 성취하려는 욕구가 미약해 이로 인한 직접적인 갈등은 보이지 않았다. 다만 자신들을 얽어매던 신분적 굴레에 대한 불만을 안고 있었는데 남유형이나 남유두는 울울한 심회를 이따금 시로 나타냈을 뿐, 그 굴레로 인한 궁핍한 생활을 벗어나려고 세상에 영합하거나 세상과 타협하지 않았다. 남공철은 이 점을 높이 평가하고 있는 것이다. 반면 박남수는 앞의 두 사람과 달리 명문가의 자제로 태어나 신분적 굴레도 없었고 시문에 대한 재주도 뛰어나 촉망되던 인물이다. 그러나 자기 신념에 대한 고집스러움 때문에 번번이 갈등을 야기하고 득의한 삶을 살지 못한 인물로 형상화되고 있다. 상소가 받아들여지지 않자 태학장의를 사직한 일, 자신의 견해와 다르다고 하여 박지원의 『열하일기』를 불태우려 했던 일, 남들에게 굽신거리며 사느니 차라리 복어를 먹고 죽는 게 낫다고 한 그 자신의 말 등에서 알 수 있듯이 박남수는 갈등을 유연한 방법으로 해소하기보다는 자신의 뜻대로 되지 않으면 다소 극단적인 선택을 일삼는 성격의 소유자로 형상화되고 있다. 그의 재주를 인정하는 이들이 많았지만 그의 이러한 불같은 성격 때문에 그를 배척하는 이들도 적지 않았다. 성균관에서 나온 것도 그 스스로의 선택이었거니와 굽힘 없는 성격 때문에 공명(功名)과 멀어지고 낙척하여 불우하게 생을 마치게 된 인물이라 할 수 있다. 남공철은 이들 남유형·남유두·박남수를 통해 자신의 신념을 굳게 지키며 세상과 영합하지 않고, 세속적 가치를 좇지 않은 사인적(士人的) 절(節)을 부각시키려 했던 것으로 보인다. 남공철이 남성 묘주 묘지명을 통해 주요하게 강조했던 것이 사인(士人)의 절(節)이라면, 여성 묘주 묘지명은 어떤 점에 주안하여 창작했던 것일까? 이어서 이 점에 대해 살펴본다.

4. 여사(女士)의 부각

중국에서 여성 묘주에 대한 묘지명이 지어진 것은 당대(唐代)부터다. 한유(韓愈)가 자신의 넷째 딸을 두고 지은 「여나광명(女拏壙銘)」, 어머니 대신 자신을 길러 준 유모를 두고 지은 「유모묘명(乳母墓銘)」 등이 여성에 대한 묘지명의 초기작이다. 우리나라에서는 고려후기부터 여성을 대상으로 한 묘지명이 지어졌으며 조선 후기, 특히 17, 8세기에 이르러 여성을 대상으로 한 묘지명이 활발하게 창작되었다.[89)]

조선후기 여성 묘주를 대상으로 한 묘지명은 대부분 사대부 남성들의 관점에 의해 서술되었다. 즉 서술 과정에서 드러나는 여성의 모습은 한결같이 유교적 규문(閨門)의 법도를 충실히 따르는 경향성이 강하다.[90)] 남공철이 지은 여성 묘주 묘지명 또한 마찬가지이다. 비록 전언을 재연

89) 이 시기 여성 묘주 묘지명에 대해서는 강혜선, 「조선후기 여성 묘주 묘지명의 문학성에 대한 연구」, 『한국한문학연구』 30, 한국한문학회, 2002 참조.

90) 위의 논문, 14~16면. 조선후기에 이르러 박지원의 「伯姊贈貞夫人朴氏墓誌銘」처럼 청탁에 의하지 않고 작자 스스로의 표현욕구에 의해 능동적으로 창작된 작품들이 일상의 체험이나 추억을 서술하고 묘사하는 데 초점을 맞추고 있어 묘도문자에 새로운 문학성을 불어넣긴 했지만, 결국 새로운 여성상을 창조하는 데까지 이르지는 못했다. 이른바 梱範이 여성의 절대적 규범으로 여겨지던 사회 풍토에서 이는 자연스러운 현상으로 보인다. 더군다나 당시 행장이나 묘지명이 모두 남성에 의해 기술된 것이어서 행장이나 묘지명 속에 형상화된 여성들에서 곤도를 벗어던지고자 하는 조짐은 찾아보기 어렵다.

하거나 일화를 활용하는 등 기법적인 측면에서 주목되는 점이 있기는 하지만 여전히 각 묘지명을 통해 드러내고자 하는 가치는 전통적인 여성의 도덕 가치를 벗어나지 않는다.

여성을 대상으로 한 남공철의 묘지명은 「유인신씨묘지명(孺人申氏墓誌銘)」, 「숙인오씨묘지명(淑人吳氏墓誌銘)」, 「유인남씨광지(孺人南氏壙誌)」, 「숙인조씨묘지(淑人趙氏墓誌)」, 「숙인남씨묘지명(淑人南氏墓誌銘)」, 「선비묘지(先妣墓誌)」 등 여섯 편이다. 모두 남공철과 가까운 관계에 있는 이들, 혹은 절친한 벗의 아내에 대한 것이다. 「유인신씨묘지명(孺人申氏墓誌銘)」의 묘주는 절친한 벗 박남수의 아내고, 「숙인오씨묘지명(淑人吳氏墓誌銘)」의 묘주는 사촌 형 남공필(南公弼)의 아내이며, 「유인남씨광지(孺人南氏壙誌)」의 묘주는 남공철 자신의 조카이고, 「숙인조씨묘지(淑人趙氏墓誌)」의 묘주는 외종형수다. 「숙인남씨묘지명(淑人南氏墓誌銘)」의 묘주는 남공철의 고모이며 「선비묘지(先妣墓誌)」는 남공철의 모친 묘지(墓誌)다. 18세기에 이르러 부인의 묘지명이 적잖이 지어졌는데 객관적인 공덕(功德)이 있는 사대부가 남성의 묘지명은 망자, 혹은 망자 자손의 인맥 테두리 안에서 글 잘 짓는 이에게 묘지명을 부탁하는 일이 많았다. 이에 반해 부인 묘지명은, 남공철의 여성 묘주 묘지명에서도 드러나듯이 망자의 가까운 친척, 혹은 망자 남편의 절친한 친구가 짓는 것이 일반적이었다.

이러한 여성 묘주 묘지명에서 확인되는 남공철의 여성에 대한 인식은 전통적 여성 인식, 즉 곤범에 충실한 여성상을 이상으로 여기는 것이었다. 아름다운 자질로 태어나 어려서부터 영민하여 문자와 학문을 깨우치고, 출가 후 시부모를 효성으로 모시고, 남편을 예우하며, 제사를 정성으로 받들고 자식을 올바르게 훈육하면서 가정형편이 어려워도 태연히 대처하여 남편으로 하여금 오직 학문이나 정사에 매진하도록 하는 것이 일반적인 여성 묘주 묘지명에서 형상화되는 여성상이다.[91] 비록 이러한 사항들 가운데 일부의 출입이 있을지언정 대다수의 여성 묘주 묘지명들이 위와 같은 정형화된 서술에서 크게 벗어나지 않는 것으로 생각된다.

그런데 전통적 여성 형상 가운데 남공철은 특히 묘주의 여사적(女士的) 면모를 지속적으로 부각시키고 있는 점이 주목된다. 또한 기법적인 측면에서 전언(傳言)의 재연(再演)을 통해 생동감 있는 형상화를 시도하는가 하면 구체적 일화를 통해 작품 전체의 인상을 결정하고 있다는 점도 주목할 수 있다. 본고에서는 이 두 가지, 즉 주제적 측면에서 묘주의 여사적(女士的) 면모를 부각시킨 점과 기법적 측면에서의 특징에 초점을 맞추어 남공철의 여성 묘주 묘지명에 대해 고찰하고자 한다.

1) 전통적 여성 인식에 바탕한 여사적(女士的) 면모의 부각

'여사(女士)'라는 말이 보이는 가장 이른 시기의 문헌은 『시경』이다.[92) 공영달(孔穎達)은 여사(女士)를 '여성으로서 사행(士行)이 있는 자'[女之有士行者]라고 풀이하였다. 사행(士行)은 사인(士人)의 품행과 지향, 절조(節操)를 뜻한다. 또 사인은 마음에 지키고자 하는 바가 있어서 그것을 굳게 지켜 부귀나 빈천도 그 뜻을 허물지 못하는 사람이다.[93) 따라서 여사(女士)란 여성으로서 사인의 품행과 지향, 절조를 갖춘 이라고 할 수 있다.[94) 여성 묘주 묘지명을 포함한 조선시대 묘지명에서 여성의

91) 강혜선, 앞의 논문, 15면.

92) 『시경』, 「大雅」: "其僕維何, 釐爾女士."

93) 陳士珂, 「五儀解」, 『孔子家語疏證』, 臺灣商務印書館, 1971: "所謂士人者, 心有所定, 計有所守, 雖不能盡道術之本, 必有率也, 率猶行也. 雖不能備百善之美, 必有處也. 是故知不務多, 必審其所知, 言不務多, 必審其所謂, 所務者謂言之要也. 行不務多, 必審其所由. 智旣知之, 言旣道之, 得其要也, 行旣由之, 則若性命之形骸之不可易也. 富貴不足以益, 貧賤不足以損, 此則士人也."

94) 金載瓚이, '부인으로서의 행실에 군자의 덕이 있는 것을 女士라 한다'[以婦人行, 有君子德,

덕을 칭송하며 여사(女士)라는 말을 쓴 것을 흔히 볼 수 있는데, 대개는 '여사의 풍도가 있었다'[有女士風]거나 '여사의 행실이 있었다'[有女士行], '여사로 칭해졌다'[有女士稱]는 식으로 모호하게 쓰였다. 이는 남성에 대해 관습적으로 '군자의 풍도가 있었다[有君子風]', '군자의 행실이 있었다[有君子行]' 등이라 하던 것과 같은 맥락이다.

기본적으로 여사(女士) 역시 전통적 여성상의 테두리를 벗어나지 않는다. 여사(女士) 또한 시집가기 전 영민함을 보이며 부모에게 효성스럽고 시집가서 시부모와 남편을 잘 모시며 자식에게 인자한 모습으로 형상화되고 있다. 그러나 시부모에게 효도하며 남편을 잘 받들고 자식에게 인자한 여성이라고 해서 모두 여사(女士)라 칭했던 것은 아니다. 여사는 곤범에 충실한 여성 가운데 어떤 특별한 면모가 두드러진 이를 지칭한다고 할 수 있다.

전통적 여성상 가운데 특별히 어떠한 면모를 갖추고 있는 여성을 여사라고 칭했던 것일까? 여사에 대해 언급한 몇몇 자료를 통해 그 단서를 찾을 수 있다.

① 가난하고 검소한 것을 편안하게 여기면서 이처럼 부귀를 바라지 않았으니 …(중략)… 군자가 그를 칭함에 반드시 여사(女士)라 할 것이다.(박윤원)[95]

② 몸가짐이 고결하여 한점 진속(塵俗)의 기(氣)도 없었으니 참으로 여사(女士)다.(유한준)[96]

③ 집이 가난해 봉양할 것이 없는데도 성심을 다해 일하여 맛있는 음식으로 봉양

是謂女士」(「姊氏墓誌銘」, 『海石遺稿』 권9)라 한 것도 같은 뜻이다.

95) 朴胤源, 「祖妣恭人全義李氏墓誌」, 『近齋集』 권30: "其安於貧約, 而不慕富貴如此.…(中略)君子稱之, 其必曰女士矣."

96) 兪漢雋, 「令人李氏墓表」, 『自著』 續集 冊1: "容儀修潔, 無一點塵俗之氣, 眞女士也."

> 하고 남은 것은 저축하였다. 자녀를 가르침에 비록 작은 잘못이라도 엄하게 꾸짖어, 자애로움으로 의(義)를 가리지 않았다. 일에 대처함에 식견이 있었고 재물에 임해서는 구차하고 인색하지 않았으며 규문(閨門)을 넘어서려는 태도가 없었다. …(중략)… 옛날의 이른바 여사(女士)는 부인을 이르는 것이리라.(이만수)[97]

위 글들에서 공통적으로 강조되고 있는 여사의 면모는 재물에 욕심을 두지 않고 가난함을 편안히 여긴다는 데 있다. ②에서 언급한, 진속(塵俗)의 기(氣)가 없다는 것도 같은 뜻이다. 또 주목해야 할 점은 여사에 대해 비교적 구체적으로 언급한 기록이 대부분 조선후기 문헌에 분포되어 있다는 점이다. 따라서 여사는, 비록 남성의 시각에 의한 것이기는 하지만, 조선후기에 부각되어 기려진 여성상이라 할 수 있다.

집안에 봉록을 받는 남성이 없으면 여성이 생계를 담당해야 했기에 혼인한 여성은 길쌈이나 바느질 등 여공(女工)을 통해 생계를 유지하던 예가 빈번했다. 특히 조선후기에 화폐경제가 발달함에 따라 물질적 유혹에 더욱 쉽게 노출될 수 있는 상황에서 여사는 가난한 생활도 편안히 인내해야 하고 물질적 욕망을 품어서도 안 되었다. 그런데 이는 비단 여성에게만 가해진 이념은 아니다. 빈한한 생활을 편히 여기며 외물에 마음을 빼앗기지 않는 태도는, 앞서 남유형이나 남유두의 묘지명에서 살폈듯이 사인(士人)이 갖추어야 할 덕목이기도 했다. 요는 사인이든 여사든 부귀나 영록(榮祿) 등과 같은 세속적인 가치 때문에 자신의 신념을 저버려서는 안 된다는 것이다.

남공철이 지은 여섯 편의 여성 묘주 묘지명의 묘주들은 모두 전통적인 여성상의 테두리를 벗어나지 않고 있다. 그러면서도 특히 궁핍한 생활을 편안히 여기며 물질적 영록(榮祿)을 도외시하는, 여사적(女士的) 면

97) 李晩秀, 「贈淑夫人完山李氏墓誌銘」, 『屐園遺稿』 권11: "家貧無以養, 殫誠拮据, 甘旨有餘儲. 訓子女雖小過, 責之嚴, 不以慈揜義. 處事有識量, 臨財不苟吝, 無閨閤褊嗇之態. …(中略)… 古所謂女士, 夫人之謂歟."

모가 집중적으로 부각되고 있다. 묘주의 여사적 면모를 부각시키기 위해 남공철은 세속의 여성들이 보이던 물질에 대한 욕망을 추구하는 태도와 묘주의 태도를 대비하는 방법을 취하고 있다.

> ① 어릴 때부터 부모가 매우 사랑하여 갖추어준 패옥이나 옷, 비녀나 귀고리, 거울이나 화장상자 등의 완구가 상자에 가득했는데도 그것에 뜻을 두지 않았지. …(중략)… 시집와서는 우리 집이 오랫동안 벼슬길이 끊어져 들어오는 봉록이 없었는데도 매일같이 한 되의 쌀밥을 지어 시부모를 봉양하고 아이들까지 먹였다네. 그래서 끝내 나로 하여금 빈천과 곤궁 때문에 나의 뜻을 바꾸게 하지 않았으니 또한 아내의 내조가 크기도 했지.
>
> [爲具其珮服簪珥鏡奩兒女之玩, 充滿箱篋. 顧不以爲意.…(中略)…及嫁而余家久絶仕宦, 無俸祿之入, 而日爨升米, 以養舅姑, 及其子女. 至使余終不以貧賤困窮易其志者, 抑內助爲多也.][98]

> ② 세속의 부녀자들은 재물의 이익을 대단한 것으로 여겨 베 한 자나 금붙이 한 도막을 두고 이것과 저것의 조그만 무게까지 따지면서 맞지 않으면 눈을 흘기며 화를 내고, 잠시 뒤 마침내 뜻대로 되면 다시 좋다고 기뻐하는 빛이 얼굴에 드러나곤 하는데 유인(孺人)만은 편안히 여기며 이러한 계산을 하지 않았다.
>
> [世俗婦女重貨利, 尺布寸金, 論彼此銖兩不得, 則目訇目訇然怒. 已而竟謀所以得, 則復瀯瀯然喜動於色, 而孺人獨恬然不以此營意.][99]

①은 남공철의 외종형수인 순창조씨(淳昌趙氏)에 대한 묘지 「숙인조씨묘지(淑人趙氏墓誌)」의 일부이고, ②는 남공철의 조카인 의령남씨에 대한 광지(壙誌) 「유인남씨광지(孺人南氏壙誌)」의 일부다. 위 두 인용문에서 남공철은 세속의 여성들이 패옥 등 장신구에 관심을 두거나 혹은

98) 남공철, 「淑人趙氏墓誌」, 『금릉집』 권17.
99) 남공철, 「孺人南氏壙誌」, 『금릉집』 권17.

재물의 손익에 따라 태도를 달리하는 점을 비판적으로 제시하며, 묘주는 그렇게 하지 않았다고 강조하고 있다. ①의 묘주 순창조씨는 시집온 이후 궁핍한 환경에서도 여공(女工)으로 생계를 꾸렸으며, 그 남편은 밖에서 일이 잘 풀리지 않아 근심하다가도 집에 가면 순창조씨로 인해 가난을 잊게 되었다고 했다.[100] 그래서 위 인용문 마지막 부분에서도 언급되었듯이 묘주 순창조씨로 인해 그 남편은 빈천과 곤궁 때문에 자신이 지키고자 하는 가치를 버리지 않을 수 있었다고 했다. 이 글에서 묘주 순창조씨는 유교 사회에서 혼인한 여성에게 부과된 '내조'의 역할을 성실하게 이행한 여성으로 형상화되고 있다. 그 형상화 과정에서 남공철은 위에서 인용한 것처럼 순창조씨가 어려서부터 물욕이 없었으며[101] 혼인한 뒤에도 가난을 편안히 여기며 궁핍함으로 인해 남편을 근심하게 하는 일이 없도록 했다.

사인(士人)이 외물이나 영록(榮祿) 때문에 그 뜻을 굽히지 않고 성현의 학문을 실천하는 것을 중시했다면, 여사(女士)는 외물이나 영록을 도외시해야 함과 동시에 남편을 내조하여 생계 문제로 인해 남편으로 하여금 근심하는 일이 없도록 해야 했다. 물질적 욕망을 제어하는 일과 생계를 도모하는 일은 상충하는 면이 적지 않다. 이를테면 시장에서 물건을 팔면 더 많은 돈을 보다 손쉽게 얻어 생계를 도모할 수 있었을 것이다. 그러나 여사(女士)가 택할 수 있는 방법은 삯바느질이나 길쌈과 같은 여공(女工)에 국한된 것이었다. 시장에 물건을 내다 팔거나 물물교

100) 남공철, 「淑人趙氏墓誌」, 『금릉집』 권17: "其出而仕宦于朝, 困戹顚跌, 不見可喜, 而入而見吾妻顔色無慽, 則吾亦自忘其貧也."

101) 조선시대 묘지명에서 여성으로서 패옥과 같은 장신구에 욕심을 부리는 태도는 항상 질타의 대상이 되었다. 물론 서술 주체가 남성이어서 남성의 시각에서 그렇게 평가한 것이다. 그러나 남성 또한 질타받는 태도가 있었으니 그것은 곧 爵祿과 같은 세속적 가치를 좇으려 자신의 신념을 저버리는 것이었다. 즉 여성이 부귀를 부러워하는 것은 곧 남성이 작록을 마음에 두는 것과 같다는 것이다. 이와 관련해 유언호의 다음과 같은 언급이 주목된다. "竊以夫人生長於淸貧之家, 苟或羨艶富貴, 則爲丈夫者, 亦安能輕爵祿而樂棲遁乎."(兪彦鎬, 「夫人遺事」, 『燕石』 冊8)

환을 하는 행위는 이해(利害)와 관련이 있기 때문이다.[102] 그래서 남공철은 ②와 같이 이해에 간여하여 민감하게 반응하는 부녀자들의 태도를 비판적으로 형상화한 것이다.

남공철의 묘지명에는 이렇게 여사로서의 태도를 굳게 지킨 여성들을 숭고하게 형상화하고 있지만, 그들이 실제 생활에서 겪었을 법한 어려움들, 고민이나 갈등은 드러내지 않고 있다. 점점 자라는 자식들이 추위와 배고픔 때문에 학문에의 뜻을 접지나 않을까 하는 걱정, 생계 때문에라도 남편이 과거에 급제하여 현달했으면 하는 소망 등은 당시 사인(士人)의 아내로서 여성이 가질 수 있었던 솔직한 심회다.[103] 그러나 남공철의 묘지명을 포함하여 조선시대에 여성을 대상으로 한 묘지명에서는 현실의 냉혹함이라든가 그 사이에서 있었을 법한 심적 갈등과 같은 것은 감추어진 채, 묘주는 한결같이 숭고하고 우아하게만 형상화되고 있다.[104]

세속의 이해(利害)나 물질적 욕망에 대해 달관한 태도는 비단 물질적 욕망을 표출하지 않고 생계 유지를 위해 여공(女工)에만 힘쓰던 것으로만 형상된 것은 아니었다. 남공철은, 남편이 벼슬을 하여 봉록을 받는 것에 대해서조차 무심한 태도를 보이는 묘주의 면모에까지 관심을 기울이고 있다.

> 현감공(縣監公)은 젊어서 재주를 자부하여 당세에 한번 뜻을 펼치려 하였으나 여러 차례 과거 시험에 곤란을 당하여 불우하게 지냈다. 그런데도 숙인은 그것을 근심스럽게 여기지 않으며 말하기를,

---

102) 남공철의 「淑人吳氏墓誌銘」(『금릉집』 권17)에서도 묘주가 "市場絶貿販物"한 행동을 긍정적으로 언급하고 있다. 이러한 언급이 있는 것으로 보아 당시 士人의 아내 가운데 생계를 도모하기 위해 시장에서 물건을 팔거나 물물교환을 하는 예가 드물지 않았던 것으로 보인다.

103) 兪彦鎬, 「夫人遺事」, 『燕石』 冊8: "每念有子漸長, 使之困於飢寒, 挫其志槩, 則亦非細憂也. 所可爲者, 惟有科宦一塗, 雖知世道之險, 而拘於生事, 不能無懸望之心, 婦女之情, 良亦慽矣."

104) 이에 반해 행장이나 유사에서는 여성의 현실적인 고민을 종종 솔직하게 드러내기도 한다. 이에 대해서는 이경하, 「亡室行狀文 연구」, 『한국문화』40, 규장각한국학연구원, 2007 참조.

"이게 우리 남편에게 무슨 손해가 되겠어요?"

하였다. 늦게서야 다시 조정에 벼슬을 하였는데 때때로 봉급과 얼마간의 곡식이 들어와 이것으로 아침저녁을 공양하였으나 숙인은 기쁘게 여기지 않으면서 말하기를,

"이것이 우리 남편에게 무슨 보탬이 되겠어요?"

하였다. 사는 집은 오래된 집 몇 칸으로 비바람을 막아내지 못했고 거적문에 갈대로 처마를 이었으며 콩을 머금고 물을 마셔 허기를 달래면서 공(公)이 독서하고 수신하는 것을 도우며 조금도 원망하는 기색이 없었다.

[縣監公少負材器, 欲一施當世, 而屢困公車, 與時不偶, 則淑人不以爲慽曰: "是何足以損吾夫子也." 晩復筮仕于朝, 時有俸錢斗祿之入, 以供朝夕, 而淑人不以爲喜曰: "是何足以加吾夫子也." 居家, 老屋數間, 不蔽風雨, 席門葦檐, 含菽飮水, 以佐公讀書修身, 而無毫髮怨悔色.][105]

이 글은 의령남씨(宜寧南氏, 1724~1792)에 대한 묘지명인 「숙인남씨묘지명(淑人南氏墓誌銘)」이다. 묘주는 남공철의 조부 남한기(南漢紀)와 그 둘째 부인 청송심씨 사이에서 태어난 1남 3녀 가운데 막내딸이니 남공철에게는 고모가 된다. 시조부 이수보(李秀輔, 1677~1753)가 의령남씨를 두고 "우리 손자며느리는 꼭 옛날 여사(女士) 같아"[106]라 하였을 만큼 여사적(女士的) 면모가 두드러진 인물이었다. 남편이 죽자 음식을 물리치다가 따라 죽어 정려문이 세워지기도 했다. 이러한 행적 때문에 『병세재언록』의 「규열록(閨烈錄)」에 그 이름이 올라 있기도 하다.

이 글에서 남공철은 묘주에 대해 며느리로서의 효(孝), 아내로서의 정(貞), 어머니로서의 자(慈)의 세 가지에 초점을 맞추어 각각의 사례를 구체적으로 들고 있다. 위에 인용한 부분은 그 가운데 아내로서의 정(貞)에 대한 서술의 일부다. 세속의 평범한 부녀였다면 남편이 벼슬하지 못하는 것보다 벼슬을 하여 봉록을 받는 것을 좋아했을 법한데 묘주는 남

105) 남공철, 「淑人南氏墓誌銘」, 『금릉집』 권17.

106) 위의 글: "都正公嘗稱之曰: '吾孫婦殆古之女士也.'"

편의 출사 여부에 개의치 않고 있는 모습을 보이고 있다. 위 인용문을 통해, 그 남편이 독서하고 수신하는 데 전념하도록 하는 것, 그리고 남편의 영달(榮達) 여부를 괘념치 않는 것이 여사(女士)가 취해야 할 태도였다는 점을 확인할 수 있다. 남유용이 벼슬에서 물러나자 남공철의 모친은, 벼슬에서 물러나는 것이 평소 남편의 뜻이었다면서 기뻐하고, 결코 부귀나 영록에 관심을 기울이지 않았다고 했는데,[107] 이 또한 모친의 여사적 면모를 언급한 기술이라 할 수 있다.

이처럼 남공철의 여성 묘주 묘지명에 형상화된 여사적 면모란 곧 부귀나 영록을 도외시하며 남편으로 하여금 곤궁함 때문에 뜻을 바꾸게 하지 않고 곤궁한 가운데서도 가정을 잘 꾸려나가는 모습으로 형상화되고 있다. 이는 기본적으로 사인(士人)의 태도와 크게 다르지 않지만 가난한 현실 속에서 생계를 책임져야 할 때가 많았던 여사(女士)들은 물질적 유혹을 뿌리치지 못하거나 이해관계의 분별에 개입될 소지가 많았다. 그러나 물질적 유혹이나 이해관계의 분별을 마다하고 오로지 여공(女工), 즉 최소한의 생계 수단으로 어렵게 생계를 꾸려가야만 했던 여사들은 벼슬자리 때문에 자기 신념을 굽히는 일이 없었던 사인(士人) 이상으로 굳은 절조를 보여주는 이들이라 할 수 있을 것이다.

곤범에 충실하면서 이렇게 외물에 혹하지 아니하고 가난함을 편안히 여기는 태도만을 특히 여사(女士)의 풍도라 칭했던 것일까? 여사(女士)로 칭해진 여성들을 살피다 보면 그들의 학식을 강조한 언급이 적지 않음을 발견하게 된다.

> ① 자라서는 널리 보고 암기력도 뛰어났으며 시를 잘 지었고 저술에도 뛰어나 계례(笄禮)를 행하기도 전에 여사(女士)로 칭해졌다.(서유구)[108]

---

107) 남공철, 「先妣墓誌」, 『금릉집』 권17: "先君子旣致仕而去, 則先妣欣然喜曰: '是吾夫子之素志, 今幸成之矣.' 終不以富貴榮祿有慕於外者."

108) 徐有榘, 「嫂氏端人李氏墓誌銘」, 『金華知非集』 권7, 『楓石全集』: "及長, 泛覽强記, 工詩善

② 윤 부인(尹夫人)은 도정(都正) 홍(泓)의 따님으로 서사(書史)에 대략 능통하여 여사(女士)의 행실이 있었다.(송환기)[109]

③ 증조모와 조모 두 이 부인(李夫人)은 모두 여사(女士)로 칭해졌는데, 경사(經史)에 능통하였고 예법에 익숙하여 그 자손을 가르쳤다.(한장석)[110]

④ 예로부터 여사(女士)라 칭해진 이들은 참으로 많다. 그러나 여홍(女紅)의 여가에 성현의 경전에 잠심하여 철저히 밝히면서 그 논설과 마음가짐 및 수신의 요체, 일이나 사물을 대하는 방도가 유가(儒家)의 바른 길을 잃지 않은 이로 유인과 같은 이가 있었다는 것은 듣지 못했다.(송치규)[111]

암기력이 뛰어남, 시와 저술에 능함, 경사(經史)에 능통함 등이 여사(女士)의 요건으로 언급된 글들이다. 물론 남성과는 달리 시를 짓거나 경사를 공부하는 것은 조선시대 여성들이 주로 힘쓸 분야가 아니었다. ④에서 언급되었듯이 이는 '여홍(女紅)의 여가에'[女紅之暇] 힘쓸 수 있는 것이었다. 한 가지 더 주목할 만한 점은 이 여사(女士)라는 말이 꼭 혼인한 여성만을 지칭하던 것은 아니었다는 점이다. ①에서 보듯이 15세 경 계례(笄禮)를 행하기 전, 혹은 혼인하기 전에도 여사(女士)로 칭해졌다는 예를 적지 않게 찾아볼 수 있다.[112] 곤범이 혼인한 여성의 시집에서의 생활 규범에 초점이 맞추어져 있다면 여사(女士)는 이처럼 꼭 아내

著述, 未笄而有女士稱."

109) 宋煥箕, 「從叔父雲坪先生行狀」, 『性潭集』 권29: "尹夫人都正泓之女, 畧通書史, 有女士行."

110) 韓章錫, 「學生蘇公洙憲墓誌銘」, 『眉山集』 권12: "曾大母大母兩李夫人咸有女士稱, 通經習禮, 訓迪其子孫."

111) 宋穉圭, 「靜一堂集跋」, 『剛齋集』 권6: "自古固多有女士之稱, 而女紅之暇, 潛心根究乎聖賢經傳, 其論說操心修身之要, 處事接物之方, 不失儒家正路, 如孺人者, 蓋所未聞."

112) 이러한 예로 다음과 같은 것을 더 들 수 있다. "夫人生長膝下, 受內則、女誡等書, 有女士稱."(尹鳳九, 「知事兪公廣基墓碣銘」, 『屛溪集』 권50); "且聰悟强記, 書史經籍, 隨長者傍聽, 一過耳, 默識不忘."(金載瓚, 「姊氏墓誌銘」, 『海石遺稿』 권9)

나 며느리, 어머니로서의 여성의 성 역할에 국한된 것은 아니었다고 할 수 있다. 이는 여성이 기본적인 경사(經史)를 익히는 시기가 대부분 혼인 이전이었던 것과도 관련이 있다. 한편 ③에서 알 수 있듯이 여사는 학식을 기반으로 혼인 이후에 직접 자식 교육을 담당하기도 하고,[113] 벼슬하는 남편의 조언자 역할을 수행하기도 했으며, 특수한 예이기는 하지만 정사(政事)에 관심을 가지고 조정의 분위기에 민감하게 반응하는 경우도 있었다.[114]

남공철의 묘지명에서도 이러한 점들이 지속적으로 강조되고 있다. 특히 남공철의 종형 남공필의 아내이자 남공철과 절친하게 지낸 오윤상의 고모이기도 한 해주오씨(海州吳氏)의 묘지명에서 "선비(先妣)께서는, 요즘 부녀자들이 돈만 알고 글은 모른다고 하시면서 오직 오씨(吳氏)만은 그렇지 않아 마땅히 그분에게서 옛날 여사(女士)의 풍모를 구해야 한다고 하셨다"[115]라 한 데서 알 수 있듯이 물욕에 달관한 태도에 학식을 겸하는 것을 여사로서 갖추어야 할 핵심 요건으로 인식하고 있었다. 물론 그 학식이란 스승을 정하고 전공하여 습득하는 사인(士人)의 그것과는 차이가 있었다.

> ① 나면서부터 맑고 빼어났으며 총명하여 문목공이 늘 안고 말하기를, "네가 사내였다면 반드시 우리 집안을 크게 일으킬 텐데" 하였다. 『시경』과 사서(史書)를 가르쳤는데 능히 암기하였고, 그 행동하는 것을 보니 이따금 들어맞는 것이 있어 더욱 기특하게 여겼으며 늘 불러서 이야기하기를 게을리하지 않았다.

---

113) 여성의 자식 교육은 입문 단계에서 『소학』이나 『논어』, 『맹자』, 『시경』 등을 텍스트로 하여 이루어졌으며 이러한 텍스트를 언해하여 가르치는 일도 흔했다. 남공철의 모친 또한 남공철에게 『시경』과 『논어』, 『맹자』 등을 언해하여 가르쳤다. "母夫人取二南、論、孟諸書, 諺而教之."(남공철, 「의양자연보」 英宗 45년 己丑條, 『귀은당집』 부록)

114) 남공철의 모친을 그 예로 들 수 있다. 이에 대해서는 「先妣墓誌」, 『금릉집』 권17 참조.

115) 남공철, 「淑人吳氏墓誌銘」, 『금릉집』 권17: "吾先妣以爲今之婦女, 知錢而不知書, 惟吳氏不然, 當求之古之女士也."

[生而淸秀聰悟, 文穆公每抱之曰: '爾而男者, 必大吾門矣.' 敎以詩史, 能記誦, 顧其行, 往往有合者, 益奇愛之, 常呼與語不倦.][116]

② 딸들을 가르침에 매우 사랑하면서도 법도가 있었으니 바느질하고 베 짜는 여가에 반드시 『소학』과 『여사서(女四書)』 등 여러 책을 대략이나마 암송하게 하면서 말하기를 "부인은 꼭 많은 글을 알아야 하는 것은 아니지만 또한 글을 몰라서도 안 된다"라 하였다.

[敎諸女, 甚愛而有法. 針線紡績之暇, 必使略誦小學女四書諸書曰: "婦人不必多知書, 亦不可不知書也."][117]

①은 남공철의 종형수 해주오씨(海州吳氏)에 대한 묘지명 「숙인오씨묘지명(淑人吳氏墓誌銘)」의 일부이고, ②는 남공철의 고모인 의령남씨에 대한 묘지명 「숙인남씨묘지명(淑人南氏墓誌銘)」의 일부이다. ①에서 묘주를 가르친 이는 묘주의 부친 오원(吳瑗)이고, ②에서는 묘주가 모친으로서 딸들에게 글을 가르쳤다고 했다. 글을 가르치는 데 사용한 텍스트로 『시경』과 사서(史書), 『소학』, 『여사서(女四書)』 등이 제시되어 있다. 이처럼 비록 학술적인 내용을 깊이 있게 전수해 주지는 않았지만 딸들에게도 기초적인 교육이 행해졌으며 딸들의 교육을 담당한 것은 부친이나 모친 누구라도 상관이 없었다. 여성에 대해 이러한 교육이 이루어졌던 것은, 여성을 본격적인 문인 학자로 길러내기 위한 것은 물론 아니었다. 그 목적은 바로 품성을 닦고 교양 수준을 높이기 위한 것이었다. 여성이 어려서 받는 이러한 교육은 혼인 이후의 생활에서도 중요한 의미를 지닌다. 자식 교육을 위해서뿐만 아니라 때로는 혼인 이후에도 서적을 통해-비록 그것이 전혀 새롭거나 심원한 내용이 아니라 하더라도-남편과 그 내용을 공유하거나 혹은 남편의 자문에 응하기 위해

116) 위의 글.
117) 남공철, 「淑人南氏墓誌銘」, 『금릉집』 권17.

서라도 기본적인 학식이 요구되었다. 이러한 요구를 충족시킬 수 있는 학덕이 있는 여성들도 곧 여사(女士)로 칭해졌다.

> ① 날마다 옛사람들의 아름다운 말과 행실을 취하여 공(公)에게 고하고, 나아가 여러 아들 딸들에게 미쳤으니 사람들은 군자해로(君子偕老)의 즐거움이 있다고 여겼다.
> [日取古人嘉言美行, 告之公而推以及其諸子諸女. 人謂有君子偕老之樂.][118)]

> ② 집안일을 한결같이 도맡는 것은 물을 것도 없고 조정의 의론에 이르러서도 가만히 물을 때마다 선비(先妣)께선 천천히 한마디로 대답하여 결단하셨다.
> [一委家事不問, 至有朝廷議論, 輒從容以咨, 先妣徐一言以對而決之.][119)]

> ③ 늘 방에 물러나 있으면서 마치 살고 싶지 않은 것처럼 했다. 세시에 종당의 자제들이 가서 안부를 물으면 억지로 일어나 술을 데워 마시기를 권하여 잔뜩 취하면, 고금의 기록들에 실려 있는 치란득실(治亂得失)과 선배들의 훌륭한 덕과 용모와 언행을 말하는 것이 계속 이어져 끝이 없었으니 이는 모두 문목공이 살아계실 때 보고 들은 것이었다.
> [常退處一室, 如不欲生. 歲時宗黨子弟往候起居, 則强起溫酒勸飮至醉, 語古今紀傳所載治亂得失及先輩長德容狀言行, 纚纚不窮. 此皆聞見於文穆公盛時者也.][120)]

남공철의 고모 의령남씨는 시집간 이후에도 고인(古人)의 가언미행(嘉言美行)을 찾아 남편에게 고해주거나 그것을 자식 교육에까지 활용했다는 것을 ①을 통해 확인할 수 있다. 또한 남공철의 부친 남유용은 부인 안동김씨에게 정사(政事)에 관한 조언을 구하기도 하여 이에 안동김씨가 그에 응하기도 하였다는 사실을 ②를 통해 확인할 수 있다. ③은 남편

---

118) 위의 글.
119) 남공철, 「先妣墓誌」, 『금릉집』 권17.
120) 남공철, 「淑人吳氏墓誌銘」, 『금릉집』 권17.

을 잃고 자손들까지 모두 요절해 의지할 데 없이 지내던, 남공철의 종형수 해주오씨(海州吳氏)가 세시(歲時)에 사람들이 찾아오면 술에 취해 고금의 치란득실에 대해 끊임없이 이야기했다는 내용이다. 묘주가 그런 면모를 보인 것은 모두 묘주의 부친 오원(吳瑗)으로부터 들어서 익힌 것이라는 말을 덧붙이고 있다. 이 단락만 보면 여느 불우한 사인(士人)이 술에 취해 강개하게 고금의 일을 논하는 장면과 다르지 않다.[121] 이전 시기 묘지명에서 보이는 여성에게서는 찾아보기 어려운 모습이다.

이처럼 여사들은 시집가기 전 익힌 학식을 기반으로 남편의 조언에 응하거나 자식 교육에 그것을 활용하기도 하였으며, 혼인 이후까지 지속적으로 서적을 가까이하기도 하였음을 알 수 있다. 그뿐만 아니라 특수한 경우이기는 하지만 남공철의 모친은 날마다 남공철을 통해 임금을 문후(問候)하고 조정에서 무슨 일이 있었던가에 대해 듣고는 거기에 반응하기도 했다.[122] 이렇게 부인이 집안에서 남편의 조언자 역할을 하기도 하고 때로는 비록 소극적으로나마 정사(政事)에 대해 관심을 보인 것은 조선후기에 유행한 여훈서(女訓書)의 성격 변화와 무관하지 않은 것으로 보인다. 18세기 후반 이후에 편집, 유통된 것으로 보이는 『곤범(壼範)』에는 가정을 테두리로 하여 대내적인 역할과 관련되는 내용들이 주로 수록되어 있지만 간혹 치국(治國)에 관련되는 내용까지 포함되는 변화를 보인 바 있다.[123]

121) 남공철의 글에서만 찾아보아도 이와 유사한 서술이 여러 곳 보인다. 다음과 같은 대목을 예로 들 수 있다. "子瞻爲人慷慨有大志, 喜飮酒言論. 飮之酒劇醉, 醉後與之語天下古今成敗事, 輒悲憤泣下, 鬚髥磔."(「苞甘集序」, 『금릉집』 권11); "酒酣, 論天下事是非人物可否."(「雅亭集序」, 『金陵集』 卷11); "醉後, 劇論天下文章高下事是非, 慷慨以泣, 意氣可樂也."(「寄所軸跋」, 『금릉집』 권13); "益酒之, 隱隱見鋒刃, 稍與及天下事得失人物是非, 笑咤淋漓, 慨然有功名之志."(「金舜弼龍行傳」, 『금릉집』 권13); "公愛余甚至, 每與論古今治亂人物是非, 時取酒飮, 拈古人名篇佳作讀, 使余聽之."(「從氏象靈居士墓誌銘」, 『금릉집』 권17)

122) 남공철, 「先妣墓誌」, 『금릉집』 권17: "及大喪入臨也, 我聖上召見, 慟哭良久曰: '卿何以生還, 老人無恙否?' 先妣益感激自誓, 嘗言: '吾雖婦女, 受上厚恩, 一念不能忘王室.' 不肖公退, 輒迎問今日聖候何如, 聞朝家行一善政, 則喜形於色, 否則反是. 於是上自搢紳, 下至閭巷, 莫不稱以美事, 以爲婦人而受聖朝不世之恩禮者, 惟夫人一人云."

조선 전기부터 『삼강행실도』의 지속적인 편찬을 통해 국가 차원에서 조성한 여성상은 바로 효부와 열녀다. 17세기 이후 가문의식이 강화됨에 따라 가문의 명예를 드러내는 방법의 하나로 사대부가를 중심으로 다양한 여훈서가 제작되었다. 조선 전기부터 17세기까지 행해진 여훈서들은 여성의 삶을 시집살이 중심으로 구조화하고 있다. 그러나 『곤범』과 같은 여훈서에 이르러서는 여훈서로서 새로운 모습이 확인된다.[124] 특히 『곤범』은 비록 윤리적인 성격이 강한 대목을 중심으로 뽑아놓은 것이기는 하지만 사서(四書)는 물론 『시전(詩傳)』과 『주역(周易)』, 『심경(心經)』·『성리대전(性理大典)』·『근사록(近思錄)』 등의 내용까지 포함하고 있다. 이는 『곤범』이, 여성이 시집가서 지켜야 할 구체적 행동규범을 제시한 이전 시기 여훈서들과는 달리 여성이 주체적으로 생각하고 판단하는 '근거' 혹은 '원리'를 제시하고자 하는 의도에서 이루어진 것임을 보여 준다. 또한 여성 독서물로서 『곤범』과 같은 책이 유행했다는 것은 단순히 행동규범만을 따르는 수동적인 여성이 아닌, 학식을 기반으로 주체적으로 판단하고 가정을 관리하는 여성이 이 시기 사대부가의 이상적인 여성상으로 여겨지게 된 사정을 반영하는 것이기도 하다. 이러한 여성상은 곧 여사의 면모와 유사한 바, 남공철의 묘지명에 형상화된 묘주의 여사적(女士的) 면모는 이전 시기 유교적 여성상에 바탕하고 있으면서도 특히 학식과 절조가 중시되던 당시의 여성상을 잘 반영하고 있는 것으로 볼 수 있다.

---

123) 『곤범』의 내용에 대해서는 허원기, 「'壼範'에 나타난 여성 독서의 양상과 의미」, 『한국고전여성문학연구』 6, 한국고전여성문학회, 2003 참조.

124) 김언순은 그 새로운 면모를 다음의 다섯 가지로 들고 있다. 첫째, 여타 여훈서들에서의 '家'는 '시집'으로 그 의미가 한정되지만 『곤범』은 그렇지 않다. 둘째, 시집간 여성의 孝가 시부모에 대한 것에만 국한되지 않는다. 셋째, 시집사람 만들기의 의도가 약하다. 넷째, 시집살이에 적응해야 하는 며느리로서의 수동적 면모보다는 가문의 관리자로서의 역할을 강조하고 있다. 다섯째, 정치적 지향성을 강하게 드러내고 있다. 이에 대해서는 김언순, 「≪壼範≫을 통해 본 조선후기 女訓書의 새로운 양상」, 『장서각』 16, 한국학중앙연구원, 2006, 186~187면 참조.

2) 전언(傳言)의 재연(再演)과 핵심 일화의 활용

조선후기 여성 대상 묘지명 창작에서 전범(典範)이 되었던 것은 구양수의 「상강천표(瀧岡阡表)」와 「남양군현사씨묘지명(南陽郡縣謝氏墓誌銘)」이었다.[125] 한광위(韓光瑋)라는 이가 조현명(趙顯命, 1690~1752)에게 구양수의 「남양군현사씨묘지명」을 언급하며 아내의 묘지명을 부탁한 것이라든가,[126] 김만중이 쓴 모친의 행장이 구양수의 「상강천표」에 견주어져[127] 부인들이 그와 방불한 묘지명을 요구했다는 것에서, 구양수의 위 두 작품이 조선후기에 여성 대상 묘도문자의 모범으로 여겨졌음을 알 수 있다. 남공철의 모친도, 남편 남유용이 지은 시어머니의 행장[128]을 들어 그것이 구양수의 「상강천표」에 비견된다고 하고는 남공철에게, 자신이 죽고 나서 그와 같은 묘지명을 지어줄 수 있겠느냐고 한 일이 있다.[129] 이처럼 이미 17세기부터 사대부가 여성들이 자식에게 자신의 행장이나 묘지명을 지어 줄 것을 공공연히 요구하였으며, 그 행장이나 묘지명의 모범이 되는 것이 바로 구양수의 두 편의 묘도문자였다.

이 두 편의 묘도문자의 핵심적인 특징을 간략히 지적하자면 '간엄한 편법'과 '전언의 재연을 통한 생동감의 획득'이라 할 수 있다. 「상강천표」는

---

125) 김창협은 韓愈의 「平淮西碑」와 함께 구양수의 「瀧岡阡表」를 최고의 금석문자로서 언급하고 있기도 하다. 이에 대해서는 「雜識」 外篇, 『농암집』 권34 참조. 한편 金柱臣은, 김창협이 한유나 구양수의 文보다 증공의 文을 더 많이 읽을 만하다고 평한 데 대해 이의를 제기하면서 구양수의 글 중에서는 「풍락정기」·「취옹정기」·「종수론」과 함께 「상강천표」·「남양군현사씨묘지명」 등은 읽을수록 더 좋다고 높이 평한 바 있다. 이에 대해서는 金柱臣, 「散言」 下篇, 『壽谷集』 권11 참조.

126) 趙顯命, 「孺人鄭氏誌銘」, 『歸鹿集』 권15: "仍具狀, 謁余爲銘曰: '瑋嘗讀歐陽子謝夫人誌矣. 吾妻之賢, 雖不及謝夫人, 然其得年與死之月日, 與二男之育, 略有相似者, 得長者一言, 與古人同其不朽, 亦長逝者之慰也.' 余謝曰: '我豈歐陽子哉! 然孺人之賢, 有不可沒者, 忍不銘!'"

127) 李天輔, 「先妣墓誌」, 『晉菴集』 권8: "仲子西浦公, 述其行狀. 人謂其文章, 可比歐陽公瀧岡表."

128) 남유용의 「先妣行狀」, 『雷淵集』 권24를 가리킨다.

129) 남공철, 「先妣墓誌」, 『금릉집』 권17: "記昔先君子嘗撰祖妣沈氏行狀, 而言取家大人與外大母之所以詔者, 用質於立言君子, 世皆比之歐陽公之瀧岡表, 而先妣令不肖讀而聽之. 仍流涕而言曰: '文如是足矣. 我死, 女爲銘誌, 能如此狀乎?'"

본래 구양수가 부친의 묘표를 개작하는 과정에서 모친을 발언 주체로 내세워 완성한 것이라는 점 때문에 조선후기 여성 묘주 묘지명 창작시에 모범적인 사례로 자주 언급되었다. 또한 구양수의 이 글에서는 부친의 인(仁)과 효(孝)를 잘 드러내는 일화를, 모친의 발언을 통해 제시한 것이 큰 비중을 차지하고 있는데 묘주를 가까이서 직접 겪은 이의 전언(傳言)을 그대로 재연함으로써 묘주의 언행을 더욱 생동감 있게 제시할 수 있는 장점이 있다.

이러한 전언의 재연 기법을 통해 확보할 수 있는 점은 다음과 같다. 첫째, 사실성을 확보할 수 있다. 남공철은, 드러나지 않는 부인의 덕을 기리기 위해 묘지명을 지을 때에는 반드시 행장과 같은 증거가 있어야 하며, 증거 없이 지은 부인 묘지명은 아무도 믿지 않을 것이라 하면서 사실 및 증거를 중시하는 태도를 보인 바 있다.[130] 그런데 행장이 없을 경우 무엇으로 사실성을 확보하고 증거를 삼을 수 있을까? 이럴 때 사실성을 확보할 수 있는 방법이 바로 '전언의 재연' 기법이다. '전언의 재연'은 형식상 작자의 주관적 기술이 아니라 작자 이외의 누군가의 진술이라는 점에서 그 객관성이 확보된다고 할 수 있다.[131] 둘째, 현장감 있는 상황 재현이 가능하다. 전언을 통해 상황을 재연할 때, 독자는 작자의 목소리가 아닌 등장 인물의 목소리로 이야기를 듣게 된다. 특히 작품 속 등장 인물에 의한 전언이 반복되거나 전언 내용이 길어지게 되면, 전언을 하는 등장 인물이 일시적으로나마 작중 화자의 기능을 하게 된다.[132] 구양수의 「상강천표」는 전언의 재연 기법을 통해 이

130) 남공철, 「淑人吳氏墓誌銘」, 『금릉집』 권17: "古者婦人不銘, 今銘之, 然必有徵者也. 婦人之德, 內而不現, 不徵而銘, 孰信哉! 公轍於吳淑人之銘, 誰其徵? 徵于寧齋吳允常士執之狀."

131) 물론 모든 전언을 사실로 여길 수는 없지만, 형식상으로나마 작자의 상상에 의한 진술보다 사실성 확보에 도움이 되는 것이 사실이다.

132) 사실을 중시하는 장르인 전과 묘지명은 작자와 작중 화자가 일치하는 것이 일반적인데, 전언의 재연 기법은 작자와 작중 화자를 일시적으로 분리시켜 미약하나마 소설적 성향을 보인다고 할 수 있다.

와 같은 효과를 얻고 있다. 「남양군현사씨묘지명」도 전언의 재연 기법을 사용하고 있기는 마찬가지이다. 구양수의 벗 매요신(梅堯臣)의 아내 사씨(謝氏)에 대한 묘지명인 이 글 가운데 대부분은, 구양수가 매요신으로부터 받은 편지 내용을 그대로 전재하는 형식을 취하고 있다.

남공철의 여성 묘주 묘지명은 위에서 언급한 구양수의 묘도문자 두 편으로부터 적지 않은 영향을 받았다. 전언의 재연 기법을 활용하여 지은 「숙인조씨묘지(淑人趙氏墓誌)」와 같은 작품은 구양수의 묘도문자, 특히 「남양군현사씨묘지명」의 의상(意想)과 기법(技法)에서 심대한 영향을 받았다. 또한 남공철의 「선비묘지(先妣墓誌)」는 구양수의 「상강천표」의 의상(意想)과 일부 구절의 영향을 받은 흔적이 있다. 여기서는 「숙인조씨묘지」를 중심으로 주로 기법적인 측면에서 구양수의 글로부터 어떠한 영향을 받았는지 논의하도록 한다.

「숙인조씨묘지」는 남공철의 외종형수 조씨(趙氏)에 대한 묘지로, 남공철이 27세 때 지은 것이다. 묘주 순창조씨의 남편 이태형(李泰亨)이 작자의 친척이었을 뿐, 작자는 묘주와 직접적인 교류가 없었다. 그래서 이 글이 자칫 묘주의 부덕(婦德)을 추상적으로 기리는 투식적인 서술로 일관하여, 여느 묘지명과 다를 바 없는 글이 될 수도 있었다. 그런데 남공철은 '전언의 재연' 기법을 통해 객관성을 확보하는 동시에 묘주의 남편인 외종형 이태형의 목소리를 부각시켜 현장감을 더하고 있다.

> [1] 나의 외종형 현감 이태형(李泰亨) 공(公)에겐 어진 아내가 있었으니 순창조씨로, 동지중추부사 번(蕃)의 손녀이자 진사 석중(錫重)의 따님이다. 모친은 의인정씨로 이조판서를 지낸 아무개의 손녀다. 병오년(1786) 정월 22일에 졸하였다. 내가 가서 그의 아내를 곡하는데, 현감공이 내 손을 잡고 울며 다음과 같이 말했다.
>
> [2] 내 아내가 죽었네. 나는 불행히도 훌륭히 내조하던 아내를 잃고 말았네. 내 아내는 나와 50년을 살다가 죽었네. 죽은 날 저녁 염을 하는데 시신에게 입힐 옷 하나 없었고, 전(奠)을 올리는데 차릴 음식이 하나도 없었으니 나는 참으로 무척이나 가난

했다네.

[3] 비록 그렇기는 했지만 내 아내는 기쁘게 처신했네. 가령 음식이나 그릇이 넉넉하지 못했는데도 반드시 정갈하게 해서 맛이 있었지. 또 옷은 헌것이든 새것이든 가리지 않고, 빨고 바느질해서 반드시 깨끗하게 수선했어. 평상시에는 온화하고 화평한 태도로 집 밖으로 나가지 않았고, 아이들 가르치는 데에도 법도가 있었지.

나는 세상에서 불우한 지 오래되었네. 조정에 벼슬하러 나갔을 때에는 어려움이 많아 좋은 일이 없었는데도 집에 들어가서 내 아내의 낯빛에 근심하는 기색이 없는 걸 보면 나 또한 가난을 잊곤 했지. 사람됨이 효성스럽고 자애로우며 순종적이고 겸소하였는데, 어려서부터 부모가 매우 사랑하여 패옥이나 옷, 비녀나 귀고리, 거울이나 화장상자 따위의 노리개가 상자에 가득했는데도 그것에 마음을 쓰지 않았지. 매일같이 집안일에 힘썼고 바느질 솜씨나 베 짜는 솜씨로 말할 것 같으면 그 유모들은 모두

"가르치는 데 아무 어려움도 없어요"

라 하였고 그 자매들은

"그 솜씨는 따라갈 수 없습니다"

라 할 정도였네.

시집와서는 우리 집이 오랫동안 벼슬길이 끊어져 들어오는 봉록이 없었는데도 매일같이 한 되의 쌀밥을 지어 시부모를 봉양하고 아이들까지 먹였다네. 그래서 끝내 나로 하여금 빈천과 곤궁 때문에 그 뜻을 바꾸게 하지 않았으니 또한 아내의 내조가 크기도 했지.

[4] 어쩌다 내가 건덕방(建德坊) 마을에 있는 외가에 따라갈 때면 우리 외조부 찬성공과 외조모 심부인은 늘 무양하셨고, 우열을 가릴 수 없을 만큼 자손이 번창하였다. 비록 살아계실 적에 하늘에서 받은 복이 적었지만 마침내 돌아가신 후에는 반드시 보답이 있을 것이다. 이로써 현감공의 슬픔을 위로하고, 원리(元履)의 청에 응한다.

[[1]余外從兄縣監李公泰亨, 有賢配曰: "淳昌趙氏." 同知中樞府事諱蕃之孫, 進士諱錫重之女. 妣宜人鄭氏, 吏曹判書致仕某之孫也. 以丙午正月二十二日卒. 余往而哭其室, 縣監公執手泣曰: [2]"吾妻死矣. 吾不幸亡賢佐矣. 吾妻與余, 處五十年以卒.

卒之夕, 斂而無衣, 奠而無具. 甚矣吾貧也. [3]雖然, 吾妻處之怡. 如飮食器皿, 雖未及豐侈, 而必精以旨. 衣無故新, 而澣濯縫紝, 必潔以完. 平居雍容和悅, 不出閨門, 而敎有成法. 余之不遇於世者, 久矣. 其出而仕宦于朝, 困阨顚跌, 不見可喜, 而入而見吾妻顔色無慽, 則吾亦自忘其貧也. 盖其爲人孝慈順儉, 自其幼時, 父母鍾愛之篤. 爲具其珮服簪珥鏡奩兒女之玩, 充滿箱篋. 顧不以爲意. 惟日孜孜於內事, 若其針線紡績之能, 其保傅皆曰: '敎而不勞.' 其娣妹皆曰: '其工, 不可及也.' 及嫁而余家久絶仕宦, 無俸祿之入, 而日爨升米, 以養舅姑, 及其子女. 至使余終不以貧賤困窮, 易其志者, 抑內助爲多也." [4]間余隨吾母家于建德坊之里時, 吾外祖贊成公暨祖母沈夫人, 尙無恙, 子孫衆盛, 爲其伯仲. 施雖嗇于其生, 而終必有待於後者, 以寬縣監公之悲, 而塞元履之請.」[133)]

단락 [1]에서 묘주의 인정(人定)과 졸수(卒壽)에 대해 기록하고 이어 작자의 외종형이, 문상 온 작자의 손을 붙들고 한 말을 그대로 기록하고 있다. [2]와 [3]에서의 발언자는 외종형이었다가 [4]에 이르러 발언자가 갑자기 작자 남공철로 전환된다. 이로써 독자로 하여금 아내를 잃은 외종형의 말을 직접 듣다가 갑자기 남공철의 건덕방 외가의 모습을 심상(心象)으로 조망하도록 하는 효과를 거두고 있다.

남공철이 외종형의 말을 통해 형상화한 묘주의 모습은 전통적인 유교사회의 전형적인 여성상이라 할 수 있다. 그럼에도 불구하고 남공철은 행장을 바탕으로 묘주의 부덕(婦德)을 추상적으로 서술하기보다는 외종형의 입을 직접 빌려 서술하는 방법을 취하고 있다. 이를 통해 외종형에 대한 묘주의 존재감을 부각시키고 있으며 아울러 묘주에 대한 외종형의 애정과 슬픔을 드러내고 있다.

이 글은 도입부와 결말부인 [1]과 [4]가 남공철이 직접 서술하는 방식으로 기술되어 있고, 그 사이 본문에 해당하는 [2], [3]은 외종형 이태형

133) 남공철, 「淑人趙氏墓誌」, 『금릉집』 권17.

의 전언을 그대로 수록하는 구성을 취하고 있다. 왜 남공철은 이러한 서술 방식을 취한 것일까? 우선 앞서 언급한 '부인 묘지명의 진실성 확보'를 위한 장치로 생각해 볼 수 있다. 즉 부인의 덕은 밖으로 드러나지 않아 그 덕을 기리는 글이 신뢰성을 얻기 위해서는 믿을 만한 증거가 있어야 한다는 요건을 충족시키기 위해 이러한 방식을 취한 것이다. 묘주의 남편 말을 직접 인용한 것이 묘지명의 본문을 이루고 있는데, 이것으로 묘지명의 진실성과 신뢰성을 확보하고자 한 것이다. 그러나 재연한 전언 내용은 발언 주체인 외종형의 말을 그대로 옮긴 것이라 보기 어렵다. 남공철은 외종형으로부터 들은 순창조씨의 생전의 덕행을 재구성하여 [2]와 [3]을 서술한 것이다. 따라서 이러한 '전언의 재연' 방식은 여성 묘주 묘지명의 진실성을 확보하는 동시에 얼마간 서술자의 자유로운 서술을 확보해 주는 기능도 있다고 할 수 있다.

그런데 이러한 전언의 재연 기법을 이른 시기에 구사한 것은 구양수다. 남공철의 위 묘지 또한 구양수의 「남양군현사씨묘지명」을 부분적으로 차용한 것이다.

> 사씨(謝氏)는 명문가에서 태어나 스무 살에 <u>내게 시집와서 17년을 살다가 죽었네. 죽은 날 저녁 시집올 때 입고 온 옷으로 염을 했으니 내가 아주 가난함을 알 수 있을 걸세. 그러나 사씨(謝氏)는 기쁘게 처신하여 집안 살림 꾸리는 것에는 늘 법도가 있었네. 음식과 그릇 등이 비록 많지는 않았지만 반드시 정갈하게 해서 맛이 있었다네. 옷은 새것 헌것 할 것 없이 깨끗이 빨고 바느질하여 반드시 깨끗하게 수선했다네.</u> 관사가 비록 더럽고 누추하였지만 뜰과 마당을 청소하여 반드시 엄숙하게 했다네. 평소의 말과 행동거지가 반드시 태연자약하면서도 온화하였네.
>
> <u>내가 세상에서 곤궁하게 지낸 지 오래되었네.</u> 나가서는 다행스럽게도 현사(賢士) 대부(大夫)들과 노닐며 즐겼으며 <u>들어와서는 내 아내의 기뻐하는 모습을 보면 근심을 잊곤 했으니 내가 부귀 빈천 때문에 마음을 수고롭게 하지 않은 것은 아마도 내 아내의 내조 덕분일 걸세.</u>[134](밑줄-필자)

밑줄 친 부분이 남공철이 「숙인조씨묘지」에 차용한 문장이다. 구양수의 「남양군현사씨묘지명」은 구양수의 절친한 벗 매요신(梅堯臣, 1002～1060)의 아내에 대한 묘지명이다. 구양수는 이 글에서 친구 매요신의 편지 내용을 직접 인용하는 방법을 취하여 묘지명을 구성하고 있다. 반면 남공철은 묘주의 남편, 즉 외종형이 직접 남공철의 손을 잡고 해 준 말을 그대로 재연하는 방법을 취하고 있다. 글자의 출입이 있기는 하지만 남공철은 「숙인조씨묘지」를 지으면서 구양수의 위 글의 구성 방식과 문장을 상당 부분 참고한 것임에 틀림없다. 그런데 구성 방식이 동일하고 일부 문장을 거의 그대로 가져다 썼다고 해서 남공철의 「숙인조씨묘지」가 구양수의 「남양군현사씨묘지명」을 단순히 모방한 글에 머문다고 할 수 없다. 그 이유는 단락 [1]과 [4] 때문이다. 문상 가서 만난 외종형 이태형이 남공철의 손을 잡고 하기 시작한 말이 곧 [2]로 이어지고, 남공철 자신이 유년 시절 건덕방의 외가에 갈 때마다 보았던 외조부모의 무양함이 [2]와 [3]에서 제시된 외종형수의 부덕(婦德) 덕분이라고 서술함으로써 단락 [4]는 다시 그 앞의 본문과 긴밀한 연계성을 형성하기 때문이다. 즉 '[1]-[2][3]-[4]'가 서로 유기적으로 이어져 완결성을 갖기 때문에 [2], [3]에서 가져다 쓴 구양수의 문장이 작품 전체에서 생삽한 요인이 되지 않은 것이다.

앞서 남공철 묘지명의 주요한 특징 가운데 하나로 일화를 적극적으로 활용한 점을 든 바 있다. 그런데 다른 이를 통해 전문(傳聞)한 일화라든가 직접 목도한 일화가 있을 수 있던 남성과 달리 여성은 그 구체적 행적이 밖으로 알려지는 일이 드물었다. 따라서 직접 곁에서 그 언행을 목도하지 못한 여성에 대해 묘지명을 작성할 경우 구체적 일화를 활용

134) 구양수, 「남양군현사씨묘지명」, 『거사집』 권36: "謝氏生於盛族, 年二十, 以歸吾. 凡十七年而卒. 卒之夕, 殮以嫁時之衣, 甚矣吾貧可知也. 然謝氏怡然處之, 治其家有常法. 其飮食器皿, 雖不及豊侈, 而必精以旨. 其衣無故新, 而澣濯縫紉, 必潔以完. 所至官舍, 雖庳陋, 而庭宇灑掃, 必肅以嚴. 其平居語言容止, 必怡以和. 吾窮於世久矣, 其出而幸與賢士大夫遊而樂, 入則見吾妻之怡怡, 而忘其憂, 使吾不以富貴貧賤累其心者, 抑吾妻之助也."(밑줄-필자)

하기란 쉽지 않았다. 더군다나 남공철은 여성에 대한 묘지명을 지을 때 신빙성을 위하여 반드시 행장과 같은 증거가 있어야 한다고 강조했던바, 행장을 기반으로 여성에 대한 묘지명을 짓게 되면 대개는 특징 없는 글이 되기 십상이었다. 그래서 남공철은 「숙인조씨묘지」와 같이 전언의 재연 기법을 활용하거나 그 밖의 다른 방법을 통해 획일화된 여성 묘주 묘지명에서 벗어날 방법을 모색했다.

전언의 재연 기법과 함께 남공철이 여성 묘주 묘지명에서 즐겨 구사한 다른 방법은 바로 핵심 일화의 활용이다. 그런데 여성에 얽힌 일화라는 것이 대개는 행장에 서술된, 시집가서 행한 부덕(婦德)과 관련된 것이어서 참신성이나 생동감이 떨어지기 마련이다. 그와 같이 정형화된 일화 이외에 인물의 개성을 부각시킬 수 있는 일화의 수는 극히 한정적일 수밖에 없다. 그래서 남공철은 여러 개의 일화 가운데 어떠한 일화(대개는 정형화된 일화에서 벗어난 일화)를 특별히 두드러지도록 하여 그것이 작품 전체의 인상을 지배하도록 했다. 이러한 일화를 '핵심 일화'라 칭할 수 있겠다. 묘주의 다양한 면모를 한 편의 글에 모두 담으면서도 묘주의 여러 면모 가운데 특히 부각시킬 만한 점이 그러한 핵심 일화를 통해 부각된다고 할 수 있다. 구체적이고 특별한 행적을 드러내기 어려운 여성 묘주 묘지명에서 이러한 핵심 일화의 활용은 여느 부인 묘지명과 다를 바 없는 서술에 참신함을 부여할 뿐 아니라 글을 다 읽고 나면 그 핵심 일화가 인상적으로 기억되어 묘주에 대한 인상을 결정하게 되는 효과를 거둘 수 있다.

핵심 일화를 활용한 글 가운데 먼저 살필 것은 남공철의 절친한 벗이었던 박남수의 부인 신씨(申氏)에 대한 묘지명 「유인신씨묘지명(孺人申氏墓誌銘)」이다. 이 글은 남공철이 20세경에 지은 것으로 보인다. 이 묘지명의 전반적인 내용은 일반적인 여성 묘주 묘지명과 크게 다르지 않다. 핵심적인 내용을 순서대로 제시하면 다음과 같다.

1 친구 박남수가 그 아내의 행장을 들고와 묘지명을 부탁함.

2 유인(孺人)의 족계(族系)와 부모는 아무이며, 아름다운 자질을 타고났음.

3 혼인 직전 박남수가 부친상을 당하여 신씨 집안에서 파혼을 종용하였으나, 유인은 이미 한 약속을 어길 수 없다 고집하여 혼례를 치름.

4 제사를 정성 들여 받들고 여공(女工)에도 힘썼으며 시어머니가 병이 나자 곁에서 정성을 다하여 수발을 듦.

5 죽기 직전에도 남편의 해진 옷을 바느질할 사람이 없는 것을 근심하다 죽었는데, 모두들 슬퍼하였음.

6 유인은 집안에서는 어진 딸이었고 시어머니와 남편에게는 어진 며느리와 어진 아내였는데, 시집가기 전 의를 지키려 했던 것은 부모나 친척도 꺾을 수 없었음.

7 명(銘)

묘지명의 내용만 요약해 놓고 보면 조선시대 일반적인 여성 묘주 묘지명과 다를 것이 거의 없다. 태어날 때부터 아름다운 자질이 있어 부모가 매우 아꼈으며(2), 시집가서는 시어머니와 시할머니를 잘 모시며 제사 준비에 소홀함이 없었고(4), 남편을 공경하여 죽는 순간까지 남편을 걱정하였으며(5), 죽고 나자 시어머니가 애통해했다(5)는 서술은 그 순서까지도 전형적인 부인 묘지명을 준수하고 있다. 그런데 남공철은 이러한 평범한 서술 가운데에 다른 부인 묘지명에서 찾아볼 수 없는, 특수한 사건을 구체적으로 형상화한 일화를 삽입함으로써 평면적이고 예사로운 부인 묘지명에 그칠 수 있는 이 글에 색다른 인상을 부여하고 있다. 그 일화는 바로 3에 서술된 다음 내용이다.

처음에 박씨가 신씨와 혼인하기로 약속하였을 때 마침 박씨가 부친상을 당하였다. 그러자 신씨 집안 사람들은 유인의 나이가 많다는 것을 이유로 약혼을 파기하고 싶어 했는데, 유인은 (집안 사람들의 생각을 알고) 마음속으로만 고민하면서 말하지 못하였다. 하루는 어떤 이로부터, 아무개 집안과 아무개 집안이 혼인을 약속했다가 얼마 후 약혼을 파기했더라고 전하는 말을 듣고는 조용히 이 유인(李孺人)을 뵙고 말하였다.

"무릇 사람이 그러마고 허락한 것은 천금보다 중합니다. 지금 남에게 말을 해 놓고 먼저 배반하는 것은 제 뜻이 아니에요."

이에 어른들이 비로소 그 뜻을 알아차리고 유인을 더욱더 어질게 여겨 이러쿵저러쿵하는 말들이 마침내 잠잠해졌다.(괄호-필자)

[初朴氏與申氏約婚姻, 會朴氏居憂, 申氏之人, 以孺人年長, 欲改約, 孺人心憫之未發. 一日聞人傳, 某家與某家結婚姻, 已而倍約, 乃從容請李孺人曰: "夫人然諾, 重於千金. 今有成言於人而先倍之, 非兒之志也." 於是, 長者始解其意, 愈益賢孺人, 議遂寢.][135]

신씨(申氏)가 혼인하기 직전 박남수가 부친상을 당하자 신씨 집안에서는 파혼해야 하지 않겠느냐는 논란이 일었다. 신씨 역시 그 말을 듣긴 했지만 먼저 나서서 자신의 뜻을 밝히지 않고 기다리다가 마침내 자신의 뜻을 밝힐 기회를 포착하게 된다. 어떤 이로 하여금 다른 집안의 예를 들어 신씨에게 우회적으로 파혼을 종용한 것이다. 이에 신씨는 자신의 뜻을 단호하게 밝힌다. 한번 한 약속을 번복할 수 없다고 한 것이다. 그 후 파혼에 대해 이러쿵저러쿵하는 말들이 모두 잠잠해졌다고 서술하고 있다. 남공철 스스로도 글 전체에서 이 일화에 큰 의미를 부여하고 있음은 명(銘) 직전의 서술에서 확인할 수 있다. 즉 남공철은 글 전체 내용을 총괄하는, 묘지(墓誌)의 마지막 부분인 6에서 신씨의 효(孝), 우애, 온화함 등을 언급하면서 그와 함께 위 일화를 다시 언급하고 있다.[136] 글을 맺기 전에 핵심 일화를 환기하고 있는 것이다.

---

135) 남공철, 「유인신씨묘지명」, 『금릉집』 권17.

136) 위의 글: "嗚呼! 閨人之行, 雖不外見, 然若孺人者, 其孝友祥順之德、溫和淸淑之姿, 在家爲賢女, 在夫爲賢婦賢妻, 雖古昔詩人之詠歌, 無以加之矣. 至其涕泣守義, 矢心於未嫁之先, 而父母親戚, 莫之奪也, 其根於中而發於外者耶. 是可書也已."(밑줄-필자)

이렇게 전체 글 가운데 핵심적이고 구체적인 일화를 들어 그것으로 하여금 전체 글의 인상을 결정하도록 하는 다른 글로는 「유인남씨광지(孺人南氏壙誌)」를 들 수 있다. 이 글은 남공철의 조카 의령남씨(1745~1783)에 대한 광지(壙誌)로 남공철이 24세경에 지은 것으로 보인다. 남씨(南氏)는 남공철의 형 남공보(南公輔, 1721~1748)의 딸이니 남공철에게는 조카뻘이지만 나이는 남공철보다 열다섯이나 많았다. 이 글 역시 전반적으로는 남씨의 부덕(婦德)에 대해 비중 있게 서술하고 있다. 그러나 남공철은 그러한 서술 가운데 남씨를 인상적으로 형상화한 짧은 일화를 삽입하여 묘주에 대한 특수하고 구체적인 인상을 부여하고 있다. 우선 이 글의 전체 내용을 요약하면 다음과 같다.

1 유인의 생몰년은 어떠한데 어려서 부모를 잃어 내 부모님이 길러 내 부모님을 아버지, 어머니라 불렀음. 효성스럽고 인자하였으며 시집가서는 시아버지를 잘 모셨음.

2 문청공(남유용)이 돌아가셨을 때 유인은 어린아이처럼 곡을 하고 이후 노인만 보면 눈물을 흘렸음.

3 동서와 시누이 사이에서는 화락하였으며 재물의 이익을 탐내지 않아 모두가 유인을 아꼈음.

4 상이 나자 조문하는 자들이 모두 슬퍼하였으며 아무개 동리에 장사 지냈고 자녀는 어떠함.

비교적 편폭이 짧은 이 글 역시 전반적인 내용은 그리 특이할 것이 없다. 묘주의 부친 남공보의 졸년이 1748년이고, 그 딸 남씨의 생년이 1745년이니 남씨가 부친을 여읜 것은 네 살 되던 해의 일이다. 모친 죽산안씨(竹山安氏) 또한 비슷한 시기에 여읜 듯하다.[137] 그래서 남씨의 조부모이자 남공철의 부모인 남유용과 안동김씨가 남씨를 거두어 길렀는

137) 유한준, 「淑人坡平尹氏墓誌銘」, 『自著』 準本 二: "進士諱公輔, 竹山安氏牧使宗海之女, 其舅姑也, 俱早世."

데,[138] 어린 시절부터 자신을 키워 주던 할아버지, 할머니를 '아버지, 어머니'라 불렀다고 했다.[139] 특히 30년 가까이 아버지라 부르던 남유용에 대해 남달리 애틋한 마음을 갖고 있었을 법하다. 위 요약문에서는 할아버지 남유용에 대한 애틋함을 "유인은 어린아이처럼 곡을 하고 이후 노인만 보면 눈물을 흘렸다"고 서술하였는데, 남공철은 그것을 이와 같이 평면적으로 제시하는 대신 다음과 같이 기록하고 있다. 위 요약문 ②에 해당하는 내용이다.

> 문청공(文淸公)이 돌아가셨을 때 유인은 어린아이처럼 곡을 하였다. 그 뒤로 노인만 보면 번번이 눈물을 흘리면서 말했다.
>
> "나는 노인을 차마 못 보겠어."
>
> [文淸公卒, 孺人爲嬰兒哭. 後見老人, 輒涕泣曰: "吾不忍見老人也."][140]

자신을 키워준 할아버지 남유용이 졸하였을 때 묘주 남씨의 나이는 스물아홉이었다. 다 큰 어른이었는데 자신을 키워준, 자신이 아버지라 부르며 따랐던 조부 남유용이 죽자 마치 어린아이처럼 슬프게 곡을 하였다. 그 이후에 노인만 보면 "나는 노인을 차마 못 보겠어"[吾不忍見老人也]라 한 남씨의 발언이 이 글 전체에서 가장 인상적인 대목이다. 남씨가 어린 시절부터 아버지라 부르며 따랐던 조부에 대한 애틋한 정, 그리고 노인을 보면 떠오르는 조부의 모습은 스스로 감당하기 어려울 만큼 버거운 것이었음이 이 짧은 말 한마디에 고스란히 담겨 있다. 일화라고 할 것도 없는 이 짧은 대목을 제외하면 나머지 서술은 평탄하기 그지없다. 그러한 평탄한 서술 가운데에 이와 같은 일화를 삽입하여 묘

---

138) 묘주 남씨는 12세 되던 해까지 남공철의 모친이 아닌 남유용의 둘째 부인 최씨(?~1756)와 함께 살았다.

139) 남공철, 「孺人南氏壙誌」, 『금릉집』 권17: "幼喪父母, 先人文淸公鞠育之. 呼余考妣, 曰爺曰孃."

140) 위의 글.

주 남씨의 여러 면모 가운데에서 조부 남유용에 대한 애틋한 정을 인상적으로 부각시키고 있다.

이상에서 살핀 남공철의 전과 비지의 가장 두드러진 특징은, 서술자 남공철이 한결같이 대상 인물의 자의식 내지 절조(節操)에 초점을 맞추고 있다는 점이다. 김용행과 최북을 대상으로 한 전에서는 입전 인물의 강한 자의식 때문에 빚어지는 갈등을 주요하게 다루고 있고, 남유형·남유두·박남수와 같은 사인(士人)에 대한 묘지명에서도 역시 사인으로서의 절조를 주요한 가치로 부각시키고 있으며 여성 묘주 묘지명에서는 묘주의 여사적(女士的) 면모에 주목하고 있다.

그런데 이러한 자의식이나 절조(節操)는 유가에서 중시하는 가치인 충·효·열의 범주를 넘어서는 것이다. 특히 높은 자존의식을 갖고 신분적 굴레에 대한 불만을 다양한 방식으로 표출한 김용행에 대한 전, 강렬한 예인적 자의식을 부각시킨 최북에 대한 전, 그리고 외부 세계와 영합하여 일신의 편안함을 구하는 일은 결코 하지 않았던 남유형·남유두·박남수에 대한 묘지명에서 표출된 자의식 내지 절조(節操)는 '개인의 가치' 내지 '개인의 신념'으로서의 성격을 띠고 있다. 이러한 성격의 전과 묘지명을 통해 남공철이 전통적인 유가의 가치관에 얽매이지 않고 개별적 주체로서의 개인의 내면에 관심을 기울였다는 점을 확인할 수 있다. 가문적 배경이나 관력 등 체질적, 환경적 요인으로 인해 재도론적 문학관에서 완전히 자유로울 수 없었던 점을 고려한다면, 남공철은 18세기에서 19세기로의 전환기 관각문인으로서 당시 세계인식의 변화를 상당히 적극적으로 받아들여 산문 창작에 임했던 것으로 파악된다.

제5장 서(序)와 기(記)의 의론과 지향

서(序)와 기(記)는 문체상 각각 서발류(序跋類)와 잡기류(雜記類)에 속한다. 글의 대상과 목적에 따라 서발류는 시문집서, 증서(贈序), 송서(送序), 수서(壽序) 등으로, 잡기류는 누정기, 유기(遊記) 등으로 분류되기도 한다. 서발(序跋)은 서사문이면서 의론문의 성격까지 겸유(兼有)하고 있어 문체로서의 특징이 선명하지 않다. 서사증(徐師曾)이 『문체명변(文體明辯)』에서 서(序)를 서사문과 의론문으로 구별하여 싣고 있는 것도 이 때문이다.[1] 잡기(雜記) 역시 애초에는 서사가 주였으나 송대 구양수와 소식 이후에는 의론을 중심으로 한 변체(變體)가 많아지게 되었다.[2] 그러나 체계적인 문체 분류와는 별도로 실제로는 '서기(序記)'라는 용어가 사용된 예를 빈번하게 확인할 수 있다. 조선후기에 이르러 서기(序記)는 특히 비지(碑誌)와 나란히 칭해지는 예가 많았는데, 비지가 서사를 위주로 하고 서기가 의론을 위주로 하는 것으로 인식하였기 때문에 그 둘을 견주어 칭했던 것이 아닌가 한다.[3]

---

1) 민병수, 『한국한문대표작평설』, 태학사, 2000, 255면.

2) 위의 책, 195면; 馮書耕・金仞千, 『古文通論』 中, 國立編譯館中華叢書編纂委員會, 1979, 721~723면.

3) 가령 김창협은 비지를 서사 위주의 문체로, 서기를 의론 위주의 문체로 인식하기도 하였다. "竊嘗見先生平日所爲墓表文字, 大抵專主議論, 如序記之體, 此固有所本矣. 然古人墓表, 亦多有直敍事行, 而不主於議論者, 蓋或不能樹碑碣於墓上, 則所以考其生卒官歷行治者, 只在於表刻, 故須以敍事爲主也."(김창협, 「上尤齋先生書」, 『農巖續集』 卷下)

1. 개관

남공철은 『금릉집』에 서(序)와 기(記)를 나누어 수록하였으나 이 두 문체의 풍격과 법도를 '순아제정(醇雅齊整)'이라는 말로 통칭하여 서(序)와 기(記)의 풍격과 법도를 같은 것으로 파악하였다.[4] 순아제정(醇雅齊整)이란 순후(淳厚)하고 아정(雅正)하며 가지런하여 조리가 있다는 말이다. '순아(醇雅)'는 풍격에 관한 용어로 기궤(奇詭)나 첨신(尖新), 기절(奇絶)과 같은 기이하고 새로운 점을 강조하는 것과는 다르게 순박하고 바른 것을 표방한다는 의미다. 또 '제정(齊整)'이란 남공철이 척독제발의 법도로 거론한 단속(斷續)과는 달리 의론이나 서사의 전체 흐름과 구도가 정연하여 한눈에 들어오는 것을 의미한다.

서발류(序跋類)가 의론과 서사를 겸하고 있으며 대상과 목적도 제각각이어서 문체적 특징이 선명하지 않은 만큼, 남공철의 서(序) 또한 다양한 내용으로 이루어져 있다. 『금릉집』에 수록된 순서를 따라 서(序)의 주요한 내용을 요약하면 다음과 같다.

〔표8〕『금릉집』 소재 서(序) 일람표

	제목	주요 내용
①	送李參議赴燕序	1778년, 이병모(李秉模)가 연행할 때 그를 전송하며 써준 송서(送序)로, 중국에 사행(使行) 가는 것은 중국의 승경지를 유람하기 위해서가 아니라 견문을 넓히기 위한 것임을 강조하고 있다.
②	送吳士執遊成都序	1779년, 오윤상(吳允常)이 성도(成都)로 유람을 떠날 때 써준 송서(送序)로 선왕(先王)의 도(道)를 밝히는 데 뜻을 두고 있는 오윤상을 기리고, 그의 집안과 남공철 집안이 대를 이어 교유한 사실, 오윤상의 장자(長者)다운 면모 등에 대해 언급하고 있다.

4) 남공철, 「與金國器論文書」, 『금릉집』 권10: "序記主醇雅齊整."

③	送浮屠惠靈師遊金剛序	금강산에 노닐러 가는 벗 혜령(惠靈)에게 써준 송서(送序)로 이미 금강산에 다녀온 법명(法明)의 말을 재연(再演)하는 방식으로 금강산 진주담의 경관을 자세히 묘사하고 있다.
④	送柳參判赴燕序	1783년, 동지겸사은사로 연경으로 출발하는 유의양(柳義養)에게 써준 송서(送序)로 중국에서 반선교(班禪教)를 숭상한 내력을 자세히 기술하고 특히 반선교에서 칭왕칭사(稱王稱師)하는 것을 강하게 비판하고 있다.
⑤	贈元孺良序	1783년, 원재명(元在明)에게 써준 서(序)로 사물에 대한 벽(癖)은 해를 불러오지만 서책에 대한 것은 그렇지 않다고 하면서 원재명의 부친 원인손(元仁孫)이 만 권이 넘는 서책을 수집하여 그 아들에게 물려준 것에 대해 칭송하고 있다.
⑥	贈趙國珍序	1783년, 진사(進士)가 된 벗 조진구(趙鎭球)에게 써준 서(序)로 육경(六經)에 대해 한유(漢儒)와 정주(程朱)가 각각 큰 공이 있다고 하면서 그 둘의 장점을 절충해야 함을 내세우고 있다.
⑦	送李侍讀之任江東序	1801년, 강동태수(江東太守)로 가는 이존수(李存秀)를 보내며 쓴 서(序)로 내각에 있을 때 정조가 국을 끓여 준 일화가 소개되어 있으며, 이존수가 위정자로서 갖추어야 할 덕목인 청렴과 근면을 모두 갖추고 있다고 칭송하고 있다.
⑧	送徐參判赴燕序	1801년, 진주부사(陳奏副使)로 연경에 가는 서미수(徐美修)를 전송하며 쓴 서(序)로 서미수가, 소동파가 말한 진퇴(進退)의 도리를 잘 지킨 이라고 하며 때에 맞게 진퇴할 줄 아는 그의 태도를 칭송하고 있다.
⑨	送沈大學士李侍讀赴燕序	1812년, 연경으로 떠나는 동지정사 심상규(沈象奎), 서장관 이광문(李光文)에게 써준 서(序)로 한학과 송학의 각각의 장점을 모두 취해 절충해야 한다는 의론을 내세우고 있다.
⑩	苞甘集序	1777년경, 남유형(南有衡)의 시집 『포감집(苞甘集)』에 부친 서(序)로 남유형·남유두 형제의 궁핍한 생활상을 들어 궁핍한 생활과 시의 공교로움의 관련성에 대해 논의하고 있다.
⑪	李君詩序	여항시인 이단전(李亶佃)의 시집에 부친 서(序)로 십 년이 넘도록 시작(詩作)에 힘쓴 이단전의 시작에 대한 열의와 그의 시의 특성에 대해 기술하고 있다.

⑫	許氏詩序	장연수(張延壽)의 부인 파릉허씨(巴陵許氏)의 시 12편을 읽고 지은 서(序)로 부인들이 지은 시가 적지 않은데 제대로 전하지 못한다면서 안타까워하고 있다.
⑬	金國器詩集序	1781년, 절친한 벗 김재련(金載璉)의 시집에 부친 서(序)로 김재련의 시에 대해 간략히 평한 후 주로 시적 재능과 궁달(窮達)의 관계에 대해 논의하고 있다.
⑭	玉溪金先生文集序	스승 김순택(金純澤)의 문집에 부친 서(序)로 남공철이 그로부터 수학하던 일, 김순택의 작문 태도, 세속의 일에 무관심했던 일 등에 대해 차례로 서술하고 있다.
⑮	韓子定詩集序	처남 한상리(韓象履)의 시집에 부친 서(序)로 어려서부터 한상리와 교유하던 사정과 한상리의 사람됨을 위주로 서술하고 그의 시가 속기(俗氣)가 없다고 평가하고 있다.
⑯	閔生詩集序	제자 민범대(閔範大)의 시집에 부친 서(序)로 거문고 또한 인간 감정을 표현하는 것으로 시와 다를 바 없다고 하고 민범대가 거문고를 연주하는 장면을 주요하게 서술하고 있다. 구양수의 「송양치서(送楊寘序)」에서 그 의상(意想)을 빌려왔다.
⑰	雅亭集序	1796년, 이덕무의 시집에 부친 서(序)로 이덕무가 폭넓은 독서를 통해 새로운 격조를 일으켜 비루한 문풍을 일신하였다고 평하고 있다.
⑱	朴章翼公文集序	박사익(朴師益)의 문집에 대한 서(序)로 그의 시나 문장에 대한 서술보다는 그가 임금 앞에서도 탕평에 반대하는 자신의 주장을 굽히지 않았음을 주요하게 부각시키고 있다.
⑲	朴文獻公文集序	박성원(朴聖源)의 문집에 대한 서(序)로 영조가 50세에 기로소에 들어가는 것을 반대하다가 남해로 유배 간 일, 유선(諭善)으로서 정조의 신망을 받았던 일, 권귀(權貴)에 영합하지 않았던 행실 등을 기록하고 있다.
⑳	四君子文鈔序	최립(崔岦)·장유(張維)·이식(李植)·김창협(金昌協)의 문장을 선발하여 남공철이 엮은 『사군자문초』에 대한 서(序)로

		이 네 사람을 중심으로 조선시대 주요 문장가에 대해 평하고 아울러 우리나라 문장의 폐습에 대해 지적하고 있다.
㉑	鳳巖集序	최신(崔愼)의 문인인 한몽린(韓夢麟, 1684~1762)의 문집에 부친 서(序)로 함경도에 거주하며 송시열의 학맥을 이은 저자의 공을 칭송하고 북관(北關) 등 지방의 인재가 제대로 쓰이지 못함을 안타까워하고 있다.
㉒	內閣校餘集序	1814년, 『내각교여집』(동성교여집)에 부친 서(序)로 2년 동안 정조의 문집을 교열하던 즈음에 교열에 참여한 이들이 수창한 시 300여 수를 정원용이 모아 편집한 경위 등을 서술하고 있다.
㉓	宜陽南氏譜圖序	의령남씨 보도(譜圖)에 부친 서(序)로 남씨(南氏)의 유래에 대해 자세히 설명한 후 중국 성씨가 다양한 방식으로 유래했음을 들고 보도(譜圖) 판독 시 유의사항 등을 적고 있다.
㉔	禹貢山川圖序	〈우공산천도〉에 부친 서(序)로 이것이 우 임금의 치수(治水)에 대해 사신(史臣)이 기록한 '우공(禹貢)'을 그림으로 그린 것임을 설명하고 주로 우 임금의 치적에 대해 서술하고 있다.
㉕	詩草木鳥獸譜序	『시경』에 보이는 초목조수의 이름을 취해 만든 계보 『시초목조수보』에 부친 서(序)로 계보를 만든 이유와 체제 등에 대해 설명하고 있다.
㉖	集古印譜序	조자앙(趙子昂)・전순거(錢舜擧)・오맹사(吳孟思) 등의 인보(印譜)를 수집하여 고증한 『집고인보』에 부친 서(序)로 간행 경위 및 기호에 대한 견해 등을 언급하고 있다.
㉗	壽金參判八十歲序	1781년, 김용겸(金用謙)의 80세 축수연(祝壽宴)를 맞이하여 지은 수서(壽序)로, 축수연에서의 술 마시고 취하는 법도를 위주로 서술하고 있다.
㉘	壽孫翁七十五歲序	손씨(孫氏) 성의 노인에 대해 쓴 수서(壽序)로 젊은 시절 호협한으로 살다가 늙어서 농부가 된, 3년째 못 본 손옹의 사람됨에 대해 서술하고 있다. 수신자의 생존 여부도 모른 채 지은 점이 특이하다.

㉙	壽判中樞府事韓公 六十一歲序	1807년, 61세를 맞은 한용귀(韓用龜)에 대한 수서(壽序)로 수서(壽序)의 역사에 대해 간략히 언급한 후 한용귀를 송찬(頌讚)할 만한 두 가지 이유로 '안으로 행실을 조심한 것[內而操行]'과 '밖으로 정사를 다스린 것[外而治政]'을 들고 있다.
㉚	史圈序	명(明)의 진명경(陳明卿)이 합편(合編)한 『사기전주(史記箋註)』에 남유용이 평점을 더하고 거기에 정조가 다시 권점을 더한 사권(史圈)에 부친 서(序)로 정조의 명에 의해 지은 글이다. 『사기』를 주해한 역사와 사서(史書) 기술 방식 및 『사기』에 대한 남공철의 견해 등을 서술하고 있다.
㉛	族譜序	의령남씨 족보 중간본(重刊本)을 인쇄할 때 지은 서(序)로 종법(宗法)이 폐해진 후로 종족의 친소를 가리지 못하는 세태를 개탄하고 족보의 중요성에 대해 언급하고 있다.
㉜	吳生名字序	성균관 유생 오모(吳某)가 그 아들의 관례를 맞아 이름을 지어 줄 것을 청하자 남공철이 계찰(季札)의 이름을 본떠 '찰(札)'이라는 이름을 지어 주며 쓴 서(序)로, 오나라 계찰의 업적을 기리고 그의 사람됨을 본받으라는 말을 덧붙이고 있다.
㉝	丁君改名序	제자 정희순(丁希舜)이 이름을 '지성(志聖)'으로 고친 데 대해 써 준 서(序)로 과거와 벼슬에만 급급하는 것의 폐해가 이단보다 심하다고 하면서 과거를 업으로 삼으려는 제자를 경계하는 내용이다.
㉞	宜齋藁序	종질 남주헌(南周獻)의 문집 『의재고(宜齋藁)』에 부친 서(序)로 남공철 자신의 문장에 대한 견해 및 당시 문장의 폐해 등에 대해 지적하고 있다.

남공철은 자신의 서를 송서(送序), 증서(贈序), 시문집서(詩文集序), 수서(壽序), 기타로 분류하였으며 이 가운데 가장 많은 수를 차지하는 것은 시문집서다. 남공철이 서에서 주요하게 문제 삼고 있는 것은 시재(詩才)와 궁달(窮達)의 문제(⑩・⑬・⑯), 한송절충론(漢宋折衷論)(⑥・⑨), 우리나라 문장의 폐단(⑳・㉞) 등이다. 이 밖에도 자신의 신념을 굳게 지키려는 태도를 주요하게 부각시키고 있는 글(⑱・⑲)이나 정조

의 근신 혹은 관각문인으로서의 면모를 보이는 글(㉒ · ㉚)도 주목된다. 또한 전언을 주요하게 활용한 것(③)이라든지 실제 수서(壽序)의 대상이 되는 이의 생몰 여부도 모른 채 지은 글(㉘)도 독특한 면모를 보인다. 이 가운데 시재(詩才)와 궁달(窮達)의 문제를 논의하며 궁자(窮者)를 위무하는 논리를 편 세 편의 글과 근신(近臣) 혹은 관각문인으로서의 면모를 보이는 글은 이후의 절에서 구체적으로 분석하기로 하고 여기서는 남공철 서(序)의 몇 가지 특징을 간략히 살피도록 한다.

먼저 살필 것이 「증조국진서(贈趙國珍序)」와 「송심태학사이시독부연서(送沈大學士李侍讀赴燕序)」에서 집중적으로 문제 삼고 있는 한송절충론(漢宋折衷論)이다. 송학(宋學)은 의리를 밝히는 데에 장점이 있고, 한학(漢學)은 고증을 정확히 하는 데 장점이 있으니 이 둘의 장점을 모두 취하여야 한다는 것이 남공철의 한송절충론의 핵심이다. 표면적으로는 한학과 송학을 균형 있게 절충해야 한다는 주장으로 보이지만 당시 새로 유입되어 유행하던 한학(漢學)의 장점을 부각하기 위한 논리를 펴고 있다.[5)]

한편 「사군자문초서(四君子文鈔序)」와 「의재고서(宜齋藁序)」에서는 우리나라 문장의 폐단을 지적하고 있어 당시 우리나라 문단에 대한 남공철의 시각을 확인할 수 있다. 「사군자문초서」는 남공철이 최립 · 장유 · 이식 · 김창협의 문장을 선발하여 엮은 『사군자문초』라는 문선집에 부친 서(序)다. 남공철은 이 글에서 조선조 문장가들에 대한 품평도 병행하고 있는데, 선초의 서거정(徐居正)과 변계량(卞季良), 목릉성세 이후 이정귀 · 신흠 · 김석주 · 김창흡, 그리고 사가(四家)로 칭한 최립 · 장유 · 이식 · 김창협 등의 문장의 장단(長短)과 함께 우리나라 문장의 폐단에 대해 논하고 있다. 「의재고서」는 남공철의 종질 남주헌(南周獻, 1769～1821)의 문집에 부친 서(序)로 부친 남유용의 문장과 종질 남주헌의 문장에

5) 남공철의 한송절충론에 대해서는 본서의 제2장 3절 참조.

대해 간략히 논하면서 우리나라 문장의 폐단까지 함께 언급하고 있다. 이 두 편, 즉 「사군자문초서」와 「의재고서」에서 지적하고 있는 우리나라 문장의 폐단은 거의 일치하는데, 그것은 곧 과거에 응시하기 위해 과거 문장에만 힘쓰는 것, 말 꾸미는 데 몰두해 명청(明淸)의 글부터 배우는 것, 패관소품을 표절하여 남들의 환심을 사려는 것이다.[6]

이상과 같이 남공철의 서(序)에서는 1) 시재(詩才)와 궁달(窮達)의 문제, 2) 정조의 근신 및 관각문인으로 활동한 경험, 3) 한학과 송학의 절충 문제, 4) 우리나라 문장의 폐단 등을 주요한 내용적 특징으로 확인할 수 있는바, 이 가운데 1)과 2)에 대해서는 이후의 절에서 보다 세밀하게 고찰하도록 하겠다. 이어서 『금릉집』에 수록되어 있는 기(記)의 주요 내용을 제시하면 다음과 같다.

〔표9〕『금릉집』 소재 기(記) 일람표

	제목	주요 내용
①	明神宗皇帝御書龍字記	조선에 유입된 명(明) 신종황제(神宗皇帝)가 쓴 '용(龍)'자를 보고 쓴 기(記)로 신종이 임란 때 군사를 보내 조선을 도운 것에 대한 감회를 위주로 서술하고 있다.
②	城東李元佐小園記	이원좌(李元佐)의 화원에 부친 기문으로 화원에서 보이는 풍경과 그 안에서 노니는 이원좌의 모습을 탈속적인 경지로 묘사하고 있다. 화원에 직접 가 보지 않고 쓴 기문이다.
③	高麗佛寺塔記	고려 때의 사찰 부도사(浮圖寺)의 탑에 부친 기문으로 탑의 연원을 서술하고 고려가 불교를 숭상한 것에 대해 비판하고 있다.
④	夫子畵像記	공자의 화상(畵像)에 부친 기문으로 공자 생전에 화상이 그려진 기록이 없다 하여 공자 화상은 믿을 것이 못 된다 하고 맹자의 "誦其詩, 讀其書, 而不知其人可乎"란 말을 인용하여 근거 없이 겉모습을 경배하는 태도를 비판하고 있다.
⑤	圖書室記	장인 한용화(韓用和)가 기거하는 곳에 하도낙서를 걸어두고 '도서(圖書)'라 편액한 데 부친 기문으로 하도낙서에 관한

6) 이 문제에 대해서는 본서의 제2장 3절에서 자세히 논한 바 있다.

		여러 설을 제시하고 유목(劉牧)과 이문리(李文利)의 설을 비판하고 있다.
⑥	闇然齋記	벗 홍우섭(洪遇燮)이 기거하는 곳에 『중용』 말장(末章)의 '암연(闇然)'으로 이름한 데 부친 기(記)로 암연(闇然)의 뜻을 마음에 새겨 자수(自修)할 바를 알기를 바란다는 내용이다.
⑦	夕陽樓記	성동(城東)의 타락봉(駝駱峯)에 있는, 인평대군의 구제(舊第)였던 석양루(夕陽樓)에 부친 기(記)로 석양루의 연혁과 변모 과정에 대해 자세히 서술하고 있다.
⑧	太守亭記	단성현감(丹城縣監) 정주(鄭柱)가 지은 태수정(太守亭)에 부친 기(記)로 정주(鄭柱)가 단성에 부임하여 왕화(王化)를 구현하고 여민동락(與民同樂)을 실천한 일을 기리고 있다.
⑨	換鵝亭記	산청현감으로 있을 때 폐퇴(廢頹)한 환아정(換鵝亭)을 중수하고 지은 기(記)로 환아정에서 바라본 풍광과 유람법[目想而意得] 등에 대해 서술하고 있다.
⑩	風珮亭記	덕유산의 삼동(三洞)을 유람하면서 장차 건조(建造)하려 했던 풍패정(風珮亭)에 부친 기문으로 정자에 대한 언급보다는 삼동(三洞) 유람 여정과 그 풍경 묘사에 주력하고 있다. 풍패정은 실재하는 정자가 아니고 폭포 소리가 풍패(風珮)와 같은 곳에 당도하여 이름을 먼저 짓고 후에 조성하려 했던 정자다.
⑪	雲漢閣記	1799년, 강원도 관찰사에 부임하여 원주의 관풍각(觀風閣)에서 잔치할 때 정조가 내려 준 시에서 뜻을 취해 관풍각에 운한(雲漢)이라는 이름을 붙인 데 쓴 기문으로 정조로부터 입은 은혜에 대해 자세히 서술하고 있다.
⑫	又思潁亭記	1803년, 경기도 광주(廣州) 둔촌(遁村)의 우사영정(又思潁亭)에 부친 기문으로 구양수가 영수(潁水)에 땅을 사 귀거래를 염원했던 일을 따라 남공철 자신도 우사영정을 짓고 귀거래를 염원하는 뜻을 서술하고 있다.
⑬	竹樓記	1807년, 연경에 사행할 때 황주(黃州)의 죽루(竹樓)에 올라 지은 기문으로 죽루와 월파루(月波樓)에 올라 연회를 즐기던 일을 위주로 기술하고 있으며 왕우칭(王禹偁)의 「황주죽루기(黃州竹樓記)」를 염두에 두면서도 그 글과는 격조를 달리하는 데 의의를 둔다고 하고 있다.
⑭	天雲堂記	이시원(李始源)이 조성한 양주(楊州) 천운당(天雲堂)에 부친 기문으로 주로 출처(出處)에 관해 자세히 서술하고 있다.

⑮	小豐樂亭記	1811년, 개성 유수로 있을 때 관사 남쪽의 연못에 지은 소풍락정(小豐樂亭)에 부친 기문이다. 전반적으로 구양수의 「풍락정기」를 염두에 두고 지은 글로 옛 국도(國都)인 개성이 평온함을 찾고 백성들이 편안한 것이 모두 임금의 덕이라 하여 왕화(王化)를 구가하면서 여민동락(與民同樂)을 실천하는 모습을 형상화하고 있다.
⑯	翰苑題名記	영정(英正) 연간 한림, 즉 예문관 검열의 선발 내력과 그 관직의 중요성을 기록한 기문으로 특히 정조가 사초(史草)를 담당하던 예문관 관원을 중히 여겨 '한림(翰林)'이라 칭했던 일화를 주요하게 기록하고 있다.
⑰	任實學記	임실현감으로 있을 때 학교에서 향음주례(鄕飮酒禮)를 행한 뜻을 밝힌 기문으로 임실의 제생(諸生)들이 요청한 백일장에는 응하지 않고 향음주례를 행한 이유에 대해 설명하면서 향음주례의 중요성을 언급하고 있다. 제생(諸生)과 남공철이 묻고 답하는 구성을 취하고 있다.
⑱	長興閔文忠公書院記	장흥(長興)의 민정중(閔鼎重) 서원에 부친 기문으로 민정중이 송시열과 함께 죄에 연루되어 장흥에 유배된 일과 장흥에서 백문삼(白文三) 등과 사귄 일을 거론하면서 사우(師友)의 도(道)에 대해 언급하고 있다.
⑲	烏川鄭文忠公書院記	영일(迎日)의 정몽주 서원에 부친 기(記)로 정몽주의 공덕을 칭양하는 내용이 주를 이루고 있다.
⑳	玉山精舍記	1802년, 경상도관찰사로 있을 때 이언적의 독락당(獨樂堂)에 들렀다가 이언적의 후손 이희성(李希誠)의 청으로 지은 기(記)로 조정에서의 이언적의 활약상과 학문에 대해 서술하고 있다.
㉑	玉磬山莊記	경기도 광주(廣州) 둔촌(遁村)에 마련한 별업인 옥경산장(玉磬山莊)에 부친 기(記)로 옥경산장에서 바라본 경치와 그곳에서의 한아(閒雅)한 생활상에 대해 자세히 기술하고 있다.
㉒	東園花樹記	자신의 정원인 동원(東園)에 부친 기문으로 복숭아나무와 잡목을 들어 만물은 이해(利害)에 상관없이 존재 의의가 있음을 역설하고 있다. 동복(童僕)과 남공철의 대화를 통해 의론을 전개한 우언으로, 구양수의 「벌수기(伐樹記)」와 「양어기(養魚記)」의 전개 방식과 흡사한 면모를 보이고 있다.
㉓	李尙書東園雅集圖記	이유수(李惟秀) 등 12인의 학사가 함께 노닐던 장면을 그린 〈동원아집도(東園雅集圖)〉에 부친 기문으로 그림에 형상화

		된, 각각의 인물들이 노닐던 장면을 구체적으로 묘사하고 있다.
㉔	遁村諸勝記	경기도 광주 둔촌의 경치를 묘사한 기(記)로 금릉(金陵)과 둔촌(遁村)을 둘러싼 경관을 시선 이동에 따라 회화적으로 묘사하고 있다.
㉕	淸州皇廟碑重修記	송시열의 명으로 권상하(權尙夏)가 건립한 황묘(皇廟)에 세운 비(碑)에 부친 기문으로 신종(神宗)과 의종(毅宗)을 모신 황묘(皇廟)의 의의를 중점적으로 서술하고 있다.

남공철의 기(記)는 누정기(樓亭記)라 할 수 있는 것이 대부분을 차지하고 있다. 그가 산수 유람을 애호하였는데도 산수유기가 드문 것이 특이하다.[7] 남공철의 기문은 다양한 내용과 목적에 따라 창작되었는데, 특히 여러 차례에 걸쳐 주요하게 부각되고 있는 것이 그의 관료문인으로서의 의식과 귀거래 문제다. ⑧, ⑪, ⑬, ⑮, ⑯ 등이 바로 남공철의 관료문인으로서의 의식을 확인할 수 있는 글들이며 ⑫, ⑭, ㉑, ㉔ 등에서는 귀거래 문제를 집중적으로 다루고 있다. 이 두 문제에 대해서는 이후의 절에서 구체적으로 논의하도록 하겠다. 이 밖에 직접 가 보지도 않고 정원의 풍치와 그곳에서 노니는 모습을 상상하여 서술한 ②「성동이원좌소원기(城東李元佐小園記)」, 인평대군의 구제(舊第)였던 석양루(夕陽樓)의 시기별 변천 양상을 자세히 묘사한 ⑦「석양루기(夕陽樓記)」, 우언을 통해 만물의 존재 의의를 역설한 ㉒「동원화수기(東園花樹記)」, 아집도(雅集圖)를 문장으로 재현한 ㉓「이상서동원아집도기(李尙書東園雅集圖記)」 등도 주목되는 작품들이다. 남공철의 기문은 임사즉서(臨事卽書)하는 성향이 강해 그 특징을 몇 가지로 간추려 제시하기가 쉽지 않다. 그나마 경향성을 보이며 지은 기문이 바로 관료문인으로서 왕화(王化)를 고취한 것이라든가 귀거래를 소재로 한 글들이다. 이에 대해서는 본 장

7) 오히려 산수 유람에 대한 감회는 척독이나 제발에서 빈번히 드러내고 있다. 기문 가운데 그나마 산수유기적 성격이 두드러진 것으로 「風珮亭記」를 들 수 있다.

의 3절과 4절을 통해 자세히 논의하도록 한다.

2. 궁사(窮士)의 위무(慰撫)

남공철은 그의 전(傳)과 묘지명(墓誌銘)에서 불우한 삶을 산 인물의 생애를 조명한 바 있다. 「김순필전(金舜弼傳)」이나 「남군산묘지명(南君山墓誌銘)」 등과 같은 작품이 대표적인 예다. 그런데 남공철이 불우한 생애를 산 인물을 문제 삼고 있는 것은 전(傳)이나 묘지명뿐만이 아니다. 몇몇 서(序)와 기(記)에서도 '인물의 불우한 생애'를 집중적으로 문제 삼고 있다. 전과 묘지명에서는 주로 불우한 가운데서도 세상과 타협하지 않고 자신의 신념을 굳게 지킨 대상 인물의 개성적인 면모를 형상화하는 데 초점을 맞추고 있다면 서(序)와 기(記)에서는 인물의 불우함과 그의 시적 재능과의 관계에 초점을 맞추어 서술하여 대상 인물을 위무하는 논리를 제시하고 있다는 점이 다르다.

남공철이 이처럼 재주와 포부를 품고도 세상에 그것을 펼칠 기회를 얻지 못한 이들에 관심을 보이게 된 배경은 단순하지 않다. 부친 남유용이 불우한 이에 대해 관심을 보인 것에서도 얼마간 영향을 받은 것으로 보이고, 평생 흠모하던 구양수가 불우한 벗들에 대한 글을 여러 편 남긴 것에서도 영향을 받은 것이 분명하다. 또 젊은 시절 그 자신의 교유망 안에 그러한 불우한 인물들이 적지 않았던 것도 그가 불우한 인물들을 주요하게 문제 삼는 글을 지은 배경이 된다. 이러한 외부적 요건 외에, 남공철 스스로 불우한 벗에 대한 글을 써서 그들을 후세에 전하는 것도 그들의 불우한 삶에 대한 보상 내지 위로가 될 수 있다고 생각했던 것도 이와 같은 글을 짓게 된 동기로 작용했다고 할 수 있다.

남공철은 기본적으로 궁달(窮達)과 사생(死生)은 천명(天命)의 영역에 속하는 것이기는 하지만, 때로 선을 행하고도 보답을 받지 못하거나 악을 행하고도 벌을 받지 않는 이가 적지 않음을 보고 화복감응(禍福感應)에 대해 의문을 제기한 바 있다. 남공철 자신의 벗들 가운데 재주는 있으나 득의하지 못하고 요절하거나 평생을 불우하게 살다 간 이들이 적지 않았는데, 남공철이 그들을 위해 해줄 수 있는 것은 공자가 『춘추』로 선악에 대한 포폄을 행하였듯이 그들의 재주가 쓰이지 못함을 안타까워하며 문장으로 그들을 불후하게 하는 것이라고 생각했다.[8] 또한 「동원화수기(東園花樹記)」[9]라는 글에서 볼 수 있듯이 세속적 가치 기준을 넘어서서 모든 사물, 모든 사람은 그 자체로 존재할 가치가 있다고 생각하였기에 사회적으로 소외당하는 이들에 주목했던 것이 아닌가 한다.

남공철이 서기(序記)를 통해 인물의 불우함과 그 시적 재능과의 관계에 대해 고민하고 불우한 이를 위무하는 논리를 마련한 글로는 족숙 남유형(南有衡)의 시집에 부친 「포감집서(苞甘集序)」, 제자 민범대(閔範大)의 시집에 부친 「민생시집서(閔生詩集序)」, 절친했던 벗 김재련(金載璉)의 시집에 부친 「김국기시집서(金國器詩集序)」 등을 들 수 있다. 모두 남공철 당대 인물들의 시문집에 부친 서문이다. 이 글들에서는 시문집서가 일반적으로 갖추게 되는 시문집의 성립 경위, 작자의 시문의 특징 등은 매우 간략하게 제시되어 있고, 대신 작자의 불우함과 시의 공졸(工拙)의 관계를 문제 삼아 작자를 위무하는 논리를 자세히 펴고 있다.

---

8) 화복감응과 공자의 춘추필법에 대한 남공철의 견해는 「對善惡報應問」(『금릉집』 권13)에 잘 나타나 있다.

9) 「동원화수기」의 내용을 요약하면 다음과 같다. 남공철의 동원에 절로 자란 복숭아나무 한 그루와 잡목 한 그루가 있었는데, 동복이 꽃도 보기 좋고 열매도 맺어 사람에게 이로움을 준다면서 복숭아나무만 잘 가꾸고 아무런 이로움도 없고 오히려 복숭아나무의 번식을 방해한다며 잡목은 거들떠보지도 않았다. 이에 남공철은 예쁜 것이나 이로운 것 등 세속적 가치와 상관없이 복숭아나무나 잡목 모두 하늘의 기운을 받고 자신의 정원에 태어났으니 모두 아껴야 한다는 주장을 내세우고 있다. 이 글에 대한 분석은 김광섭, 「금릉 남공철 산문 연구」, 고려대 박사학위논문, 2009, 63~65면 참조.

중국에서 시인의 궁달과 시의 공졸과의 관련성에 대한 논의의 단초는 선진 시기부터 보이기 시작하여 구양수의 「매성유시집서(梅聖兪詩集序)」에 이르러 이른바 '시궁이후공(詩窮而後工)'론이 정립되면서 작자의 궁달과 시의 공졸 문제에 대한 본격적인 논의가 이루어졌다.[10] 그에 반해 우리나라에서의 논의는 여말 이색(李穡) 등에 의해 이 문제가 환기된 이래[11] 조선 후기에 이르기까지 여러 문인들에 의해 지속적으로 이루어졌다.[12]

시인의 궁달과 시의 공졸의 관계에 대한 논의는 조선후기에 이르러 새로운 국면으로 접어든다. 조선후기에는 시인의 궁달과 시의 공졸 사이의 관계를 새로운 차원, 즉 '궁달'의 의미를 새롭게 해석하는 것이 주된 경향을 이루었다. 시가 시인을 곤궁하게 하는가? 이 질문에 대해 조선후기 문인들은 대부분 부정적인 답변을 내놓고 있다. '시능궁인'을 부정하는 입장은 다시 둘로 나뉜다. 첫째는, 궁달의 의미를 재해석함으로써 '시능궁인'을 부정하는 입장이다. 이러한 입장을 내세운 이들로는 김석주(金錫胄)·이관명(李觀命)·이하곤(李夏坤)·유언호(兪彦鎬) 등이 있다. 둘째는, 시인의 궁달과 시의 공졸 사이의 연관성을 부정하는 입장이다. 이러한

---

10) 중국에서의 '詩窮而後工'에 대한 논의는 張健, 「'詩窮而後工'說之探究」, 『中國文學批評論集』, 天華出版公司, 1979 참조.

11) 이색, 「有感」, 『목은고』 권8: "非詩能窮人, 窮者詩乃工."

12) 조선 초 서거정이나 김종직, 성현 등은 심화된 의론을 제시한 것은 아니지만 公侯貴人들이 타고난 元氣가 두터워 조금만 노력하여도 쉽게 높은 수준에 이를 수 있다고 하여 대체로 '詩窮而後工'論에 반대하는 입장에 서 있었다. 이후 조선 중기에 이르러 '시궁이후공'론에 대한 본격적인 논의가 이루어졌다. 李廷龜나 李睟光 등은 곤궁한 처지를 겪어야만 시를 專攻할 기회를 얻게 되어 시가 공교로워질 수 있다고 하면서 '詩窮而後工'論을 긍정하는 주장을 폈다. 반면 車天輅나 張維 등은 이규보나 이제현 등을 예로 들면서 현달한 이들이 대부분 시적 재능까지 겸비하고 있었다는 점, 그러한 재능은 天賦的인 것이지 노력 여부로 달라지는 게 아니라는 점을 들어 '시궁이후공'론을 부정하는 주장을 폈다. 이상의 내용을 포함, 17세기 조선에서의 '詩窮而後工'論에 대해서는 우응순, 「朝鮮中期 '詩窮而後工'論의 문학사적 의미」, 『인문과학논총』 1권 1호, 순천향대 인문과학연구소, 1995에서 상세히 논의한 바 있다. 한편 시인의 窮達에 따라 짓는 시의 미감 또한 달랐는데 이에 대해서는 이종묵, 「시인의 窮達과 한시의 미감」, 『한국 한시의 전통과 문예미』, 태학사, 2002을 참고할 수 있다. 이종묵 교수는 여기에서 窮者의 시는 '淸峭'한 미감을, 達者의 시는 '富豪'한 미감을 보인다고 하였다.

입장을 내세운 이들로는 홍세태(洪世泰)·이덕수(李德壽)·남공철 등을 들 수 있다. 시인의 궁달과 시의 공졸의 관계에 대한 조선후기 문인들의 논의는 대체로 이 두 가지 입장으로 구분할 수 있다.[13)]

남공철은 시인의 궁달과 시의 공졸 사이의 관계를 언급한 세 편의 글에서 구양수의 「매성유시집서」의 문장을 여러 차례 가져다 썼다. 이에 시인의 궁달과 시의 공졸의 관계에 대한 남공철의 논의 및 궁자(窮者)를 위무하는 논리를 살피기에 앞서 구양수의 핵심 논의와 궁자를 위무하는 논리를 정리해 볼 필요가 있다.

구양수는 「매성유시집서」에서 시인의 궁달과 시의 공졸 사이의 관계에 대해 세상에 통용되던 '시능궁인(詩能窮人)', 즉 시가 시인을 곤궁하게 할 수 있다는 주장을 정면으로 부정하면서 그 대안으로 '시인이 곤궁해진 후 시가 더욱 공교로워진다'는 주장을 내세웠다. 구양수의 논리대로라면 곤궁한 생활[窮]로 인해 시가 공교로워지고[工], 이후 현달하여[達] 공교로운 솜씨로 왕조의 공업(功業)과 성덕(盛德)을 노래하는 것[工]이야말로 시인이 걸을 수 있는 이상적인 과정이다. 구양수는 매요신이 곤궁한 삶을 살았기 때문에 그의 시가 더 공교로워졌다고 하고 만일 그가 현달하여 조정에 서게 된다면 왕조의 공업과 성덕을 노래했을 것이라고 하며 그러지 못한 데 대해 안타까움을 표하고 있다. 이것이 구양수가 불우한 생을 산 시인 매요신을 위무하는 논리다. 즉 곤궁한 생활로 인한 매요신 시의 공교로움[窮→工]에 대한 칭송, 그러한 능력을 갖고도 현달하여 공교로운 능력을 펴지 못한 것[⇏(達→工)]에 대한 안타까움, 이 두 가지로 매요신을 위무하고 있는 것이다. 남공철은 구양수의 이러한 논리를 받아들여 더욱 구체적인 논의를 펴고 있다.

---

13) 趙泰億·李天輔·兪漢雋·洪奭周·金正喜·金允植 등의 논의는 이러한 구도로 파악하기 어려운 점이 있다. 이들의 논의까지 포함하여 조선후기에 이루어진, 시인의 궁달과 시의 공졸 사이의 관계에 대한 전체 논의를 일일이 따지기 위해서는 별도의 고찰이 필요한바, 필자가 다음 논문에서 이 문제를 집중적으로 다룬 바 있다. 졸고, 「시인의 궁달과 시의 공졸의 관계에 대한 논의 연구」, 『한국한시연구』 19, 한국한시학회, 2011.

남공철이 시인의 궁달과 시의 공졸과의 관계를 문제 삼은 글 가운데 가장 이른 시기에 이루어진 것은 남유형(南有衡, 1715~1778)의 시집인 『포감집(苞甘集)』에 부친 서문인 「포감집서(苞甘集序)」다. 남유형은 자가 군산(君山)으로 남용익의 서자인 남성중(南聖重, 1665~1733)의 손자로서 서족이라는 신분적 굴레를 안고 산 인물이다.[14] 『포감집』에 부친 서문은 남공철의 이 글 외에도 유한준(兪漢雋)의 「남유형시집서(南有衡詩集序)」가 더 있는데,[15] 유한준의 글이 1777년에 쓰여진 것으로 되어 있어 남공철의 이 글 또한 비슷한 시기에 지어진 것으로 볼 수 있다. 이 글에서는 '시인의 궁달'과 '시의 공졸'의 관계에 대해 비교적 자세히 논하고 있는가 하면 남유형과 남유두 형제의 개성적 면모를 간략하면서도 특징적으로 드러내고 있다.

> 1 무릇 빈천한 선비는 기이한 생각을 가지고 재주를 자부하지만 세상에 공을 세우지 못한 채 종종 강호나 산수 사이를 떠돌아다닌다. 산천과 풍물, 구름이나 연기, 초목 등의 기괴하고 환상적인 모습을 보게 되면 깊은 시름과 감개, 마음속에 쌓인 울적함과 어우러져 이것이 발하여 시가 된다. 정말로 옛날에 이른바 '궁핍해진 자가 되고 나서야 시에 능하게 된다'는 것인가!
>
> [夫貧賤之士, 懷奇負才, 而無所樹立於當世者, 往往自放於江湖山水之間. 見其山川風物雲煙草木之奇怪變幻, 與夫幽愁感慨鬱悒之所蓄於中者, 發而爲詩, 豈古所謂窮者而後工於詩者歟.]

남공철의 이 글은 구양수의 「매성유시집서」의 주제의식과 표현을 흡사하게 빌려 오고 있어 주목된다. 즉 구양수는 「매성유시집서」에서 "무릇 선비가 가슴속에 학문이나 포부를 간직하고 있으면서도, 세상에 펼

---

14) 남유형에 대해서는 본서의 33~34면 참조.

15) 유한준, 「남유형시집서」, 『자저』 권16. 이 글에 대한 분석은 박경남, 「유한준의 도문분리론과 산문 세계」, 서울대 박사학위논문, 2009, 147~150면 참조.

길이 없을 때에는 대부분 산이나 물가에서 방랑 생활을 하며, 충어(蟲魚)・초목(草木)・풍운(風雲)・조수(鳥獸) 등과 같은 것들을 보고, 이따금 그것들의 각종 기괴한 면을 찾는다"[16]는 문장을 쓴 바 있는데 위 단락에서 남공철은 구양수의 것과 흡사한 문장을 구사하고 있다. 구양수의 이 문장은 곤궁한 처지의 시인이 위와 같은 과정을 거쳐 사람들이 말로 표현하기 어려운 것을 묘사해 낸다[寫人情之難言]는 것을 설명하고, 시인이 곤궁하면 곤궁할수록 시가 더욱 공교로워진다는 주장을 내세워 '시궁이후공(詩窮而後工)'의 논리를 마련하는 맥락에서 쓴 것이다.

[2] 지산(芝山) 남공(南公)은 젊어서부터 시를 잘 지었는데 늙어서도 싫어하지 않아 이것으로 이름이 났다. 그러나 그 또한 빈천한 선비다. 세상에 오랫동안 이름이 알려졌으나 안타깝게도 뜻을 얻지 못하여 마침내 그 아우 자첨(子瞻, 남유두)과 함께 산수 간의 시주(詩酒) 모임에 스스로를 팽개치고 노닐면서 근심하여 탄식하는 것, 꾸짖으며 나무라는 것, 웃으며 농담하는 것 등을 시에 한결같이 드러내며 서로 즐겼다. <u>그 생각이 깊은 것은 원한 있는 여자나 과부의 애통한 울음과도 같았고, 그 생각이 먼 것은 외로운 신하나 유배 간 나그네의 탄식과도 같았다.</u> 이로 말미암아 그의 시가 공교로워질수록 그의 궁핍함은 더욱 심해졌다.(밑줄-필자)

[芝山南公, 自少工於詩, 老而不厭, 以此知名, 然亦貧賤之士也. 旣觀於世久, 悒悒不得意, 遂與其弟子瞻, 益自肆於山水詩酒之間. 憂愁歎息, 罵譏笑謔, 一發於詩, 相樂也. 其思之深者, 怨女寡婦之痛哭也. 其慮之遠者, 孤臣謫客之歎息也. 由是其詩愈工, 而其窮愈甚.]

위 단락의 밑줄 친 부분 또한 구양수의 「매성유시집서」 가운데서 빌려 온 것이다.[17] 곤궁한 처지에서 지은 시를 형용하면서 사용한 이 표

16) 구양수, 「매성유시집서」, 『거사집』 권42: "凡士之蘊其所有, 而不得施於世者, 多喜自放於山巓水涯之外. 見蟲魚草木風雲鳥獸之狀類, 往往探其奇怪."
17) 위의 글: "內有憂思感憤之鬱積. 其興於怨刺, 以道羈臣寡婦之所歎, 而寫人情之難言."

현은 남공철이 이단전의 시집에 부친 서(序)인 「이군시서(李君詩序)」에서도 유사하게 구사한 바 있는데,[18] 이러한 표현은 원굉도가 서위(徐渭) 시의 특징에 대해 언급하면서 구사한 표현과도 흡사하다.[19]

위 단락 마지막 부분에서 보이는 서술, 즉 '그의 시가 공교로워질수록 그의 궁핍함은 더욱 심해졌다'는 말은 얼핏 공교로운 시 때문에 시인이 궁핍해진다는 '시능궁인(詩能窮人)'의 논리와 유사해 보인다. 그러나 이는 '시궁이후공(詩窮而後工)'을 옹호하려는 의도에서 한 말로 보아야 한다. 시를 잘 지어서 궁핍해진 것이 아니라 궁핍함이 심할수록 그 시가 더 공교로워졌다는 것을 그렇게 표현한 것이다.

> ③ 공의 모습은 단소하고 다부졌으며 독서를 좋아하되 스스로의 재능을 내세우지는 않았다. 자첨의 사람됨은 강개하고 뜻이 컸으며 술 마시고 논쟁하는 것을 좋아하여 술을 마시면 잔뜩 취하고 취한 뒤에는 함께 천하 고금의 일의 성패에 대해 이야기하다가 번번이 비분강개하여 눈물을 흘리며 수염을 쥐어뜯곤 했다.
>
> [公爲人短小精介, 好讀書不自有其能. 子瞻爲人慷慨有大志, 喜飮酒言論, 飮之酒劇醉, 醉後與之語天下古今成敗事, 輒悲憤泣下, 鬚髯磔.]

이 단락에서 보듯 남공철은 남유형의 시집에 부친 서문을 쓰면서 그 아우 남유두의 사람됨까지 아울러 언급하고 있다. 사람됨이 강개하고 뜻이 컸으며 술 마시고 논쟁하기를 좋아하였다고 하여 자첨(남유두)의 사람됨을 압축적으로 제시한 것까지는 달리 주목되는 것이 없다. 또한 술을 마시고 취하여 고금의 일에 대해 토론하다가 눈물을 흘린다는 서술은 남공철의 다른 글에서도 어렵지 않게 찾을 수 있는 표현이다. 문제

18) 남공철, 「이군시서」, 『금릉집』 권11: "時又發之以困窮不平之言, 故如嗔如笑, 如寡婦之夜哭, 羇人之寒起."

19) 원굉도, 錢伯城 箋校, 「徐文長傳」, 『甁花齋集』 권7, 『袁宏道集箋校』中, 上海古籍出版社, 1979: "故其爲詩, 如嗔如笑, 如水鳴峽, 如種出土, 如寡婦之夜哭, 羇人之寒起."

는 인용문의 마지막 부분, "번번이 비분강개하여 눈물을 흘리며 수염을 쥐어뜯곤 했다"라는 부분이다. 원문은 "輒悲憤泣下, 鬚髯磔"이라는 여덟 글자에 불과하지만, 바로 이 부분이 남유두의 개성적 면모를 두드러지게 하는 부분이다. 수염을 쥐어뜯는다[鬚髯磔]는 한마디 말을 통해 남유두의 울분을 좀 더 구체적이고 개성적으로 드러내고 있다. 수염을 쥐어뜯는 행위는 곧 그가 술에 취해 비분강개해 있는 상황에서 이루어진, 사소하지만 인물의 심리 상태를 특징적으로 보여주는 행위라 할 수 있다. 또 남유두의 이러한 행위는 그저 그를 개성적인 인물로 생동감 있게 제시하기 위한 언급에 머무는 것이 아니라 그러한 울분이 시의 원동력이 되었음을 드러내기 위해 제시한 것이다.

> 4 아아! 이 두 사람으로 말하면 스스로 수양한 선비들이다. 그런데 이 사람들로 하여금 세상에서 쓰이지 못하게 하고 그 시를 마침내 궁핍한 자의 시가 되게 하였으니 이에 그저 산천초목에서 시름겹고 불평한 소리가 나온 것이다. 이 때문에 세상의 학사 대부들은 종종 그의 시가 좋은 줄만 알지 그 사람이 기이하다는 것은 알지 못하고 또 오랫동안 궁핍하게 지내다가 늙어 죽었다는 것도 알지 못할 것이다. 머리가 희어지도록 입고 먹을 것이 없는 것이 어찌 천운이 아니겠는가. 나중에 태어난 자들은 그의 시를 읽고 그의 사람됨을 생각해 보고는 자신이 살고 있는 세상을 살펴보고 크게 한숨짓지 않는 자는 거의 드물 것이다.
>
> [嗟夫! 若二人者, 乃自修之士也, 而使其人無所施爲於當世, 使其詩遂爲窮者之詩, 乃徒發於山川草木羈愁不平之言. 由是世之學士大夫, 往往徒知其詩之爲可喜, 而不知其人之爲可奇. 又不知其窮之久而老且死也. 白首無衣食, 豈非天也哉. 後之君子, 讀其詩而想見其爲人, 其有不俯仰太息於當世者, 幾希矣.]

남유형·남유두 형제는 궁달 여부를 떠나 시재(詩才)가 있었는데, 하필 그들이 곤궁한 생활을 해서 불평한 마음을 시로 나타내게 되었다는 것이다. 또한 "세상의 학사 대부들은 종종 그의 시가 좋은 줄만 알지 그 사람이 기이하다는 것은 알지 못하고 또 오랫동안 궁핍하게 지내다가 늙어 죽었다는 것도 알지 못할 것이다"라 한 구절은 구양수가 「매성유 시집서」에서 "세상 사람들은 다만 그 (시의) 공교로움만 알지 그가 오래도록 곤궁한 채로 늙어간다는 것은 알지 못하니 안타깝지 않은가"[20]라 한 구절을 원용한 것이다.

> 5 슬프구나! 공이 늙어서 평생 지은 시 520수를 스스로 모아 세 권으로 만들고 '포감(苞甘)'이라 이름하였으니 대개 속담에서 취해 지은 것이다. 나에게 서문을 써 달라고 부탁하였다. 공의 이름은 유형(有衡)이고 자는 군산(君山)이다. 이조판서 태학사(大學士) 문헌공(文憲公) 용익(龍翼)의 삼세손이다.
>
> [悲夫! 公旣老, 乃自集其平生所爲詩五百二十首爲三卷, 名之曰苞甘, 盖取俚諺而爲之也, 請余爲序. 公名有衡, 字君山, 吏曹判書大學士贈謚文憲公諱龍翼三世孫也.][21]

남유형의 시집 이름인 '포감(苞甘)'이 속담에서 취해 지은 것이라 하였는데, 포감(苞甘)은 곧 '포저감장입(苞苴甘醬入)', 즉 '꾸러미에 단 장 들었다'는 속담에서 취한 것이다. 이 속담은, 겉보기에는 볼품없지만 속에 든 내용물은 훌륭함을 일컬을 때 쓴다. '포감(苞甘)'이라는 시집 이름에 대해 남공철이나 유한준 모두 '이언(俚諺)'에서 취한 것이라 하면서 구체적인 언급을 하지 않았지만[22] 이 이름에는, 자신의 시가 얼핏 보아서는 보잘것없는 것 같지만 자세히 들여다보면 훌륭하다는 것을 알 것이라는 남유형의 자존의식이 담겨 있다. 남유형의 궁핍한 삶과 그의 시재(詩才)에 초점을 맞추어 남유형이 궁핍해지면 궁핍해질수록 그의 시는 더욱 훌륭해졌다는 점을 역설한 남공철의 이 글과는 달리 유한준은 「남유형 시집서(南有衡詩集序)」에서 '시능궁인(詩能窮人)'의 설(說)을 긍정하며 남

20) 구양수, 앞의 글: "世徒喜其工, 不知其窮之久而將老也, 可不惜哉!"
21) 남공철, 「苞甘集序」, 『금릉집』 권11.
22) 유한준, 앞의 글: "余謂苞甘俚諺也, 故不論."

유형이 시를 잘 지어 궁핍한 삶을 산 것으로 기술하고 있다.[23)]

신분적 굴레로 인해 불우했던 인물을 위무하는 내용이 핵심을 이루고 있는 또 다른 작품으로 「민생시집서(閔生詩集序)」를 들 수 있다. 이 글은 남공철로부터 시를 배운 민범대(閔範大, 1756~?)라는 이의 시집에 써준 서문으로 남공철이 25세 되던 1784년경에 지은 것으로 보인다. 민범대라는 인물에 대한 정보는 상세하지 않으나, 『사마방목』에 의하면 그의 생년은 1756년이고 자는 사구(士九)이며 1801년, 46세의 나이로 뒤늦게 진사시에 합격했다. 민범대가 남공철보다 연장자임에도 불구하고 남공철이 그를 '민군(閔君)'이라 칭한 것으로 보아 서족이었을 가능성이 높다.[24)] 이 글에서 민범대 자신이 자신의 앞날에 대해 비관적인 논조로 말하고 있는 장면 역시 그가 신분적 한계 때문에 포부를 펼칠 수 없는 굴레에 매여 있었음을 짐작하게 해 준다. 민범대는 남공철로부터 시를 배웠으며, 특히 거문고를 잘 탔다. 이에 남공철은 시와 거문고의 유사성에 초점을 맞추어 민범대의 시집 서문에서 '시(詩)'와 '금(琴)'을 문안(文眼)으로 제시하고 있다.

> [1] 시를 배우는 자는 마땅히 거문고를 배워야 한다. 『설문(說文)』에 "거문고는 악기다"라고 되어 있다. 시는 성정(性情)에서 나오는 것이고 거문고는 사람의 마음을 바로잡는 것이다. 그래서 악기 가운데서 거문고가 가장 시와 가깝다.
>
> [學詩者, 當學琴. 說文曰琴樂器也. 詩發於性情, 而琴以正人心, 故樂之中, 琴與詩最相近焉.]

23) 유한준, 앞의 글: "詩能窮人, 古今一轍, 良足悲也. 若南生者, 豈非公之周處士乎, 何相迫也."
24) 자신의 재종숙 남유형과 남유두가 서족이라는 이유로 '君'이라는 칭호를 사용하고 있듯이 남공철은 서족에 대해서는 나이와 상관없이 '君'이라 칭했다. 족보에 의하면 민범대의 부친은 閔光福이며 부인은 경주정씨이고 在和·在龍·在麟의 세 아들을 두었으나 그 이후의 기록은 찾아볼 수 없었다. 명백한 증거는 없지만, 이러한 정황과 「閔生詩集序」의 내용으로 보아 그가 서족이었음을 추정할 수 있다.

'시(詩)'와 '금(琴)'이 이 글의 문안(文眼)이라고 했는데, '시를 배우는 자는 마땅히 거문고를 배워야 한다[學詩者, 當學琴]'는 말로 글의 첫머리부터 시와 거문고의 관련성을 내세워 강한 기세로 문두(文頭)를 열고 있다. 시는 사람의 성정에서 나오는 것이며 거문고는 사람의 마음을 바로잡는 것이라 하여[25] 시와 거문고가 모두 사람의 심(心)과 관련이 있음을 언급, 이 글이 이후 시와 거문고의 관련성을 매개로 전개될 것임을 시사하고 있다. 이어지는 단락에서는 본격적으로 민범대의 시에 대해 논하면서 시와 거문고의 관련성을 지속적으로 부각시키고 있다.

> [2] 조암(皁巖) 민군(閔君) 범대(範大)는 나에게서 시를 배웠다. 그가 지은 시 중에는 잘된 것도 있고 잘되지 못한 것도 있는데 연꽃 시, 물새 시와 같은 것이나 왕건(王建)의 궁사(宮詞)에 차운한 여러 편은 성당(盛唐)의 여러 시인들의 시와 핍진하여 모두 읊조릴 만하다. 군은 평소 술을 좋아하였으며 빼어나고 기이한 자질을 갖추고 있었다. 또 거문고를 잘 탔는데 일찍이 시를 지을 때 술이 없으면 홍취가 없고 거문고가 없으면 운치(韻致)가 없다고 하였다. 세상 사람들은 혹 그를 지목하여 주정뱅이라거나 시에 미쳤다고 하는데도 군은 굳이 마다하지 않았다.
>
> [皁巖閔君範大, 從余學詩, 其作有瑕瑜優劣, 而如蓮花水鳥詩, 其和王建宮詞諸篇, 逼盛唐諸家, 皆可誦也. 君平生喜酒而有拔俗奇氣. 又治琴, 嘗言詩非酒無趣, 非琴無韻. 世或目以酒狂詩淫, 而君固不辭也.]

남공철보다 4살이나 연장자인 민범대가 20대 초반의 남공철에게서 시를 배웠다고 한 것으로 보아 민범대는 시문을 배울 시기를 놓쳤을 뿐만

---

25) 詩가 사람의 性情에서 나오는 것이라는 남공철의 언급은 "夫詩發於性情而世道係焉"(「內閣校餘集序」, 『금릉집』 권11); "竊嘗論詩者, 感於情而形於聲者也"(「題李元履詩藁後」, 『금릉집』 권13); "欲使覽者知其發於性情"(「詩藁小引」, 『영옹속고』 권1); "詩感於性情而形於言者也"(「晩慕子遺稿引」, 『영옹속고』 권2) 등에서 확인할 수 있다. 한편 거문고가 人心을 바로잡는 기능을 한다는 것은 널리 전해지던 말이었는데, 단적으로 李椿의 다음과 같은 말을 참고할 수 있다. "夫琴者, 所以正人心也."(「琴堂記」, 『吳都文粹續集』 권9)

아니라 제대로 배울 스승조차 없었던 것으로 보인다. 그런 그가 높은 성취를 보인 것이 왕건(王建, 766~834)의 궁사(宮詞)에 차운한 시들이라는 점도 예사롭지 않다. 중당(中唐) 시기의 시인 왕건(王建)은 한미한 집안 출신으로 장년기에 이르기까지 변새를 떠돌다가 늦은 나이에 교서랑(校書郞), 섬주사마(陜州司馬) 등 한직을 지낸 인물이다. 그는 종친(宗親)이었던 환관 왕수징(王守澄)의 전언을 근거로 「궁사일백수(宮詞一百首)」를 지어 '궁사의 시조[宮詞之祖]'로 칭해진다. 궁사란 왕궁에서의 생활을 읊은 시로, 군후(君后)의 덕과 궁중의 풍속, 궁녀의 애환과 궁중의 생활 등을 주된 내용으로 한다. 왕건의 궁사에도 이러한 내용들이 두루 포함되어 있으며 특히 궁녀의 애환을 읊은 것이 큰 비중을 차지하고 있다. 한미한 출신의 왕건이 종친의 전언에 근거해 읊은 궁사에는 쇠락기에 접어든 당(唐)의 사치스러운 궁중 문화나 궁녀들의 애환 등이 다소 퇴영적이고 섬려(纖麗)하게 묘사되어 있다.[26] 민범대가 지었다는 궁사 또한 퇴영적이고 섬려하게 울울한 심회를 읊은 것이라 짐작할 수 있다.

③ 임인년(1782) 가을, 나는 군과 함께 반정균이 즐겨 타던 철금(鐵琴)을 들고 남산에 갔었다. 군은 술을 마시면 마실수록 시를 끊임없이 지어냈다. 날이 저물자 군은 태일암(太一巖) 꼭대기에 올라 새벽이 되도록 거문고를 탔다. 궁조(宮調)와 우조(羽調)가 서로 어우러져 말을 달리듯 빠르게 거문고를 탔는데 그 시름 깊고 생각이 원대한 것은 한(漢) 무제(武帝) 때의 〈의란곡(猗蘭曲)〉이나 〈이상곡(履霜曲)〉이요, 그 곡조가 높고 소리가 맑은 것은 백아(伯牙)가 자신의 소리를 알아준 종자기(鐘子期)를 위해 연주하던 소리였다. 천천히 어우러져 처연히 슬퍼지는 것이 마치 상수(湘水)에 유배된 신하가 통곡하는 듯, 규방에서 한을 품은 여자가 시름하는 듯하였다. 곡이 끝나자 바람이 불어 나뭇잎이 떨어지고 황새나 매가 짹짹거리며 놀라 구름 사

26) 왕건의 궁사에 대해서는 조춘염, 「허균과 왕건의 宮詞百首 비교연구」, 서울대 석사학위논문, 2008 참조.

이로 날아갔다. 기쁨과 울분은 모두 마음에서 나오는데 그 정격과 변격, 높고 낮은 것을 구분해 보아도 어느 것이 시 읊는 소리이고 어느 것이 거문고 소리인지 알 수가 없었다. 잠시 뒤 군은 거문고를 바닥에 내려놓으며 말했다.

"제 시나 거문고 연주는 앞으로도 대궐에 올려지지 못하고 결국 시골에서나 불려지겠지요?"

그리고는 다시 술을 마셔 잔뜩 취해 분에 받쳐 눈물을 흘렸다. 나는 이에 속으로 군의 뜻을 안타까워하였다.

2년 뒤, 군은 자기 시를 모아 한 권을 만들어 내게 보여 주었다. 마침내 다시 그와 함께 술을 마시고 거문고를 타면서 서문을 쓴다.

[壬寅秋, 余與君, 携潘秋庫鐵琴, 遊南山. 君飮酒愈多, 而作詩愈不窮. 日且暮, 君上太一巖絶頂, 彈琴至曙. 宮羽相宣, 操絃驟作. 其憂深而思遠者, 猗蘭履霜之操也. 其調高而韻淸者, 伯牙子期之音也. 紆然而和, 凄然而悲, 如湘水羈臣之痛哭也, 如閨房怨女之愁恨也. 及其曲終, 風吹木落, 鸛鶴礫礫驚起於雲霄之間. 懽愉憂憤, 皆出於心, 而以辨其正變高下, 不知誰爲詩而誰爲琴也. 已而君投琴於地曰: "吾之詩與琴, 將不得薦之淸廟明堂, 而終爲下里之唱." 又取酒飮劇醉, 慷慨泣下. 余於是, 竊悲君之志矣. 後二年, 君錄其詩爲一集示余. 遂復與之酌酒彈琴以爲序.][27]

위 단락 이전까지는 시와 거문고의 유사성, 민범대의 시적 성취 등에 대한 의론이 주를 이루고 있다면 위 단락에서는 서사의 성격이 강하게 드러나고 있다. 특히 '日且暮'·'彈琴至曙'·'及其曲終'·'已而君投琴於地曰'·'後二年' 등과 같이 시간의 경과를 나타내는 且·至·及·已而·後二年 등의 표현들이 빈번하게 보여 서사성이 두드러지게 하고 있다. 민범대가 남공철과 함께 남산에 올라 거문고로 궁조(宮調)와 우조(羽調)를 연주한 것이 마치 〈의란곡(猗蘭曲)〉이나 〈이상곡(履霜曲)〉과 같다고 했는데 〈의란곡〉과 〈이상곡〉은 모두 거문고 곡조 이름으로, 재주가 있는데도 때를 만나지 못했거나 죄 없이 벼슬에서 쫓겨난 이의 억

27) 남공철, 「閔生詩集序」, 『금릉집』 권11.

울한 심정을 담은 것이다. 또 높은 곡조와 맑은 소리로 연주하는 것이 마치 자신의 마음을 알아주는 종자기를 위한 백아의 연주와 같다고 하였는데, 민범대의 울울한 심회를 남공철이 알아주었음을 그렇게 표현한 것이다.

남공철은 민범대를 두고, 그가 재주는 있으나 신분적 한계 때문에 애초부터 영달할 희망을 버렸다고 직접적으로 서술하지는 않았다. 그 대신 신분적 한계 때문에 높은 관직에 오르지 못한 당(唐) 왕건(王建)의 궁사(宮詞)에 차운한 시가 훌륭하다고 한다거나, 거문고를 연주한 것이 불우한 이의 심정을 담은 〈의란곡〉이나 〈이상곡〉과 같다고 함으로써 민범대의 불우함을 간접적으로 드러내고 있다. 그의 거문고 연주가 '마치 상수(湘水)에 유배된 신하가 통곡하는 듯, 규방에서 한을 품은 여자가 시름하는 듯'[28]하다고 하여 민범대의 마음에 맺힌 것이 많음을 드러내고 있다. 이러한 표현은 구양수 이래로 불우한 인물의 시를 언급할 때 상용하는 표현으로 굳어진 것인데, 남공철은 여기서 민범대의 거문고 연주를 두고 그와 같이 형용하였다. 시와 거문고가 사람의 마음을 드러낸다는 점에서 통한다고 보았기 때문이다. 거문고 연주에 대해 그렇게 정형화된 표현을 쓴 점은 새롭지 않으나 그러한 서술 뒤에 "곡이 끝나자 바람이 불어 나뭇잎이 떨어지고 까마귀나 매가 놀라 구름 사이로 푸드덕 날아갔다"라는 말을 덧붙여 쓸쓸하면서도 비장한 분위기를 고조시키고 있으며 정형화된 표현으로 생동감을 잃을 수 있는 문장에 여운을 불어넣고 있는 것이 주목된다. 특히 '짹짹[磔磔]'과 같은 의성어는 장면의 생동감을 더해주고 있다.

거문고가 시와 마찬가지로 사람의 감정을 잘 표현하는 수단임은 구양수도 인지하고 있었다. 구양수는 거문고 연주를 인간 감정과 관련지어 「송양치서(送楊寘序)」를 짓기도 했다. 구양수가 울적한 마음에 집에서

---

28) 이 표현은 구양수의 "以道羈臣寡婦之所歎, 而寫人情之難言"(「梅聖俞詩集序」, 『居士集』 권42)이라는 표현과 상통하는 것이다.

쉬고 있던 중 벗 손도자(孫道滋)에게서 거문고 연주법을 배워 거문고 연주에 취미를 들이게 되었다고 하고, 거문고가 인간의 다양한 감정을 표현할 수 있다고 서술한 후 음보(蔭補)로 검포현위(劍浦縣尉)가 되어 떠나는 벗 양치(楊寘)를 전송하면서 어려서부터 허약한 양치가 궁벽한 땅에서 말직을 맡게 되어 답답하고 근심스런 마음이 있을 것이니 거문고로써 병을 요양해 보라는 것이 그 대체적인 내용이다. 구양수의 「송양치서」에서 핵심적인 부분이 바로 거문고 연주로 표현할 수 있는 인간 감정을 다양한 수사법을 동원하여 서술한 부분이다.[29]

남공철 또한 거문고가 시와 마찬가지로 인간 감정을 다양하게 표현할 수 있다고 보았다. 특히 남공철이 "궁조(宮調)와 우조(羽調)가 서로 어우러져 말을 달리듯 빠르게 거문고를 탔는데 그 시름 깊고 생각이 원대한 것은 한 무제 때의 의란곡이나 이상곡이요, 그 곡조가 높고 소리가 맑은 것은 백아가 자신의 소리를 알아준 종자기를 위해 연주하던 소리였다"라 한 데 이르러서는 구양수의 「송양치서」를 염두에 두고 이 글을 지었음을 분명히 알 수 있다. 심지어 "操絃驟作"·"舒然以和"·"憂深思遠"과 같은 표현은 구양수의 것을 그대로 가져다 쓰고 있다. 글의 결말 부분도 흡사하다. 구양수는 「송양치서」에서 "그래서 나는 거문고에 관한 설(說)을 지어 그가 떠나는 길에 주고 아울러 손도자를 청하여 함께 술을 마시고 거문고를 연주하여 이별하려 한다"[30]라 하여 글을 맺고 있다.

이 글에서 남공철은 거문고가 인간 감정의 다양한 면모를 잘 표현할 수 있다는 점에 대해서 구양수의 「송양치서」의 의상(意想)을 상당 부분

---

29) 구양수, 「송양치서」, 『거사집』 권42: "夫琴之爲技小矣, 及其至也, 大者爲宮, 細者爲羽. 操絃驟作, 忽然變之, 急者悽然以促, 緩者舒然以和. 如崩崖裂石, 高山出泉, 而風雨夜至也. 如怨夫寡婦之歎息, 雌雄雍雍之相鳴也. 其憂深思遠, 則舜與文王、孔子之遺音也. 悲愁感憤, 則伯奇孤子、屈原忠臣之所歎也. 喜怒哀樂, 動人必深, 而純古淡泊, 與夫堯舜三代之言語、孔子之文章、易之憂患、詩之怨刺無以異. 其能聽之以耳, 應之以手. 取其和者, 道其湮鬱, 寫其幽思, 則感人之際, 亦有至者焉."

30) 위의 글: "故予作琴說以贈其行, 且邀道滋酌酒進琴以爲別."

차용하고 있다. 하지만 그 밖의 요소들, 이를테면 앞에서 지적한 것처럼 시간의 경과를 나타내는 표현을 빈번하게 사용하여 글의 박진감을 더하고 있는 점, 의성어를 적절히 활용하여 장면의 분위기를 고조시킨 점, 민범대의 목소리로 인물의 불우함을 시와 거문고의 공통 분모를 통해 드러낸 점 등은 역시 남공철의 제조(製造) 능력에 기인한 바가 크다고 할 수 있다.

이 글에서 남공철은 민범대의 불우함을 어떻게 인식하고 있으며 그의 불우함을 어떤 방식으로 위무하고 있는가? 먼저 단락 [2]에서 민범대의 시가 성당(盛唐) 시인들의 시와 핍진하여 읊조릴 만하다는 말로 그의 시적 성취를 높이 평가하고 아울러 그가 거문고 연주에도 뛰어났으며 그의 자질이 빼어나고 기이하다고 칭찬하고 있다. 이후 단락 [3]에서는 민범대가 시적 재능이 있었음에도 불구하고 신분적 한계 때문에 자신의 시나 거문고 연주가 대궐에서 불려지거나 연주되지 못할 것이라고 낙담하자 남공철은 이에 대해 '속으로 민범대의 뜻을 안타까워했다'거나 민범대의 연주가, 백아가 자신의 소리를 알아준 종자기를 위해 연주하던 소리 같았다고 하여 남공철 자신이 민범대의 울울한 심회를 이해하고 있음을 드러내 민범대를 위무하고 있다.

대상 인물의 시적 성취와 재능을 높이 평가한 후, 신분적 한계 때문에 영달의 뜻을 이룰 수 없었던 대상 인물들이 그들의 능력을 펼칠 기회를 얻지 못하는 것에 대해 안타까움을 표시한 것은 앞의 「포감집서」와 같지만, 이 글에서는 민범대의 불우함을 위무하는 방식에서 「포감집서」와 차이를 보인다. 즉 「포감집서」에서는 남유형의 불우함을 직서(直敍)하고 그에 대한 안타까움 역시 직접적으로 표출하고 있지만 이 글에서는 민범대의 불우함을 거문고 연주 등을 통해 우회적으로 드러내고, 불우함에서 비롯한 민범대의 울울한 심정에 대해 '공감'을 표함으로써 그의 불우함을 위무한 점이 다르다.

남공철이 수학기에 활발하게 교유한 김재련(金載璉, 1750～1785)의 시집에 써 준 「김국기시집서(金國器詩集序)」 또한 불우한 처지의 벗을 위무하는 논리를 확인할 수 있는 글이다. 그러나 이 글은, 현재는 불우하지만 앞으로 영달할 가능성이 있는 이를 위무하는 논리를 마련하고 있어 신분적 굴레 때문에 영달 가능성이 낮았던 인물을 위무한 위의 두 편과 구분된다.

남공철은 김재련보다 열 살이나 어렸음에도 불구하고 수학기에 그와 매우 가깝게 어울렸다. 남공철이 김재련과 어울리기 시작한 것은 남공철의 나이 12세가 되기도 전이었던 것으로 보인다.[31] 김재련의 자는 국기(國器)이며 본관은 연안(延安)이다. 조부는 판돈령부사를 지낸 김상석(金相奭, 1690～1765)이고 부친은 정조조에 영의정을 지낸 김익(金熤, 1723～1790), 형은 순조조에 영의정을 지낸 김재찬(金載瓚, 1746～1827)이다. 김재련의 아들은 김로(金鏴, 1783～?)인데, 김재찬은 조카 김로를 자신의 자식보다 더 아껴 효명세자의 대리청정을 지원할 수 있는 측근으로 육성하기도 했다.[32] 김재련 집안과 남공철 집안 사이의 교유는 이미 남공철의 부친 남유용과 김재련의 조부 김상석으로부터 이루어졌다. 남유용은 김상석의 묘지명을 써주는가 하면 김익(金熤)과도 교유하며 편지를 주고받은 바 있다. 또한 김재련의 외증조부인 윤봉조(尹鳳朝, 1680～1761)는 대제학에 배해진 후 곧바로 사직하면서 남유용을 후임자로 추천하기도 하였다. 이렇듯 김재련은 명문가의 자제로서 선조나 후대 모두 영달하여 곤궁함과는 거리가 있는 생활을 했다고 할 수 있다. 그런데도 남공철은 김재련의 시집에 부친 서문에서 그를 불우한 인물로 형상화하고 있다. 그 이유는 무엇일까? 김재련은 31세 되던 정조

31) 남공철, 「김국기시집서」, 『금릉집』 권11: "前十餘年, 余在長者側, 始與國器爲交." 남공철이 「김국기시집서」를 쓴 것은 그의 나이 22세경의 일이므로 이 기록으로 보아 남공철이 12세가 되기 전부터 김재련과 알고 지낸 것으로 추정할 수 있다.

32) 김명숙, 「19세기 前半期 海石 金載瓚의 정치활동과 정치론」, 『한국사상과 문화』 25, 한국사상문화학회, 2004, 152면. 한편 김로는 남공철의 妻叔 韓用龜의 사위이기도 하다.

4년(1780)에 진사시에 급제하였다. 그리고 나서 얼마 안 있어 정조 8년(1784), 35세의 나이로 세상을 떠났다. 시집으로는 『묵관재시고(默觀齋詩稿)』 두 권이 있었다고 하나[33] 전하지 않는다. 훌륭한 재능을 갖고도 그 재능을 제대로 펼쳐보지 못하고 있었기에 남공철은 그를 불우한 인물로 형상화한 것이다.

김재련의 시집은 부친 김익이 1776년 영변부사로 영변에 가 있을 때 부친을 따라 그곳에 가서 지은 시들을 모아 1781년에 엮은 것이다. 그 시집에 대한 남공철의 서문 「김국기시집서」는 크게 세 단락으로 나눌 수 있다. 다음은 그 첫 번째 단락이다.

> [1] 나의 벗 연안(延安) 김국기(金國器)는 그가 지은 시 몇 편을 모아 몇 권으로 만들어 공철에게 보여 주며 다음과 같이 말했다. "지금의 이조판서이신 우리 부친께서 영변부사로 가셨을 때 따라갔었기에 이 시집이 있게 된 것입니다. 저는 일찍이 시에 종사한 적이 없습니다. 그래서 비록 감히 스스로 시도(詩道)가 어떻다 말할 수는 없지만, 사람의 감정과 생각에서 나오는 느낌을 노래나 시로 부친다면 볼 만할 것입니다. 그대가 이에 대해 글을 써 주십시오." 공철이 마침내 다 읽어보니 풍류가 온후하고 성률이 쟁쟁한 것이 성당(盛唐) 제자들을 절충함으로써 스스로 즐기고 있으며, 또 들른 곳의 산천과 풍속이 모두 아름다워 그의 시에 드러난 것이 은은히 그림 속 풍경을 보는 듯하였다.
>
> 10여 년 전 내가 장자의 곁에 있으면서 처음 국기와 사귀게 되었다. 국기의 미간을 보니 맑고 깨끗한 기운이 있었다. 나는 이에 국기가 명가 출신으로 전아(典雅)한 군자임은 알았지만, 또한 그가 말에 능함은 알지 못하였다. 그 후 내가 성균관에서 노닐 때 국기의 명성이 여러 학생들 사이에 자자했는데, 얼마 지나지 않아 진사시에 급제했다. 나는 이에 국기가 시문(時文)에 능하여 과거에 응한 것은 알았지만 또한 그의 시가 이와 같을 줄은 알지 못하였다. 어찌 기대가 깊었는데도 한참 후에야 그것을 알게 된 것인지.

---

33) 金載瓚, 「亡弟默觀齋墓誌銘」, 『海石遺稿』 권9: "有默觀齋詩稿二卷藏于家."

[余友延安金國器, 集其所爲詩幾篇, 爲幾卷, 示公轍曰: "此吾大人今吏曹判書公, 按寧邊府時, 隨以往, 故有是集也. 吾未嘗從事於詩矣. 雖不敢自謂詩道, 其情思之感, 而寓形於歌詩, 則可見也. 子其志之." 公轍遂得而卒業焉, 風流溫厚, 聲律鏗鏘, 折衷於盛唐諸子以自喜, 而又其所過山川謠俗, 皆秀麗. 故其見於詩者, 隱然有畵圖意. 前十餘年, 余在長者側, 始與國器爲交. 望見國器眉間, 有淸修之氣. 余於是, 知國器出於名家, 雅飭爲君子, 亦未知其能言也. 其後余游庠學時, 國器名聲藉藉諸生間, 未幾擧進士. 余於是, 知國器工於時文, 爲應擧業, 而亦未知其詩之如此也. 豈其將期待之深, 故久而後知之歟.]

김재련의 시집은 그가 영변부사로 간 부친 김익(金熤)을 따라 그곳에 가서 지은 시들을 모은 것이라 하였는데, 김익이 영변부사로 간 것은 곧 영조 52년(1776)이다.[34] 그리고 이 글을 지을 시점에 김재련의 부친 김익이 이조판서로 칭해지고 있는데, 김익이 이조판서에 오른 것은 정조 5년(1781)이다. 따라서 김재련의 시집은 1776년 영변에 가 지은 시들을 모아 1781년에 편집을 마쳤으며 남공철의 이 서문 또한 그 즈음에 쓰여진 것으로 추정할 수 있다.[35]

김재련은 시에 감정과 생각을 드러내는 것을 중시했으며 그가 영변에 갔을 때 지은 시들[36]을 모은 시집에 대해 남공철에게 서문을 부탁하였고, 남공철은 김재련의 시에 대해 온후한 풍격과 쟁쟁한 성률을 갖추고 있다고 평가하고 있다. 서문의 청탁 경위, 대상 시문집의 특성과 작자의

---

34) 李敏輔, 「領議政金公墓誌銘」, 『豊墅集』 권9: "五十二年, 除大司成. 今上嗣服, 以右承旨擢拜嘉善大夫、同知義禁府事, 改刑曹參判, 由大司成爲寧邊府使. 明年因事遞."

35) 김익은 1781년 5월에 이조판서에 올랐고 이듬해에 우의정에 올랐다.

36) 김재찬의 다음 기록에 의하면 김재련의 시는 영변뿐만 아니라 龍門이나 太白, 平壤 등에 노닐며 지은 것도 있는 것으로 보인다. "且喜遊山水, 嘗歷龍門躡太白, 遵嶺而下, 訪鄒魯之風, 入于海, 以觀日月之出沒. 西出浿關, 吊箕子松讓之故墟. 又西至于鐵甕, 登所謂檀君臺. 於是詩尤長一格, 如井田巫山妙香歌諸篇, 其傑然者也."(金載瓚, 앞의 글) 남공철은 이 서문에서, 김재련이 영변에 노닐면서 지은 시들을 집중적으로 거론하고 있어 이 서문이 대상으로 하는 시집과 『默觀齋詩稿』가 동일한 시집이 아닐 가능성도 있다.

경향을 필수 요소로 하는 시문집 서문의 전형적인 모습을 확인할 수 있는 단락이다. 김재련 시의 성격을 전반적으로 언급하고 있지만 여기서는 그가 불우한 삶을 살았다는 어떠한 언급도 보이지 않는다. 김재련의 불우함을 문제 삼고 있는 부분은 이어지는 단락이다.

> 2 지금 성상께서 등극하시어 문교가 밝아지고, 규장각을 열어 문학 하는 신하들을 불러모으셨는데, 당시 선비들 가운데 국기와 같은 자는 또한 쉽게 얻을 수 없었다. 무릇 주옥(珠玉)은 가리워져 있어도 그 빛은 반드시 드러나기 마련이다. 지금은 비록 곤궁하고 뜻을 얻지 못하여 그가 지은 것은 대부분 초목금어(草木禽魚)에 스스로 감개함을 부치고 있지만 만일 국기로 하여금 벼슬하여 조정에서 이름을 드날리게 한다면 짓느니 악장(樂章)이 될 것이요 태사로 천거되어 본조(本朝)의 성덕(盛德)을 노래하게 한다면 청묘(淸廟)와 명당(明堂)에 베풀어질 것이다. 나는 그가 반드시 조복(朝服)을 입고 아악(雅樂)을 노래할 것임을 믿는다. 비록 그렇기는 하지만 그 시의 공교로움과 공교롭지 않음은 또한 그 사람의 궁달에 달려있지는 않다.
>
> [今聖人臨御, 文敎休明, 開奎章閣, 以招延文學之臣. 當時之士如國器者, 亦不可易得也. 夫珠玉潛藏其光必見, 今雖困不得志, 其所述, 多發於草木禽魚, 以自見感慨. 然如使國器, 進而揚名於朝, 作爲樂章, 薦之太師, 以歌詠本朝之盛德, 列之於淸廟明堂. 吾必知其佩玉而琴瑟也. 雖然, 其詩之工不工, 亦不在其人之窮達也.]

위 단락은 이 글의 핵심 논의를 포함한 부분이다. 김재련은 비록 명가의 자제로서 궁핍한 생활을 하지는 않았지만, 남공철은 그가 득의하여 조정에서 자신의 뜻을 펴지 못하고 있는 상황을 '불우'로 인식하고 있다. 궁핍한 생활을 하던 남유형의 불우함이나, 자신의 시와 연주가 조정에서 베풀어질 가망이 없음을 한탄하던 민범대의 불우함과는 다른 의미의 불우함이다. 이로써 남공철에게 '궁달'에서의 '궁(窮)'이란 경제적인 궁핍을 의미할 뿐만 아니라 득의하지 못한 처지의 불우함까지 포함하는 개념임을 알 수 있다.

위 단락에서 또 주목할 점은 김재련이 득의하지 못한 상황에서 초목이나 어금(魚禽)에 자신의 울울한 심회를 부쳐 노래한 것이 훌륭한 시가 되었다는 것, 그리고 훗날 김재련이 득의하여 조정에서 자신의 뜻을 펴게 되면 조정의 성덕(盛德)을 노래할 것이라 한 서술이다.[37] 그렇기 때문에 시가 공교로운가 그렇지 않은가는 그 사람이 궁달과 상관이 없다고 하였다.[38] 재주 있는 이라면, 그가 곤궁한 상황에 처해 있으면 초목이나 충어(蟲魚) 등을 빌려 자신의 감개를 시로 표출하겠지만 득의하여 조정에서 활동한다면 임금의 성덕을 노래한다든지 나라의 공식 행사에 쓰일 시를 지을 것이라 하였다. 재주 있는 인물은 처한 상황이 어떠하든 훌륭한 시를 지을 것이라는 이러한 인식은 구양수의 것과 궤를 같이 하는 것이기도 하다.[39]

> [3] 처음 판서공은 청아(淸雅)한 명망으로 외방(外方)에 나아가 아전과 백성들의 문서를 다스릴 때 법에 의거하여 오로지 근실히 했으며 국기(國器)는 날마다 여러 사람과 함께 물러나 시를 읊조렸다. 관서 사람들은 이미 공의 덕을 즐거워하고 공의 정사(政事)에 감복했으며 또 국기의 어짊과 시재(詩才) 있는 것을 기뻐하여 그와 함께 노니는 것을 즐거워하였다. 그래서 비록 그는 떠났지만 사람들은 모두 그를 생각하고 있고 강산에도 여운이 남아 있다.

37) 김재찬 또한 김재련의 시에 대해 다음과 같이 유사한 언급을 한 바 있다. "若使得用於朝廷, 作爲雅頌, 登歌淸廟, 則足以鳴國家之盛, 而只使自放於山巓水崖者, 是果命於天者然耶."(김재찬, 앞의 글)

38) 이 단락은 구양수의 「매성유시집서」 가운데 다음 부분에서 원용하고 있다. "若使其幸得用於朝廷, 作爲雅頌, 以歌詠大宋之功德, 薦之淸廟, 而追商周魯頌之作者, 豈不偉歟! 奈何使其老不得志, 而爲窮者之詩, 乃徒發於蟲魚物類, 羈愁感歎之言, 世徒喜其工, 不知其窮之久而將老也. 可不惜哉!"(구양수, 「매성유시집서」, 『거사집』 권42)

39) 이러한 논리는 정조가 이가환이나 이덕무, 박제가의 문체를 거론하며 내세운 논리와 흡사하다. "彼家煥未嘗非好家數, 而落拓百年, 斲輪而貫珠, 自分爲羈旅草莽, 發之爲聲者, 悲咤忼慨之辭也. 求而會意者, 齊諧索隱之徒也, 跡愈甄而言愈詖, 言愈詖而文愈詭. 絺繡五采, 讓與當陽, 離騷、九歌, 假以自鳴, 豈家煥之樂爲? 伊朝廷之使然"(『정조실록』 16년 11월 6일조); "李德懋、朴齊家輩文體, 全出於稗官小品. 以予置此輩於內閣, 意予好其文, 而此輩處地異他, 故欲以此自標."(「일득록」 5, 『홍재전서』 권165)

[始判書公以淸名雅望, 出邑于外方, 與吏民治簿版, 按法惟謹. 國器則日與諸人, 退而吟哦. 西人旣樂公之德而服公之政, 又喜國器之賢而有詩, 樂與之遊. 故雖其去, 而人皆思之, 江山有餘韻矣.][40]

비록 김재련이 아직 영달한 처지는 아니지만, 그가 영변에 가서 지은 시를 고평하고 있다. 또한 위 단락을 자세히 보면 김재련의 시재를 고평하는 가운데 김재련의 부친 김익이 펼친 정사에 대한 칭송도 우회적으로 이루어지고 있음을 알 수 있다. 즉 부친 김익은 정사로써, 아들 김재련은 시재로써 여민동락(與民同樂)을 실천하였음을 말하고 있다.

남공철은 구양수의 '시궁이후공(詩窮而後工)'론에 동조하면서도, 곤궁함이 반드시 시적 성취를 보장하는 것은 아니며, 시의 성패는 궁달에 달린 것이 아니라 시재(詩才)에 달려있다고 보았다. 그래서 시재가 있는 이는 곤궁한 처지에 있으면 곤궁한 처지에서, 영달한 처지에 이르면 또 영달한 위치에서 지을 수 있는 시를 잘 지을 수 있다고 보았다. 남공철은 남유형이나 민범대에게 그랬던 것처럼 영달 가능성이 적은 이에게는 그의 곤궁한 처지를 안타까워하면서 시적 성취를 칭송하거나 그 불우함에 공감하는 방식으로 대상 인물의 불우함을 위무하였다. 또 장차 영달할 가능성이 높은 대상에 대해서는 김재련에게 그랬던 것처럼 그가 곤궁한 처지에서 지은 훌륭한 시를 칭송함과 동시에 장차 영달하게 되면 영달한 위치에서도 훌륭한 시를 지을 것이라 하여 대상을 위무하는 방식을 취하고 있다.

3. 왕화(王化)의 고취

25세 되던 1784년, 남공철은 음직(蔭職)으로 익위사(翊衛司) 세마(洗

40) 남공철, 「김국기시집서」, 『금릉집』 권11.

馬)로 관직에 나아간 후 사헌부감찰, 산청현감, 임실현감 등의 관직을 지냈다. 20대에는 아직 문과에 급제하기 전이었기에 요직에 오르지는 못하고 주로 한미한 직책이나 지방관을 맡을 수밖에 없었다. 남공철이 본격적으로 요직에 오르기 시작한 것은 33세 되던 정조 16년(1792), 문과에 급제하고부터였다. 33세에 규장각 직각이 되고 35세부터는 네 차례나 성균관 대사성을 지냈으며 40세 되던 해에는 강원도 관찰사로 나아갔다. 순조조에 들어 이조판서 등 요직을 두루 거친 후 64세 되던 해부터 약 10년 동안 영의정을 지냈다. 25세에 관직 생활을 시작하여 74세에 치사하기까지 50년 가까이 관직 생활을 한 것이다. 그뿐만 아니라 남공철은 여느 근신(近臣)들보다 군왕과 더욱 밀접한 관계에 있었다. 정조는 등극 후 남공철을 집안사람으로 예우하는가 하면,[41] 남공철을 벗과 같이 여긴다고 하면서 원자(元子)에게도 남공철을 아낄 것을 당부하기도 하였다.[42] 이처럼 남공철이 전 생애에 걸쳐 지속적으로 군왕과 밀접한 관련을 맺게 된 직접적인 계기는, 물론 부친 남유용 때문이었다. 정조는 세손 시절 자신을 잘 이끌어준 스승의 공덕을 생각하여 그 아들 남공철을 각별히 배려하였던 것이다.[43]

좁은 의미의 관각문학은 어제(御製)를 포함, 규장각・홍문관・춘추관 등 관각의 문인들이 옥책문(玉冊文)・반교문(頒敎文)・전문(箋文) 등과 같이 공용의 목적으로 창작한 문학이다.[44] 또한 관료 생활을 한 문인이 문학의 장식적 기능을 중시하여 창작한 문학을 따로 관인문학이라 이르기도 한다.[45] 그런데 남공철의 산문 가운데 반교문(頒敎文)이나 전문(箋

---

41) 남공철, 「의양자연보」 정조 16년 임자조, 『귀은당집』 부록: "入侍重熙堂, 上命公近前曰: '當以家人禮對之矣.'"

42) 본서의 28면 각주 30 참조.

43) 남공철, 「辭弘文館副校理兼奎章閣直閣疏」, 『금릉집』 권7: "臣本才學俱蔑, 最居人下, 在於儕流, 無所稱道, 而惟殿下追念先臣之故, 曲庇不肖之皃, 自居諸生, 眷遇特異."

44) 관각 및 관각문학의 개념에 대해서는 이종묵, 「조선전기 관각문학의 성격과 문예미」, 『국문학연구』 8, 국문학회, 2002, 42~50면; 신복호, 「18세기 관각문학 연구」, 고려대 박사학위논문, 2003, 10~22면 참조.

文)과 같은 공용성 강한 관각문자 이외에도 왕명에 의해 지은 글이나 군왕과 직접적으로 관련된 것을 소재로 한 글, 혹은 관료로서의 자의식을 드러낸 글들이 적잖이 발견된다. 관인문학을 관료로서의 경험이나 관료의식을 확인할 수 있는 문학이라는 넓은 개념으로 이해한다면, 이와 같은 글들은 그대로 관각문학이라 할 수는 없을지라도 관인문학에는 포함될 수 있다. 이러한 남공철의 글들은 이른바 문장의 장식적 기능을 중시하여 표현에 치중하기보다는 근신(近臣)으로서 군왕과의 관계를 소재로 하거나 관료 의식을 표출하는 데 초점을 맞추고 있다. 이 장에서는 남공철의 문료문인적 성격이 잘 드러나 있는, 근신(近臣)으로서 군왕과의 관계를 소재로 한 글과 관료 의식 가운데 특히 지방관으로서 왕화(王化)나 여민동락을 고취한 글에 대해 논의하도록 한다.

근신(近臣)으로서 군왕과의 관계를 주요 소재로 한 글로는 「시선발(詩選跋)」·「사권서(史圈序)」·「한원제명기(翰苑題名記)」·「운한각기(雲漢閣記)」 등을 들 수 있다. 「시선발」은 비록 제발의 편목 아래 수록되어 있기는 하지만 서(序)의 성격이 강한 글이다. 이 글은 남유용과 이천보, 오원이 당(唐) 이전의 중국시 463수를 뽑아 엮은 『시선(詩選)』에 부친 발문이다. 당대(唐代)의 시가 '치세지음(治世之音)'이기 때문에 이 시선집에 당대(唐代)의 시를 중심으로 그 이전 것만 선발하였다는 것이 주요 내용이다. 시문집서의 성격이 강한 이 글은 그러나 글이 마무리되기 직전, 정조에 얽힌 다음과 같은 일화를 삽입하여 정조에 대한 기억을 환기하고 있다.

> 예전에 정조께서 이 편을 자세히 보시고는 그 체재에 법도가 있음을 자주 칭찬하셨다. 그리고는 내게 교시하시어 말씀하시기를, "그대가 서문(序文)을 쓰고자 한다면

45) 조동일, 『한국문학통사』 2, 4판, 지식산업사, 2005, 359~360면.

서둘러 책을 묶어 내게" 하셨다. 그런데 서문을 쓰기도 전에 승하하시어 일찍이 이 책을 만질 때마다 계속해서 눈물을 흘리지 않은 적이 없었다.

[昔正廟徵覽此篇, 亟賞其體裁有法, 仍教賤臣曰: "子欲作序文, 弁卷." 未及序, 而仙馭賓天, 未嘗不摩挲簡編, 繼以流涕也.][46]

정조가 『시선』을 보고 남공철에게 서문을 쓰게 하여 간행에 옮기려 하였으나 서문을 쓰기도 전에 정조가 승하, 남공철이 이 시선집을 대할 때마다 눈물을 흘렸다는 것이다. 정조가 『시선』을 자세히 본 이유는 자신의 스승 남유용이 편찬한 책이기 때문이며 남공철이 이 책을 대할 때마다 눈물을 흘린 이유는 자신이 모시던 군왕 정조와 자신의 부친에 대한 기억이 중첩되어 떠올랐기 때문이다.

한편 「사권서(史圈序)」는 『사기전주(史記箋註)』에 대해 남유용이 평점(評點)을 하고, 이후 거기에 정조가 다시 권비(圈批)를 가한 것에 부친 서(序)로, 정조의 명에 의해 작성한 것이다. 『사기전주』는 명(明) 만력 연간의 진명경(陳明卿)이 『사기』에 대한 기존의 주석을 합편(合編)한 것이다. 남유용이 이미 평점한 책에 정조가 다시 권비(圈批)를 더한 이유는, 그 책이 정조 자신의 스승의 손길이 닿은 것이며 자신이 권비를 더함으로써 일종의 공동 작업 내지 공동의 성과물이 된다는 의미가 있기 때문이다.

신(臣)의 선신(先臣) 태학사 문청공(文淸公) 유용(有容)이 일찍이 이 책을 얻어 평점(評點)하여 집에 보관해 두었다. 우리 성상께서 동궁에 계실 적에 (문청공이) 궁신(宮臣)이었기 때문에 임금께 전하여 아뢰었으며 지금은 궐내에 보관 중이다. 하루는 상께서 한가로이 계시면서 손수 권비(圈批)를 더하시면서 몇 달을 보시고서야 일이 마쳐졌다. 선신(先臣)은 옛날 이청(膩靑)으로 평점을 하였고 (상께서는) 지금 단연

46) 남공철, 「시선발」, 『금릉집』 권13.

(丹鉛)으로 권점하여 구별하셨다. 이에 신에게 하교하시기를 "이 책은 돌아가신 내 스승 문청공의 수택(手澤)이 남은 것이다. 내가 다시 이어서 권점하여 이루었으니 어찌 귀하지 않겠는가. 그대가 서문을 쓰라" 하셨다.(괄호-필자)

[臣之先臣大學士文淸公有容, 嘗得此書, 評點而藏于家. 我聖上在東宮, 因宮臣轉奏, 今爲內府所儲. 一日, 上御淸燕, 手加圈批, 閱數朔工訖, 先臣舊用膩靑評點, 今圈以丹鉛區別, 仍下敎于臣曰: "此書予先師文淸公手澤在焉, 而予又續圈而成之, 豈不貴哉, 汝其序之."][47]

이처럼 남공철은 부친 남유용이 정조의 스승이었다는 점 때문에 정조와 더욱 긴밀한 관계를 유지하고 있었다. 이 글은 정조, 남유용, 남공철 세 사람의 관계가 빚어낸 글이라 할 수 있다.

「한원제명기(翰苑題名記)」 역시 정조의 명에 의해 지은 글로, 사관(史官)의 중요성과 사관 선발 방식에 대해 서술한 글이며, 「운한각기(雲漢閣記)」는 남공철이 강원도 관찰사로 갔을 때 정조가 시를 내린 것에 대해 임금의 은혜에 감사하는 내용으로 작성한 글이다. 이 밖에도 비록 서기(序記) 편목에 수록되어 있지 않지만 서발류로서의 성격이 강한 제발인 「김지현농정서발(金知縣農政書跋)」이나 「서육주발첩후(書陸奏跋帖後)」, 「선원계보기략발(璿源系譜紀略跋)」 등과 같은 글들 또한 왕명에 의해 지은 것이거나 군왕에 얽힌 기억을 주요하게 문제 삼고 있는 글들이다.

이상과 같이 남공철은 근신(近臣)으로서 군왕과의 긴밀한 관계를 소재로 한 글을 여러 편 남겼는데, 흥미로운 것은 남공철 산문에서 구체성을 띠고 나타나는 군왕이 대부분 정조라는 점이다. 남공철은 정조조에 벼슬길에 나아가 약 16년간 관직 생활을 했고, 순조조에는 요직을 역임하며 약 34년간 관직 생활을 했다. 그런데도 그의 산문에서 형상화된 구체적인 군왕이 대부분 순조가 아닌 정조인 이유는 무엇일까?

---

47) 남공철, 「사권서」, 『금릉집』 권11.

우선 부친 남유용을 매개로 정조와 공유하던 정보들이 많았다는 것이 이유가 될 수 있다. 또한 남공철은 각신(閣臣) 시절 사귄 벗들과 오래도록 교유하였는데, 이존수에게 써 준 서(序)에서도 확인할 수 있듯이 남공철의 기억에, 자신이 젊은 시절 모시던 군왕 정조가 깊이 자리하고 있었다.

관각문자 이외의 글 가운데 남공철의 관료문인적 면모가 확인되는 또 다른 부류의 글들로 「태수정기(太守亭記)」와 「소풍락정기(小豐樂亭記)」를 들 수 있다. 이 두 편에서는 군왕의 덕으로 백성들이 편안하게 지낸다는 왕화(王化) 의식을 고취하는가 하면, 백성들과 함께 즐긴다는 위정자의 이상적 가치인 여민동락(與民同樂)을 구가하고 있다.

이러한 주제의식은 남공철의 관각문인적 입지로 인해 나타난 것이기도 하지만 구양수로부터 영향을 받아 형성된 것이기도 하다. 구양수는 북송(北宋)을 대표하는 문인이면서 동시에 당대(當代) 대표적인 관각문인이기도 했다. 그는 관각문자 이외에도 지방관으로 있으면서 지은 「취옹정기(醉翁亭記)」와 「풍락정기(豐樂亭記)」 등에서 왕화(王化)를 통한 여민동락의 경지를 구가한 바 있다. 구양수는 여민동락의 바탕이 되는 관리의 태도이자 『논어』에서 위정자가 갖추어야 할 태도로 강조한 절용애민(節用愛民)을 중시하였고[48] 그 자신이 지방관으로 있을 때에는 관대하고 간소한[寬簡] 태도로 백성을 다스린 것으로 평가된다.[49] 관리로서의 이러한 태도를 기반으로 그가 지은 「취옹정기」와 「풍락정기」에는 왕화를 베풀어 여민동락하는 지방관의 모습이 형상화되어 있다.[50] 중앙관직이 아닌 지방관으로 있으면서 지은 글, 혹은 지방관의 처지를

48) 구양수, 「原弊」, 『거사집』 권9: "夫知賦斂移用之爲急, 不知務農爲先者, 是未原爲政之本末也. 知務農而不知節用以愛農, 是未盡務農之方也."

49) 『宋史』, 「歐陽修傳」: "凡歷數郡, 不見治迹, 不求聲譽, 寬簡而不擾, 故所至民便之."

50) 구양수의 이 두 작품이 그의 여민동락 사상에 기반해 있다는 점에 대해서는 노장시, 「歐陽修의 '與民同樂'에 대한 小考」, 『중국어문학』 43, 영남중국어문학회, 2004 참조.

염두에 두고 쓴 글에서 이러한 특징이 확인되는 이유는 백성들에게 왕의 은덕, 즉 왕화(王化)를 베풀어 백성을 편안하게 하고, 그렇게 편안해진 백성들과 함께 즐기는 여민동락을 경험하기에 적절한 것이 중앙관직이 아닌 지방관이었기 때문이다. 남공철 또한 산청현감이나 경상도관찰사 등 지방관을 지낸 경험을 바탕으로, '정(靜)'과 '간(簡)'을 요체로 하여 다스리면 일이 줄어 백성들이 편안하고, 백성들이 편안하면 폐단 또한 저절로 사라질 것이라는 생각을 갖고 있었다.[51)]

「태수정기(太守亭記)」는 공조정랑을 지낸 정주(鄭柱)가 단구태수(丹丘太守)로 부임하여 베푼 선정을 칭송한 글이다. 단구는 오늘날 경남 산청군 단성면이다. 지리산 자락의 궁벽진 곳에 위치해 있기 때문에 그 땅의 궁벽짐에 대해 강조하는 것으로 문두를 열고 있다.

> 1 영남에는 산수가 빼어난 군이 많은데 단구 또한 그 가운데 하나다. 배에서 내려 말을 타고 5리를 가면 숲과 산이 이어지는데, 물줄기가 산 위에서 흘러나와 돌과 서로 부딪치는 것이 패옥 울리는 소리처럼 쟁쟁하다. 세상 사람들이 전하기를, 어떤 이가 그 안으로 들어가 신선이 되었다고 한다. 대개 단구는 지리산 아래에 있어서 깊고 궁벽진 것으로 가장 유명하다. 그 산택의 산물은 딱히 좋을 게 없고 토지의 공물도 좋은 것이 없으며 또한 사방의 노니는 선비들이 나그네로 오는 경우도 없어 배나 수레가 왕래하는 경우도 매우 드물다. 그래서 이 지방 사람들은 그저 편안하고 한가로이 일 없는 것을 즐거움으로 여겨 일찍이 누대나 정자를 꾸며서 노닐며 구경하는 것을 즐거움으로 삼지 않았으니 (이렇게) 산수와 (사람들이) 서로 칭해진 것은 예로부터 그러했다.(괄호-필자)
>
> [嶺南多山水郡, 丹丘亦其一也. 下舟而馬五里, 林巒暎帶, 水出其上, 與石相激, 鏗鏘如環珮之鳴焉. 世傳有人入其中, 化爲神仙云. 盖丹丘居智異之下, 最號深僻. 其山澤之産無美材, 土地之貢無上物, 又無四方遊士爲之賓客, 而舟車之往來者, 絶

51) 남공철, 「答李性老存秀」, 『금릉집』 권10: "盖靜以制煩, 簡以御衆, 則事省. 事省則民安, 民安則不期祛弊, 而弊自祛矣."

少焉. 故是邦之人, 徒以安閒少事爲樂, 而未嘗飾樓臺亭榭爲遊觀之娛, 與山水相稱, 自古然也.]

진주 남강 상류까지 배를 타고 가서 말로 갈아타고 5리 정도를 더 들어가야 단구(丹丘)에 이를 수 있다. 위 단락에서 "어떤 이가 그 안으로 들어가 신선이 되었다"는 언급은 단구의 궁벽짐을 단적으로 드러낸 것이다. 이어 단구를 찾아오는 상인이나 지나다니는 나그네도 없다고 하여 단구의 궁벽짐을 재차 강조하고 있다. 단구는 산청 가운데서도 가장 서쪽, 지리산 안쪽에 치우쳐 있어 다른 곳으로 통하는 길이 없으므로 나그네도 지나다닐 일이 없고 뱃길도 남강 상류에서 끊기며, 수레를 통해 물산을 옮길 만큼 인구가 많은 곳도 아니었다. 그래서 이곳에 사는 이들은 외부와의 교류도 흔치 않았을뿐더러 일 없이 사는 것을 낙으로 여겨 굳이 정자를 지어 새로운 즐거움을 찾을 것도 없었다. '산수와 서로 칭해진 것이 예전부터 그러했다'는 것은, 단구는 산수가 아름다운 것으로도 유명하지만 그곳 사람들이 누대나 정자를 꾸며 그곳에 노닐며 즐기지 않는 것으로도 유명하다는 것을 가리킨다.

2 성상 12년(1788), 공조정랑 정공(鄭公)이 와서 태수가 되었다. 이듬해에 고을이 잘 다스려져 마침내 옛 터를 손질하고 지붕을 이어 그 위에 정자를 지었다. 정자가 이루어지자 산수의 빼어남이 비로소 갖추어졌다. 이에 태수가 아전, 백성들과 함께 올라 낙성하였다. 큰 나무 그늘 아래 둘러앉아 맑은 샘물을 마시며 말하기를, "노닐기에 좋구나!"라 하였다. 바람이 잠잠해져 비가 개거나, 안개가 걷혀 해가 뜨면 복건에 지팡이 짚고 가서 돌아다녔다. 눈을 들어 멀리 바라보면 사방이 하나 같았다. 어두웠다 밝아졌다 그늘졌다 개였다 하는 풍경은 그 변화가 갑작스러워 이루 형용할 수 없는 것이 모두 침석 아래에 바쳐졌으니 정자는 대략 이와 같다. 아침에 가마를 내어 서산에 가 맑은 바람을 쐬고 붉은 아침 노을에 읍하며 표연히 신선이 되는 상상을 한다. 저녁에는 중류에 배를 띄워 갈대에 이슬이 맺히면 거의 생각하던 사람을

만나 좇아 노닐 수 있을 것 같았다. 태수는 이곳에서 취하여 휘파람 불며 노래하면서 즐거워하다가 돌아오는 것을 잊지 않은 적이 없었다.

[聖上十二年, 工曹正郎鄭公, 來爲太守. 其明年政成, 遂因其故址而修葺之, 作亭於其上, 亭成而山水之勝始具. 於是太守與其吏民, 相與共登而落之. 蔭喬木而匝坐, 酌清泉而飮之曰: '樂乎, 遊哉!' 每風止雨收, 煙消日出, 輒幅巾杖屨, 往而徜徉焉. 擧目而望, 四面如一. 晦冥陰晴之景, 變幻倏忽, 不可形狀者, 皆效於枕席之下, 亭之大略如此. 朝而肩輿乎西山, 灑淸風而挹丹霞, 飄然有羽化之想焉. 夕而放纜乎中流, 蒹葭白露, 庶幾遇伊人而從之遊焉. 太守於此, 未嘗不取醉嘯歌, 怡然而忘返也.]

농사지어 근근이 먹고살며 외부와의 교류 없이 일 없는 것을 즐거움으로 여기며 살던 단구에 새 태수가 부임하여 정자를 짓게 된다. 위 단락에서 태수가 하는 일이라고는 그저 그곳 산수 사이에 노니는 것이 전부인 것처럼 서술하고 있다. 남공철은 의도적으로 그와 같이 서술한 것이다. 이어지는 단락의 끝부분에서 아무 일 없이 늘 산수 사이를 소요하며 즐기는 태수가, 실은 단구를 잘 다스렸을 뿐만 아니라 백성들과 함께 노닐어 백성들 또한 태수의 즐거움을 즐거워한, 여민동락의 경지를 실천한 것을 보여주고 있다.

3 단구는 영남에 끼여 있고 땅이 궁벽지고 경계가 그윽하며 정사가 맑고 일이 간소하다. 아전들과 백성들은 백여 년 동안 편안하고 한가로웠으며 전쟁을 겪지 않았다. 또 다행히 해마다 풍년이 들어 세금 걷는 것도 번거롭지 않았다. 읍의 집 천여 호는 편안하여 일이 없었다. 그러나 이 지방에 오는 자는 모두가 범상한 관리라 백성들과 함께 노니는 것을 스스로의 즐거움으로 삼은 자가 없었다. 또 그 풍속을 그저 농사지어 먹는 것만 즐거운 줄 알게 하여 (백성들이) 다시 산수의 정자에서 승경 구경하는 것은 알지 못하였다. 지금 태수가 와서 예전의 폐허가 된 곳에 우뚝하니 정자를 두고, 옛날 거친 덤불 우거진 곳에 아름다운 꽃나무를 죽 심었다. 옛날 무너진 담과 깨진 섬돌은 맑은 못과 괴석으로 둘러쌌다. 하루도 안 되어 공사가 끝나고 백성들

은 고생스러움을 알지 못하였으니 이는 누구의 힘인가!

[丹丘介於嶺南, 地僻而境幽, 政淸而事簡. 其吏民安閒百餘年, 不見干戈. 又幸歲比登熟, 賦斂不繁, 邑屋千餘家, 晏然無事. 然而來是邦者皆凡吏, 未嘗與之遊觀以自娛, 使其俗徒知食土樂業, 而不復知有山水亭觀之勝. 今太守之來也, 昔之爲廢墟敗址者, 有亭兀然矣, 昔之爲荒莽茂榛者, 佳花美木列焉. 昔之爲頹垣破砌者, 淸池怪石環焉. 不日而工訖, 民不知役者, 是誰之力也.]

'폐허가 된 곳에 우뚝하니 정자를 두고, 옛날 거친 덤불이 우거진 곳에 아름다운 꽃나무를 죽 심었다'고 하여 과거와 현재의 모습을 대비하여 제시한 것은 구양수가 「진주동원기(眞州東園記)」에서 과거와 현재의 동원(東園)의 모습을 대비적으로 제시한 것과 흡사하다.[52] 또한 '공사를 맡아 하루도 안 되어 공사를 마치고 백성들은 고생스러움을 알지 못했다'[不日而工訖, 民不知役]는 서술로 백성들이, 하기 싫은 노역으로서가 아니라 즐거운 마음으로 태수정(太守亭) 짓는 일에 임했음을 드러내고 있다. 이는 곧 『맹자』에 제시된 여민동락과 일치하는 것이다. 맹자는 양(梁) 혜왕(惠王)에게 『시경』의 문왕(文王) 고사를 들어 위정자가 백성들과 함께 즐기는 경지가 얼마나 위대한 힘을 발휘하는지 역설한 바 있다. 즉 문왕이 백성의 힘을 빌려 대(臺)를 만드는데 서둘지 말라 했는데도 백성들이, 아들이 아버지 일에 달려오듯 달려와 힘써서 하루도 안 돼 영대(靈臺)가 완성되었다는 것이다.[53]

52) 구양수, 「진주동원기」, 『거사집』 권40: "芙蕖芰荷之的歷, 幽蘭白芷之芬芳, 與夫佳花美木列植而交陰, 此前日之蒼煙白露而荊棘也. 高甍巨桷, 水光日景動搖而不上, 其寬閑深靚, 可以答遠響而生淸風, 此前日之頹垣斷塹而荒墟也. 嘉時令節, 州人士女嘯歌而管絃, 此前日之晦冥風雨鼪鼯鳥獸之嘷音也."

53) 『맹자』, 「양혜왕」상: "賢者而後樂此, 不賢者雖有此, 不樂也. 詩云: '經始靈臺, 經之營之, 庶民攻之, 不日成之. 經始勿亟, 庶民子來. 王在靈囿, 麀鹿攸伏, 麀鹿濯濯, 白鳥鶴鶴. 王在靈沼, 於牣魚躍.' 文王以民力爲臺爲沼, 而民歡樂之, 謂其臺曰靈臺, 謂其沼曰靈沼, 樂其有麋鹿魚鼈. 古之人與民偕樂, 故能樂也."

4 금년 4월, 그 읍 사람 이영조(李榮祚)가 내게 와서 기문을 부탁하였다. 내 생각에는 정자를 지어 산수의 아름다움을 자랑하는 것은 태수의 즐거움이지만 그 아전들과 백성들이 태수를 따라 노니는 것은 다만 이 정자 때문만은 아니니 곧 그의 어짊을 알 만하다.

[今年四月, 因其邑人李榮祚, 來丐記于余. 余謂作亭而誇美山水, 太守之樂也, 而其吏民之從太守遊者, 不獨爲是亭也, 則其賢可知也.][54)]

이 글은 남공철이 산청현감을 지내고 다시 서울로 돌아온 직후인 1789년경에 지은 것으로 보인다. 태수 정주(鄭柱)가 직접 기문을 부탁한 것이 아니고 이영조(李榮祚)라는 그곳 사람이 찾아와 기문을 부탁하였다는 말에서, 단구현 사람들이 태수의 덕을 기리고자 하는 뜻이 있음을 간접적으로 내비치고 있다.

이 글에서는 전반적으로 태수가 늘 한가하게 노니는 듯 묘사하고 마을 사람들도 특별한 일 없이 고요하게 지내는 것처럼 서술한 것은 다분히 남공철의 의도에 의한 것이다. 즉, 태수가 이렇듯 아무 걱정 없이 노닐 수 있고 백성들이 그를 따라 함께 노니는 것은 태수의 선정(善政)으로 인하여 그곳에 아무 일이 없고, 백성들도 살기에 넉넉하다는 것을 의미한다. 태수가 그곳 풍광을 즐기는 모습만 형용하고, 태수의 치적은 하나도 들지 않았음에도 불구하고 그를 좇아 노니는 백성들의 모습을 제시함으로써 태수의 선정(善政)을 우회적으로 말하고, 그가 이룬 여민동락의 경지까지 드러내고 있다. 이러한 여민동락의 경지는 구양수가 「취옹정기」에서 이른바 "사람들은 태수를 좇아 노닐며 즐거워할 줄만 알지 태수가 그들이 즐거워하는 것을 즐긴다는 것은 알지 못한다"[55)]라 한 경지와 상통하는 것이다.

54) 남공철, 「태수정기」, 『금릉집』 권12.
55) 구양수, 「취옹정기」, 『거사집』 권40: "人知從太守遊而樂, 而不知太守之樂其樂也."

한편 「소풍락정기(小豐樂亭記)」는 남공철이 지방관으로 있으면서 지은 글 가운데 그의 관료문인적 면모와 구양수에 대한 지향을 단적으로 확인할 수 있는 작품이다. 이 글은 순조 10년(1810), 남공철이 개성부 유수로 있을 때 그곳에 있던 연못을 개수(改修)하고, 연못 가운데에 정자를 지어 소풍락정(小豐樂亭)이라 이름한 데 부친 기문이다. 소풍락정이라는 이름은 구양수의 풍락정(豐樂亭)을 본뜬 것이며, 이 글 역시 구양수의 「풍락정기」를 염두에 두고 지은 것이다. '풍락(豐樂)'이라는 정자 이름에서 알 수 있듯이, 백성들이 작물의 풍작을 즐거워하는 것, 즉 백성들의 살림을 넉넉하게 하여 편안하고 즐겁게 한다는 왕화(王化)를 고취하고 있는 것이 이 글이다. 또한 개성부 유수로 부임하여 왕화를 구현하고, 그로 인해 풍족한 삶을 사는 백성들과 함께 즐긴다는 점을 서술하여 위 「태수정기」에서 확인할 수 있었던 여민동락을 이 글에서도 고취하고 있다.

> [1] 내가 서경 유수를 맡은 이듬해에 연못 가로 나가 노닐게 되었다. 연못은 관문(官門) 남쪽 수십 걸음쯤에 있었는데, 오래도록 버려두고 가꾸지 않았다. 돌아보며 탄식하여 말하기를,
> "이는 이전 사람들이 노닐며 잔치하던 곳이다. 뒤이어 온 자가 수리하지 않는다면 장차 누구를 믿겠는가?"
> 라 하였다. 이에 장인을 부르고 장정을 고용하여, 기운 것을 세우고 막힌 것을 트고 부(府) 서쪽 옛 성 곁에서 벽돌을 구하여 허물어진 것을 다시 쌓았다. 또 가운데에는 섬 하나를 만들고 그 위에다가 작은 정자를 지었으며 부용과 버들을 잔뜩 심었다.
> [余留守西京之明年春, 出遊池上. 池在官門南數十武, 久湮廢不治. 顧而嘆曰: "此前人遊宴處也. 繼至者不修, 則將奚恃歟?" 於是召工雇丁, 崇傾疏淤, 於府西古城傍, 得磚石, 墜者復築之. 又中作一嶼, 構小亭於其上, 多植芙蓉楊柳.]

서경(西京)은 일반적으로 평양을 일컫는데, 조선조에는 서경에 유수를

두지 않았다. 남공철이 순조 10년(1810)에 개성부(開城府) 유수(留守)로 나아간 적이 있으며, 다음 단락에 '서경은 고려 때 국도(國都)였다'는 언급이 있어, 이 글에서 일컫는 서경이란 곧 개성(開城)을 가리키는 것임을 알 수 있다. 남공철이 개성부 유수로 가서 관부(官府) 남쪽의 연못이 버려져 있음을 보고 개수 공사를 하고는 연못 가운데에 섬을 만들어 작은 정자를 지었다고 했다. 연못에 섬을 만들어 정자를 지은 것에서 중국 서호(西湖)의 호산(湖山)을 떠올리게 하는데, 실제로 연못 가운데에 섬을 만든 것이 서호 호산을 염두에 둔 것임이 이어지는 단락에 드러난다.

> ② 막 밤이 되어 달이 밝아 동남쪽 여러 산들은 물결과 함께 일렁이고 물은 푸르고 하늘도 푸르러 만상이 맑고 투명하다. 못은 겨우 수십 무 너비인데, 전당(錢塘) 호산(湖山)의 기세가 있다. 3월 계유일(癸酉日)에 여러 경력(經歷) 및 장좌(將佐)들과 정자에 올라 술을 마시고 철금을 타면서 낙성하였다. 서경은 고려 때 국도(國都)였는데 오백 년이나 지나 기강이 퇴락했다. 토지는 분열되고 호걸들이 함께 일어나 다투었다. 성인이 명을 받아 전쟁이 그치자, 선비들은 전토(田土)에서 편안하고 백성들은 배와 수레로 장사하는 것을 업으로 삼아 번화하고 매우 화려하며 편안하여 다른 일이 없게 되었다. 이제 나와 여러 사람들이 한 잔 술을 들어 서로 권하니 이는 임금의 공덕이 아님이 없다.
>
> [方夜月明, 東南諸山, 與波溶漾. 水碧天青, 萬象澄澈. 池僅數十畝, 而有錢塘湖山之勢. 三月癸酉, 與經歷及諸將佐, 登亭飮酒, 鼓鐵琴而落之. 西京在高麗爲國都, 至五百年之久, 紀綱頹隳, 土地分裂. 豪傑幷起而爭, 及聖人受命而干戈息, 士安於畎畝, 而小民以舟車商賈爲業, 繁華盛麗, 晏然無外事, 而今余與諸人, 擧一觴相屬, 此莫非上之功德也.]

전당(錢塘)은 곧 중국 항주(杭州)를 가리키는 것이고 호산은 항주 서호 안에 있는 섬을 가리킨다. 연못 가운데에 인공 섬을 만들고 거기에 정자를 지어 소풍락정(小豐樂亭)이라 이름하였으니 이 소풍락정의 모습이 바로 항주 서호에 있는 인공 섬 호산의 모습을 떠오르게 한다고 한 것이다. 그러나 애초에 남공철이 연못을 개수하고 인공 섬을 만들 때부터 이미 서호의 호산을 염두에 두고 공사를 시작한 것으로 생각된다.

「태수정기」에서 단구(丹丘)의 쇠락했던 과거와 번성한 당시 모습을 대비, 서술한 것이 구양수가 「진주동원기(眞州東園記)」에서 구사했던 문장과 흡사함은 이미 지적한 바 있다. 위 단락에서 개성의 과거와 당시를 대비한 문장 또한 구양수의 서술 방식을 빌린 것이다. 또한 위 단락 후반에 제시되었듯 번성한 개성부에서 선비들과 백성들이 걱정 없이 지내며, 소풍락정을 낙성하고 사람들과 함께 즐기는 것이 임금의 공덕, 즉 왕화가 아님이 없다고 한 서술에서 이 글 역시 왕화의 구현과 여민동락의 고취를 주제의식으로 하고 있음을 알 수 있다.

> [3] 내가 이를 객에게 말하니 객이 말하기를 "유수의 이 말은 저주(滁州)의 풍락정기(豐樂亭記)와 뜻이 대략 같습니다"라 하였다. 그때 나는 정자에 편액을 걸 것을 생각하였으나 이루지 못하였다. 때마침 청명 상사일(上巳日)에 단비가 내리고 또 한 해의 풍년을 기원하며 이에 '소풍락'으로 정자를 이름하여 유생(兪生) 한지(漢芝)에게 부탁해 예서로 써서 걸게 했다.
>
> [余以此語客, 客曰: "留守此言, 與滁州豐樂亭記, 意思略同." 方余思亭扁而未得. 時淸明上巳之間, 甘雨適至, 又卜其歲物之豐成. 仍以小豐樂名亭, 乞兪生漢芝, 隷書以揭焉.]

객이 '저주의 풍락정기와 뜻이 같다'고 한 것은 단락 [1]과 [2]에서 말한 내용이 곧 구양수의 「풍락정기」와 그 종지(宗旨)가 같다는 말이다. 이는 특히 단락 [2]에서 한창 전쟁으로 인해 시끄럽던 땅에서 이제는 선비들이 편안하게 지내고 백성들도 배와 수레로 장사하는 것을 업으로 삼아 번화하게 되었으며, 편안하여 다른 일이 없는 곳으로 변했다는 서술이 구양수의 「풍락정기」와 흡사하다는 데서 확인된다.[56)]

또 "임금의 은덕을 펴서 백성들과 함께 즐기는"[57] 것이 곧 지방관이 수행해야 할 일이라 인식한 구양수의 뜻을 이어받아 남공철이 이 글을 썼음을 짐작할 수 있다. 단락 [2]에서 백성들이 별일 없이 편안하게 생업에 종사하고, 지방관인 남공철 자신이 소풍락정을 지어 백성들과 함께 즐길 수 있는 것은 모두 '임금의 공덕이 아님이 없다'고 한 것에서도 남공철은 지방관의 책무를, 왕화(王化)를 베풀어 백성들을 편안하게 하고 백성들과 함께 즐기는 여민동락의 경지를 실현하는 것으로 인식했다고 할 수 있다.

> [4] 정자는 기둥이 모두 여섯이고 둘러싼 담은 스무 아름 가량이다. 사용한 목재 중 (길이가) 한 길쯤 되는 것이 20개이고, 한 자쯤 되는 것이 71개이다. 벽돌을 쓴 것은 개수로 계산하면 1070개요 회벽은 근으로 치면 160근이다. 나머지 공작석(孔雀石)으로 만든 아교는 다섯 말이며 동원된 목장과 미장이는 다섯이다.
>
> [亭凡六楹, 周垣二十圍. 用木以丈計者二十, 以尺計者七十一. 磚甓以片計者一千七十, 灰塈以斤計者一百六十. 他石綠膠煤爲五斗, 匠人圬人五.][58]

공작석은 푸른빛의 돌로, 갈아서 안료로 쓰기도 하는데 연못의 벽돌을 이어 붙일 때 공작석 안료를 섞어 만든 아교를 사용하였기에 이렇게 말한 것이다. 정자의 규모, 정자를 짓는 데 들어간 재료, 동원된 인력을 다른 설명 없이 매우 간명하게 제시하고 있다. 이처럼 글의 마지막 부분에 객관적 사실을 간명하게 제시하는 방법을 통해 기(記)의 본래 목적에도 부합하면서 기세의 변화를 주며 글을 맺고 있다.

---

56) 저주의 풍락정은 곧 구양수가 저주자사로 있을 때 지은 정자다. 「풍락정기」 가운데 "今滁介於江淮之間, 舟車商賈四方賓客之所不至, 民生不見外事 , 而安於畎畝衣食, 以樂生送死, 而孰知上之功德, 休養生息, 涵煦百年之深也?"(구양수, 「풍락정기」, 『거사집』 권39)라는 구절이 있는데, "저주 풍락정기와 뜻이 같다"라는 것은 이를 두고 한 말이다.

57) 위의 글: "宣上恩德, 以與民共樂."

58) 남공철, 「소풍락정기」, 『금릉집』 권12.

이상으로 남공철의 산문 중 관각문자 아닌 글 가운데 군왕과의 관련성을 주요한 소재로 삼거나 관료문인으로서 왕화 구현 의식이 드러난 글에 대해 살폈다. 남공철이 근신(近臣)으로서 군왕과의 관계를 주요 소재로 삼은 글에서는 주로 정조에 얽힌 기억들이 일화를 통해 형상화되어 있으며, 위정자로서 왕화를 구현하거나 여민동락을 고취한 글에서는 관료문인으로서의 자의식뿐만 아니라 구양수에 대한 지향도 확인할 수 있다.

4. 귀거래와 '중은(中隱)'

40대 이후에 지은 남공철의 산문에서 가장 특징적으로 드러나는 것이 바로 귀거래 지향이다.[59] 40세경에 귀거래할 곳을 마련하고 귀거래 의지를 표명한 이래 관직에서 물러나게 되는 70대에 이르기까지 그는 지속적으로 귀거래를 염원하면서 그 염원을 시문에 드러냈다. 경기도 광주 둔촌(遁村)에 '우사영정(又思穎亭)'이라는 별업을 마련하여 틈나는 대로 그곳을 왕래하였고, 바쁜 관직 생활 때문에 가지 못할 때에는 그곳에 대한 그리움을 시문에 부쳤다. 40세경에 마련한 이 별업으로 귀거래를 성취한 시기는, 남공철이 치사(致仕)한 해인 1833년, 그의 나이 74세경이었다. 그러나 그의 귀거래는 관직에서 물러나 이룬 것이었다기보다는 관직 생활 도중에 이미 실현하고 있었다고 할 수 있다. 남공철의 귀거래와 관련하여 주목할 점은 다음 세 가지다. 첫째, 구양수의 귀거래를 본받고 있다는 점, 둘째, 그가 염원하던 귀거래는 세속과 절연된 공간에서의 아취(雅趣)로운 생활로 19세기 초 경화세족의 아취 추구 양상을 잘

59) 남공철뿐만 아니라 이 시기 관료들의 귀거래는 이전 시기의 그것과 외양적으로, 질적으로 차이를 보인다. 그러나 그러한 차이에도 불구하고 관직을 그만두고 돌아간다는 점에서 남공철이 경기도 광주의 별업으로 돌아가고자 한 것 또한 넓은 의미에서의 귀거래로 칭하고자 한다. 이전 시기 귀거래와 이 시기 귀거래의 차이점에 대해서는 뒤에서 다시 논의하도록 한다.

보여준다는 점, 셋째, 그의 귀거래가 이전 시기의 그것과는 다른 함의를 갖는다는 점이다.

귀거래(歸去來)의 동기는 크게 친자연(親自然)과 피세(避世)의 두 가지로 나누어 볼 수 있다.[60] 친자연이든 피세든 자연과 속세가 서로 구분된다는 이분법적 사고에 바탕하고 있다. 귀거래를 동경하는 의식의 이면에는 기본적으로 현실로부터 받은 상처를 치유하고 마음의 안정을 되찾고자 하는 간절한 소망이 공통적으로 내재해 있다고 할 수 있다.[61] 남공철의 귀거래 역시 기본적으로 이러한 맥락에서 크게 벗어나지 않는다.

남공철이 언제부터 귀거래 의지를 갖게 되었는지는 확실하지 않지만 문집에서는 그가 40세 되던 1799년, 강원도 관찰사로 나아가서 지은 「운한각기(雲漢閣記)」에서부터 그의 귀거래 의지를 확인할 수 있다.[62] 마흔 이전부터 귀양(歸養)의 뜻을 하루도 잊지 않았다고 하니 그는 노쇠하기 전부터 귀거래를 계획했던 것이다. 강원도관찰사직을 마치고 돌아온 그 해에 남공철은 경기도 광주 둔촌의 청계산 자락에 있던 정자를 사서 '우사영(又思潁)'이라 이름하고 이어서 그 동쪽에 작은 집을 지어 '옥경산장(玉磬山莊)'이라는 이름을 붙였다. 광주의 둔촌은 오늘날 성남시 금토동이다. 남공철 집안의 선영은 양주(楊州) 동이골[東海谷]에 있었으나, 부친 남유용이 자신의 묏자리를 석마향(石馬鄕, 오늘날의 분당 율동)에 정하면서 남공철이 청계산과 인연을 맺게 된 것이다.[63]

구양수가 그랬던 것처럼 남공철 자신도 예순넷이 되면 치사하여 청계

60) 최진원, 『국문학과 자연』, 성균관대 출판부, 1986, 19~21면; 박영호, 「귀거래 의식의 생성 동기와 유형에 관한 연구」, 『도교문화연구』 13, 한국도교문화학회, 1999 등에서 귀거래의 동기를 살핀 바 있는데 모두 '친자연'과 '피세'의 두 가지로 나누어 살피고 있다.

61) 박영호, 위의 논문, 35면.

62) 남공철, 「운한각기」, 『금릉집』 권12: "自以臣子之義, 身不暇自有, 故不敢上乞郡之章. 然而歸養之志, 未嘗一日而忘也."

63) 이종묵, 『조선의 문화공간』4, 휴머니스트, 2006, 246면.

산 자락으로 돌아가려 하였다. 계획대로였다면 남공철은 1823년에 치사하고 둔촌으로 돌아갔어야 했다. 하지만 실제로 남공철이 치사한 것은 계획보다 10년이 늦은 1833년, 남공철의 나이 일흔넷의 일이다. 여기서 그가 언제 귀거래를 성취하였는가는 중요치 않다. 앞서 잠시 언급했듯이 그가 치사하여 광주 별업으로 돌아가기 전부터, 정확히 말하자면 광주에 별업을 마련하고 경영하기 시작한 순간부터 그의 귀거래는 시작되었다고 할 수 있기 때문이다. 중요한 것은 그 귀거래 계획을 실현하는 과정에서 별서(別墅)를 어떻게 경영했는가, 그러한 별서 경영이 그의 귀거래의 성격을 어떻게 특징 짓고 있는가, 그러한 성격의 귀거래가 이전 시기 귀거래와 달라진 점은 무엇인가이다. 귀거래와 관련한 남공철의 시문들을 이러한 점들에 주안하여 논하고자 한다.

1) 초기 별서(別墅) 경영과 둔촌(遁村)

남공철은 자신의 귀거래와 관련하여 총 세 편의 산문을 지었다. 광주 둔촌에 처음 장만한 우사영정을 두고 지은 「우사영정기」, 우사영정 동쪽에 지은 작은 집 옥경산장을 두고 지은 「옥경산장기」, 바쁜 공무 때문에 둔촌에 자주 갈 수 없게 되자 그곳을 그리워하는 마음에 둔촌의 사계를 그림으로 그린 후 거기에 부친 발문 「둔촌사경도발(遁村四景圖跋)」이 그것이다.[64] 또한 그는 이러한 산문뿐만 아니라 여러 편의 시에서 자신의 귀거래에 대해 읊고 있다.[65]

64) 이 밖에도 「둔촌제승기」라는 글에서는 남공철이 귀거래할 곳으로 계획한 둔촌의 승경이 자세히 묘사되어 있고, 「天雲堂記」에서도 남공철 자신의 귀거래와 별서에 대한 언급을 찾아볼 수 있다.

65) 남공철이 귀거래할 곳으로 정한 곳을 두고 지은 시로 다음과 같은 것들이 있다. 「秋日 歸又思潁亭」·「遁村卽事」·「與傲齋松孫李高兩生遊淸溪　暮歸山莊」·「又思潁亭漫吟」·「贈淸溪寺僧」·「溪上 懷韓學士子淵」·「又思潁亭 次歐公韻」·「駒城兪使君聞余來住溪庄 具酒饌來餉 詩以謝之」·「遊淸溪」·「罷官歸又思潁亭」·「歸遁村 以病經旬不出」(이상 『금릉집』 권4).

남공철이 이른 시기부터 귀거래 계획을 세우고 그것을 실현하고자 한 과정에서 절대적인 영향을 미친 것은 구양수다. 1799년경에 마련한 '우사영정'에 부친 글인 「우사영정기(又思潁亭記)」에서 그 점을 단적으로 확인할 수 있다.

> 1 의양자(宜陽子)는 평생 동안 구양자(歐陽子)의 사람됨을 흠모하였고, 그 문장과 덕업을 흠모하였으며 영수(潁水)를 그리워하는 마음을 흠모하는 데에 이르러서는 그 정도가 더욱 심하였다. 나는 조정에 선 이래 터무니없이 세상에 드문 은혜를 입으며 오래도록 가까이에서 임금을 모셨다. 사사로운 생각이라서 감히 말할 수는 없지만 구양자(歐陽子)가 가우(嘉祐) 연간 잘 다스려지던 때에 대접받던 것과 비할 바가 아니다. 그런데도 돌아가 쉬려는 뜻은 일찍이 하루도 잊은 적이 없다.
>
> [宜陽子平生慕歐陽子之爲人, 慕其文章德業, 而於慕思潁也, 爲尤甚. 顧自立朝以來, 誤被不世之恩遇, 久忝邇列, 未敢言私, 非比歐陽子嘉祐治平之所遇. 然而歸休之志, 未嘗一日有忘也.]

남공철이 구양수를 흠모하게 된 계기는 수학기에 구양수의 문장을 배우면서부터였던 듯하다. 이미 그가 18세 되던 해에 구양수의 글을 잘 본받아 이름이 났다는 데서 그 점을 확인할 수 있다.[66] 이후 구양수의 사람됨, 덕업과 함께 구양수가 귀거래를 계획하고 실현했던 것까지 본받게 된 것이다. 가우(嘉祐, 1056~1063)는 송(宋) 인종(仁宗)의 연호다. 이 시기 구양수는 황제의 총애를 입어 지공거(知貢擧)를 맡아 문풍을 일신하는가 하면 추밀부사(樞密副使), 참지정사(參知政事) 등의 높은 벼슬에 올랐던 시기이다. 1063년 영종(英宗)이 즉위하면서 구양수는 지속적으로 사직소를 올려 외직을 맡아 호주(亳州)·청주(靑州)·채주(蔡州) 등으로 옮겨다니다가 1071년에야 영주(潁州)로의 귀거래를 성취하고 그

66) 徐有榘, 「又思潁亭記」, 『金華知非集』 권5, 『楓石全集』.

이듬해에 세상을 떠났다. 구양수가 귀거래를 염원한 주요 이유는 당시 정치 상황이 어수선했기 때문이다. 모순적 현실에서 탈피하여 안온하고 한적한 삶을 누리고자 하는 염원이 귀거래에 대한 소망을 더욱 크게 했던 것이다. 그런데 남공철이 정조로부터 입은 은혜는 구양수가 인종으로부터 입은 은혜에 견주기 어려울 만큼 더욱 큰 것이었다고 하면서도 남공철은 귀거래를 소망하는 마음을 잊은 적이 없다고 했다.

> ② 4년 전, 의양자는 광주 옥경산에 있던 정자를 사서 마침내 '우사영(又思潁)'이라고 이름 붙였다. 이에 이르러 의양자가 구양자를 흠모하는 마음이 더욱 간절해졌다. 그런데 그 이후 여러 차례 나라에 일이 많아 안팎으로 분주하였다. 단지 몸이 우사영정으로 돌아가지 못했을 뿐 아니라 우사영정을 생각하여 지은 글이 한 편도 없었다. 그러나 눈앞에 길게 펼쳐진 광경과 글자로 옮기지 못한 마음속 시는 의양자 혼자만 알고 있지 남들은 정말 알지 못한다.
>
> [前四年, 宜陽子買亭于廣陵之玉磬山中, 遂以又思潁名之. 宜陽子之慕歐陽子, 至此而愈切矣. 自是以後, 屢值國家多事, 奔走內外, 不但身未歸潁, 幷與思潁之作而無一篇在者. 然其目前長在之景, 胸中不字之詩, 宜陽子獨自知之, 而人固不知也.]

남공철이 우사영정을 마련한 것은 1799년경이다. 4년 전에 우사영정을 마련했다는 언급에서 이 글을 지은 것이 1803년경이었음을 알 수 있다. '단지 몸이 우사영정으로 돌아가지 못했을 뿐 아니라 우사영정을 생각하여 지은 글이 한 편도 없었다'는 것은, 우사영정을 마련해 두고 그곳에 가볼 겨를도 없었고 그곳을 소재로 하여 지은 글도 없었다는 뜻이다. 그 이유는 정조 승하 후 순조가 즉위하고 정순왕후가 수렴청정을 행하면서 시벽 갈등이 첨예했던 당시 정치 현실 때문이었다. 그러나 이 「우사영정기」를 시작으로 남공철은 귀거래할 곳을 대상으로 여러 편의 시문을 짓게 된다.

③ 의양자의 집에는 고서 3천 권과 금석 유문 수십 종이 있다. 술 마시기 좋아하는 성격은 아니지만 늘 술 한 병을 두었고, 타지도 않는 거문고 하나가 있었으며, 두지도 않는 바둑판 하나가 있었다. 비록 구양자의 풍성함만큼은 못 되지만 의양자에게 있어서는 또한 적지 않은 것이어서 이것들을 즐기면서, 늙어가는 것도 잊을 만했다.

하루는 상께서 의양자가 비록 노쇠하지는 않았으나 정말로 병이 들었으며, 일을 피하려 한 것이 아님을 특별히 살피시어 다섯 가지 물건과 함께 시골로 돌아가게 하셨다. 벼슬이 몸을 수고롭게 하지 않고 근심과 걱정이 마음을 수고롭게 하지 않는다면 거의 오랜 염원을 이루게 되는 것이니 이것이 정자를 세운 뜻이다.

[宜陽子家, 有古書三千卷金石遺文數十種. 性不喜飮, 而常置酒一壺, 有一張不彈之琴, 有一局不着之碁. 雖不如歐陽子之多且富, 而於宜陽子, 亦不少, 足以樂而忘老也. 一日, 上特察其年雖未衰而其實病, 非出於避事, 使與五物者, 偕返田廬. 軒裳圭組, 無勞于形, 而憂患思慮. 無勞于心, 則庶幾償其宿願焉. 此亭之所以志也.]

남공철의 집에는 고서 삼천 권, 금석 유문 수십 종, 술 한 병, 바둑판, 거문고 하나가 있다고 하였다. 마시지도 않는 술, 타지도 않는 거문고, 두지도 않는 바둑판은 모두 그 실용성이 탈각된 물품들로, 운치 있는 생활을 위해 갖춘 것들이다. 구양수는 「육일거사전(六一居士傳)」에서 자신의 집에 『집고록(集古錄)』 일천 권, 장서 일만 권, 거문고 하나, 바둑판 하나, 술 한 병이 있다고 한 바 있다.[67] 남공철이 갖춘 것이 구양수에 비해 풍성하지 못하다고 했는데, 구양수의 것보다 수만 적을 뿐 품목은 동일하다. 구양수가 평소 갖추어두었던 물품을 남공철 자신도 평소 갖추어둔 것이다. 귀거래할 곳에 가져간 다섯 가지 물건[五物]이란 곧 위에서 언급한 고서, 금석 유문, 술, 바둑판, 거문고를 가리키는 것이다. 굳이 이 다섯 가지 물건을 언급한 것은 구양수가 이 다섯 가지 물건에 자신까지 더하여 '육일(六一)'이라 자호한 것을 염두에 두고 쓴 표현이다.

67) 구양수, 「육일거사전」, 『거사집』 권44: "吾家藏書一萬卷, 集錄三代以來金石遺文一千卷, 有琴一張, 有棋一局, 而常置酒一壺."

④ 객이 말하였다.

“그대는 아직 관직을 떠나지 않았는데 구양수의 이름을 사모해서야 되겠습니까?”

의양자가 말했다.

“처음에 구양자(歐陽子)가 영수(潁水) 가에 땅을 샀을 때 나이가 마흔넷이었습니다. 스스로 분에 넘친다 여겼던 중서성(中書省)과 추밀원(樞密院)에서 관직을 맡았고 여기저기 돌아다니며 공무를 보다가 예순넷에 이르러 벼슬을 그만두게 되었습니다. 의양자의 지금 나이 또한 마흔넷으로 만약 다시 수십여 년을 더 살아 예순넷이 되면 어찌 그 말을 실천할 날이 없겠습니까? 그렇게 되면 지금의 의양자는 옛날의 구양자와 같아지겠지요.”

마침내 객과 함께 크게 웃고는 이를 기록한다.

[客曰: “子尙未去, 而徒慕其名, 可乎?” 宜陽子曰: “始歐陽子買田潁上, 時年四十有四, 叨塵二府, 周流靑毫, 至六十四, 得致仕. 宜陽子今年亦四十四, 若更得數十餘年, 爲六十四, 則豈無踐言之日也. 然則今之宜陽子, 乃古之歐陽子也.” 遂與客大笑而記此.][68]

여기서 객(客)은 자신의 뜻을 문답식으로 밝히기 위해 설정한 가상의 인물일 가능성이 높다. 구양수가 마흔넷에 영수 가에 땅을 사서 귀거래를 계획하였기에 남공철도 마흔넷에 귀거래를 준비하고[69] 구양수가 그랬던 것처럼 64세가 될 때까지 살아서 벼슬을 한다면 그때 치사하여 귀거래를 성취하겠다는 의지를 밝히고 있다. 그러나 남공철은 44세 이전부터 귀거래를 준비하였고, 틈이 날 때마다 귀거래할 곳으로 정해 둔 광주 둔촌에 가 머물렀다. 우사영정을 구입한 후 곧이어 그 곁에 옥경산장을 짓고 그곳에 부친 기문 「옥경산장기(玉磬山莊記)」를 짓는다. 이 글은 둔촌을 원경으로 조망하는 것으로 시작된다.

68) 남공철, 「우사영정기」, 『금릉집』 권12.

69) 실제로 ‘우사영정’을 구입한 것은 남공철이 마흔 살이 되던 1799년의 일이다. 다만 이 기문을 쓴 것은 그로부터 4년 뒤인 마흔네 살 때였다.

1 둔촌은 옥경산(玉磬山) 아래에 있는데 주위가 빙 둘러 10리 정도 된다. 물이 바위 사이에서 흘러나오는데 검푸른 것이 술을 빚을 만하다고 해서 청계(淸溪)라 이름하였다. 시내 주위로 대여섯 채의 집이 있고 숲 사이로 등잔불이 깜빡이는데, 그곳에 의양자(宜陽子)의 우사영정(又思潁亭)이 있다. 정자 동쪽에 작은 집을 지었는데 모두 아홉 칸이다. 조각이나 단청을 하지 않았으며 그저 비바람이나 막으려 한 것으로 창문에는 비단을 엇대었다. 집 안에는 포단 하나와 안석 하나를 두고 한가하게 지내면서 때때로 사마천이나 한유, 구양수의 글을 손에 잡히는 대로 되풀이하여 읽는다. 뜰에는 파초와 작약, 벽오동 수십 그루를 심고 정원 뒤편에는 소나무 몇천 그루를 심고는 "산장(山莊)"이라고 편액하였으니 청명과 곡우 사이에 완성된 것이다.

[遁村在玉磬山下, 周廻僅十里. 水出巖广間, 紺碧可釀, 故名淸溪. 環溪而居五六家, 燈火隱見林薄間, 而宜陽子之又思潁亭在焉. 亭之東, 作小室, 凡九楹不錭而飾, 取蔽風雨, 交牕施綺, 幔設蒲團一几一, 偃仰臥起, 時把太史公韓歐文, 隨手繙閱. 庭植芭蕉芍藥碧梧桐數十種, 園後松檜幾千章, 扁曰: "山莊." 成於淸明穀雨之間.]

산장 이름을 '옥경(玉磬)'이라 한 것은 둔촌을 둘러싸고 있는 산 이름이 '옥경산'이기 때문인데 바위들이 모두 희며 그 모습이 악기인 특경(特磬)과 같아 그런 이름을 붙인 것이다.[70] 옥경산은 오늘날 청계산의 한 자락으로 남공철의 모친 무덤과 남공철 자신의 무덤이 있는 곳이기도 하다.

위 단락은 시선의 이동에 따라 눈에 들어오는 둔촌의 풍경을 묘사한 부분이다. 우선 옥경산 아래 둔촌을 멀리서 조망하는 것으로 시작하여 옥경산에서 흘러나오는 청계(淸溪), 그 주위의 집들, 집들 사이의 우사영정, 우사영정 동쪽의 옥경산장으로 시선의 이동에 따라 눈에 들어오는 것들을 간략히, 비교적 빠른 템포로 제시하고 있다. 그러다가 옥경산장에 이르러 장면 전환의 템포가 느려지면서 옥경산장의 외경, 집안 풍경,

70) 남공철, 「遁村諸勝記」, 『금릉집』 권12: "折而去, 跨小梁而南, 有玉磬山. 石子皆白, 狀如特磬."

집안에서의 생활을 간략히 제시한 후 다시 시선은 집 밖으로 나와 앞뜰과 뒤뜰로 이동한다. 이와 같이 시선의 이동에 따라 장면을 제시하는 방법은 기(記)뿐만 아니라 산문 전반에서 남공철이 즐겨 사용하던 기법이다.71)

> ② 비가 지나가자 조금 서늘해져서 난간에 기대어 사방을 바라본다. 봉우리는 허공에 목욕을 한 듯 파랗고, 밝은 달은 동남쪽 산이 터진 곳에서 떠올라 연못에 비쳐 일렁인다. 숲은 푸르고 하늘은 파래서 온갖 사물이 또렷하다. 때때로 시골 농부들과 농사일에 대해서나 얘기할 뿐 정사(政事)의 잘잘못이나 인물의 선악은 절대 입에 담지 않는다. 손님이 가고 나면 대나무를 얽어 만든 가마를 내어오게 하여 푸르고 평평한 밭두둑이나 푸른 들 사이를 다니는데 험한 길이 나오면 그냥 돌아온다. 돌아와서는 문을 닫고 흡족해하니 외물에 얽매임이 없었다.
>
> [雨過微凉, 凭檻四眺, 峯巒空翠如沐, 明月上東南山缺處. 與池水溶漾. 林碧天靑, 萬象瀅澈. 時與田父野老, 談農桑, 絶不言時政得失人物臧否. 客去, 命筍輿, 行平疇綠野中, 遇險輒返. 歸則閉戶怡然, 無外物也.]

비가 지난 후 옥경산장에서 바라본 풍경이 산봉우리로부터 달, 연못, 숲, 하늘에 이르기까지 간략히 제시되어 있다. 이후 서술에서는 옥경산장에서의 남공철의 생활상이 좀 더 구체적으로 제시되어 있다. 정치의 득실이나 인물의 선악을 입에 담지 않았다는 것은 세속의 일을 멀리하였다는 의미이고 가마를 타고 소요하다 돌아왔다든가 험한 곳이 나오면 굳이 더 가지 않고 돌아왔다든가 하는 등의 말은 굳이 어떤 의지를 가지고 무엇인가에 힘쓰는 일이 없었다는 말이다. 그야말로 유유자적하는 이러한 삶을 치사(致仕) 전부터 틈틈이 누리고 있었던 것이다.

---

71) 「送浮屠惠靈師遊金剛序」(『금릉집』 권11), 「李尙書東園雅集圖記」·「遁村諸勝記」(이상 『금릉집』 권12)와 같은 글에서 이러한 특징을 단적으로 확인할 수 있다.

> 3 의양자가 일찍이 조정에서 벼슬하였는데 하찮은 재주로는 임금을 보좌할 수 없다고 여겨 시골로 돌아가고자 하는 생각이 있었다. 그러나 힘 또한 농사짓기에는 부족하여 때때로 사람을 사서 밭에 물을 주고 김을 매게 하였으며, 그저 방 안에 앉아 글을 짓고 때때로 향을 사르며 깊은 생각에 잠겼다. 그러다가 문득 자득한 것이 있게 되어서야 방에서 나왔고 또 스스로 기뻐하면서 반드시 후세에 전해질 것이라며 의심하지 않았다. 그러나 그것은 세상 사람들이 알 수 있는 것은 아니다.
>
> [宜陽子嘗仕於朝, 念非才不能裨補聖明, 思欲歸田, 而力又不任耕, 時時倩人, 灌田鋤畦圃. 但坐室中著書, 時輒焚香, 冥思遐搜, 若有甚自得者, 及出, 又自喜謂必傳無疑. 然世之人不能知也.][72)]

남공철의 귀거래에서 가장 강조되는 것은 '한가로움'인데, 이는 농사도 남의 손에 맡긴 채 방 안에서 글을 쓰고 향을 사르고 생각에 잠기거나 주변을 소요하는 것 등으로 제시되고 있다. 비록 벼슬에서 물러나 귀거래를 성취한 것은 아니었지만 틈틈이 귀거래 생활을 음미하고 있음을 알 수 있다. 구양수가 영수에 귀거래할 땅을 사두기만 하고 실제로 귀거래를 실현할 때까지 그곳에 가보지 못했던 것과는 달리 남공철은 진작부터 귀거래할 곳을 오가며 그곳을 경영했다는 것이다. 여기에서 구양수의 귀거래와 남공철의 귀거래가 가지는 함의가 다르다는 것을 알 수 있다. 구양수의 귀거래는 도잠(陶潛) 이래의 전통적인 귀거래로, 한번 실현하게 되면 그만큼 현실과 거리가 멀어지고 심지어는 현실과 단절될 수도 있는 귀거래였다.[73)] 그에 반해 남공철의 귀거래는 현실에서 언제든 오갈 수 있는 곳에 귀거래할 장소를 마련하여 수시로 실현할 수 있

---

72) 남공철, 「옥경산장기」, 『금릉집』 권12.

73) 구양수 스스로 그렇게 인식하고 있었음은, 한번 귀거래하면 죽을 때까지 속세로 돌아오지 않는다는 그 자신의 다음과 같은 말에서 확인할 수 있다. "然予聞古之人有逃世遠去江湖之上, 終身而不肯返者, 其必有所樂也."(구양수, 「畫舫齋記」, 『거사집』 권39)

는, 보다 현실에 밀착된 의미의 귀거래라 할 수 있다. 이러한 성격의 귀거래를 '중은(中隱)' 혹은 '시은(市隱)'이라 칭할 수 있다.[74)]

그러나 남공철은 귀거래 준비 초기에 잠깐 맛본 둔촌에서의 귀거래 생활을 오래 누리지 못했다. 1799년에 우사영정을 마련하고 얼마 안 있어 1801년에는 경상도 관찰사로 나아가게 된다. 이후 모친상을 당해 1804년부터 1806년까지 3년 간 둔촌에서 시묘를 하였다. 이때가 그나마 관직을 시작하고 나서부터 치사할 때까지의 기간 중 가장 여유로운 시기였다. 시묘가 끝나자 곧바로 조정에 복귀해 세도정권의 핵심 인물로 다시 서울에서의 번잡한 생활을 시작한다. 귀거래할 곳을 마련해 놓고도 가볼 틈을 못 내어 남공철은 둔촌을 그리워하는 마음에 그곳의 사계를 그림으로 그리고는 「둔촌사경도발(遁村四景圖跋)」이라는 글을 짓기도 했다.[75)]

2) 후기 별서(別墅) 경영과 중은(中隱)의 실천 양상

남공철이 경영한 별서(別墅)는 광주 둔촌의 우사영정이나 그 곁의 옥경산장만이 아니었다. 바쁜 관직 생활 때문에 둔촌에 자주 오갈 수 없게 되자 50대에 들어서 용산(龍山)에 심원정(心遠亭)과 역화방재(亦畵舫齋)를 두고 그곳을 경영하게 된다. 용산에는 이 외에도 '삼의헌(三宜軒)'이라는 별업도 있었다. 심원정의 '심원(心遠)'은 도연명의 〈음주(飮酒)〉

74) '中隱'은 白居易의 시 「中隱」(『백거이집』 권22)에서 유래한 말이다. 「中隱」 시의 전반부는 다음과 같다. "大隱住朝市, 小隱入丘樊. 丘樊太冷落, 朝市太囂喧. 不如作中隱, 隱在留司官. 似出復似處, 非忙亦非閑. 不勞心與力, 又免飢與寒.…(下略)" 이 시 전반부에서 보듯 백거이는, 조정이나 저잣거리에 머무는 것을 大隱, 향촌으로 들어가는 것을 小隱이라 하고 한직에 머무는 것을 中隱이라 하였다. 中隱과 유사한 말로 '市隱'이 있다. 市隱은 말 그대로 저잣거리에 숨는다는 말이다. 이 말은 「鄧粲傳」(『晉書』 권82)에서 鄧粲이 "夫隱之爲道, 朝亦可隱, 市亦可隱. 隱初在我, 不在於物"이라 한 데서 유래하였다.

75) 「둔촌사경도발」에 대해서는 본서의 제3장 4절 참조.

시 20수 중 제5수[76]의 "心遠地自偏", 즉 마음이 속세와 멀어질수록 땅은 절로 궁벽지게 된다는 구절에 착안하여 붙인 이름으로 귀거래를 바라는 뜻을 담고 있다.

한편 '우사영정'과 마찬가지로 '역화방재' 또한 남공철의 구양수에 대한 지향을 직접적으로 확인할 수 있는 이름이다. 화방재(畵舫齋)는 구양수가 정치적으로 곤란을 겪던 시절 외직을 자청해 활주통판(滑州通判)으로 나아갔을 때 그곳 관아 동쪽에 쉴 곳으로 마련한 집에 붙인 이름이다. 구양수는 「화방재기(畵舫齋記)」에서, 유배객이 위험을 무릅쓰고 타는 것이 배이기도 하지만 세상을 피하여 귀거래하는 이가 즐거운 마음으로 타는 것 또한 배라고 하면서 그간 자신이 겪었던 정치적 환란과 앞으로의 귀거래에 대한 꿈을 중첩시키는 소재로 배를 활용하고 있다. 남공철이 용산에 새로 둔 별업의 이름을 구양수의 화방재를 본뜬 역화방재(亦畵舫齋)로 지은 것은 또한 환로에 들어선 이후 50대 초반까지 겪었던 남공철 자신의 정치적 환란과 이후의 귀거래에 대한 소망을 동시에 표현한 이름으로 보인다. 남공철의 산문 가운데 역화방재에 대한 언급은 보이지 않으나 역화방재 바로 곁에 두었던 심원정(心遠亭)에 부친 「억심원정(憶心遠亭)」이라는 시 두 수에서 50대 이후 그의 별서 경영 정황과 귀거래 의지를 엿볼 수 있다.

> 꿈에 떠오른 용산엔 주막 깃발 비끼었고
> 푸른 강으로 돌아갈 계획은 뜬 집에 있네.
> 성은이 관직에서 물러남을 늦도록 물리치시니
> 날마다 사람들 시켜 꽃나무 안부를 묻네.
> 夢憶龍山酒幔斜　　滄江歸計在浮家

76) 陶潛 撰, 李公煥 箋註, 『箋註 陶淵明集』, 國立中央圖書館, 1991: "結廬在人境, 而無車馬喧. 問君何能爾, 心遠地自偏. 採菊東籬下, 悠然見南山. 山氣日夕佳, 飛鳥相與還. 此中有眞意, 欲辯已忘言."

聖恩遲却分符解　　日日憑人問植花

호수 밖 청산은 멀리 비끼었고
책을 실어 야인(野人)의 집으로 먼저 보내네.
날이 추워져도 돌아가지 못하고 백발만 느는데
몇 그루 뜰의 매화나무는 혼자서 꽃을 피우겠지.
湖外靑山遠望斜　　載書先送野人家
歲寒弗返多華髮　　數樹庭梅自發花[77)]

첫째 수는, 계속해서 사직소를 올려도 받아들여지지 않던 상황에서 꿈에 용산의 별업이 나타날 만큼 그곳을 그리워하여 당장 심원정으로 돌아가지 못하는 대신 그곳에 심어 둔 꽃나무의 안부를 묻는다는 내용이다. 뜬 집[浮家]이라 한 것은 일반적으로 배[船]를 지칭하는데 여기서는 곧 심원정 곁에 마련해 둔 역화방재(亦畵舫齋)를 가리킨다. 둘째 수 역시 당장 심원정에 갈 수 없던 상황에서 그곳에 대한 그리움을, 책을 먼저 실어 보내는 것과 혼자서 꽃을 피울 매화를 상상하는 것으로 달래고 있다. 남공철이 자신의 별업에 '역화방재'라는 이름을 붙인 것은 물론 구양수의 화방재를 염두에 두고 지은 것이기도 하지만, 이는 배를 뜻하는 '방(舫)'이나 '선(船)' 등의 명칭으로 처소에 이름을 붙이던 당시 청나라와 조선의 풍조와도 무관하지 않다. 신위(申緯)의 '벽로방(碧蘆舫)', 조수삼(趙秀三)의 '진주선(眞珠船)', 이상적(李尙迪)의 '우선(藕船)', 김영(金暎)의 '춘방(春舫)' 등이 그 예다.[78)] 또한 남공철이 '우사영정', '역화방재' 등의 이름으로 자신의 별업을 칭하여 구양수를 흠모하는 마음을 표한 것이나 신위가 옹방강의 서재 이름인 '보담재(寶覃齋)'를 본떠 자신의 집에 '우일보담재(又一寶覃齋)'라는 이름을 붙여 옹방강에 대한 존경심을 표한 것

77) 남공철, 「憶心遠亭」, 『금릉집』 권4.
78) 이종묵, 『조선의 문화공간』 4, 휴머니스트, 2006, 235～236면.

에서[79] 이 시기에 존경이나 흠모의 대상이 되는 인물의 처소 이름에 '우(又)'나 '역(亦)' 등의 글자를 덧붙여 자신의 처소 이름으로 삼던 풍조가 있었음을 알 수 있다.

한편 남공철은 용산에 심원정과 역화방재 외에 삼의헌(三宜軒)이라는 별업도 함께 경영했다. 구체적으로 언제부터 삼의헌을 경영했는지는 분명하지 않으나 「의양자연보」에 의하면 순조 17년(1817)에 이미 삼의헌에 대한 언급이 있는 것으로 보아 50대 초중반에 심원정이나 역화방재와 함께 용산에 삼의헌을 두었던 듯하다.[80] '삼의(三宜)'라는 이름은 구양수의 「육일거사전(六一居士傳)」에서 '마땅히 귀거래해야 할 세 가지 이유'를 뜻하는 '삼의(三宜)'에서 취한 것이다.[81] '삼의' 또한 남공철의 귀휴(歸休)의 뜻을 담은 이름이라 할 수 있다. 용산에 심원정과 역화방재, 삼의헌을 두고 도성에서 그곳을 오가던 즈음 남공철이 어떤 생활을 하였는가를 다음 글을 통해 확인할 수 있다.

> 용산과 광릉 사이에 정자를 두고 매화, 국화, 소나무, 대나무 등을 많이 심어 놓았다. 때때로 두건을 쓰고 야복(野服)을 입고서 밖에 나가 소요하다가 손님이 오면 향을 사르고는 맑게 앉아 경사(經史)에 대해 토론을 하곤 했다. 곁에는 고금의 훌륭한

---

79) 위의 책, 236면.

80) 남공철, 「의양자연보」 순조 17년 정축조, 『귀은당집』 부록: "廣陵、龍山置亭館, 扁以又思潁、三宜, 盖慕歐陽子也." 한편 남공철이 삼의헌에서 쓴 것으로 「三宜軒 吟示濟北生」(『영옹속고』 권1)이라는 시가 있다.

81) '三宜'는 보통 司空圖(837~908)가 「休休亭記」에서, 관직에서 물러나 쉬어야 마땅한 세 가지 이유를 든 것을 지칭한다. 사공도의 '三宜'이든 구양수의 '三宜'이든 모두 歸休해야 마땅한 세 가지 이유를 뜻한다. 구양수는 「육일거사전」에서 마땅히 귀거래를 해야 할 이유로 다음의 세 가지를 든 바 있다. 첫째, 평소 나이 칠십이 되기 전에 벼슬에서 물러나기를 흠모했다는 것이고, 둘째, 벼슬하면서 칭찬받을 만한 업적을 이루지 못했다는 것이며, 셋째, 늙고 병들었는데도 지나친 영예를 얻고 봉록을 탐하고 있다는 것이다. 해당 원문은 다음과 같다. "夫士少而仕, 老而休, 蓋有不待七十者矣. 吾素慕之, 宜去一也. 吾嘗用於時矣, 而訖無稱焉, 宜去二也. 壯猶如此, 今旣老且病矣, 乃以難强之筋骸, 貪過分之榮祿, 是將違其素志而自食其言, 宜去三也. 吾負三宜去, 雖無五物, 其去宜矣, 復何道哉!"(구양수, 「육일거사전」, 『거사집』 권44)

서화, 동옥(銅玉)이나 이정(彝鼎) 등을 늘어놓고 그 품격을 평하면서 완상하였으니 담박한 것이 영리를 좇는 마음이 없었다.[82]

남공철의 「자갈명(自碣銘)」은 대체로 연대기적 서술을 보이고 있다. 시기적으로 따져 보면 위 기록은 순조 17년(1817) 내지 순조 18년, 남공철의 나이 58세 내지 59세 되던 해의 생활에 대한 것이다. 특히 순조 17년에는 이조판서에서 체직되어 용산에서 두어 달 정도 머문 것으로 보이고,[83] 순조 25년에 용산(龍山)에 나아갔다는 기록도 보이며[84] 그 이듬해에도 광주 둔촌에 성묘하러 갔다가 용산에도 들렀다는 기록이 있다.[85] 이후 순조 32년(1832)에는 남공철의 아들 지구(芝耈)가 광주판관(廣州判官)에 제수되었는데, 근친(覲親)하기 편하도록 하기 위함이라는 설명이 있는 것으로 보아[86] 남공철은 70세를 넘긴 이 즈음 광주 둔촌에서 기거하는 시간이 많았던 것으로 보인다. 이로 보아 남공철은 40대 초반에 광주 별업을 마련하고 그곳을 경영하기 시작했으며, 관직 생활로 한창 바쁘던 50대 초중반부터 용산 별업을 함께 경영, 다시 관직 생활에 여유가 생기기 시작한 60대 말부터 틈이 나는 대로 광주 별업에 머문 것으로 보인다. 40대 초반에 광주 둔촌에 우사영정을 마련한 이후 74세에 관직을 그만둘 때까지 줄곧 도성의 집에서 광주 둔촌 및 용산을 오갔다고 할 수 있는데 이것은 무엇을 의미하는가? 이는 곧 현실에서의 관직 생활과 별서에서의 귀거래 생활을 겸유(兼有)했다는 말이다.

남공철이 별서를 대상으로 지은 글에 근거하여 그곳의 환경을 재구해 보면 이렇다. 정자를 하나 두고 그 곁에 기거할 집을 둔다. 앞뜰에는 파

---

82) 남공철, 「自碣銘」, 『영옹속고』 권5: "置亭龍山廣陵之間, 多植梅菊松竹, 時以幅巾野服, 出往逍遙. 客至, 焚香淸坐, 討論經史. 傍列古今法書名畫銅玉彝鼎, 評品賞玩, 泊然無榮利之慕."

83) 남공철, 「의양자연보」 순조 17년 정축조, 『귀은당집』 부록: "四月, 遞吏判, 出龍山."

84) 위의 글, 순조 25년 을유조: "八月, 出龍山."

85) 위의 글, 순조 26년 병술조: "往廣陵省墳, 歷往龍山."

86) 위의 글, 순조 32년 임진조: "二月, 子芝耈移除廣州判官.(爲其來覲便近, 有是命)"

초와 작약, 벽오동, 매화, 국화 등을 많이 심어둔다. 뒤편에는 소나무 몇 천 그루를 심는다. 정자 앞뒤에 울타리를 쳐서 채마밭을 만들어 채소를 심는다. 땅을 개간하여 논밭을 만들어 기장이나 벼를 심을 수 있게 한다. 단 농사는 직접 짓지 않는다. 집안에는 포단 하나와 안석 하나, 고서 수천 권, 술 한 병, 거문고 하나, 바둑판 하나를 둔다. 술을 마시지 않아도, 거문고를 타 줄 몰라도, 바둑을 둘 줄 몰라도 상관없다. 이러한 별서에서 평소 한가로이 지내며 향을 사르고 생각에 잠긴다거나 사마천이나 한유, 구양수의 글을 손에 잡히는 대로 되풀이하여 읽는다. 때때로 시골 농부들과 농사일에 대해서나 얘기할 뿐 정치의 잘잘못이나 인물의 선악은 절대 입에 담지 않는다. 손님이 오면 향을 사르고 경전과 역사에 대해 토론한다. 손님이 가고 나면 가마를 타고 밭두둑이나 푸른 들 사이를 다니다가 험한 길이 나오면 돌아온다. 혹은 때때로 두건을 쓰고 야복(野服)을 입고서 밖에 나가 소요하기도 한다.

이처럼 남공철이 제시한 별서의 환경과 그곳에서의 생활상은 비교적 구체적이다. 문제는, 그러한 환경에서의 생활이 그저 소망에 그치지 않고 관직에 있으면서 수시로 왕래하며 즐기던 것이었다는 데 있다. 그의 귀거래는 이전 시기 허균이 그랬듯이 현실세계에 대한 불만이나 어긋남에서 비롯한, 속세와 절연되는 귀거래도 아니요 자연을 벗 삼아 심성 도야를 하기 위한 귀거래는 더더욱 아니었다. 젊은 시절 그가 고동서화 취미 향유를 통해 아취 있는 삶을 실현하고자 했다면 40대 이후에는 그러한 아취 있는 생활을 자신이 귀거래처에 옮겨 향유했으며, 비록 관직 생활이 바쁘기는 했지만 틈이 나는 대로 귀거래처를 오가며 귀거래를 성취했다고 할 수 있다.

남공철을 포함하여 18세기 후반 내지 19세기 초반에 걸쳐 귀거래를 소망했던 이들이 실제로 택한 귀거래 장소가 도성에서 멀리 떨어진 향촌이 아닌 도성 근교였다는 점, 그리고 이와 관련해 그들이 염원하던 귀거래의 성격이 이전과는 달라졌던 점에 주목할 필요가 있다. 조선 전기에는 귀거래의 대상 공간이 도성에서 멀리 떨어진 향촌이었던 데 반해 남공철을 포함한 조선후기 경화세족들은 도성과 가까운 곳에 전장을 마련하여 귀거래를 염원하게 된다.[87] 당시 경화세족들의 심적 근거지는 서울을 떠나 생각할 수 없는 것이었고, 따라서 목가적인 전원생활을 온전히 누리는 대신 소란스러운 일상을 포함한 세속화한 도회지 삶과의 타협을 꾀하게 된 것이다.[88] 귀거래에 대한 이러한 태도는 남공철 이전부터 보이는데, 김동필(金東弼, 1678~1737)이 행주산성 부근에 낙건정(樂健亭)을 마련하여 귀거래할 뜻을 부친 것이 그 예가 된다.[89] 남공철과 동시대를 산 이시원(李始源, 1753~1809) 역시 도성에서 멀지 않은 경기도 양주 영지동(靈芝洞)에 천운당(天雲堂)을 마련하여 귀거래할 곳으로 삼았다.[90] 김동필의 낙건정이나 이시원의 천운당, 남공철의 우사영정・역화방재 등은 모두 도성까지 걸어서 한나절, 가까운 곳은 반나절이면 이를 수 있는 거리에 있다. 굳이 귀거래를 내세우지 않더라도 오연상(吳淵常) 집안과 같이 도성에서 가까운 곳에 별업을 마련하여 수시로 그곳을 오가는 이들도 있었고,[91] 심지어 이만수나 심상규와 같이 아예 자신의 거처를 별업처럼 조성하여 탈속적인 생활을 하던 이들도 있었다.

이상 남공철의 귀거래 관련 글들에서 제시된 생활상은 아취로 가득한, 한가로운 경지로 제시되어 있어 이전 시기에 제시된 귀거래 공간에서의 생활상과 큰 차이가 없어 보인다. 그러나 여기에는 '번화한 도성에 있거

87) 이종묵, 「조선후기 경화세족의 주거문화와 四宜堂」, 『한문학보』 19, 우리한문학회, 2008, 568~569면.

88) 안대회, 「18・19세기의 주거문화와 상상의 정원」, 『진단학보』 97, 진단학회, 2004, 114면. 그들이 희구했던 것은 번잡함 가운데의 한아함이었고, 그것은 京郊에서도 충분히 획득할 수 있는 것이었기에 굳이 목가적 전원생활을 포기할 것도 없었다.

89) 이는 李德壽가 「樂健亭記」(『西堂私載』 권4)라는 글에서 자세히 언급한 바 있다.

90) 이시원의 天雲堂은 楊州 靈芝洞에 있던 것으로, 그곳은 오늘날 남양주시 진접읍 내곡리에 해당한다. 영지동에서 도성까지의 거리는 오히려 남공철의 광주 별업에서 도성까지의 거리보다 가깝다. 이시원의 天雲堂에 대해서는 남공철, 「천운당기」, 『금릉집』 권12 참조.

91) 오연상의 집안은 鍾巖에 별업이 있었다. 오연상 집안의 종암 별업에 대해서는 이종묵, 『조선의 문화공간』 4, 휴머니스트, 2006, 142~161면 참조.

나 도성과 멀지 않을 것'이라는 단서가 덧붙게 된다. 이러한 조건 아래에서 이 시기 남공철을 포함한 많은 경화세족들의 귀거래는 마음속으로 상상하고 희구하는 귀거래가 아니라 관직 생활 틈틈이 실천할 수 있는 귀거래였다고 할 수 있다. 남공철을 포함한 당시 경화세족에게 서울은 누대에 걸친 그들의 실제 고향이기도 했거니와 문화적, 정신적으로도 서울을 떠난다는 생각을 할 수 없었다. 또한 당시 도성 안 곳곳에서 이루어지던 아회(雅會)를 경험한 그들은 도성, 혹은 도성과 가까운 곳에서도 세속과 절연된 한아(閒雅)한 경지를 충분히 접할 수 있었기에 굳이 도성에서 멀리 떨어진 곳으로의 귀거래를 꿈꿀 필요도 없었다. 이 때문에 18세기 이후 경화세족들은 심지어 도성에 있는 자신의 집에서조차 세속과 절연된 한아한 경지를 추구하게 되었으며 그들이 추구한 귀거래의 성격 또한 이전 시기의 것과 달라질 수밖에 없었던 것이다.

이상에서 살핀 남공철의 서(序)와 기(記)는, 앞서 살핀 척독이나 제발, 전이나 묘지명에 비해 상대적으로 의론적 성격이나 지향이 두드러지다고 할 수 있다. 서(序)든 기(記)든 다양한 목적으로 지어졌기에 그 내용적 특징을 간략히 제시하기가 쉽지 않다. 본고에서는 궁사(窮士)를 위무하는 논리를 내세운 글, 근신(近臣) 및 관료문인으로서 왕화를 고취한 글, 귀거래를 소재로 한 글로 나누어 그의 서(序)와 기(記)의 특징에 대해 논의했다. 앞의 제3장에서 살핀 척독과 제발에서는 원굉도나 김성탄 등의 영향이 감지된다면 제4장의 묘지명이나 제5장의 서기(序記)에서는 구양수의 영향이 강하게 확인된다. 그렇다고 젊은 시절에 소품문에 심취했다가 다시 당송고문을 지향하게 된 것이라고 단정할 수는 없다. 젊은 시절 소품 취향이 강했던 것은 사실 그대로 인정하더라도 남공철의 구양수에 대한 지향은 수학기로부터 평생에 걸쳐 지속된 것이다. 제4장에서 다룬, 구양수의 영향이 확인되는 묘지명 가운데 상당수가 바로 소품 취향이 강한 척독과 제발을 짓던 시기에 지은 것이기도 하다.

제6장 문학사적 위상

남공철이 활동한 18세기 후반 내지 19세기 전반은 어떤 시기인가? 영·정조조에 걸친 상업경제의 발달과 문예진흥책에 힘입어 문화적 부흥을 구가하던 시기이고, 세도정권기에 접어들어 파행적인 정국 운영이 이루어지고 백성들의 고충이 가중되어 민란이 빈번하게 발생하던 시기다. 그 분기점이 된 것이 정조가 승하하고 세도정권이 출현한 시점이었고 공교롭게도 그 시점은 18세기에서 19세기로 넘어가던 때였다. 그래서 18세기의 문화예술은 발랄하고 참신한 것으로, 19세기의 문화예술은 안일하고 퇴영적인 것으로 평가되기도 하였다.[1] 이러한 평가에 대해 18세기적 문제의식과 19세기적 문제의식이 서로 다르니 19세기를 온당하게 평가할 수 있는 문제의식, 혹은 평가의 잣대를 마련해야 한다는 진단이 있기도 했다.[2] 발랄하고 참신한 18세기 문화예술이 19세기에 들어서면서 안일하고 퇴영적인 모습으로 변했다고 파악하는 관점은, 위 지적처럼 18세기적 문제의식으로 19세기의 문화예술을 평가했다는 문제가 있다. 또한 19세기의 문화예술을 19세기의 문제의식으로 살펴야 한다는 견해 자체는 지극히 타당하다 할지라도 18세기와의 연속성 또한 깊이 있게 고려되어야 한다.

남공철은 18세기 후반과 19세기 전반에 걸쳐 활동한 인물이다. 그는

---

1) 임형택, 「18, 19세기 예술사의 성격」, 『한국문학사의 논리와 체계』, 창작과비평사, 2002, 252면.

2) 박무영, 「19세기 한문학의 계열과 논점-沆瀣 洪吉周를 중심으로」, 『한국한문학연구』 41, 한국한문학회, 2008.

청년기에 연암그룹과 교유하며 특히 이덕무로부터 많은 문학적 영향을 받았지만 그 가문적·정치적 배경은 그들과 거리가 있었다. 정조조에는 초계문신으로서 정조의 근신으로 활동하며 성장하였고, 순조조에는 세도정권의 핵심 인물로 활동했다. 청년기에는 고동서화 취미를 적극적으로 향유하고, 중년기 이후에는 경교(京郊)에 별업을 마련하여 그곳에서 세속과 단절된 한아(閒雅)한 경지를 추구하였다. 또 그는 고문을 예찬하는 문장론을 내세우면서도 실제 창작에서는 소품문의 취향이 다분하다.[3]

그런데 정치적, 문화적, 문학적으로 이러한 특징을 보이는 것은 남공철만이 아니다. 이만수(李晩秀), 서영보(徐榮輔), 이상황(李相璜), 김조순(金祖淳), 심상규(沈象奎) 등도 남공철과 유사한 길을 걸었다.[4] 이들은 그동안 문학사에서 그다지 주목받지 못했다. 이들이 정조조에 문체 때문에 문제되었던 것이 그나마 문학사에서 이들의 이름을 드러낸 사건이었다. 이들 가운데 남공철이나 이만수에 대한 연구는 비교적 활발히 이루어지고 있으나 그 밖의 인물들은 큰 관심을 받지 못하고 있다.[5] 남공철도 비록 연구자들의 주목을 받고는 있지만 문학사적으로 그를 어느 곳에 자리매김할 것인지는 아직 구체적으로 논의되지 못하고 있다. 남공철 산문의 문학사적 의의는 그와 유사한 정치적, 문화적, 문학적 행보를 보

---

3) 안대회, 「소품문의 발견」, 『조선후기 소품문의 실체』, 안대회 편, 태학사, 2003, 12면.

4) 이 가운데 이상황을 제외한 남공철·김조순·심상규·이만수·서영보는 '天生五太史'라 칭해지기도 하였다. 이에 대해서는 鄭元容, 「斗室集序」, 『經山集』 卷12 참조.

5) 이들에 대한 연구는 다음과 같은 것이 있다. 이도훈, 「屐園 李晩秀의 生涯와 散文 硏究」, 계명대 석사학위논문, 2008; 김광섭, 「조선후기 遊記와 樓亭記에 나타난 산수관과 글쓰기 양상-趙瓛·徐榮輔·李晩秀를 중심으로」, 『고전과해석』 13, 고전문학한문학연구학회, 2012; 이영숙, 「屐園 李晩秀의 '和陶詩' 연구」, 『동양한문학연구』 35, 동양한문학회, 2012; 백승호, 「극옹 이만수 관각시 연구」, 『한국한시연구』 22, 한국한시학회, 2014; 오춘택, 「한국고소설비평사연구」, 고려대 박사학위논문, 1990; 김경미, 「이상황의 소설의식」, 『한국고전연구』 4, 한국고전연구학회, 1998; 박준원, 「楓皐 金祖淳 詩 硏究」, 『전통문화논집』 3, 경성대부설 한국학연구소, 1995; 유봉학, 「楓皐 金祖淳 연구」, 『한국문화』 19, 서울대 한국문화연구소, 1997; 김의동, 「두실 심상규의 생애와 시 연구」, 계명대 석사학위논문, 2013; ; 최일영, 「두실척독연구」, 고려대 석사학위논문, 2015.

인 이들과 함께 논의할 때 보다 분명해진다.

이들은 모두 18세기 후반 내지 19세기 전반에 활동한 인물들로, 이들의 위상을 문학사에 제대로 자리매김하기 위해서는 이 시기 산문사를 고문(古文)과 소품문(小品文)의 길항 구도로 파악하는 것이 하나의 방편이 될 수 있다. 산문 문장을 두고 '고문' 아니면 '소품문'으로 이분하는 시각은 분명 문제가 있지만, 고문과 소품문에 대한 당대 문인들의 지향의 차이를 밝히는 것은 이 시기 산문사의 구도를 보다 명확하게 드러내는 주요한 방법이라 생각한다.[6] 여기서는 18세기 후반 내지 19세기 전반에 활동한 고문가 그룹, 소품문가 그룹과 남공철을 포함한 순조조 관각문인 그룹의 한학(漢學)과 송학(宋學)에 대한 태도, 문학관 및 문학 활동의 특징, 선호한 문체 등을 기준으로 어떠한 지향의 차이를 보이는지에 대해 살펴보도록 한다. 이 시기 고문가 그룹으로는 홍석주(洪奭周, 1774~1842)·김매순(金邁淳, 1776~1840) 등, 소품문가 그룹으로는 이옥(李鈺, 1760~1812)·심노숭(沈魯崇, 1762~1837)·김려(金鑢, 1766~1822) 등, 순조조 관각문인 그룹으로는 남공철을 포함, 이만수(李晩秀, 1752~1820)·서영보(徐榮輔, 1759~1816)·이상황(李相璜, 1763~1841)·김조순(金祖淳, 1765~1832)·심상규(沈象奎, 1766~1838) 등의 경향을 예시하되 특징적인 면모를 중심으로 간략히 언급하도록 한다.

첫째, 경학 연구의 방법으로 제시된 한학과 송학에 대한 태도에서 차이를 확인할 수 있다. 홍석주나 김매순과 같은 고문가들은 한학의 의의를 인정하면서도 송학을 절대적 우위에 두는 입장에 있었다. 홍석주는 명물(名物)이나 훈고(訓詁)에 대해 대략적인 뜻만 아는 정도면 되지 그것에 전심하여서는 안 된다고 하였고,[7] 김매순 역시 당시 한유(漢儒)를

6) 실제로 김철범은 「19세기 전반 散文論의 展開와 그 特性」, 『동양한문학연구』 11, 동양한문학회, 1997에서 19세기 전반기 한문학사의 구도를, 根古據今과 達意를 중시하는 古文과 人情物態의 곡진한 묘사를 중시하는 소품문으로 구분하여 파악한 예가 있다.

7) 홍석주, 『학강산필』 권5: "名物訓詁之辨, 有涉於經禮之學者, 固儒者所宜講也. 然略曉其大者足矣. 竱心弊情, 矻矻而求之, 亦非所謂務實也."

추숭하는 이들에 대해 비판적이었다.[8] 이처럼 홍석주나 김매순 등과 같은 고문가들은 주자학을 학문의 본령으로 삼으며 한학의 의의는 적극적으로 인정하지 않았다. 이에 반해 이옥이나 김려 등 소품문가들은 한학이니 송학이니 하는 것을 아예 논쟁거리로 삼지도 않았다. 그러나 이들 소품문가의 글에는 고증학에 경도된 면모가 다분함을 확인할 수 있다. 한편 남공철이나 김조순 등 관각문인 그룹은 한학과 송학을 절충해야 한다는 입장이었다. 남공철은 한학과 송학이 각각 장처가 다르므로 두 학문 방법론의 장점을 취하여야 한다는 주장을 내세웠다.[9] 김조순 또한 『춘추(春秋)』에 대한 세 가지 주석서인 『춘추좌씨전』, 『춘추공양전』, 『춘추곡량전』을 두고, 훈고의 방법을 중시한 좌씨와 의리의 방법을 중시한 공양 및 곡량이 각각 장점이 있다고 하면서 이 두 가지 방법이 상보적인 관계에 있다고 파악, 한학과 송학의 절충을 지지하는 입장에 있었다.[10] 이들의 한송절충론은 표면적으로 한학과 송학의 장점을 절충해야 한다는 주장처럼 보이지만, 홍길주가 지적하였듯이 정통성리학을 송학으로 상대화시키면서 한학을 더 우위에 두는 것이었다.

여기에서 한학과 송학에 대한 입장들을 언급한 것은 이러한 학문적 태도가 고문과 소품문을 대하는 태도와도 밀접한 관련이 있기 때문이다. 훈고(訓詁) 혹은 고증은 세쇄(細瑣)한 것의 시비를 가려 고정(考訂)하는 것으로, 진위(眞僞)를 살피고 품평(品評)을 일삼는 고동서화 취미와도 밀접한 관련이 있다. 고문이 대체(大體)를 구현하는 것이라면 소품문은 쇄

8) 김매순, 「闕餘散筆」3, 『대산집』 권17: " 近日學者, 動稱漢儒, 所積憾於朱子者, 以其不純用古註, 而開卷第一義. 朱子之所尊尙者, 却又掉頭不講, 畢竟其學, 非宋非漢, 只是自己之私見. 實事求是者, 果如是乎?"

9) 「送沈大學士李侍讀赴燕序」와 「贈趙國珍序」, 「詩草木鳥獸譜序」(이상 『금릉집』 권11) 등에서 한학과 송학의 절충을 역설한 바 있다. 이에 대해서는 본서의 제2장 3절 참조.

10) 김조순, 「讀春秋說」, 『풍고집』 권16: "左氏、公、穀之傳, 各異體, 時世然也, 而學者不究其故. 主義理者, 斥左氏爲好奇, 專事實者, 病公、穀爲執拗, 豈理也哉? 假使無左氏之紀實, 公、穀雖賢, 何從而求夫子筆削之意也. 生於百年之後, 得以窺夫子筆削之意, 以就一部義理之書者, 實賴紀實之力, 是猶宋世性理之學, 源於漢儒訓詁之功也."

말(瑣末)에 주목하는 것이다. '대체를 버리고 쇄말을 우선시한다'는 홍석주의 발언은 고증학에 대한 비판이지만[11] 여기서 '대체'라는 말을 '고문'으로, '고증'을 '소품'으로 대체해도 무방하다. 따라서 한학의 의의를 적극적으로 인정한 남공철이나 김조순 등이 홍석주나 김매순 등에 비해 고동서화 취미나 소품문에 보다 유연한 태도를 보일 수 있었다고 생각된다.

둘째, 문학관과 문학 활동에서도 차이를 보인다. 고문가들은 문학의 경세적 효용을 중시하며 도문일치를 내세우고 당송고문을 중시하며 명대(明代) 문학을 폄하하는 성향을 보인다. 가령 홍석주는 문장의 '달의(達意)'의 측면을 중시하며 육경(六經)과 진한고문을 이상으로 여기고, 그에 이르기 위해 당송고문을 학습해야 한다는 견해를 내세웠다.[12] 또한 성현의 도를 밝히거나 경세치용에 주안한 문장을 높이 평가한 반면 명물도수나 소설쇄기(小說瑣記)에 관한 글에 대해서는 비판적이었다.[13] 김매순 역시 문(文)과 도(道)의 관계를 중시하여 도(道)가 없는 문(文)은 문(文)이 아니라고 하면서 문학의 경세적 효용을 중시하였다.[14] 이처럼 고문가들은 심미성에만 주안하여 사회교화적 기능을 상실한 문학에 대해 비판적이었으며,[15] 이들의 이러한 비판은 정조의 문학관을 그대로 잇는 것이었다.

반면 소품문가들은 문학에서의 정(情)의 표출을 중시하면서 명대(明

11) 홍석주, 『학강산필』 권3: "余非惡攷證也, 惡夫先攷證而後義理者也, 惡夫攷證者之捨大體而先瑣末者也."

12) 정민, 『조선 후기 고문론 연구』, 아세아문화사, 1989; 김철범, 「연천 홍석주의 고문론」, 『한국한문학연구』 12, 한국한문학회, 1989; 강석중, 「홍석주의 ≪학강산필≫에 나타난 문학관에 대하여」, 『한국학논집』 37, 한양대 한국학연구소, 2003; 김새미오, 「淵泉 洪奭周 散文 硏究」, 성균관대 박사학위논문, 2009 등에서 이 점을 공통적으로 지적하고 있다.

13) 정민, 위의 책, 77면.

14) 김매순, 「題李審夫文卷」, 『대산집』 권8: "文者, 道之配也. 舍道則匪文, 是以古人之深於文者, 皆以道爲本.…(中略)…又或一於冲退, 不肯以經世垂敎爲己任, 則志之不立, 言亦象之."

15) 김철범, 「19世紀 古文家의 文學論에 대한 硏究」, 성균관대 박사학위논문, 1992, 40면.

代) 문학을 애호하였다. 이를테면 심노숭(沈魯崇)은 문학에서 정(情)을 핵심요소로 파악하는가 하면 패사소품을 애호하고 고문을 부정하여, 차라리 속될지언정 (고문을 지어) 거짓을 일삼아서는 안 된다[寧俗下, 而不敢爲僞]는 주장을 내세우기도 했다.[16] 이용휴(李用休) 또한 산문의 행문(行文)과 구법(句法), 자법(字法)은 물론 글의 구상과 내용에서 고문과 큰 차이를 보이는 글을 썼고, 이옥(李鈺) 역시 고문의 격식과 내용을 파괴하는 글쓰기를 시도했다.[17] 급진적인 소품문가로 평가되는 노긍(盧兢, 1738～1790)은 아예 고문을 해체하려는 시도를 했다고 할 만큼 극단적인 모습을 보이기도 했다.[18]

이에 반해 남공철이나 이상황, 이만수 등은 고문을 표방하면서도 소품문에 대해 유연한 입장을 보였다. 남공철은 기본적으로 도문일치를 표방하면서 문장에서 기(氣)와 법(法), 취(趣)를 중시하며[19] 특히 법(法)과 관련해 편법(篇法), 구법(句法), 자법(字法) 등 문장 구사법을 따라야 하고 서기법(序記法), 비지법(碑誌法), 장소책론법(章疏策論法), 서독제발법(書牘題跋法) 등 문체에 따라 그에 맞는 법을 구사하여야 한다고 주장한 바 있다.[20] 이러한 남공철의 태도는 고문가의 그것과 다를 바 없어 보이지만, 그러나 문장에서의 도를 절대적인 것이 아닌 상대적인 것으로 파악하였으며, 특히 고답적인 고문을 짓느니 당대의 사실과 당대의 도를 담은 시문(時文)을 짓는 것이 낫다는 발언까지 서슴지 않았다.[21] 남공철은 스스로 소품문을 배척하는 것을 자기 임무로 삼는다고 하였지만 그

---

16) 김영진, 「孝田 沈魯崇 文學 硏究」, 고려대 석사학위논문, 1996, 27～28면.

17) 안대회, 「조선후기 소품문의 성행과 글쓰기의 변모」, 『조선후기 小品文의 실체』, 안대회 편, 태학사, 2003, 30～31면.

18) 안대회, 「盧兢 小品文攷」, 『한문학보』 6, 우리한문학회, 2002.

19) 남공철, 「四君子文鈔序」, 『금릉집』 권11: "無法無氣無趣, 而文道失矣."

20) 남공철, 「與金國器論文書」, 『금릉집』 권10: "何謂法? 篇有篇法, 句有句法, 字有字法. 序記有序記法, 碑誌有碑誌法, 章疏策論有章疏策論法, 書牘題跋有書牘題跋法."

21) 남공철, 「答金國器」(一), 『금릉집』 권10: "且世所稱古文者, 皆僞耳. 與其僞也, 曷若時文之切事實而近於道哉."

가 배척한 것은 소품문 자체라기보다는 소품문을 표절하여 사람들의 환심을 사는 글에 초점이 맞추어진 것이었다.[22] 이상황은 「힐패(詰稗)」에서 표면적으로는 패관소품을 힐난하는 힐자(詰者)가 논쟁에서 승리하도록 설정하였으나 이는 형식적인 승리일 뿐 여전히 패자(稗者)의 입장에 서서 패관소품의 다양한 장점들을 지지하여 패관소품의 의의를 인정하고 있었다. 이만수도 문장의 근원을 경술(經術)에 두고, 그 가운데 특히 육경(六經)을 중시하고 있었으며,[23] 초기에는 명물고증이나 패관소품으로 치닫는 세태를 비판하면서 학자들이 주자학으로 되돌아가야 함을 주장하였지만[24] 김성탄의 비본(批本) 『서상기』와 『수호전』을 본 이후로 문체가 크게 변하였다고 한다.[25]

이처럼 남공철이나 이상황, 이만수 등은 고문을 중시하는 면모를 보이면서도 소품문에 대해 유연한 입장이었다. 그런데 이들의 문학 활동을 고찰하면 이들이 어째서 소품문에 유연한 입장을 보였고, 고문의 영역과 소품문의 영역을 오가며 창작에 임했는지가 보다 분명해진다. 남공철이나 김조순, 심상규, 이상황은 모두 정조로부터 문체 문제 때문에 견책을 당한 적이 있다. 남공철은 대책문에 '고동서화'라는 네 글자를 썼다는 이유로 정조 16년(1792)에 있었던 일련의 문체순정책을 촉발시킨 인물로 알려져 있거니와,[26] 젊은 시절 패관소품을 즐겨 읽었으며[27] 원굉도나

22) "尙詞藻者, 剽竊稗官小品, 譁世取悅, 殆類俳優."(남공철, 「四君子文鈔序」, 『금릉집』 권11); "其黠者, 剽竊稗官小說, 取悅耳目."(남공철, 「宜齋藁序」, 『금릉집』 권11)

23) 이만수, 「家狀」, 『극원유고』 권15: "爲文章, 本源經術, 不規規於作者軌範, 惟主於理趣, 純深灝噩, 自成一大家."

24) 이만수, 「權菊齋事蹟集序」, 『극원유고』 권9: "世之爲學者, 往往喜新而厭常, 高者馳騖於名物考證之說, 下者膏肓於稊稗小品之家…(中略)…然則今日之時義, 如之何而可? 莫若反其本焉耳. 其本維何? 道吾道學吾學而已. 道與學, 惡乎在? 朱子集註、語、孟、庸、學是已."

25) 李裕元, 「喜看稗說」, 『林下筆記』 권27: "李屐翁晩秀, 平生不知稗說爲何書. 一日有人贈金聖嘆所批西廂記水滸傳兩種, 公一覽大驚曰: '不圖此書能具文字之變幻也.' 由是大變文體."

26) 이덕무, 「與朴在先」, 『刊本 雅亭遺稿』 권7: "大抵此事, 創始於南直閣對策, 用古董書畵四字, 羨慕中原, 嗜好小說, 爲近日痼弊, 責敎截嚴. 南公與李玉堂相璜, 至有問啓之命."

27) 남공철이 패관소품을 애호하였음을 알 수 있는 구절은 여러 곳에서 발견된다. 대표적인 것

김성탄의 문장을 빌려 척독과 제발을 짓기도 했다.[28] 이상황 역시 김조순과 함께 예문관에서 숙직하면서 『평산냉연(平山冷燕)』 등의 소설을 읽다가 정조에게 발각되어 자송문으로 「힐패(詰稗)」와 척패시(斥稗詩) 30수를 지어 올린 바 있다. 그는 평소에 패설을 즐겨 읽어 그것을 손에서 떼는 일이 적었으며, 신본(新本) 보기를 좋아하여 중국에 다녀오는 자들이 다투어 그에게 책을 갖다 바쳐 그것이 몇천 권에 이르렀다고 한다.[29] 특히 『서상기』와 같은 책을 좋아하여 밥을 먹을 때나 심지어 측간에 갈 때조차 그것을 손에서 놓지 않았을 정도였다.[30] 젊은 시절, 소설이나 소품문을 애호하기는 김조순도 마찬가지였다. 이상황과 예문관에서 숙직하면서 『평산냉연』을 읽다가 정조에게 발각된 사건은 널리 알려져 있거니와, 그는 김려(金鑢)와 친밀하게 지내며 장조(張潮)가 편찬한 『우초신지(虞初新志)』를 애독하기도 하였고,[31] 심지어 1792년에는 『우초신지』를 본떠서 김려와 함께 『우초속지(虞初續志)』를 편찬하기까지 했다.[32] 비록 젊은 시절에 집중되어 있기는 하지만 이들이 패관소품을 애호하였다는 것만은 분명하다. 그렇다고 해서 이들이 정조 16년(1792)에 정조로부터 문체 문제로 견책을 당하고 그 이후 보수적인 문학관으로 전변했다고 할 수는 없다. 왜냐하면 이들이 소품문을 애호했던 것은 소품문이 갖고 있는 아취(雅趣) 때문이었고,[33] 순조조에 들어서 아취 추구 방식이 달라졌던 것뿐이다. 또 남공철이 『금릉집』을 간행한 시기는 순

으로 「與崔生」·「與李元履」(五)·「與李懋官」(一)(이상 『금릉집』 권10) 등을 들 수 있다.

28) 이에 대해서는 본서의 제3장 2절 및 4절 참조.

29) 이유원, 앞의 글: "桐漁李公, 平日手不釋者, 卽稗說也. 毋論某種, 好閱新本. 時帶譯院都相, 象譯之赴燕者, 爭相購納, 積至累千卷."

30) 洪翰周, 「正祖文體反正」, 『智水拈筆』: "桐漁主小說, 酷好西廂記, 常曰: '凡有字之書, 見時雖好, 掩卷則已. 惟西廂, 一見時好, 掩卷愈味. 想像肯綮, 不覺其黯然魂鎖. 此韓柳歐蘇不能爲, 左國班馬不能爲, 二典三謨亦不能爲. 雖對飯如厠, 手不停披.'"

31) 김려, 「題古香屋小史卷後」, 『담정유고』 권10: "余少時, 與楓皐金相公, 讀虞初新志, 甚喜之."

32) 김려, 「題丹良稗史卷後」, 『담정유고』 권9: "余於壬子年間, 與楓翁收拾所著文字, 爲虞初續志."

33) 가령 남공철이 패관소품을 언급하는 맥락은 모두 아취 추구와 관련이 있다.

조 15년(1815)으로, 만약 그의 문학관이 보수화되었다면 소품취가 다분한 척독과 제발, 일부 묘지명은 문집에 수록하지 않았을 것이라는 점, 김조순 또한 순조조에 들어서까지 김려나 심노숭 등 소품문가와 활발히 교유했던 점, 이만수는 오히려 순조조에 이르러서야 소설에 흥미를 가지게 된 점 등도 이들의 문학관이 정조의 문체반정을 계기로 보수화되었다고 단정할 수 없는 근거가 된다.

셋째, 이 세 부류의 문인들이 애호한 문체 또한 차이를 보인다. 홍석주나 김매순과 같은 고문가들의 문집에는 고문에서 즐겨 다루는 논변류나 비지류가 큰 비중을 차지하고 있으며 소품문적 성향을 보일 수 있는 문체는 제한적이라는 점을 확인할 수 있다. 홍석주와 김매순의 문집에 수록되어 있는 산문을 문체별로 제시하면 다음과 같다.

『淵泉集』: 疏箚(권5～8), 啓(권9), 啓・議・箋(권10), 應製文(권11), 應試文・故事(권12), 抄啓故寔(권13～15), 書(권16), 書・尺牘(권17), 序記(권18～19), 傳・題跋(권20～21)

『臺山集』: 疏箚・啓辭(권4), 書(권5～6), 序記(권7), 題跋(권8), 雜著(권9), 墓誌銘(권10), 墓誌銘・墓碣銘・墓表・碑(권11), 行狀・祭文(권12), 家史(권13～14), 闕餘散筆(권15～20)

홍석주의 문집에 척독과 제발, 전 등 소품문과 친연성이 높은 문체가 없는 것은 아니지만 척독(5편)은 감정의 유로(流露)가 억제되어 있으며 제발 또한 서발류로서의 성격이 강하여 취(趣)를 강조하거나 강한 서정성을 보이는 남공철의 것과 거리가 있다. 전 또한 대부분이 충・효・열 등 유가적 가치를 주제의식으로 삼고 있어 인물 형상화에 집중하거나 입전 인물의 기이한 면모에 주목한 남공철, 김조순의 것과는 다르다. 김매순의 문집에도 제발이 포함되어 있으나 이 역시 홍석주의 것과 마찬가지로 서발류로서의 성격이 강하며 소품문과는 거리가 있다.

한편 이옥의 산문은 첨신(尖新)하고 섬려(纖麗)한 문투에 이속적인 표현을 특징으로 하는 소품이 대부분이며, 서발류조차도 강한 서정성을 띠고 있다.[34] 이옥의 절친한 벗이었던 김려의 문집에 수록되어 있는 산문의 성격도 이옥의 것과 크게 다르지 않다.

> 『藫庭遺藁』: 坎窞日記(권7), 牛海異魚譜(권8), 丹良稗史(권9), 叢書題後(권10), 倉可樓外史題後・寒皐觀外史題後(권11)

김려는 서기(序記)와 같은 전통적인 글쓰기 방식을 택하는 대신 일기, 패사(稗史), 제발과 같이 패사소품적 성격이 농후한 글쓰기 방식을 택하고 있음을 알 수 있다. 또 당시 소품문가인 노긍(盧兢, 1737~1790)은 서기(序記)・책론(策論)・제발(題跋)・서독(書牘) 등의 산문을 지었다고 하는데, 조수삼은 노긍의 글을 두고 제발(題跋)이나 서독(書牘)은 물론 서기(序記)에서조차 패관의 말을 써서 경사(經史)의 기미라고는 전혀 없다고 하였을 만큼[35] 강한 소품취를 보였다. 이처럼 소품문가들의 문집에서는 관각문자는 거의 찾아볼 수 없을뿐더러[36] 제발과 같이 소품문과 친연성이 높은 문체를 선호하였으며 서기(序記)와 같은 문체의 글에서도 강한 소품취를 보이고 있다.

이들과 달리 남공철이나 김조순, 서영보, 이상황, 심상규, 이만수 등의 문집에는 관각문자가 적지 않은 비중을 차지하고 있다.[37] 그러나 척독과 제발, 전과 묘지명, 서와 기 등이 관각문자와 대등한 비중을 차지하

---

34) 이현우, 「李鈺 小品 硏究」, 성균관대 박사학위논문, 2002, 58면.

35) 조수삼, 「與蓮卿」, 『추재집』 권8: "盧生如臨, 卽弟平生三恨之一.…(中略)…序記題跋書牘, 純用稗官語, 無經史氣味."

36) 소품문가라 일컬어지는 이옥, 김려 등이 관각문자를 제작할 만한 벼슬을 하지 않은 반면 관각문인이라 칭해지는 이들은 절대 스스로를 소품문가라 표방하지 않았기 때문이다.

37) 심상규의 문집은 온전한 형태로 전하지 않고 척독과 시만 전하고 있다.

거나 더 높은 비중을 차지하고 있다.[38] 이들의 문집에 관각문자가 많은 비중을 차지하고 있는 것은 정조조부터 관각에 들어 순조조에는 핵심 관직을 맡았기 때문이다. 그런데 관각문자 이외의 여타 문체의 글들은 고문적 성향을 강하게 띠는 글들도 있지만 소품문적 기미가 다분한 글들도 적지 않다. 남공철의 대부분의 척독과 제발이 소품 취향이 강한 것이 단적인 예다. 그러면서도 서기(序記)에서는 전아한 고문도 어렵지 않게 찾아볼 수 있다. 또 다른 예를 들자면, 김조순의 문집에 수록된 산문은 다음과 같이 구성되어 있다.

『楓皐集』: 疏箚(권7~8), 奏・啓・應製文・祭文(권9), 書(권10), 碑銘・墓碣(권11), 墓誌・墓表・行狀(권12), 諡狀(권13~14), 序・記・跋・箴・銘・頌・贊・傳(권15), 雜著(권16)

김조순의 전은 충・효・열을 주제의식으로 하고 있는 홍석주의 것과는 달리 불우한 삶을 산 이언진이나 정신병에 걸렸는데도 부모를 잘 모시고 사람을 제대로 사귄 한전(韓顚) 등 예사롭지 않은 인물을 입전하고 있으며 주제의식 또한 홍석주의 그것과는 거리가 있다. 잡저(雜著) 가운데 아들 유근(逌根)의 생일을 맞이해 보낸 글인 「유아생조(逌兒生朝)」에서는 김조순 자신이 평생 대나무를 좋아하였으며 평소 그림 그리기를 게을리하지 않았다고 하였고,[39] 정선(鄭敾)의 그림에 대한 제발인 「제겸재화첩(題謙齋畵帖)」에서는 정선(鄭敾)의 그림보다 심사정(沈師正)의 그림이 아취(雅趣) 면에서는 더 낫다고 평하는 등[40] 자신의 취향과 관련한 언급을 적잖이 찾을 수 있다. 현전하는 김조순의 문집에는

38) 이상황의 『桐漁遺集』은 대부분 관각문자로 구성되어 있어 예외가 된다.
39) 김조순, 「逌兒生朝」, 『풍고집』 권16: "吾素不解繪事, 平生惟愛竹, 故亦時時寫其形."
40) 김조순, 「題謙齋畵帖」, 『풍고집』 권16: "其畫晩益工妙, 與玄齋沈師正並名, 世謂謙玄, 而亦謂雅致不及沈."

척독이 따로 수록되어 있지 않은데, 김려가 김조순의 척독집을 애호하였다는 것으로 보아[41] 김조순 또한 척독을 즐겨 지었으리라 추정할 수 있다.[42] 이만수나 서영보 등의 문집 내용도 남공철이나 김조순과 것과 다르지 않다.

이들이 이렇게 문체를 선택함에 차이를 드러내는 것은 산문 창작에 임하는 주제의식과 목적, 대상이 달랐기 때문이다. 가령 경세적 효용성을 중시하는 고문가와 개인의 감정을 중시하는 소품문가가 선호하는 문체는 차이가 날 수밖에 없으며 고문과 소품문의 자장 가운데에 있던 남공철이나 김조순 등은 상황에 따라 고문에 가까운 글을 짓기도 하고 소품문에 가까운 글을 짓기도 했던 것이다.

결국 순조조 관각문인들은 도문일치를 표방하면서도 도의 개념을 유연하게 파악하고, 동시에 한학(漢學)과 금문(今文)의 의의를 긍정하면서 소품문에 대해서도 유연한 입장을 취했다. 그런데 이들이 고문을 표방하면서도 소품문에 유연한 태도를 보이고 소품문적 성향이 강한 글을 짓게 된 배경은 단순히 한학과 시문(時文)을 긍정한 결과라 할 수 없다. 오히려 수학기에 정통고문을 학습하는 한편 아회(雅會)의 참여를 통해 고동서화 취미를 향유하고 다양한 벗들과 아취(雅趣)를 공유하였으며 첨신(尖新)하고 기이한 것에 높은 가치를 두던 당시 경화의 풍조로부터 영향을 받아 그들의 문예 취향을 형성하게 되었고, 그와 맞물려 그것이 그들의 문학적, 학문적 태도에 영향을 미쳤다고 할 수 있다. 이러한 배경 때문에 남공철과 같이 짧은 기간에 문학관의 변화를 보인 예가 당시로

---

41) 김려, 「題聞人觀尺牘卷後」, 『담정유고』 권10: “余平生最愛楓翁書牘, 非但文字可貴, 筆畫亦甚遒妙, 眞絶世之寶也.”

42) 김려는 김조순의 척독을 각각 「聞人觀尺牘」·「古香屋小史」·「楓皐觀小牘」의 세 권으로 묶어 『담정총서』에 수록한 바 있다. 이에 대해서는 김려 지음, 강혜선 옮김, 『유배객, 세상을 알다』, 태학사, 2007, 172~173면 참조. 김려가 이 세 권의 척독집을 두고 지은 제발이 각각 「題聞人觀尺牘卷後」·「題古香屋小史卷後」·「題楓皐觀小牘卷後」(이상 『담정유고』 권10)로 전한다.

서는 빈번했을 것이라고 생각된다. 수학기에 정통 고문을 학습하며 형성된 고문관이 청년기에 들어 교유의 폭이 넓어지고 사회에 대한 경험치가 증가하면서 당대의 패션을 흡수하는 과정을 거쳐 스스로의 문학관을 일신하는 과정, 이것이 당시 남공철이나 김조순 등이 밟았을 궤적이라 할 수 있겠다.

순조조 관각문인들은 젊은 시절 고동서화 취미 향유와 아회 참여에 적극적이었다. 아회에서 이루어진 고동서화나 시문에 대한 품평 과정에서 이들은 특히 취(趣)를 중시했는데, 이는 물론 이들만의 전유물은 아니었다. 그러나 이들은 순조조에 핵심 관직에 오르면서 귀거래를 표방하며 경교(京郊)에 한아(閒雅)를 핵심으로 하는 개인 공간을 마련, 그 안에서 아취(雅趣)를 누리고 그것을 문학에 지속적으로 구현했다. 남공철이 용산과 광주에 별업을 경영하며 오갔던 것이나 심상규가 화려함의 극치를 이룬 집 가성각(嘉聲閣)을, 이만수가 도심에 속세와 단절된 최감은정(㝡堪隱亭)을 경영하고, 김조순이 자신의 거처를 '소무속헌(小無俗軒)'이라 이름한 것 등에서 이들이 젊은 시절(18세기) 보였던 발랄함이 중년기 이후(19세기)에는 속세와 단절된 듯한 개인 공간에서 한아(閒雅)함을 추구하는 모습으로 변모, 이것이 일견 퇴영적인 모습으로 비춰진 것이다.

그러나 한아함을 추구함과 동시에 이들은 예술에 대한 전문화와 고급화를 선도하게 되었으며 이는 신위(申緯)나 김정희(金正喜) 등의 예를 통해 확인할 수 있다. 남공철은 이러한 양상을 가장 선명하게 보여주는 인물이다. 남공철은 유연한 문장론에 기반하여 고문과 소품문의 길항 구도에서 둘 사이를 오가며 창작에 임했고, 19세기에 들어서 아취 추구의 변모 양상을 문학에 노정한 대표적인 인물이라 할 수 있다.

제7장 결론

남공철은 육경(六經)을 존숭한다고 하기도 하고 시문(時文)을 높이기도 하는 등 일견 모순적인 문학관을 내세웠고, 지은 글 또한 소품취 강한 글로부터 완연한 고문에 이르기까지 넓은 진폭을 보이고 있다. 이러한 특성 때문인지 남공철에 대한 연구가 적잖이 축적되었음에도 불구하고 그 문학사적 위상을 규명하려는 시도는 아직 이루어지지 못했다. 필자는 이러한 문제의식에서 출발, 그의 산문 전반을 탐색해 남공철 산문이 정조조에서 순조조에 걸쳐 활동한 경화세족이자 관각문인 그룹의 문학적 지향을 단적으로 보여준다는 것을 밝히려 하였다.

남공철은 남용익, 남유용을 잇는 조선후기의 대표적인 경화세족 가문에서 태어나 젊은 시절 연암그룹과 어울리는 한편 규장각 초계문신으로 활동하기도 하였고, 세도정권의 핵심 인물로 활동하기도 했다. 남공철에 대한 학계의 관심은, 문체 때문에 정조로부터 견책을 당한 인물이라는 점, 연암그룹의 일원이었다는 점 등에 초점이 맞추어져 있었다. 이 때문에 생애 절반이 19세기에 걸쳐 있었음에도 불구하고 그가 정조 연간, 즉 18세기 인물로 각인된 것이 아닌가 한다.

남공철은 50년 가까운 기간을 관료, 그것도 조정의 요직에서 관직 생활을 한 관각문인이다. 그의 고조부 남용익으로부터 서울에 세거한 경화세족이기도 하다. 남공철의 문학적 성격을 파악하는 데 이 두 가지 즉, '관각문인'과 '경화세족'이 키워드가 된다. 기본적으로 그는 관각문인의 재도론적 문학관에서 자유로울 수 없었으면서도 다른 한편으로는 당시에 취향의 유행을 선도하던 경화세족이기도 했다. 단순하게 말하자면 그의 문학적 성격은 이 두 가지 자장 안에서 형성된 것이다.

남공철의 교유 관계는 오윤상(吳允常)이나 이현수(李顯綏) 등 대를 이은 교유, 연암그룹과의 교유, 최북이나 이단전 등 여항인들과의 교유, 남유형이나 남유두 등 족친과의 교유, 김조순이나 심상규 등 초계문신들과의 교유 등으로 파악할 수 있는데, 세부적으로 들여다보면 더욱 복잡한 양상을 띤다. 그러나 그의 교유 관계는 그의 문학과 밀접한 관련이 있기 때문에 가벼이 여길 것이 아니다. 누대에 걸쳐 교유 관계를 유지하던 오윤상이나 이현수는 서(書)나 척독(尺牘)의 주요 수신자들이었다. 젊은 시절 연암그룹과 교유하면서 그는 당대 조선 지식인들 가운데 청조(淸朝)의 신문물을 접할 수 있는 최전선에 있었고 특히 이덕무와의 교유를 통해 명청 소품을 열독하였다. 여항 예인이나 친족들은 그의 산문, 특히 전(傳)과 묘지명의 주된 형상화 대상이었다. 또 김조순이나 심상규 부류의 벗들은 순조조 이후까지 활발히 교유하던 이들이다.

교유 관계와 함께 남공철 산문에 영향을 미친 것으로 그 가학적 면모, 특히 부친 남유용의 영향과 구양수의 영향을 들 수 있다. 구양수 애호, 문장에서 기(氣)를 중시한 점, 서화를 혹호(酷好)하던 취향은 남유용으로부터 남공철로 그대로 이어지게 된다. 남공철의 문학, 특히 그의 산문에 가장 강력한 영향을 미친 것은 구양수다. 구양수의 영향, 혹은 구양수에 대한 지향은 남공철의 생애에서 특정 기간에 국한된 것이 아니며 10대로부터 70대 이후까지 지속되었다고 할 수 있다. 10대 후반에는 구양수의 산문을 본받아 구양수를 잘 배운 이로 이름이 났고, 20~30대에 지은 서(序)나 묘지명에서는 구양수의 작품을 의방한 흔적이 역력하다. 또 40세 이후에는 구양수의 귀거래를 본받았다고 할 수 있다.

남공철의 문학관은 보수적인 면모와 혁신적인 면모를 함께 보여 일견 모순된 것처럼 생각되기도 하고 그 산문 또한 산뜻하고 아취(雅趣)가 두드러진 소품 취향의 글, 전아한 고문으로 손색이 없는 글을 함께 남겨 갈피를 잡기가 쉽지 않다. 남공철은 재도적 문학관을 내세웠는데 이는 그의 가문적 배경이나 관력(官歷), 특히 정조에 의한 훈육 등을 생각하면 자연스러운 것이다. 그는 기본적으로 당송고문을 표방하였으나, 젊은 시절에 소품취 강한 척독과 제발을 활발히 창작하기도 했다. 그러나 수학기로부터 노년에 이르기까지 그의 문학관의 무게중심은 구양수 산문을 중심으로 한 당송고문 쪽에 기울어 있었다고 할 수 있다. 따라서 정조로부터 문체 문제 때문에 견책을 당하여 그 문학관과 창작 양상이 보수화되었다고 보는 것은 자칫 남공철 문학의 실상을 표면적이고 단순하게 파악하는 것일 수 있다. 문학관과 함께 주목되는 것이 그의 한학과 송학에 대한 입장인데, 남공철은 그 둘을 절충하여야 한다는 의론을 내세우고 있다. 그러나 그 절충은 한학과 송학을 같은 비중으로 중시하는 절충이라기보다는 한학 쪽에 기울어 있는 절충으로 파악된다. 한학에 경도되었다는 것은 고증학이 세쇄한 것에 관심을 기울이는 소품문과 친연성을 보인다는 점에서 주목할 수 있다. 비록 체질적으로는 당송고문 쪽에 서 있을 수밖에 없었지만 그가 소외된 인물, 개인의 내면에 관심을 기울일 수 있었던 것도 한학과 송학에 대한 그의 태도와 무관하지 않다.

남공철 산문 가운데 주요한 작품을 취향과 관련된 척독과 제발, 인물의 형상화에 주의를 기울인 전과 묘지명, 논리와 지향이 부각된 서와 기로 나누어 분석했다. 척독과 제발은 소품 취향이 강한 글들이 많은데, 주로 아취(雅趣)를 중시하는 면모가 두드러지고 절친한 벗을 염려하는 마음이나 벗과의 만남과 이별을 회억하는 글들도 하나의 경향을 이룬다. 와유(臥遊)의 정취를 소중하게 여겨 심득(心得)을 강조한 글들도 주목을 요한다. 필자는 이 책에서 남공철의 척독과 제발을 각각 아취(雅趣)와 우정(友情), 와유(臥遊)에 초점을 맞춘 글들로 분류하여 고찰했지만, 사실 이 셋은 친연성이 강하기도 하다. '벗들과 산수에서 누리는 아취', 이것이 젊은 시절 남공철이 척독과 제발을 통해 주요하게 구현하고자 한 것이었다. 그의 척독은 친밀한 수신자를 대상으로 취향을 공유하기도 하고 가감 없는 직설을 통해 벗으로서의 책무를 다하는 용도로도 활용되었다. 또한 그의 제발은 대상 자료 자체에 대한 정보보다는 그로 인해 환기되는 개인적 경험의 회상이나 감회가 주조를 이루고 있다. 여러 글에서 원굉도나 김성탄 문장을 원용한 데서 더욱 분명히 알 수 있듯이 남공철의 척독과 제발은 소품 취향이 다분하다고 할 수 있다.

의론보다 서사에 능했던 남공철의 장처를 단적으로 확인할 수 있는 것이 그의 전(傳)과 묘지명이다. 전은 주로 최북이나 김용행과 같은 예인을 입전한 것이 높은 성취를 보이고 있는데, 남공철은 이들의 강한 자의식에 주목하였다. 강한 예인적 자의식으로 인해 빚어진 사건들을 형상화함으로써, 그들의 기행(奇行)이 강한 자의식에서 말미암은 것임을 드러내었다. 한편 묘지명은 사인(士人)의 묘지명과 부인(婦人)의 묘지명으로 구별하여 고찰했다. 남유형(南有衡)과 남유두(南有斗)의 묘지명에서는 묘주가 궁핍한 생활을 하면서도 절개를 굽히지 않으며 자족적인 태도를 보인 면모에 초점을 맞추고 있고, 박남수의 묘지명에서도 '절개를 굽히고 사느니 차라리 복어를 먹고 죽는 게 낫다'는 발언을 특필(特筆)하였을 만큼 박남수의 사절(士節)을 부각시키고 있다. 부인 묘지명에서는 수동적인 유가적 여성상을 구현하는 데 머물지 않고 묘주에게서 학덕이 있는 여사적(女士的) 면모를 찾아 부각시키고 있다. 부인 묘지명은 특히 기법적으로 주목을 요하는 점이 많은데 전언(傳言)을 재연(再演)하는 기법이라든지 인상적인 일화를 배치하는 방법 등이 그것이다. 사인(士人)의 묘지명이든 부인 묘지명이든 남공철이 묘지명에서 일관되게 부각시키려 했던 것은 바로 '절(節)'이었다고 할 수 있다.

남공철이 척독과 제발에서 아취(雅趣)를 중시하며 원굉도나 김성탄을 애호했던 사실을 확인할 수 있다면 서(序)와 기(記)에서는 구양수에 대한 애호를 확인할 수 있다. 남공철의 서(序)와 기(記)는 취향을 중시한 척독이나 제발과 달리 의론과 지향 의식이 두드러짐을 확인할 수 있다. 필자는 남공철의 서(序)와 기(記)를 세 부류로 나누어 고찰했다. 시인의 궁달과 시의 공졸(工拙)을 문제 삼으며 궁사(窮士)를 위무하는 논리를 마련한 글들, 근신(近臣)으로서의 경험과 왕화(王化) 구현이라는 관료문인으로서의 의식을 확인할 수 있는 글들, 귀거래를 문제 삼은 글들이 그것이다.

남유형(南有衡)이나 민범대(閔範大), 김재련(金載璉)의 시집에 부친 서(序)에서는 득의하지 못한 인물의 불우함을 위무하면서, 시인의 궁달과 시의 공졸의 연관성에 대해 논의하고 있다. 불우함을 위무하는 방식은 인물이 처한 상황에 따라 다르게 나타난다. 신분적 한계 때문에 영달에 대한 희망을 가질 수 없었던 남유형이나 민범대에 대해서는 그들의 시재(詩才)를 기리거나 울울한 심회에 대해 공감을 표하는 방법으로, 장차 영달 가능성이 높았던 김재련에 대해서는 영달 이후에 능력을 펼 수 있을 것이라는 확신을 표명하는 방법으로 그들의 불우를 위무하고 있다. 대상이 어떻든 남공철은 기본적으로 구양수의 '시궁이후공(詩窮而後工)' 논의에 동조하여 구양수의 의론을 여러 차례 가져다 쓰고 있음을 확인했다. 남공철의 서(序)와 기(記)에는 이러한 의론뿐만 아니라 의식의 고취 혹은 지향으로 일컬을 수 있는 면모도 확인된다. 오랜 기간 관각문인으로 활동하였기에 지을 수 있었던 글들 가운데 근신(近臣)으로서의 경험을 토대로 한 글이라든지 지방관으로서 왕화(王化)를 고취하고 여민동락하는 즐거움을 부각한 글들이 주목된다. 이러한 글들, 특히 「소풍락정기(小豐樂亭記)」와 같은 글에서는 관료문인으로서의 왕화(王化) 구현 의식과 함께 구양수에 대한 지향도 확인할 수 있다.

문학에 대한 애호에서 출발한 구양수 지향은 귀거래를 소재로 한 일련의 글들에서도 단적으로 확인할 수 있다. 구양수가 44세부터 귀거래를 준비하여 64세에 귀거래를 성취한 것을 본받아 남공철은 40세경부터 귀거래를 준비하였다. 경기도 광주에 별업을 마련하고 구양수를 흠모하는 마음에 '우사영정(又思潁亭)'이라는 이름을 붙이는가 하면 그 곁에 옥경산장(玉磬山莊)을 두기도 했다. 이곳을 소재로 「우사영정기(又思潁亭記)」·「옥경산장기(玉磬山莊記)」·「둔촌사경도발(遁村四景圖跋)」 등뿐만 아니라 여러 편의 시를 짓기도 했다. 공무가 바빠 광주에 오가는 것이 여의치 않게 되자 50대 초중반에 용산(龍山)에 따로 심원정(心遠亭)과 역화방재(亦畵舫齋), 삼의헌(三宜軒)을 두고 그곳을 오가게 된다. 역화방재 또한 구양수의 화방재를 본떠 지은 이름으로, 이처럼 귀거래와 관련하여 남공철은 구양수에 대한 강한 지향을 드러내고 있다. 그러나 구양수의 귀거래가 벼슬에서 완전히 물러나 영수(潁水)로 돌아간 이후 다시는 세상으로 나오지 않는 전통적인 방식의 귀거래였다면 남공철의 귀거래는 관직을 그만두기 전부터 틈 나는 대로 성취하던 경교(京郊)로의 귀거래, 즉 '중은(中隱)' 혹은 '시은(市隱)'이라 할 수 있는 것이어서 얼마간 다른 양상으로 이루어졌다.

귀거래 공간으로 정한 별업에서 남공철이 틈틈이 누린 생활은 '한아(閒雅)'를 핵심으로 하는 생활이었다. 그 한아한 생활 공간에는 이전, 젊은 시절부터 즐기던 고동서화 취미가 고스란히 옮겨져 있다. 다만 젊은 시절 벗들과 산수에서 술 마시며 감개롭게 아취(雅趣)를 누리던 것에서 어느새 속세와 절연된 자신만의 공간에서 한아(閒雅)로움을 만끽하는 것으로 변질되었다고 할 수 있다. 이는 남공철뿐 아니라 김조순이나 심상규, 이상황 등의 취향의 궤적과도 상통하는 것이다.

남공철을 포함하여 김조순·심상규·이상황 등은 젊은 시절 패관소품을 애호하고, 정조로부터 패관소품을 즐긴다고 견책을 당했던 인물들이다. 정조조에 초계문신으로 활동하며 정조의 기대를 모았던 이들은 순조조, 즉 19세기에 들어서면서 세도정권의 핵심 인물로 활동하였는데 이들은 정치적 이력뿐만 아니라 문학적 입장이나 지향 또한 흡사했다. 필자는 이들을 '순조조 관각문인 그룹'이라 하여 홍석주나 김매순과 같은 동시대 고문가들, 이옥이나 김려 등 소품문가들과 함께 한학과 송학에 대한 태도, 문학관과 문학 활동, 선호하던 문체 등을 기준으로 견주어 보았다. 고문가 그룹이 한학(漢學)과 송학(宋學) 가운데 송학을 절대적 우위에 두는 입장에 있었다면 소품문가들은 한학이니 송학이니 하는 것에 아예 관심조차 드러내지 않았다. 남공철 등 순조조 관각문인 그룹은 한송절충론(漢宋折衷論)을 내세우면서도 새로 유입된 한학에 더 주목하고 있었다. 한학은 훈고 혹은 고증의 방법을 중시하는데 이는 쇄세한 것에 대한 관심, 진위의 판별 등을 일삼는다는 점에서 소품문이나 고동서화 취미와 친연성을 보인다. 남공철 등이 소품문에 대해 유연한 태도를 보이고 때에 따라서는 소품취가 다분한 글을 직접 짓기도 한 것은 이러한 학문적 태도와 무관하지 않다.

문학관과 문학 활동에서도 이 세 그룹은 명백한 차이를 보인다. 고문가들은 경세치용을 중시하며 효용론적 문학관을 내세워 명대(明代) 문장을 배척하였고, 소품문가들은 고문의 법식을 파괴하기까지 하며 정(情)을 중시하는 명대(明代) 문학을 적극 긍정했다. 관각문인들은 남공철의 예를 통해 확인할 수 있듯이 대체로 재도론적(載道論的) 문학관에 입각해 있으면서도 도(道)의 의미를 유연하게 파악하는가 하면 소품문에 대해서도 유연한 입장을 보였다. 선호하는 문체에서도 이들은 차이를 보이는데, 고문가들의 문집에는 관각문자가 절대적인 비중을 차지하며 척독이나 제발과 같은 문체는 찾아보기 어렵다. 설사 그러한 문체의 글이 있다 해도 작품의 실상은 소품문과 거리가 멀다. 반면 소품문가들의 문집에는 척독이나 제발, 일기 등이 압도적인 비중을 차지하고 있으며 서(序)나 기(記)와 같은 글에서조차 강한 소품취가 확인된다. 한편 순조조 관각문인들의 문집에는 관각문자가 중요한 비중을 차지하고 있으나 소품문과 친연성이 있는 척독이나 제발 또한 큰 비중을 차지하며 수록되어 있다. 이처럼 남공철이나 김조순 등과 같은 순조조 관각문인 그룹은 기본적으로 재도론적 문학관을 표방하면서도 젊은 시절부터 가까이 접하고 애호했던 소품문에 유연한 태도를 견지했다. 이들은 고문과 소품문의 자장 사이에서 그 사이를 수시로 오가며 창작에 임했다고 할 수 있으며, 그러한 특징을 단적으로 확인할 수 있는 것이 바로 남공철의 산문이라 할 수 있다.

재도론적 문학관과 당송고문이라는 터전에 발을 딛고 있던 남공철은, 젊은 시절 고동서화 취미와 소품문을 접하게 되면서 아취(雅趣)를 핵심으로 하는 소품 취향의 글들을 짓기도 하였는데 척독과 제발에서 그 점을 확인할 수 있었다. 그 과정에서 문장에 드러낼 도(道)의 개념을 유연하게 파악하는 과정을 거치기도 했다. 거기서 그의 글쓰기 패러다임은 소품문 쪽으로 더 옮겨 가는 대신 자신의 체질을 재확인하는 추이를 보인다. 물론 중년기 이후 그가 보인 문학관과 창작 경향은, 수학기에 학습했던 교조적인 재도론이나 고문 지상주의와 같을 수 없었다. 젊은 시절의 소품취, 도(道)의 개념에 대한 유연한 태도는 그것대로 중년기 이후 그의 문학적 자양분으로 작용했기 때문이다.

아취(雅趣)를 중시하며 소품 취향을 만끽하던 남공철의 청년기는 소품문의 전성기이기도 하다. 19세기에 접어들면서 중년기를 맞은 남공철은 바쁜 관직 생활 때문에 이전과 같은 활발한 창작 활동을 할 수 없었다. 이러한 이유로 새로운 시대에 새로운 문제의식으로 적극적인 창작에 임하지 못한 것이다. 다만 남공철을 포함한 순조조 관각문인들이 중년기 이후 보인 '중은(中隱)'의 실천 양상이 19세기 전반기 산문의 패러다임을 파악하는 하나의 단서를 제공할 수 있지 않을까 한다. 그들이 젊은 시절 벗들과 즐기던 고동서화 취미의 핵심 미감은 '아취(雅趣)'였다. 이 '아취'가, 중년기 이후 그들의 '개인적 공간'에서 보다 '전문성'을 띠면서 '중은(中隱)'을 실천하는 것으로 이어졌다고 할 수 있다. 이렇게 본다면 가령 신위나 김정희 등의 '예술의 전문화' 역시 18세기 고동서화 취미와 무관하다 할 수 없으며 19세기 산문의 여러 양상 가운데 주요한 특징을 이것, 즉 고동서화 취미의 개인화, 전문화의 맥락과 관련하여 해명할 수 있지 않을까 한다.

참고문헌

1. 자료

南公轍, 『金陵集』, 규장각 소장본.
______, 『潁翁續藁』, 규장각 소장본.
______, 『潁翁再續藁』, 규장각 소장본.
______, 『歸恩堂集』, 규장각 소장본.
______, 『金陵集』, 한국문집총간 272.
______, 『金陵集』(안순태 옮김, 『작은 것의 아름다움』, 태학사, 2006).

權常愼, 『西漁遺稿』, 규장각 소장본.
金 鑢, 『藫庭遺藁』, 한국문집총간 289.
金 鑢, 『藫庭遺藁』(강혜선 옮김, 『유배객, 세상을 알다』, 태학사, 2007).
金 熤, 『竹下集』, 한국문집총간 240.
金邁淳, 『臺山集』, 한국문집총간 294.
金元行, 『渼湖集』, 한국문집총간 220.
金載瓚, 『海石遺稿』, 한국문집총간 259.
金祖淳, 『楓皐集』, 한국문집총간 289.
金柱臣, 『壽谷集』, 한국문집총간 176.
金昌協, 『農巖集』, 한국문집총간 162.
奇正鎭, 『蘆沙集』, 한국문집총간 310.
南有常, 『太華子稿』, 규장각 소장본.
南有容, 『雷淵集』, 한국문집총간 217.
南周獻, 『宜齋集』, 규장각 소장본.

南漢紀, 『寄翁集』, 규장각 소장본.

呂圭亨, 『四名子詩集』, 한국문집총간 269.

朴南壽, 『修隅前集』, 김상홍 소장 복사본.

朴永元, 『梧墅集』, 한국문집총간 302.

朴允默, 『存齋集』, 한국문집총간 292.

朴胤源, 『近齋集』, 한국문집총간 250.

朴齊家, 『貞蕤閣集』, 한국문집총간 261.

朴宗采, 『過庭錄』(박희병 옮김, 『나의 아버지 박지원』, 돌베개, 1998).

朴趾源, 『燕巖集』, 한국문집총간 252.

徐命膺, 『保晩齋集』, 한국문집총간 233.

徐榮輔, 『竹石館遺集』, 한국문집총간 269.

徐有榘, 『楓石全集』, 한국문집총간 288.

宋穉圭, 『剛齋集』, 한국문집총간 271.

宋煥箕, 『性潭集』 II, 한국문집총간 245.

申光河, 『震澤先生文集』, 文集編纂委員會 編, 경인문화사, 1999.

申維翰, 『靑泉集』, 한국문집총간 200.

申靖夏, 『恕菴集』, 한국문집총간 197.

申佐模, 『澹人集』, 한국문집총간 309.

吳載純, 『醇庵集』, 한국문집총간 242.

兪晩柱, 『通園稿』, 규장각 소장본.

兪彦鎬, 『燕石』, 한국문집총간 247.

劉在建, 『異鄕見聞錄』, 아세아문화사, 1974.

兪漢雋, 『自著』, 한국문집총간 249.

尹 愭, 『無名子集』, 한국문집총간 256.

尹鳳九, 『屛溪集』 III, 한국문집총간 205.

李匡師, 『圓嶠集』, 한국문집총간 221.

李圭象, 『幷世才彦錄』(민족문학사연구소 한문분과 옮김, 『18세기 조선 인물지-幷世才彦錄』, 창작과비평사, 1997).

李德懋, 『靑莊館全書』, 한국문집총간 257~259.

李德壽, 『西堂私載』, 한국문집총간 186.

李晩秀, 『屐園遺稿』, 한국문집총간 268.
李敏輔, 『豊墅集』Ⅰ, 한국문집총간 232.
李相璜, 『桐漁遺稿』, 규장각 소장본.
李　穡, 『牧隱藁』 II, 한국문집총간 4.
李裕元, 『林下筆記』, 성균관대 대동문화연구원, 1961.
李天輔, 『晉菴集』, 한국문집총간 218.
張　混, 『而已广集』, 한국문집총간 270.
正　祖, 『弘齋全書』, 한국문집총간 267.
丁若鏞, 『與猶堂全書』, 한국문집총간 281.
______, 『與猶堂全書補遺』 제2책, 다산학회 편, 경인문화사, 1973.
鄭元容, 『經山集』, 한국문집총간 300.
趙秀三, 『秋齋集』, 한국문집총간 271.
趙顯命, 『歸鹿集』, 한국문집총간 212.
趙熙龍, 『壺山外史』, 아세아문화사, 1974.
韓章錫, 『眉山集』, 한국문집총간 322.
洪景海, 『隨槎日錄』, 『燕行錄全集』 59, 임기중 편, 동국대출판부, 2001.
洪吉周, 『睡餘放筆』(정민 외 옮김, 『19세기 조선 지식인의 생각창고』, 돌베개, 2006).
洪吉周, 『沆瀣丙函』, 연세대 도서관 소장본.
洪奭周, 『鶴岡散筆』, 국립중앙도서관 소장본.
洪直弼, 『梅山集』II, 한국문집총간 296.
洪翰周, 『智水拈筆』, 아세아문화사 영인본.

『正祖實錄』
『純祖實錄』
『憲宗實錄』
『司馬榜目』
『日省錄』
『近畿實學淵源諸賢集』 6, 대동문화연구원 편, 성균관대 대동문화연구원, 2002.
『東稗洛誦續』, 이우성 편, 아세아문화사, 1990.

『宜寧南氏族譜』, 의령남씨대종회 편, 의령남씨대종회, 2006.
『風謠續選』, 千壽慶 편, 아세아문화사, 1990.

白居易, 『白居易集』 1・2, 顧學頡 校點, 北京: 中華書局, 1988.
陳士珂, 『孔子家語疏證』, 臺北: 臺灣商務印書館, 1971.
歸有光, 『震川先生集』, 周本淳 校點, 臺北: 源流出版社, 1983.
洪 邁, 『容齋題跋』, 北京: 中華書局, 1985.
劉 勰, 『文心雕龍』, 臺北: 里仁書局, 1984.
歐陽修, 『歐陽修全集』, 北京: 中華書店, 1986.
陶 潛, 『箋註 陶淵明集』, 李公煥 箋註, 臺北: 國立中央圖書館, 1991.
王實甫, 『第六才子西廂記』, 金聖嘆 外書, 臺灣: 文源書局, 1975.
徐師曾, 『文體明辨』, 오성사, 1984.
袁宏道, 『袁宏道集箋校』, 錢伯城 箋校, 上海: 上海古籍出版社, 1979.

2. 단행본

강명관, 『조선시대 문학 예술의 생성 공간』, 소명출판, 1999.
______, 『안쪽과 바깥쪽』, 소명출판, 2007.
강혜선, 『정조의 시문집 편찬』, 문학과해석사, 2000.
김명호, 『열하일기 연구』, 창작과비평사, 1990.
______, 『박지원 문학 연구』, 성균관대 대동문화연구원, 2001.
김문식, 『조선후기 경학사상연구』, 일조각, 1996.
민병수, 『한국한문대표작평설』, 태학사, 2000.
박희병, 『한국고전인물전연구』, 한길사, 1992.
______, 『조선후기 전의 소설적 성향 연구』, 성균관대 대동문화연구원, 1993.
송희경, 『조선후기 아회도』, 다홀미디어, 2008.
심경호, 『한문산문의 미학』, 고려대 출판부, 1998.
안대회, 『조선의 프로페셔널』, 휴머니스트, 2007.
______, 『고전산문산책』, 휴머니스트, 2008.
안대회 편, 『조선후기 소품문의 실체』, 태학사, 2003.

이가원, 『연암소설연구』, 을유문화사, 1965.
이종묵, 『한국 한시의 전통과 문예미』, 태학사, 2002.
_____, 『조선의 문화공간』 1~4, 휴머니스트, 2006.
임형택, 『한국문학사의 논리와 체계』, 창작과비평사, 2002.
정　민, 『조선 후기 고문론 연구』, 아세아문화사, 1989.
_____, 『18세기 조선지식인의 발견』, 휴머니스트, 2007.
조동일, 『한국문학통사』 2・3, 제4판, 지식산업사, 2005.
진재교, 『이계 홍양호 문학 연구』, 성균관대 대동문화연구원, 1999.
최진원, 『국문학과 자연』, 성균관대 출판부, 1986.
한국역사연구회 19세기정치사연구반, 『조선정치사』 상・하, 청년사, 1990.
홍선표, 『조선후기회화사론』, 문예출판사, 1999.

陳必祥, 『古代散文文體概論』, 河南: 河南人民出版社, 1986(심경호 역, 『한문문체론』, 이회, 1995).
陳少棠, 『晩明小品論析』, 波文書局, 1981.
馮書耕・金仞千, 『古文通論』中, 臺北: 國立編譯館中華叢書編纂委員會, 1979.
刘德清, 『欧阳修论稿』, 北京: 北京师范大学出版社, 1991.
劉若愚, 『歐陽修硏究』, 臺北: 臺灣商務印書館, 1989.
曾子鲁, 『韩欧文探胜』, 北京: 中国文学出版社, 1993.
張　健, 『中國文學批評論集』, 臺北: 天華出版公司, 1979

3. 논문

강명관, 「조선후기 서울과 한시의 변화」, 『민족문학사연구』 6, 민족문학사학회, 1994.
_____, 「이덕무와 공안파」, 『민족문학사연구』 21, 민족문학사학회, 2002.
강석중, 「홍석주의 ≪학강산필≫에 나타난 문학관에 대하여」, 『한국학논집』 37, 한양대 한국학연구소, 2003.
강혜선, 「조선후기 여성 묘주 묘지명의 문학성에 대한 연구」, 『한국한문학연구』 30, 한국한문학회, 2002.
_____, 「조선후기 척독문학의 양상」, 『돈암어문학』 22, 돈암어문학회, 2009.

_____, 「정조의 문체 비판 재론」, 『한국문화』 49, 규장각한국학연구원, 2010.

고인덕, 「풍격용어 '新奇'로부터 고찰한 公安派와 竟陵派의 문학이론」, 『중국어문학지』 9, 중국어문학회, 2001.

권정원, 「이덕무 문학의 형성배경에 대하여-公安派 受容과 관련하여」, 『대동한문학』 22, 대동한문학회, 2005.

김경미, 「이상황의 소설의식」, 『한국고전연구』4, 한국고전연구학회, 1998.

김광섭, 「금릉 남공철의 문학관과 작품세계」, 고려대 석사학위논문, 2000.

_____, 「금릉 남공철의 미적 인식 과정과 문체적 특질에 대하여」, 『한국실학연구』 14, 한국실학학회, 2007.

_____, 「금릉 남공철의 만명소품 수용 양상과 그 의미-척독제발을 중심으로」, 『한문교육연구』31, 한국한문교육학회, 2008.

_____, 「금릉 남공철 산문 연구」, 고려대 박사학위논문, 2009.

_____, 「조선후기 遊記와 樓亭記에 나타난 산수관과 글쓰기 양상-趙𩆜·徐榮輔·李晩秀를 중심으로」, 『고전과해석』 13, 고전문학한문학연구학회, 2012.

김명숙, 「19세기 전반기 海石 金載瓚의 정치활동과 정치론」, 『한국사상과 문화』 25, 한국사상문화학회, 2004.

김명호, 「열하일기 연구」, 서울대 박사학위논문, 1989.

김새미오, 「연천 홍석주 산문 연구」, 성균관대 박사학위논문, 2009.

김성언, 「고려·조선 시대 관각의 발달과 관각 풍속 연구」, 『동양한문학연구』 12, 동양한문학회, 1998.

김성진, 「조선후기 문인들의 생활상과 소품체 산문」, 김도련 편, 『한국 고문의 이론과 전개』, 태학사, 1998.

_____, 「허균의 척독에 대한 일고찰」, 『한국한문학연구』 31, 한국한문학회, 2003.

김언순, 「『壼範』을 통해 본 조선후기 女訓書의 새로운 양상」, 『장서각』 16, 한국학중앙연구원, 2006.

김영진, 「효전 심노숭 문학 연구」, 고려대 석사학위논문, 1996.

_____, 「조선후기 명청소품 수용과 소품문의 전개 양상」, 고려대 박사학위논문, 2003.

김용표, 「구양수 비지문 분석을 통해 본 '簡而有法'」, 『중국학연구』 5, 중국학연구회, 1990.

김윤조, 「석재 윤행임 연구」, 『한문교육연구』 9, 한국한문교육학회, 1995.
_____, 「書牘類의 특징과 조선 후기의 양상」, 『동방한문학』 31, 동방한문학회, 2006.
김은숙, 「석재 윤행임의 저작과 학문 경향」, 계명대 석사학위논문, 2009.
김의동, 「두실 심상규의 생애와 시 연구」, 계명대 석사학위논문, 2013.
김철범, 「연천 홍석주의 고문론」, 『한국한문학연구』 12, 한국한문학회, 1989.
_____, 「19세기 고문가의 문학론에 대한 연구」, 성균관대 박사학위논문, 1992.
_____, 「19세기 전반 산문론의 전개와 그 특성」, 『동양한문학연구』 11, 동양한문학회, 1997.
김춘란, 「구양수 산문의 한국 전래와 수용」, 연세대 석사학위논문, 2006.
김풍기, 「조선 중기 고문의 소품문적 성향과 허균의 척독」, 『민족문화연구』 35, 고려대 민족문화연구원, 2001.
김현경, 「남공철 척독 연구」, 한국교원대 석사학위논문, 2006.
노장시, 「구양수의 '여민동락'에 대한 소고」, 『중국어문학』 43, 영남중국어문학회, 2004.
당윤희, 「蘇軾 題跋文 初探」, 『중국문학』 35, 한국중국어문학회, 2001.
명평자, 「금릉 남공철의 고문론 연구」, 충남대 석사학위논문, 2008.
문덕희, 「남공철(1760-1840)의 서화관」, 홍익대 석사학위논문, 1994.
박경남, 「유한준의 도문분리론과 산문 세계」, 서울대 박사학위논문, 2009.
박광용, 「19세기 전반 세도정국의 동향과 연암일파」, 『동양학』 19, 단국대 동양학연구소, 1989.
박무영, 「18세기 후반과 19세기 전반기 한국한문학사의 동향」, 『학술대회 자료집』, 이화여대 한국어문학연구소, 1997.
_____, 「19세기 한문학의 계열과 논점」, 『한국한문학연구』 41, 한국한문학회, 2008.

박영호, 「귀거래 의식의 생성동기와 유형에 관한 연구」, 『도교문화연구』 13, 한국도교문화학회, 1999.

박우훈, 「호곡 남용익 문학론 연구」, 충남대 박사학위논문, 1988.

박준원, 「풍고 김조순 시 연구」, 『전통문화논집』 3, 경성대부설 한국학연구소, 1995.

_____, 「해석 김재찬 문학의 연구」, 『한국한문학연구』 20, 한국한문학회, 1997.

박현모, 「세도정치기(1800-63)의 정국 운영과 언론 연구」, 『동양정치사상사』 6, 한국동양정치사상사학회, 2007.

박희병, 「조선후기 예술가의 문학적 초상-藝人傳의 연구」, 『대동문화연구』 24, 성균관대 대동문화연구원, 1990.

배미정, 「조선 후기 척독문학의 유행과 그 배경」, 한국정신문화연구원 한국학대학원 석사학위논문, 2003.

백승호, 「극옹 이만수 관각시 연구」, 『한국한시연구』 22, 한국한시학회, 2014.

손혜리, 「18~19세기 초반 문인들의 서화감상과 비평에 관한 연구 -成海應의 「書畵雜誌」와 남공철의 「書畵跋尾」를 중심으로-」, 『한문학보』 19, 우리한문학회, 2008.

송혁기, 「18세기초 산문이론의 전개양상 一考」, 『한국한문학연구』 31, 한국한문학회, 2003.

신복호, 「18세기 관각문학 연구」, 고려대 박사학위논문, 2003.

심경호, 「조선후기의 園記」, 陽圃李相澤敎授還曆紀念論叢刊行委員會 編, 『한국고전소설과 서사문학』(하), 집문당, 1998.

_____, 「조선후기 서울의 遊賞空間과 詩文學」, 『韓國漢詩硏究』 8, 한국한시학회, 2000.

안대회, 「盧競 小品文攷」, 『한문학보』 6, 우리한문학회, 2002.

_____, 「조선후기 자찬묘지명 연구」, 『한국한문학연구』 31, 한국한문학회, 2003.

_____, 「18・19세기의 주거문화와 상상의 정원」, 『진단학보』 97, 진단학회, 2004.

안순태, 「남공철의 전장비지문 연구」, 서울대 석사학위논문, 2002.

______, 「남공철의 문예취향과 한시」, 『한국한시연구』 12, 한국한시학회, 2004.
______, 「남공철 문학관의 변이 양상에 대한 연구」, 『한문교육연구』, 한국한문교육학회, 2009.
______, 「남공철 문학의 연원에 대하여-그 家學的 성격을 중심으로」, 『고전문학연구』 37, 한국고전문학회, 2010.
______, 「正祖 年間의 文衡 研究」, 『한문고전연구』 20, 한국한문고전학회, 2010.
______, 「시인의 궁달과 시의 공졸의 관계에 대한 논의 연구」, 『한국한시연구』 19, 한국한시학회, 2011.
______, 「남공철의 원굉도 문학 수용 양상과 그 의미」, 『어문학』 120, 한국어문학회, 2013.
______, 「英祖朝 東村派의 교유양상과 교유시」, 『한국한시연구』 21, 한국한시학회, 2013.
안예선, 「蘇軾 題跋文 考察」, 『중국어문논총』 25, 중국어문연구회, 2003.
엄귀덕, 「'離騷' 研究」, 『論文集』 11-2, 충남대 인문과학연구소, 1984.
오춘택, 「한국고소설비평사연구」, 고려대 박사학위논문, 1990.
우응순, 「朝鮮中期 '詩窮而後工'論의 문학사적 의미」, 『인문과학논총』 1권 1호, 순천향대 인문과학연구소, 1995.
원종례, 「미적 범주 '趣'와 '雅'의 審美意識 차이의 변화 추이에 담긴 문학사회학적 의의」, 『중국문학』 39, 한국중국어문학회, 2003.
유봉학, 「풍고 김조순 연구」, 『한국문화』 19, 서울대 한국문화연구소, 1997.
윤미길, 「허균의 귀거래에 대하여」, 『국어교육』 90, 한국어교육학회, 1995.
윤현철, 「금릉 남공철의 문학론 연구」, 성균관대 석사학위논문, 1989.
이경아, 「남공철의 문학사상」, 성균관대 석사학위논문, 1997.
이경하, 「亡室行狀類 연구」, 『한국문화』 40, 규장각한국학연구원, 2007.
이도훈, 「屐園 李晩秀의 생애와 산문 연구」, 계명대 석사학위논문, 2008.
이영숙, 「屐園 李晩秀의 '和陶詩' 연구」, 『동양한문학연구』 35, 동양한문학회, 2012.
이우일, 「公安派와 北學派의 척독소품문 비교」, 『배화논총』 22, 배화여자대학, 2003.
이은경, 「滄江 趙涑의 繪畵-傳稱作을 통한 연구」, 이화여대 석사학위논문, 1998.
이종묵, 「조선전기 관각문학의 성격과 문예미」, 『국문학연구』 8, 국문학회, 2002.

_____, 「조선후기 경화세족의 주거문화와 四宜堂」, 『한문학보』 19, 우리한문학회, 2008.
이택동, 「남공철 문학론 연구」, 『서강어문』 10, 서강어문학회, 1994.
이현우, 「이옥 소품 연구」, 성균관대 박사학위논문, 2002.
이현일, 「紫霞詩 硏究」, 성균관대 박사학위논문, 2006.
_____, 「조선후기 京華世族의 東坡 수용 양상」, 『중국문학』 62, 한국중국어문학회, 2010.
임유경, 「英祖朝 四家의 文學論 硏究」, 이화여대 박사학위논문, 1990.
_____, 「南有容의 文章觀과 傳 서술방식」, 『대동한문학』 7, 대동한문학회, 1995.
정 민, 「연암 척독소품의 문예미」, 『한국한문학연구』 31, 한국한문학회, 2003.
_____, 「18세기 한문학 연구와 문화사적 시야」, 『한국한문학연구』 41, 한국한문학회, 2008.
정석종, 「순조연간의 정국변화와 다산해배운동」, 『국사관논총』 47, 국사편찬위원회, 1993.
정선희, 「조선후기 문인들의 金聖嘆 評批本에 대한 독서 담론 연구」, 『동방학지』 129, 연세대 국학연구원, 2005.
정우봉, 「湛軒 李夏坤의 題跋文 연구」, 『한문학보』 19, 우리한문학회, 2008.
정은진, 「豹菴 姜世晃의 書畵題跋 硏究」, 『대동한문학』 27, 대동한문학회, 2007.
_____, 「18세기 서화제발 연구(1)」, 『한문학보』 21, 우리한문학회, 2009.
_____, 「18세기 서화제발 연구(2)」, 『한국한문학연구』 44, 한국한문학회, 2009.
조규희, 「17, 18세기의 서울을 배경으로 한 文會圖」, 『서울학연구』 16, 서울시립대 서울학연구소, 2001.
조융희, 「남공철의 경학적 기반과 시경론」, 『태동고전연구』 18, 한림대 태동고전연구소, 2002.
조춘염, 「許筠과 王建의 宮詞百首 比較硏究」, 서울대 석사학위논문, 2008.
지교헌, 「금릉 남공철의 생애와 학문」, 『한국사상과 문화』 1, 한국사상문화학회, 2001.
최일영, 「두실척독연구」, 고려대 석사학위논문, 2015.
한민섭, 「조선후기 家學의 한 국면-徐命膺 일가의 문학을 중심으로」, 『한국실학연구』 14, 한국실학학회, 2007.

한영규, 「南秉哲 懷人詩 연구」, 『한문교육연구』 31, 한국한문교육학회, 2008.
허원기, 「『壼範』에 나타난 여성 독서의 양상과 의미」, 『한국고전여성문학연구』 6, 한국고전여성문학회, 2003.
홍선표, 「崔北의 生涯와 意識世界」, 『미술사연구』 5, 미술사연구회, 1991.
_____, 「조선후기의 회화 애호풍소와 鑑評活動」, 『미술사논단』 5, 한국미술연구소, 1997.
_____, 「鄭惟吉 題詩 〈宣傳僚友重會關西圖〉」, 『미술사논단』 12, 한국미술연구소, 2001.
홍인숙, 「이덕무 척독 연구」, 『한국한문학연구』 33, 한국한문학회, 2004.
황의열, 「韓國 碑誌類 研究」, 성균관대 박사학위논문, 1996.

黃一权, 「欧阳修散文研究」, 复旦大学博士学位论文, 1999.

찾아보기

가

나

다

마

자

차

타

파

하

남공철 산문 연구

초판 1쇄 발행 • 2015년 11월 27일
초판 2쇄 발행 • 2016년 7월 11일

저 자 • 안순태
발행인 • 박성복
발행처 • 도서출판 **월인**
서울특별시 강북구 노해로25길 61(수유2동 252-9)
등 록 • 제6－0364호
등록일 • 1998년 5월 4일
전 화 • (02) 912-5000
팩 스 • (02) 900-5036
www.worin.net

ISBN 978-89-8477-607-4 93810

☞ 값은 뒤표지에 있습니다.